Erik Weihenmayer

ICH FÜHLTE DEN HIMMEL

Erik Weihenmayer

ICH FÜHLTE DEN HIMMEL

*Ohne Augenlicht auf
die höchsten Gipfel der Welt*

Mit 16 Seiten Farbbildteil

Aus dem Amerikanischen
von Maurus Pacher

MALIK

Die amerikanische Originalausgabe erschien 2001
unter dem Titel »Touch the Top of the World«
bei Dutton, New York.

Für Emma

ISBN 3-89029-216-X

Satz: Dr. Ulrich Mihr GmbH, Tübingen
Druck und Bindung: Ebner Ulm
Printed in Germany

Ich bin nur ein Geschöpf,
doch immerhin bin ich ein Geschöpf.
Ich kann nicht alles tun,
aber ich kann doch manches tun.
Ich werde mich nicht weigern,
das zu tun, wozu ich imstande bin.

HELEN KELLER

INHALT

EINLEITUNG

Der Kahiltna-Gletscher des McKinley

SEIT JAHRTAUSENDEN HAT SICH EINE ENORME MORÄNE des Kahiltna-Gletschers, 64 Kilometer lang und 1,6 Kilometer dick, Zoll für Zoll die westliche Flanke des Mount McKinley hinuntergeschoben, splitternd, berstend, einstürzend und sich spaltend, als wäre sie lebendig. In der Zone unter 4300 Metern durchziehen riesige gähnende Klüfte das Eis in chaotischen Mustern, doch frisch gefallener Schnee weht über die Öffnungen, gefriert und verbirgt die tiefen Gletscherspalten unter seiner Decke, die an manchen Stellen nur ein paar Zoll dick ist.

Vor einiger Zeit hatte ich bei einem Vorbereitungstraining den Fehler begangen, meinen Teamgefährten gegenüber zu prahlen, daß ich aufgrund des leichten Zitterns des Schnees und des hohlen Widerhalls meiner Stiefel spüren könnte, wann wir über einer versteckten Gletscherspalte standen. Also hatten sie beschlossen, meine Behauptung auf ihren Wahrheitsgehalt hin zu überprüfen und mir bei der Überquerung des besonders berüchtigten Schneefelds unter unserem Lager in 4300 Metern den Vortritt zu lassen.

»Das hast du nun von deiner Angeberei, blinder Superman«, rief Jeff, ein guter Freund und einer meiner Teamgefährten, während er und die anderen hinter mir herkrochen und das 50 Meter lange Kletterseil, an dem wir angeseilt waren, straff hielten. Die Spannung im Seil gab mir die Gewißheit, daß sie sich jederzeit bäuchlings in den Schnee werfen, mit der Brust die Haue ihrer Eispickel hineintreiben und mich hoffentlich halten würden, falls ich einbrechen sollte. Der trockene, bitterkalte Wind heulte über den Gletscher und zerrte an meinem Gore-Tex-Anzug. Der Wind hatte die oberste Schneeschicht zu einer Eiskruste geschliffen, und ich konnte das durchdringende metallene Quietschen meiner Steigeisen hören, während sie sich in das Eis bissen.

Ich setzte vorsichtig einen Fuß vor den anderen, horchte bei jedem Schritt, wenn ich das Bein wieder voll belastete, und zwang mich, rhythmisch zu atmen. Wie standen an diesem Ort, in diesem Moment die Chancen, daß ich über eine verborgene Gletscherspalte stolpern würde, dachte ich. Ich untersuchte mit einem Teleskopstock die Stelle vor mir. Anfangs fand er Halt, doch plötzlich stieß er durch den Styroporschnee ins Leere, ich taumelte vorwärts, und der Stock sank bis zum Griff ein. Dann hörte ich das beängstigende Geräusch, das Bergsteiger so sehr fürchten: als würde der Gletscher von einem Messer zertrennt werden. Es schwoll zu einem lauten Zischen an. Ich hatte dieses Geräusch schon früher gehört, den Klang von berstendem Eis, das in Zickzacklinien auf dem gefrorenen Boden auseinanderbrach, doch ich war noch nie so nahe dran gewesen. Der Schnee um mich herum stürzte wie eine Kaskade in sich zusammen. Meine Beinmuskeln wurden wachsweich, und das Seil straffte sich noch mehr, als sich das Team dagegenstemmte. Ich spürte, wie mein Körper schlingerte und der Schnee unter mir wegsackte, und es war mir auf der Stelle klar, daß ich eingebrochen war. Ich spürte Luft um mich herum, sie füllte den Raum unter meinen Füßen, um meine Beine und vor meinem Gesicht. Jeff schrie etwas, doch seine Stimme verwehte im stürzenden Schnee und dem Gepolter meiner Ausrüstung. Einen Augenblick später war ich verwirrt, weil ich immer noch stand. »Es ist eine Wächte! Du bist nur ein paar Zoll eingebrochen«, schrie Chris, unser Führer, mit eindringlicher Stimme.

»Was?«

»Was treibst du dort eigentlich noch? Wartest du drauf, daß du noch einmal einbrichst?«

Ich zwang meine Beine, sich in Bewegung zu setzen, und murmelte: »Wächten! Ich habe nie behauptet, daß ich Wächten spüren kann.« Das untere Brett, auf dem ich mich vorwärtstastete, war weicher als das erste und knackte und sackte unter mir weg. Ich versuchte, nicht an die bodenlose Höhle unter der dünnen Firnbrücke zu denken. Ich erklomm einen gezackten Eisbuckel, indem ich meinen Pickel schwang, bis er griff und ich mich über die Stelle hochziehen konnte, die nach meinem Dafürhalten die Bruchlinie war. Ich atmete tief aus und lachte grimmig in mich hinein, denn ich wußte, daß nun auch alle anderen darüber mußten.

Später in unserem Lager in 4300 Meter Höhe sagte Sam, der von Anfang an mein Trainingspartner war, daß er endlich die leuchtend weißen Wälle der Westbastion sehen könne, die zum Gipfel des Mount McKinley zweieinhalb Kilometer über uns führte. Um bis hierher zu kommen, hatten wir eine Woche gebraucht, doch abgesehen von den gefährlichen Gletscherspalten war es nur eine zermürbende Plackerei über gemäßigte Schneehänge gewesen. Morgen würde der wirkliche Test beginnen. Sam nahm meinen Finger, führte ihn die Route entlang, die wir aufsteigen würden, und hielt jeweils an markanten Orientierungspunkten wie der Kopfwand mit sechzig Grad Steigung, dem Washbern's Thumb und dem Pig Hill an. Er zeigte auf den zweithöchsten Gipfel, den Mount Foraker. Dann versuchte ich, auf den Gipfel des McKinley zu zeigen. Ich richtete meinen Finger vom Foraker etwas höher. »Nein. Höher!« lachte Sam. Ich hob meinen Finger weiter. »Noch höher.« Ich zeigte immer höher und höher und schließlich so hoch, daß ich dachte, dort müsse die

Sonne sein. »Genau!« sagte Sam, und seine Stimme war nun weicher und tiefer. »Dort ist der Gipfel des McKinley!« In diesem Augenblick überflutete mich wieder die hartnäckige Angst, die in der Magengrube begann, langsam in die Fingerspitzen sickerte und sie kribbeln ließ.

In meinem ganzen Leben war ich immer wieder von Angst beinahe gelähmt worden. Das Klettern in der Umgebung von Phoenix hatte mich zweifellos das Fürchten gelehrt, wenn ich mit einer Hand in einem riskanten Fingerriß hing und mit der anderen die Felswand abtastete und verzweifelt nach dem nächsten Griff suchte. Die Angst, blind zu klettern, stellt sich bei mir nicht ein, wenn ich an einer soliden Sicherung hänge oder nachdem ich mich in die nächste eingeklinkt habe. Die größte Angst verursacht das Weitertasten, der Augenblick, wenn ich meinen Körper und meine Seele der Suche nach dem nächsten Halt ausgeliefert habe, wenn ich hoffe, voraussage und bete, daß ich finden werde, wonach ich suche. Doch es ist nicht nur Angst. Trotz der Qualen und des nagenden Gefühls der Ausweglosigkeit, als ich blind zu werden begann, trotz des Todes geliebter Menschen, des Verlusts meines Augenlichts durch grünen Star hatte nichts von alledem es geschafft, die Hoffnung zu ersticken. Eine zarte Hoffnungssträhne und die Angst hielten sich die Waage, und beide hatten ihren Platz in mir. Es war oben auf einer dieser Felswände gewesen, daß Sam vorschlug, wir sollten doch etwas ein wenig Größeres versuchen, »vielleicht den Mount McKinley«. Ich hatte mich fast augenblicklich einverstanden erklärt, und dieser Entschluß war wie ein weiterer Griff ins Dunkel gewesen, der größte Griff in meinem Leben …

An diesem Nachmittag bauten wir in der glühenden Hitze Schneemauern um unser Lager. Ich wußte von der legendären Kälte auf dem McKinley, doch niemand hatte mir etwas von der Hitze erzählt, die vom Schnee wie von einem Spiegel reflektiert wurde und mir durch die Lederklappen meiner Gletscherbrille auf die Augäpfel brannte. Dann peitschte der vom Gletscher abgekühlte Wind vorbei und nahm einen großen Teil meiner Körperwärme mit sich. »Windbrand als Zugabe zum Sonnenbrand, gewöhn dich dran«, lachte Chris, während er Sam und mir zuschaute, wie wir aus dem Gletscher Schneebastionen errichteten. Sam schnitt Blöcke blauen Eises aus dem Boden, und ich stapelte sie in einem Rechteck als Windschutz um das Lager. Bald hatten die Mauern meine Körpergröße erreicht. Darauf schnitt ich Stufen in unser Fort, und Sam verstopfte die schmalen Spalten in den Mauern mit Schnee. Schließlich war der Platz so weit vorbereitet, daß das Zelt aufgebaut werden konnte. Ich hielt eine Seite fest und warf die andere in den Wind, der sich darin verfing und das Zelt entfaltete. Ich legte es auf den Boden und richtete es aus, indem ich die Ösen und Schlaufen durch die diversen Schichten meiner Handschuhe ertastete.

Vor Monaten hatte mich bei einem Training auf dem Mount Rainier ein Mannschaftskamerad mit der Aufgabe betraut, auf dem Muir-Schneefeld, auf dem Wind und Kälte die einzigen Konstanten schienen, ein Zelt aufzubauen. Während ich mit dem ausgebreiteten Zelt vor mir im Schnee kniete, begann ich zu frösteln. Durch die dicken Fäustlinge konnte ich die dünnen Buchsen im Gewebe nicht spüren. Ich tastete herum und versuchte unbeholfen, die Zeltstange hineinzustecken. Dann zog ich einen Fäustling aus, um sie richtig ertasten zu können. Meine Hände waren meine Augen, doch drei hinderliche Schichten von Handschuhen darüber gaben mir das Gefühl, noch blinder zu sein. Nur einen Augenblick, dachte ich. Gerade lange genug, um die Stange in die Buchse zu stecken. Doch scharfe Splitter von Schneeregen stachen in meine nackte Haut, und sie wurde sofort taub. Ich stopfte die gefühllose Hand in die Fäustlinge zurück und schlug sie gegen mein Knie. Als wieder Leben in sie kam, war der Schmerz so heftig, daß ich mich vor Übelkeit beinahe übergeben mußte. Aber ich wollte nicht aufgeben und riß mir die Fäustlinge von der anderen Hand, doch diese Hand wurde ebenfalls taub, noch bevor sie die Zeltplane überhaupt berührt hatte. Sam und Jeff kamen herbei. Sie hatten die anderen Zelte bereits aufgebaut und begannen wortlos an meinem zu arbeiten. Die Schmerzen in meinen Händen waren nichts im Vergleich zu der Frustration und Scham, die sich in meiner Brust ausbreiteten. Ich kniete im Schnee, horchte, wie sich das Zelt unter dem Druck der Stangen hob, und schwor mir einen heiligen Eid. Die Dinge, die ich nicht tun konnte, würde ich den anderen überlassen; doch ich würde es lernen, all das, was ich selbst tun konnte, gut zu machen.

Später in Phoenix, als die Temperatur sich um vierzig Grad bewegte, trug ich ein Zelt zu einem Feld in der Nähe der Schule, in der ich unterrichtete, zog die dicken Fäustlinge an und arbeitete daran, es aufzustellen, abzubauen und wieder aufzustellen. Ich hörte, daß Autos auf der Straße hinter mir die Geschwindigkeit verringerten, und stellte mir vor, wie die Insassen den Wahnsinnigen angafften, der in der glühenden Hitze in einem T-Shirt und Bergsteigerhandschuhen auf einem Zelt kniete. Doch ich weigerte mich, das schwache Glied im Team zu sein. Ich wollte, daß sie mir ihr Leben ebenso anvertrauten wie ich ihnen das meine. Ich würde meinen Teil der Verantwortung tragen. Ich würde meinen Beitrag wie jedes andere Teammitglied leisten. Ich würde nicht den Berg hinaufgeschleppt und oben wie ein Football aufgespießt werden. Falls ich es schaffen sollte, den Gipfel zu erreichen, mußte es mit Würde geschehen.

An diesem Abend auf dem McKinley saßen wir auf Eisbänken um die aufgebauten Zelte und den Gaskocher. Ich konnte spüren, wie die Sonne rasch hinter den Gipfeln versank und die Temperatur innerhalb von Minuten um dreißig Grad fiel. Gegen acht Uhr abends warteten Bergsteiger auf dem ganzen Berg auf den Wetterbericht von Base Camp Annie über Funk. Doch statt der Durchsage kam aus unserem Funkgerät knacksend die Meldung, daß zwei taiwanische Bergsteiger in 5900 Meter Höhe in der Falle saßen. Am Morgen waren sie mit hohen Erwartungen zum Gipfel aufgebrochen, hatten sich jedoch in einem Whiteout zu schnell zuviel abverlangt und waren gezwungen, auf dem Football Field zu biwakieren, einem 90 Meter langen Schneefeld unmittelbar unter dem Gipfelgrat. Nun, viele Stunden später, lagen sie aneinandergekauert und erfroren allmählich in der eisigen Nachtluft. Einer von ihnen krächzte ihre Position einer Rettungsmannschaft durch. »Rührt euch nicht vom Fleck«, antwortete ein Ranger. »Die Windstärke ist so hoch, daß der Black Hawk nicht aufsteigen kann.« Wir saßen alle wie gelähmt da, im Bann der schrecklichen Ereignisse, die sich abzeichneten. Nach einer Stunde knackte dieselbe Stimme, allerdings wesentlich schwächer, aus dem Radio. Sie war fast nur noch ein Flüstern. »Mein Freund, er hat aufgehört zu atmen.«

Sam und ich begaben uns niedergeschlagen in unser Zelt. Als wir drinnen saßen, fragte Sam: »Was unterscheidet uns von ihnen? Ich meine, von den Burschen, die dort oben sterben?« Beide schwiegen wir eine lange Zeit.

Vor einem Jahr war es nicht anders gewesen. Zur Vorbereitung auf den McKinley wollten Sam und ich den Humphrey's Peak in Arizona besteigen, einen nicht allzu schwierigen Berg, auf dem ein Bergsteiger im Schnitt nur ein paar Stunden bis zum Gipfel braucht. Doch wenige Minuten, nachdem wir den Parkplatz verlassen hatten, blieb Sam zögernd stehen. »Was ist, wenn du dich dort oben verletzt?« sagte er. »Wie kann ich dich wieder herunterbringen?« Ich hatte zu seinen Zweifeln noch beigetragen, indem ich einen Handschuh im Auto vergessen hatte. Sam war ausgerastet und hatte die Gelegenheit ergriffen, unsere Chancen neu zu überdenken. »Wenn wir jetzt auf dem McKinley wären«, sagte er zornig, »dann wäre deine Hand dran gewesen.« Also kehrten wir um, und ich schäumte vor Wut. »Du kapierst es offenbar nicht«, versuchte er es nochmals. »Falls wir hinaufkommen, bin ich derjenige, der uns wieder herunterbringen muß.« Und ich begriff, daß Sam nicht so sehr an mir zweifelte, sondern an seinen eigenen Fähigkeiten, einen Blinden sicher durch die Berge zu führen.

Als sich nach einer Woche unsere Gemüter wieder beruhigt hatten, schlug Sam einen neuen Versuch vor, diesmal auf den Long's Peak, einen schwierigen Viertausender in den Colorado Rockies. Nachdem wir schon am Humphrey's gescheitert waren, glaubte ich nicht, daß wir auch nur die geringste Chance hätten, einen viel höheren und schwierigeren Gipfel zu schaffen, der von vielen für den zermürbendsten in Colorado gehalten wird. Und zu allem Überfluß wollten wir es auch noch im Januar versuchen. Aber ich erklärte mich trotzdem einverstanden. Am ersten Tag stiegen wir langsam auf, und ich folgte dem Geräusch von Sams Schritten über vereiste Felshalden und steile Schneegrate. 150 Meter unter dem Gipfel mußten wir wegen des starken Windes aufgeben. Nach dem Rückzug ins Höhenlager verbrachten wir eine furchtbare Nacht, während der Wind an den Zeltwänden rüttelte, das Zelt aus der Verankerung zu reißen und uns den Berg hinunterzuschleudern drohte. Am nächsten Morgen war das Zelt unter einem Meter Neuschnee begraben. Wir stiegen langsam ab und hielten alle paar Sekunden an, um uns gegen die unglaubliche Wucht des Windes zu stemmen, der nun eine Stärke von hundert Meilen pro Stunde hatte und mich ständig hochhob und gegen die Felsen und den Schnee zurückschleuderte. Schließlich konnte ich in dem heulenden Sturm dem Geräusch von Sams Schritten nicht mehr folgen. Ich konnte nicht einmal seine Rufe hören, obwohl er kaum einen Meter vor mir war. Mit seinen tauben Händen befestigte Sam mit größter Mühe ein Stück Gurt meines Rucksacks an seinem, und die nächsten sieben Stunden folgte ich ihm mit Hilfe des gespannten Gurts abwärts. Ich mußte mich so darauf konzentrieren, mit meinen Füßen auf dem steilen Hang einen Tritt zu finden, daß ich oft umgeweht wurde. Doch Sam war immer bei mir, und wir konnten unsere Körper gemeinsam gegen die Wucht des Windes stemmen. Als wir am Spätnachmittag endlich den Parkplatz erreichten, waren wir dehydriert und erschöpft. Wir hatten den Gipfel nicht bezwungen. Meine Lider waren aneinandergefroren, und Sam hatte im tiefen Pulverschnee einen Schneeschuh verloren, doch wir hatten beide die triumphierende Gewißheit, daß wir, nachdem wir das durchgestanden hatten, auch alles andere bewältigen konnten.

Während ich nun neben Sam auf dem Kahiltna-Gletscher des McKinley saß, brach ich schließlich das Schweigen. »Wir haben uns ein Jahr lang vorbereitet. Ich habe niemals härter für ein Ziel gearbeitet. Wir haben uns das Recht erworben, hier zu sein. Wir sind soweit«, sagte ich und hoffte, daß ich recht hatte.

Ich wandte mich um und begann, meinen Rucksack für die morgige Etappe zu ordnen. Ich legte zusätzliche Handschuhe, dicke Socken, die Balaklava und die Schutzbrille in die Deckeltasche und befestigte Eispickel, Eisschrauben und Schaufel an den Außenriemen. Ja, Sam hatte recht: Einen Handschuh oder einen Eispickel zu verlieren konnte den Verlust einer Hand oder des Lebens bedeuten. Als ich später in meinen Daunenschlafsack schlüpfte, kam in der stillen frischen Nacht ein Gedanke in mir auf: Ich hatte mich mein ganzes bisheriges Leben auf diese Besteigung vorbereitet.

KAPITEL EINS

Quasimodo

MEIN VATER HING MIT JEDER FASER SEINES HERZENS AM Football, seit seinen dramatischen Spielen als Linebacker in der Schülermannschaft bis zu seiner Zeit als Star bei den Princeton Tigers. Mit Ende Zwanzig stellte er sich als Jugendtrainer zur Verfügung und war stolz, daß seine Familie seine leidenschaftliche Liebe für diesen Sport teilte. Ich war erst einige Monate alt, als ich in meinem Geburtsort Hightstown, New Jersey, zum ersten Mal bei einem Spiel dabei war. An diesem frischen Herbsttag 1968 schrie mein Vater seine Anweisungen den Spielern vom Spielfeldrand aus zu, während mein ältester Bruder Mark mit neun die Hightstown Rams zu einem weiteren Sieg führte. Meine Eltern jubelten beide, als Mark den Ball nach einem Anstoß zu einem Touchdown in die gegnerische Endzone trug, einige Pässe abfing und seine Anstrengungen mit ein paar vernichtenden Tacklings abrundete. Die Feier auf dem Feld nach dem Sieg war eine Familienangelegenheit, bei der sich Mütter und Väter unter die Spieler mischten. Auf dem Höhepunkt der Feier warf mich mein Vater in die Luft und fing mich wieder auf. »Eines Tages wird auch dieser Junge Touchdowns erzielen«, sagte er, als meine Mutter mich sofort wieder auf den Arm nahm.

Als wir nach dem Spiel nach Hause kamen, nahm mich mein Vater auf den Schoß, schnitt erst komische Grimassen, um mich zum Lachen zu bringen, und versuchte dann, meinen Blick auf einen kleinen Football zu lenken, den er hin- und herbewegte. Plötzlich fiel ihm auf, daß meine Augen zitterten, wenn sie dem Ball folgen wollten. Er starrte mir in die Augen, bewegte den Ball abermals, starrte mich wieder an, diesmal länger, und untersuchte meine Augen dann genau. Schließlich fragte er meine Mutter, ob ihr auch aufgefallen sei, daß meine Augen zitterten, und ob das für ein Baby normal sei. Meine Mutter wiegte mich in ihren Armen und sah sich meine Augen ebenfalls sorgfältig an. Ich nehme an, daß sie von Panik ergriffen war, sich aber zwang, nach außen ruhig zu erscheinen. Sie sagte meinem Vater ganz sachlich, daß sie genau darauf achten werde, und später, als sie in ihrem Zimmer allein war, rief sie sofort den Kinderarzt an.

Mit diesem Anruf begann ein zweijähriger Alptraum: Ich wurde einem Spezialisten nach dem anderen vorgeführt, die alle versuchten, meine seltsame Krankheit zu diagnostizieren. Ich mußte mich einigen furchterregenden Tests unterziehen, bei denen der Apparat häufig direkt auf meine Augäpfel gedrückt wurde, manchmal über Stunden, während intensive Lichtstrahlen auf meiner Netzhaut gebündelt wurden. Mit dem Rücken auf einem metallenen Krankenhaustisch liegend und den strengen Geruch von Antiseptika in Nase und Kehle, war mir immer kalt, egal, welches Wetter draußen herrschte. Krankenhäuser schienen wie Orte, an denen die Zeit stehengeblieben war und die jenseits der vertrauten Wärme meines Lebens lagen. Die Scharen von Spezialisten, die ich wahrnahm, waren lediglich körperlose Stimmen: »Mach bitte deine Augen weiter auf.« »Halt deine Augen ruhig, bitte.« »Bitte schau auf meine Finger.« »Das wird vielleicht einen Augenblick lang brennen.«

Manchmal sprachen die Stimmen auch nur miteinander. »Haben Sie jemals dieses Blutungsmuster gesehen, Doktor?«

»Unglaublich! Ein faszinierender Fall.«

Jeder Spezialist stellte eine andere Diagnose. Ein paar empfahlen Verfahrensweisen, die sich nur als bizarr bezeichnen ließen. Ein Spezialist erklärte selbstbewußt, daß ich unter einer Schwäche der Netzhäute leide. »Die Lösung ist etwas umständlich«, räumte er ein, »doch es ist das einzige Heilmittel, das ich kenne. Eriks Netzhäute müssen dazu stimuliert werden, sich fest mit dem Augapfel zu verbinden. Das ideale Umfeld für das Anwachsen ist eine flüssige Umgebung.«

»Flüssige Umgebung?« echote meine Mutter entsetzt.

»Es ist völlig ungefährlich. Er wird an ein Beatmungsgerät angeschlossen und einige Monate unter Wasser bleiben.«

»Wir werden es überschlafen«, versprach mein Vater, als er meine Mutter am Arm nahm und zur Tür ging. »Aber ich nehme doch an, daß er zu den Mahlzeiten auftauchen kann«, sagte er halb im Scherz.

Ein anderer Arzt glaubte, daß ein Virus meine Netzhäute befallen habe, und wollte mit mir eine Kältetherapie beginnen. »Ich werde flüssigen Stickstoff in den befallenen Teil der Netzhäute injizieren.« Dann pflückte er ein Blatt von einer Topfpflanze und zerrieb es zwischen den Fingern. »Sehen Sie dieses Blatt?« sagte er und hielt es meinen Eltern vor die Nase. »Das wird der flüssige Stickstoff mit dem Virus machen. Leider wird dadurch wahrscheinlich die Sehkraft etwas abnehmen, aber es muß gemacht werden. Ich setze den Eingriff für morgen an.«

»Ich bin nicht so sicher, ob wir kommen werden«, sagte meine Mutter und starrte nervös auf das zerkrümelte Blatt.

Nach der Konsultation von Dutzenden Spezialisten gab es noch immer keinen medizinischen Konsens, nicht einmal eine Einigung darüber, ob mein Zustand von einem Virus oder einem genetischen Problem herrührte. Während sich mein Vater auf seinen Beruf und den Rest der Familie konzentrierte, hetzte meine Mutter von Arzt zu Arzt, von Krankenhaus zu Krankenhaus, ging ruhelos vor den Untersuchungszimmern auf und ab und erschöpfte sich dabei psychisch und physisch.

Als ich drei war, führte uns der Weg schließlich in die berühmte Augenklinik Retina Associates in Boston, die als die beste der Welt gilt. Nach erneuten Tests und vielen weiteren Ärzten überbrachte uns Dr. Brockhurst die schlechte Nachricht. »Erik hat Retinoschisis, eine extrem seltene Augenkrankheit, die wir noch nie bei einem so kleinen Kind festgestellt haben. Seine Netzhäute sind im Zentrum der Pupillen bereits abgelöst, so daß er nicht geradeaus sehen kann, aber er hat ein begrenztes seitliches Gesichtsfeld, so daß er für ein paar Jahre zurechtkommen wird. Doch der Druck, der die Beschädigung verursacht, wird allmählich weiter zunehmen – es gibt keine bisher bekannte Möglichkeit, diesen Prozeß aufzuhalten. Schließlich wird er eine völlige Ablösung beider Netzhäute verursachen.«

Kaum vernehmbar fragte meine Mutter: »Und wie lange wird er noch sehen können?«

»Schwer zu sagen, wir haben keine Erfahrungswerte«, erwiderte der Arzt.

Mein Vater fragte mit mehr Nachdruck: »Was schätzen Sie?«

»Es tut mir leid«, sagte Dr. Brockhurst zögernd, »aber Erik wird mit dreizehn, vierzehn blind sein.«

Auf der Heimfahrt nach New Jersey schwiegen meine Eltern. Kurz bevor wir aus Boston hinausfuhren, hielten wir vor einer Kirche. Meine Mutter hatte von einem Priester gehört, der dort Wunder vollbracht haben sollte. Das Innere der riesigen Kirche war dunkel und machte einen unheimlichen Eindruck. Kein Geistlicher war zu sehen. Sie wartete mit mir eine Stunde in der Hoffnung, daß jemand auftauchte, und versuchte, geduldig zu sein, doch ihre Angst wuchs von Minute zu Minute. Als niemand erschien, kniete sie sich schließlich hin – mit mir neben sich – und betete laut darum, daß Gott meine Sehkraft wiederherstellen möge. Ich war kaum je in eine Kirche gekommen, und so jagten mir die heißen Tränen meiner Mutter, die auf meine Stirn tropften, in Verbindung mit dem seltsamen dunklen Kirchenraum einen großen Schrecken ein. Ich konnte die Angst und die Furcht in ihrer Stimme hören, als sie Gott um ein Wunder bat. Ich hatte nie erfahren, was ein volles Sehvermögen war. Ich sah, was ich immer gesehen hatte, doch viele Menschen in meiner Umgebung, insbesondere meine Mutter, schienen so angsterfüllt. Als ich nun in der Kirche kniete und die Klagen meiner Mutter hörte, die mich fest in ihren Armen hielt, begann auch ich zu beten. Ich betete darum, wie meine Brüder sehen, einen Football fangen und in einem Schnellangriff über das Basketballfeld sausen zu können. Ich betete darum, daß diese fürchterlichen Fahrten nach Boston endlich aufhörten. Ich betete um mein Sehvermögen, damit meine Eltern mich nicht mehr an dunkle Orte brachten und so verzweifelt und verängstigt klangen. Ich wollte nur weg von hier und zu Hause im Garten in den Laubhaufen spielen, mit meinem Kinderrad mit Stützrädern den Gehsteig hinauf- und hinunterfahren und die umgestürzte Eiche erkunden, deren freiliegende Wurzeln sie zu meiner geheimen Festung machten.

Bevor ich in die Vorschule kam, gab mir Dr. Friedman, ein Spezialist für Sehstörungen, eine Spezialbrille mit dikken Gläsern, die eine so vergrößernde Wirkung hatten, daß ich fast so kleine Buchstaben wie mein Vater lesen konnte. Meine Mutter hatte mir das Alphabet beigebracht, und die dicken Gläser halfen mir, die Buchstaben auf der Seite zu finden. Doch auch mit dieser Spezialbrille mußte ich mich vorbeugen und mein Gesicht auf die Seite drücken, bevor die Buchstaben scharf wurden.

Als ich alt genug war, um die Vorschule zu besuchen, sahen sich meine Eltern nach verschiedenen Schulen für mich um. Die staatlichen Schulen waren überfüllt, und für die vielen Schüler waren nicht genug Lehrer da, so daß man mir die spezielle Zuwendung, die ich brauchte, nicht angedeihen lassen konnte: schriftliche Arbeiten in großen Buchstaben, einen Stuhl direkt neben der Tafel, zusätzliche Stunden für den Unterricht im Lesen. Meine Mutter setzte sich mit einer Privatschule in Verbindung, aber auch da stieß sie auf wenig Entgegenkommen. Bei meinem ersten Besuch dort kam ich wie aus dem Ei gepellt an – Lacoste-Polohemd, gebügelte Khakihose, saubere Turnschuhe. Ich hielt die Hand meiner Mutter fest, als wir die Schule betraten. Sie strich meinen Kragen glatt und drückte stolz meine Hand. Nach einer Zusammenfassung meiner Krankengeschichte wandte sich die Diskussion meiner Fähigkeit zu, Gedrucktes zu erkennen. Voller Genugtuung holte meine Mutter meine Spezialbrille mit den ein Viertel Zoll dicken Gläsern und eine Fibel für Anfänger aus ihrer Handtasche. Ich setzte meine Brille auf, öffnete bedächtig das Buch, ließ mein rechtes Auge über die Seite gleiten und begann, langsam zu lesen: T-i-s-c-h, S-t-u-h-l. Ich erwartete ein Schmunzeln, und das Schweigen des Gremiums verwirrte mich. Obwohl meine Leseleistung für einen Vierjährigen recht beachtlich war, muß der Anblick eines kleinen Jungen, der seine Nase auf die Seite preßte, auf die Pädagogen alarmierend gewirkt haben. Es war offensichtlich, daß ich nie schnell genug würde lesen können, um mit der Klasse Schritt zu halten. Die Schule hatte nie zuvor einen blinden Schüler gehabt, und sie hatten die größten Bedenken, ob sie auch alles zur Verfügung stellen könnten, was ich brauchte. Schließlich kamen sie zu dem Ergebnis, daß es das beste für mich sei, eine Blindenschule zu besuchen, und boten ihre Vermittlung an.

»Er wird auf keine solche Schule gehen«, sagte meine Mutter entschieden.

»Ich bin der Auffassung, daß die Lehrer dort über mehr Kenntnis verfügen, was seine Bedürfnisse betrifft«, erklärte die Schulleiterin.

»Ich habe eine Cousine zweiten oder dritten Grades«, begann meine Mutter. »Sie war eine Frühgeburt, und im Brutkasten erblindete sie. Und können Sie sich vorstellen, was ihr auf der Blindenschule beigebracht wurde?«

»Nein«, erwiderten die Kommissionsmitglieder höflich.

»Sie haben sie zur Klavierstimmerin ausgebildet. Natürlich ist nichts gegen das Stimmen von Klavieren einzuwenden. Das ist ein ehrenwerter Beruf. Das Komische an der Geschichte ist nur, daß Penny kein musikalisches Gehör hat. Sie ist blind, also wurde ihr das Klavierstimmen beigebracht, aber keiner hat gemerkt, daß sie gar kein musikalisches Gehör hat.« Meine Mutter brach in Gelächter aus, aber es klang gezwungen. Die Kommission lächelte höflich und fragte sich, was sie damit sagen wollte. »Wissen Sie, was sie jetzt tut?« fragte meine Mutter.

»Nein.« Die Pädagogen schüttelten den Kopf.

Meine Mutter machte eine Pause und betonte dann jedes einzelne Wort: »Sie tut nichts. Sie kann weder ihr Bett machen noch eine Mahlzeit zubereiten. Sie kann nicht einmal selbst eine Orange schälen. Und was passiert mit dem armen Geschöpf, wenn ihr Vater und ihre Mutter sterben? Wo wird sie bleiben? Was wird aus ihr werden? Wer wird ihr die Orangen schälen? Mein Kleiner kann sich im Haus und in der Umgebung selbständig bewegen. Er kann den Müll hinausbringen und den Boden saugen. Er kann sich Comics anschauen. Er legt seinen Kopf direkt auf die Seite, aber er kann die Bilder erkennen. Er kann im Swimmingpool schwimmen und mit einem Basketball dribbeln. Er spielt mit seinen Brüdern Football. Sie setzen ihn als Quarterback ein und schreien: ›Erik, hierher, in diese Richtung‹, und er wirft ihnen den Ball präzise zu. Er wird keine Klaviere stimmen, und er wird nicht im Haus herumsitzen und darauf warten, daß zum Mittagessen geläutet wird. Er wird in eine normale Schule gehen, mit normalen Kindern, und selbst wenn ich ihn in die Schule begleiten muß, wird er etwas lernen.«

Ich weiß nicht, woher meine Mutter die Kraft nahm, sich der Welt entgegenzustellen. Vielleicht ist es einfach der Urinstinkt einer Mutter, ihr Kind aufzuziehen und zu beschützen. Sie war ebenso unvorbereitet wie das Kollegium, das uns gegenübersaß. Aber irgendwie glaubte sie an mich. Ich war bloß ein kleiner Junge, der seine mit Tinte bekleckste Nase auf die Seite preßte. Ich hatte bis jetzt noch nichts getan, mich zu beweisen, wo erkannte sie also Stärke, Chancen und Verheißung, während andere nur Probleme, Hindernisse und Grenzen sahen? Ich werde es niemals sicher wissen, doch ihr Glaube an mich beruhte wohl auf ihrem eigenen Leben.

Ellen Suzanne Baker war in Jay, Florida, aufgewachsen, einem Städtchen mit einer einzigen Verkehrsampel und einer trinkfesten Bevölkerung an der Grenze zu Alabama, pflückte mit ihrem jüngeren Bruder Kenny Baumwolle für zwei Cent pro Pfund und enthülste mit ihrer Mutter Talatha Erbsen und Butterbohnen aus dem eigenen Garten. Einige der wohlhabenderen Familien ließen ihre Kinder nicht auf die Baumwollfelder, doch Martin und Talatha Baker waren zu Zeiten der Depression aufgewachsen, in der aus den knacksenden Radios der Schlachtruf ertönte: »Auftragen und aufbrauchen. Reparier's oder schaff es ohne.« Deshalb erzogen sie ihre Kinder, wie Martin es ausdrückte, nicht, »um der Vorstellung der Öffentlichkeit zu entsprechen«, sondern lehrten sie, harte Arbeit und das, was sie abwarf, schätzen zu lernen. Bis Ellen in ihre frühen Mädchenjahre kam, stammte fast alle Nahrung, die sie zu sich nahm, die Kleider, die sie trug, die Teller, von denen sie aß, die Vasen, in denen sie Blumen arrangierte, entweder aus der fetten roten Erde hinter dem Haus, aus Talathas Nähzimmer oder aus dem Trockenofen.

Während andere Mädchen mit sechzehn die Schule verließen, Babys bekamen und auf den Feldern zu arbeiten begannen, gab es bei ihr in diesem Alter verheißungsvolle Anzeichen dafür, daß Ellen Baker es im Leben zu etwas bringen werde. Sie wurde in der Schule vielfach ausgezeichnet und führte als Tambourmajorette die Schulband und die Paraden durch die Stadt an, wirbelte ihren Stab durch die Luft und fing ihn mit raffiniertem Griff hinter dem Rücken wieder auf. Als Anerkennung ihres Talents und ihrer Schönheit wählte der Verband der Sojabohnenpflanzer von Santa Rosa County meine Mutter zur Sojabohnenkönigin. Der Gouverneur von Florida ließ es sich nicht nehmen, sie persönlich zu krönen, und forderte sie auf, ihm beim Durchschneiden des Bandes bei der Eröffnung der Messe des Staates Florida zu assistieren. Talatha nähte ihr ein Kleid in Lavendel und Lila mit einem Meer von Rüschen von der Taille bis zum Saum. Die Ehrung durch den Gouverneur war außerdem mit einem luxuriösen Preis verbunden: einer Reise für zwei Personen in das tropische Kuba. Und so befanden sich Ellen und ihre Mutter, die wie die meisten in Jay nie über den Südosten der Staaten hinausgekommen waren, lachend und weinend unversehens an Bord eines Düsenflugzeugs nach Havanna.

Sie zogen durch die ganze Stadt, saßen im Tropicana, wo Desi Arnaz seine Karriere begonnen hatte, und schauten sich die lateinamerikanischen Truppen an, die Tango, Cha-Cha-Cha und Samba tanzten. Einmal machte sich Ellen selbständig, und ihre Mutter fand sie vor der Tür eines vollen Kasinos, wo sie mit großen Augen auf die funkelnden Lichter, die blinkenden Automaten und die hochgewachsenen, attraktiven Blackjack-Geber in Smokings und gestärkten Hemden starrte, die mit schnellen Bewegungen ihrer Hände, an denen Ringe aufblitzten, die Karten mischten und austeilten. Später gingen Ellen und ihre Mutter durch einen Park, in dem überall Studenten auf Decken lagen. Einer rief: »*Bonita! Bonita! Muy bonita!«* Worauf viele andere einstimmten: »*Bonita, bonita,* wunderschön.« Sie waren vom langen blonden Haar und dem hellen Teint meiner Mutter hingerissen. Ein kecker junger Mann baute sich sogar vor ihr auf und machte ein paar schwungvolle Cha-Cha-Cha-Schritte. Meine Mutter hatte sich die Schrittfolge gemerkt, machte sofort mit, und sie tanzten mitten im Park, ganz ohne Musikbegleitung, während die anderen Burschen lachten und applaudierten. Wie meine Großmutter zu sagen pflegt: »Es war wie eine Szene aus der *West Side Story.*« Doch den gewalttätigen Untertönen dieser Geschichte entsprechend hatte das Schicksal für das junge Leben meiner Mutter eine tragische Überraschung parat.

Nach dem Schulabschluß heiratete meine Mutter ihre Jugendliebe aus der Highschool, Jake McNary, einen großen strammen Farmerjungen mit sanfter Stimme und liebenswürdigem Lächeln, und bald hatten sie zwei bildschöne Kinder, Suzanne und Mark, in die Welt gesetzt. Traurigerweise kam Jake schon ein knappes Jahr nach der Heirat immer später nach Hause und manchmal überhaupt nicht. Wenn er kam, wurde er, der sonst so freundlich war, immer aggressiver, und nach ein paar Flaschen Bier wollte er »die Welt auseinandernehmen«. Als Jake eines Nachts betrunken und lallend nach Hause kam und meine Mutter durch das Zimmer prügelte, lief das Faß über. Sie hatte Angst um sich selbst, aber noch viel mehr befürchtete sie, daß seine heftigen Wutanfälle sich gegen die Kinder richten könnten. Schließlich sagte ihr mein Großvater: »Das Leben von jedem Menschen besteht bloß aus 'nem Packen Veränderungen, manche gut, manche schlecht, und bei dir isses nich anders. Wenn de von ihm weg willst, dann werden deine Mamma und ich dir helf'n, aber dann mußt du den Nacken steif halt'n und darfst nie zurückschaun.« Meine Mutter war davon ausgegangen, daß eine Ehe ewig währt. Sie muß von sich selbst schrecklich enttäuscht gewesen sein. Im Gegensatz zu vielen Altersgenossinnen im Ort hatte sie die Highschool abgeschlossen, war Sojabohnenkönigin gewesen, in eine exotische Welt gereist und hatte jemanden geheiratet, den sie für den Mann ihrer Träume gehalten hatte. Doch sie nahm sich die Worte ihres willensstarken Vaters zu Herzen, packte ein paar Sachen für sich und ihre Kinder zusammen, hielt den Nacken steif und schaute niemals mehr zurück.

Sie wohnte in dem Zimmer, in dem sie aufgewachsen war, und ernährte ihre Kinder mit Fabrikarbeit bei Chemstrand Manufacturing, einem großen Unternehmen, das Nylonfasern für Teppiche herstellte. Sie war dort fast vier Jahre beschäftigt, als eine Freundin sie zu einer Party im Offiziersklub des Marine Corps im nahen Pensacola einlud, wo sie meinem Vater begegnete, der vor kurzem seinen Abschluß an der Princeton University gemacht hatte und nun an der Fliegerakademie in der Ausbildung war. Sie verliebten sich ineinander und wurden binnen einem Jahr in einer traditionellen militärischen Zeremonie unter den gekreuzten Degen der Pilotenkameraden des Marine Corps getraut. Ein paar Jahre darauf wurde mein Bruder Eddi geboren. Und bald danach kam ich.

Am Ende unserer Besprechung mit der Leitung der Privatschule nahm mich meine Mutter an der Hand, und wir gingen. Eine Woche später bekam sie einen Brief mit der Mitteilung, sie hätten sich entschieden, mich auf Probe aufzunehmen, vorausgesetzt, daß sie mir in der Klasse helfe. Und so kam meine Mutter oft mit mir mit, las meine Aufgaben, übte mit mir und schrieb die Schulaufgaben in größerer Schrift ab. Allmählich zog sie sich zurück, um mich unabhängiger werden zu lassen. In der ersten Klasse kam ich einmal nach Hause und prahlte damit, daß ich alle Wörter bei einer Rechtschreibübung richtig gehabt habe. Stolz zeigte ich meiner Mutter das Blatt. Erst war sie ganz verzückt, doch als sie einen Blick auf das Blatt warf, verstummte sie. Auf dem Papier waren

Abbildungen von Tieren, unter die wir die korrekten Namen schreiben sollten. Auf meinem Blatt stand eine Reihe unleserlicher Zeichen, die mit gelbem Stift darübergekritzelt waren. Oben auf der Seite prangte ein Smiley als Anerkennung für meine Leistung. Ich hörte meine Mutter vor sich hin murmeln: »Was ... Smiley ... für so einen Mist?« Am nächsten Tag erschien sie in der Klasse und hielt dem Lehrer das Blatt vor die Nase. »Mit fünfzehn Kindern in der Klasse kann ich mir gut vorstellen, daß es schwierig ist, jedem einzelnen spezielle Aufmerksamkeit zu schenken. Aber wenn ein Kind ein Blatt mit gelbem Gekritzel abgibt, verdient es ganz gewiß keinen Smiley. Erik sieht schlecht. Aber er ist nicht dumm und kann bessere Leistungen als diese bringen. Verdammter Smiley. Zeichnen sie das nächste Mal eine Mistgabel und Hörner. Alles, was Sie wollen, aber bloß keinen Smiley.«

»Ich habe nie einen Schüler wie Erik unterrichtet«, versuchte sich der Lehrer zu rechtfertigen. »Ich habe nur versucht, sein Selbstvertrauen zu stärken.«

»Er braucht nicht mehr Selbstvertrauen«, sagte meine Mutter. »Er muß einfach lernen, wie man richtig schreibt.« An diesem Abend setzte meine Mutter sich neben mich und holte das verhängnisvolle Blatt hervor. Mit einem schwarzen Füller ließ sie mich Bild für Bild die Namen nochmals schreiben. Ich schrieb die neuen Wörter über meine undeutlichen Zeichen, die ich selbst nicht mehr verstehen konnte. Jeder kräftige Strich mit dem schwarzen Füller gab mir ein tröstliches Gefühl von Sicherheit und schien mit dem Chaos darunter aufzuräumen.

Meine Mutter versuchte immer, Ordnung in meine Welt zu bringen. Wenn sie Lebensmittel einkaufte, war es meine Aufgabe, die Sachen, die ich gerne aß, wegzuräumen – Kekse, Erdnußbutter, Orangen –, so daß ich sie leicht finden konnte, wenn sie nicht da war. Das gleiche Prinzip galt für die Wäsche. Sie stellte den Wäschekorb vor mich hin, und ich durchsuchte ihn, faltete die Unterwäsche zusammen, sortierte die Socken und legte alles ordentlich in den Schrank. Einmal wollte ich unbedingt sofort draußen spielen und stopfte den Stapel wahllos hinein, doch sie erwischte mich dabei, zerrte alle Stücke heraus und warf sie zornig auf einen Haufen auf dem Boden. Also mußte ich von vorne anfangen, alles zusammenfalten und sortieren und ließ es mir eine Lehre sein. Noch mit sechs dachte ich, daß sie einen Ordnungsfimmel habe, doch sie blieb unbeugsam. Die Schuhe, die ich in der Schule trug, mußten in den Schuhschrank gestellt werden; Jacken mußten aufgehängt werden. Und dafür bekam ich eine Gegenleistung. Sie vergaß nie, die Tür der Spülmaschine zu schließen, wenn sie das Geschirr eingeräumt hatte, damit ich, wenn ich wie so häufig mit großem Geschrei um die Ecke kam, nicht mit dem Schienbein dagegen knallte. Schranktüren blieben nie halb offen, und Eimer und Mops standen nie in der Mitte des Zimmers herum.

Mein Vater war ebenso beharrlich wie meine Mutter, zumal, wenn es um körperlichen Einsatz ging. Er stammte aus einer bodenständigen deutschen Familie aus Pennsylvania. Während meine Mutter sich hauptsächlich von Kuhbohnen und Grünkohl ernährte, aß er Rotkohl und Kartoffelpuffer. Jeden Samstag warf er sich für das große Spiel in Schale, und jeden Sonntag zog er für die Morgenmesse Rock und Krawatte an. Sein Vater war Besitzer eines Betonwerks, und es schien, daß Ed Weihenmayer aus genau dem gleichen Beton geformt war. Während seiner Zeit in Princeton hatte er seinen Körper über die Schmerzgrenze hinaus gefordert. Im Herbst hatte er Football gespielt, im Winter war er bei den Ringern gewesen, im Frühjahr bei den Hammerwerfern, und seinen Abschluß in den technischen Wissenschaften hatte er als bester gemacht. Nach dem College war er zu den Marines gegangen und hatte seinem Land als Kampfflieger in A-4 Skyhawks bei 108 Einsätzen über Vietnam gedient.

Noch Jahre nach seinem Militärdienst stand er jeden Morgen bei Tagesanbruch auf und salutierte, bevor er sich zu seiner zweistündigen Pendlerfahrt zur Arbeit nach Manhattan aufmachte, vor der Marines-Fahne, die über unserer Veranda wehte, und der amerikanischen Fahne darüber. Und jedesmal, wenn Kennedys berühmter Ausspruch »Frag nicht, was dein Land für dich tun kann, sondern was du für dein Land tun kannst« im Fernsehen wiederholt wurde, schossen ihm Tränen in die Augen, und während der Rede des Präsidenten zur Lage der Nation hängte er das Telefon aus und hörte sich die Rede voller Bewunderung an. An den Wochenenden weckte er seine vier Kinder – Mark, Suzanne, Eddi und mich – mit dem vertrauten, abgedroschenen Satz: »Steht auf und strahlt wie die Morgensonne. Atmet die frische Morgenluft ganz tief ein.« Wenn er besonders energiegeladen war, weckte er uns, indem er sich seine geschlossenen Hände vor den Mund hielt und das Wecksignal auf einem imaginären Horn blies. Meistens reagierten wir auf seine morgendlichen Weisheiten und das Getröte mit Stöhnen, und Mark und Suzanne vergruben ihre Köpfe unter den Kissen. Manche Väter lesen ihren Kindern Märchen oder Kinderreime vor, doch mein Vater setzte mich auf seine Knie und las mir sein Lieblingsgedicht »Laß nicht nach« vor.

Wenn nichts so läuft, so wie es soll,
und ist dein Trott auch dornenvoll,
wenn Not die Schulden immer höher treibt,
dein Lächeln einfriert und nur Seufzen bleibt,
und macht dich all die Mühe schwach –
halt ein und atme durch, doch laß nicht nach.

Des Lebens Launen sind oft sonderbar,
früh oder später wird das jedem klar;
so manchem Mann erschlafft die Kraft,

doch mit mehr Einsatz hätt' er es geschafft.
Frag nie: Wie soll's bloß weitergehn?
Du machst dein Glück, du wirst es sehn.

Oft ist ein Ziel um vieles näher dran,
als es erscheint – doch Schwäche lähmt den Mann.
Wie oft versucht es einer nicht ein letztes Mal
und hätt' ihn fast errungen, den Pokal.
Und zu spät, als es Abend war, wurde ihm klar,
wie nah er der Krone gewesen war.

Erfolg ist Scheitern, in richtige Bahnen gelenkt –
es kommt darauf an, wie die Waage sich senkt.
Und nie kannst du wissen, wie nahe du bist,
wie fern oder greifbar dein Ziel vor dir ist.
So kämpf gegen Armut und kämpf gegen Schmach –
grad wenn es am schlimmsten ist, gib niemals nach.

Es war also durchaus im Sinne des Lieblingsgedichts meines Vaters, als ich ihn mit sechs bat, die Stützräder von meinem Fahrrad abzumontieren und mir das Radfahren beizubringen. Mein Vater und ich standen früh an einem Sonntagmorgen auf und zuckelten die Straße hinauf und hinunter, ich den Kopf nach vorne über den Lenker gereckt, während er hinterherrannte und mich am Sattel stützte. »Hältst du mich immer noch fest?« rief ich.

»Immer noch«, antwortete er, »aber ich habe ihn fünf volle Sekunden losgelassen, und du hast es nicht einmal gemerkt.«

»Ich bin allein gefahren«, schrie ich. »Bin ich wirklich allein gefahren?«

»Ich habe schon wieder losgelassen, während du gefragt hast«, rief er, und seine Stimme überschlug sich fast vor Erregung. »Du brauchst keine Hilfe mehr«, schrie er, »du kannst es alleine.« Und er rannte an mir vorbei und hielt seine Hände vor mir in die Höhe.

»Ist das wahr? Ist das wahr?« Die Erkenntnis, daß ich es wirklich selbst schaffte, war zuviel für mich, ich machte einen starken Schlenker, versuchte, wieder ins Gleichgewicht zu kommen, und scherte auf die andere Straßenseite aus. Mein Vater spurtete hinter mir her, versuchte, den Sattel wieder zu erwischen, doch es war zu spät, und ich knallte mit einem Schmerzensschrei auf das Pflaster. Doch ich sprang sofort wieder auf und spürte kaum, daß ich an Knien und Ellbogen blutete. »Bin ich wirklich alleine gefahren? Habe ich es ohne Hilfe geschafft?« In weniger als einer Stunde konnte ich es wirklich, ein wenig unsicher zwar, und deshalb versuchte mein Vater, immer wenn ein Auto vorbeifuhr, nach dem Sattel zu greifen. Doch manchmal war ich ihm zu weit voraus, und er schrie aufgeregt: »Auto links von dir.« Ich wurde so nervös, daß ich nach rechts schwenkte, über die Bordsteinkante holperte und eine steile Böschung hinunter in den Straßengraben fuhr. Er stolperte hinter mir her und sortierte mich und das Rad zwischen Efeu, Unkraut und wilden Rosen heraus. »Willst du es noch einmal probieren? Du kriegst es wirklich allmählich raus.«

Gegen Mittag platzte mein Vater durch die Vordertür ins Haus, seine Hand auf meiner Schulter. »Ellen, Ellen!« schrie er begeistert. »Wir können die Stützräder wegschmeißen. Unser Junge fährt solo!« Doch meine Mutter schien die aufregende Neuigkeit gar nicht zu hören. Sie stand schweigend da, ihr Blick wanderte von meinen zerkratzten Knöcheln über die ramponierten Schienbeine zu meinen aufgeschürften Knien und schließlich zu meinen übel zugerichteten Ellbogen. Ihr Gesicht verwandelte sich ganz allmählich in das einer Löwenmutter. Sie preßte die Zähne aufeinander und warf wütende Blicke auf meinen Vater, bevor sie auf mich zulief, mich in die Arme schloß und sofort durch den Flur zur Hausapotheke schleppte. Mein Vater stand mit hängenden Armen in der Tür, und das Lächeln auf seinem Mund gefror. Mein Vater war wie ein Besen, der mich in die Welt hinausfegte, während meine Mutter eine Kehrschaufel war, die ständig die kaputten Teile einsammelte und mich wieder zusammensetzte.

Meine Mutter setzte sich wirklich wie eine Löwin für ihre Kinder ein und ganz besonders für mich, was sicher mit meiner Sehstörung zusammenhing. Unter der Oberfläche besaß sie eine Unerbittlichkeit, die beim geringsten Anlaß zum Vorschein kam. Als zwei Rabauken aus der Nachbarschaft mitten in unserem Garten mit meiner Baseballmütze Schindluder trieben, jagte sie sie auf die Straße hinaus und versetzte einem sogar einen Fußtritt in den Hintern. Als ich nicht zu einer Verkleidungsparty eingeladen wurde, die ein paar Jungs am Tag vor Halloween veranstalteten, weil deren Eltern fanden, daß sie sich damit zuviel Verantwortung aufbürdeten, blieb meine Mutter bis zwei Uhr nachts auf und nähte mir ein Glöckner-von-Notre-Dame-Kostüm, stickte »Quasimodo« auf die Brust und stopfte den Rücken mit einem großen Polster als Buckel aus. Darauf marschierte sie mit mir durch die Nachbarschaft und spazierte vor dem Haus ebendieser Nachbarn auf und ab. Dies alles nur, damit sie sahen, wie originell dieses Kostüm war, und daß ich damit mühelos bei irgendeinem Halloween-Wettbewerb den ersten Preis gewonnen hätte. Auf mich hatte es allerdings die Wirkung, daß ich mir wirklich wie der echte Quasimodo vorkam.

Im Sommer 1976 fuhren meine Eltern wieder mit mir nach Boston, diesmal zu einem Termin bei Dr. Friedman, meinem Spezialisten für Sehstörungen. Er war begeistert, daß er an mir einen neuen Typ Einglas testen konnte. Meine gewölbte dicke Brille half beim Lesen, aber bisher war es mir noch nicht möglich gewesen, etwas, das sich in einiger Entfernung befand, zu erkennen. In seiner Praxis hielt ich das starke Einglas vor mein rechtes Auge, das einzige, das einigermaßen funktionierte, und die Buchstaben auf der sechs Meter entfernten Sehtesttafel wurden plötzlich scharf. Vorher hatte ich nicht einmal den dicken Großbuchstaben E oben auf der Karte erkennen können, doch nun konnte ich die Buchstaben bis zur vierten Zeile lesen. Während meine Eltern mit dem Spezialisten sprachen, stand ich vor dem großen Fenster seines Ordinationszimmers im zweiten Stock und starrte mit dem Einglas auf Menschen hinunter, die ihren Geschäften nachgingen. Ich sah einen Mann mit braunem, gewelltem Haar und blassem, abgehärmtem Gesicht, der den Gehsteig mit einem Stoß Papiere unter dem Arm entlanghastete. Wohin mußte er so eilig, fragte ich mich. Eine Gruppe Männer schleppte große Kartons von einem Lastwagen in die Eingangshalle eines Gebäudes. Ich konnte die Anstrengung auf ihren Gesichtern erkennen. Ein Mann lehnte sich an ein Geländer und blickte auf den Hafen von Boston. Plötzlich stand ich direkt neben ihm und schaute auf das bewegte dunkle Wasser hinaus. Bevor ich das Einglas benutzte, waren Gesichter bereits in einem Meter Entfernung platte, verschwommene Masken gewesen. Das lebhafte Bild des Straßenverkehrs und das unendliche Geheimnis des Hafens, in dem es von Überseeschiffen wimmelte, lagen außerhalb meiner Vorstellungswelt. Nun war ich ganz plötzlich mitten in dieser Welt mit ihren lebhaften Farben und Strukturen und hatte dieses eine Mal das Gefühl, daß ich dazugehörte.

Nach unserem Besuch beim Arzt führten mich meine Eltern in *Star Wars,* der auf einer Großleinwand am Copley Square gezeigt wurde. Sonst saß ich immer in der ersten Reihe, und die funktionierenden Reste meiner Netzhaupt gestatten mir nur, einen kleinen Ausschnitt der Leinwand zu sehen. Ich reckte meinen Kopf vor und zurück, um der Handlung folgen zu können – meist vergeblich. Nun jedoch saßen wir alle in einer mittleren Reihe. Mit dem fokussierten Einglas konnte ich fast die

Hälfte der Leinwand sehen, und das war eine Menge. Direkt vor mir waren haarige Gorillas mit riesigen stechenden Augen und runzelige Biester, deren kurze, dicke Elefantenrüssel hin und her schwangen. Ich duckte mich unwillkürlich, um bedrohlichen Raumschiffen auszuweichen, deren große Fronten in mein Gesichtsfeld schwenkten und feurige Lichtstrahlen durch den schwarzen Weltraum schossen.

Als wir nach dem Film das neue Sehgerät, das diese Wunder vollbracht hatte, mit einem Bananensplit feierten, wurde mir auf einmal klar, daß die fürsorgliche Strenge und Härte meiner Mutter nur eine dünne Hülle war, die dazu diente, nicht nur mich, sondern auch sie selbst zu schützen. In einer Nische im Restaurant versuchte mein Vater, all die großen Worte zu erklären, die der Arzt benutzt hatte, um meine Krankheit zu beschreiben. Die Worte hatten meine Krankheit bedeutend erscheinen lassen: kongenital, genetisch, rezessive Genabweichung, Mutation. »Es sind winzige Informationsträger, die jeden Menschen zu dem machen, was er ist«, legte mein Vater dar. »Deine Krankheit kommt vermutlich von einem defekten Gen, das im mütterlichen Teil der Familie codiert ist.«

Ich wandte mich zu meiner Mutter. »Herzlichen Dank«, scherzte ich. Sie trank ein Glas Pepsi und begann so stark zu husten, daß sie das Glas auf den Tisch knallte und den größten Teil verschüttete. Dann ging das Husten in Schluchzen über, und sie mußte den Tisch verlassen. »Ich habe es nicht so gemeint«, sagte ich zu meinem Vater, der aufstand und ihr nachschaute. »Ich habe nur Spaß gemacht.« Es wäre mir mit meinen sieben Jahren nie in den Sinn gekommen, ihr die Schuld zu geben, und ich hätte nie gedacht, daß sie sich wegen eines mikroskopischen Defekts Vorwürfe machen könnte, der in der Familie vielleicht tausend Jahre, Generation für Generation, weitergegeben worden war und sich niemals manifestiert hatte – bis jetzt. Als sie aus der Toilette zurückkam, umarmte ich sie und sagte ihr, daß meine Sehbehinderung nicht ihre Schuld sei, doch den Rest der Mahlzeit saß sie nur da, ohne ein Wort zu sagen, ihr Atem ging unregelmäßig, und sie holte immer wieder Papiertaschentücher aus ihrer Handtasche, um sich zu schneuzen.

Eine machtvolle Mischung aus Liebe und Schuldgefühl sorgte dafür, daß meine Mutter sich so leidenschaftlich dafür einsetzte, daß ich an allen Beschäftigungen normaler Kinder teilnehmen konnte. Bei den Jungpfadfindern schaffte sie es, zu unserer Elternvorsitzenden gewählt zu werden, nur um ganz sicherzugehen, daß ich von keiner Aktivität ausgeschlossen wurde. Nach dem Mittagessen lagen wir immer auf ihrem großen Bett, das nach ihren Parfüms, Cremes und Gesichtspudern roch. Sie las mir dann aus meinem Pfadfinderhandbuch vor, wie man Knoten knüpft, ein Lagerfeuer macht und aus Milchtüten ein Periskop baut. Ich war fasziniert von ihrer Stimme, die so hoch und ausgeglichen, fast musikalisch war. Als ich nur noch einen Schritt von meinem Naturabzeichen entfernt war, begann sie, mir aus dem Kapitel »Bucky Badger's Road to Nature« vorzulesen. Als letzte Prüfung mußte ich einen Schmetterling fangen und ein Bild davon malen, »unter sorgfältiger Beachtung von Farbe, Beschaffenheit und Musterung«. Ich war niedergeschlagen, denn die ganze Prozedur schien mir ungeheuer schwierig. Ein Schmetterling war für mich nicht mehr als ein Huschen von Farbe. Doch sie versicherte mir: »Mach dir keine Sorgen. Es wird leicht sein.« Sie putzte mich für den Anlaß mit einem aufdringlich gemusterten Outfit heraus, das mit brüllenden Löwen, springenden Zebras und Elefanten, die aus ihren Rüsseln Wasser spritzten, bedruckt war. Sie selbst zog Designerjeans und einen unförmigen, knallroten Pullover an, der ihr schmales Gesicht noch zarter erscheinen ließ. Ich nahm ihr das Versprechen ab, den Schmetterling, falls wir einen fangen sollten, nicht zu töten, sondern ihn nur zu betrachten und dann wieder fliegen zu lassen. Sie stimmte mir überschwenglich zu und sagte, daß es Spaß machen werde.

Sie hielt mich an der Hand, als wir eine verkehrsreiche Straße zu einem Feld überquerten, das mit stechenden Kiefernnadeln bedeckt war. Erst gab sie mir das Schmetterlingsnetz und ließ mich versuchen, einen zu fangen, doch die Schmetterlinge flatterten ebenso rasch in mein Gesichtsfeld, wie sie daraus verschwanden. Ich versuchte sogar, sie mit meinem Einglas auszumachen, indem ich es gegen den Himmel richtete, doch unglücklicherweise waren die Schmetterlinge selbst für seine Stärke zu klein und zu unauffällig. Darauf nahm meine Mutter mich an der Hand und begann mit dem Schmetterlingsnetz in der anderen zu laufen, zu springen und Haken zu schlagen, während sie mich hinter sich herzog. Doch auch zusammen konnten wir keinen erwischen. Dann ließ sie meine Hand los und machte allein weiter, während ich zuschaute. Bald vergaß sie meine Anwesenheit. Ihr knallroter Pullover tanzte und verschwand und schien dann dicht über dem Boden die tollsten Verrenkungen zu machen. Sie fluchte, und der Pullover stieg wieder auf, flitzte pfeilschnell über das Feld, änderte die Richtung und bewegte sich im Zickzack. Dann begann sie das Netz nach Schmetterlingen zu schwingen, wo selbst ich erkennen konnte, daß sie nicht da waren. Außer Atem keuchte sie: »Wie können sie von einem kleinen Jungen erwarten, daß er einen Schmetterling fängt?« Schließlich gab sie auf, warf das Netz hin und ließ sich neben mir auf den harten Lehmboden fallen. »Wir versuchen es ein anderes Mal«, versprach sie.

Wir zeichneten das Bild trotzdem. Ich hielt den schwarzen Stift an der Spitze fest und sie oben. Sie beugte sich über meinen Kopf, der auf das Blatt gedrückt war, und half mir, die Striche zu ziehen. Die Zeichnung wurde sehr hübsch, fast so, als ob wir wirklich einen gefangen hätten. Sie saß dicht neben mir und schob ihr Haar zur Seite, so daß ich ihre Augen unmittelbar vor mir sehen konnte, so groß und grün und offen wie die eines Kindes. Sie sagte, sie habe nicht gewußt, wie schwierig es sei, einen Schmetterling zu fangen, aber daß wir das nächste Mal mehr Erfolg haben würden. Es machte mir eigentlich nichts aus, daß wir keinen erwischt hatten. Mir gefiel das Bild, das wir gezeichnet hatten, doch der Gedanke an ihre traurigen Augen ließ mein Herz so von Liebe schwellen, daß ich mich auf jeden Atemzug konzentrieren und ganz bewußt ein- und ausatmen mußte.

Als ich älter wurde, empfand ich die Liebe meiner Mutter als übermächtig, fast erstickend, während mein Vater mir eine Spur von Freiheit ließ, auch wenn ich dadurch hin und wieder auf die Nase fiel. Als ich acht war, bot die Firma meines Vaters, der pharmazeutische Betrieb Pfizer, ihm eine Beförderung als Leiter der Personalabteilung in Asien an. Der Job machte es allerdings erforderlich, nach Hongkong überzusiedeln. Es war ein enormer Schritt, doch meine Mutter konnte ihn davon überzeugen, daß es aufregend werden würde. Wir bezogen eine Wohnung an der Wongneichong Gap Road. Meine Mutter stopfte unser neues Heim enthusiastisch mit chinesischen Apothekerschränken aus dunklem Holz und mit Dutzenden kleinen Laden voll, mit großen Bronze-Buddhas, perlweißen Lampen, die mit scheinbar umeinanderwirbelnden chinesischen Schriftzeichen übersät waren, sowie handgeschnitzten hölzernen Wandschirmen mit Abbildungen alter Kampfszenen. An den Wochenenden segelten wir in einer chinesischen Dschunke mit einem hohen Holzmast und einer kunstvoll gemalten grünen Schlange auf dem Segel. Jedesmal legten wir an einer anderen spärlich besiedelten Insel an und machten uns auf, sie zu erkunden. Meine Mutter blieb zum Sonnenbaden auf der Dschunke, und Mark, Eddi, mein Vater und ich wanderten Stunden in die dicht mit Bambus bewachsenen Berge. Während wir in einer Reihe hintereinander gingen, rief mein Vater im Marschrhythmus: »Hügel rauf und oben drüber, Hügel runter und entlang und alle marsch!«

Eddi: Eins, zwei!

Vater: Signal!

Ich: Drei, vier und jetzt im Chor:

Alle: Wir lieben das Marinecorps!

Mark blieb immer etwas zurück, er mochte sich nicht beteiligen und murmelte Dinge wie: »Signal! Eins, zwei. In Hundescheiße reingetreten, Schweinerei!« Ohne ihn zu beachten, fuhr mein Vater mit lauterer Stimme fort.

Vater: Wer ist der beste?

Eddi und ich: Das sind wir!

Vater: Und wer sind wir?

Eddi und ich: Wir sind das Corps!

Vater: Signal!

Eddi: Eins, zwei!

Vater: Signal!

Ich: Drei, vier und jetzt im Chor:

Alle: Wir lieben das Marinecorps!

Manchmal dehnte mein Vater die Exkursionen aus, und wir erkundeten einsame Strände mit Namen wie Sharks Bay und Deep Water Bay und kletterten durch Höhlen und alte japanische Bunker, die von der japanischen Besatzung im Zweiten Weltkrieg stammten. Einmal, als sich meine Mutter auf einer Reise durch China befand, erforschten mein Vater, meine Brüder und ich ein Stück Land, das zwar unter der Verwaltung von Hongkong stand, aber mit dem chinesischen Festland verbunden war. Wir krochen unter einem Stacheldrahtzaun hindurch und wanderten einen schmalen Strand entlang. Überall standen Schilder mit englischen Buchstaben, die so groß waren, daß sogar ich sie lesen konnte: TURN BACK IMMEDIATELY, YOU HAVE ENTERED THE PEOPLE'S REPUBLIC OF CHINA. Ich erwartete, daß mein Vater uns das Zeichen zum Umkehren geben würde, aber er war noch elektrisierter als wir. »Wir können eurer Mutter das Vergnügen nicht alleine lassen. Was haltet ihr davon, wenn wir uns auch ein bißchen in China umschauen?« Wir verließen den Strand und kamen in ein Dorf mit wakkeligen Holzhütten und sandigen Küstenwegen. Auf der Stelle umringten uns Horden von streunenden, kläffenden Hunden und neugierigen Kindern. Die Erwachsenen hielten Abstand und starrten uns mißtrauisch an. Mein Vater, der auf weitere Abenteuer aus war, verhandelte mit dem Besitzer eines Sampan, der sich bereit erklärte, uns auf eine Insel auf der anderen Seite der Bucht zu bringen, wo ein Markt stattfand. Als wir in sein kleines Boot stiegen, heulten Sirenen auf, ein Jeep kam quietschend neben uns zum Stehen, und chinesische Polizisten in kurzen Hosen und mit ihren AK-47 im Anschlag umzingelten uns. Ich kann mir nicht vorstellen, daß wir einen bedrohlichen Eindruck machten, weder mein Vater mit seinem schlabbrigen, ins Gesicht hängenden Sonnenhut noch meine Brüder und ich, die abgewetzte Pfadfinderanzüge trugen. Mein Vater wurde von den chinesischen Amtspersonen beschimpft und zu einer hohen Buße von 200 Hongkong-Dollar (40 US-Dollar) verdonnert, und wir wurden auf der anderen Seite der Grenze aus einem gepanzerten Lastwagen gestoßen. Wieder auf sicherem Terrain, versammelte mein Vater uns um sich und sagte: »Für mich persönlich, Jungs, war das die beste 40-Dollar-Investition, die sich denken läßt, aber wenn eure Mutter zurückkommt und uns über ihre Reise durch China erzählt, wollen wir sie doch nicht mit unserem eigenen Abenteuer blamieren. Tun wir einfach so, als ob wir niemals in China gewesen wären.« Ich hatte allerdings den Verdacht, daß sich hinter der noblen Geste, meiner Mutter nicht die Schau zu stehlen, eher die elementarere Absicht verbarg, die eigene Haut zu retten.

Meine Brüder und ich mußten nicht bis nach China, um vom Abenteuer zu kosten. Das Chaos in den Straßen von Hongkong reichte uns. Auf den offenen Märkten, wo sich unzählige Stände dicht an dicht drängten, wurde alles nur Denkbare verkauft – von langen, dicken Aalen, die an der Sonne trockneten, über Fässer mit eingelegten Kobras bis zu großen weißen kollernden Kakadus. Für mich mit meinem begrenzten Sehvermögen und meinen noch nicht einmal zehn Jahren blieben allerdings die meisten Abenteuer verboten. Doppeldeckerbusse fuhren über die 24 Kilometer lange Insel, aber ich durfte nie alleine in ihnen fahren. Als meine Mutter noch auf ihrer Chinareise war, überredete ich meinen Vater, mich von der Wohnung eines Freundes allein nach Hause gehen zu lassen. Seine Erlaubnis war wohl als Tauschhandel gedacht, dafür, daß unser Ausflug nach China geheim blieb. Mein Freund brachte mich zur Bushaltestelle, und als ein Bus, der in meine Richtung fuhr, hielt, stieg ich ein. Ich konnte die Nummer des Busses nicht erkennen, aber ich wußte, daß nur zwei Busse auf dieser Strecke fuhren, und fand, daß die Chancen für mich gut standen. Ich hätte eher ein Faß mit eingelegten Schlangen gegessen, mir beide Augen von einem Kakadu aushacken lassen und ein Jahr in einem Doppeldecker verbracht, bevor ich einen Freund um Hilfe gebeten hätte. Im Bus kletterte ich aufgeregt die Wendeltreppe nach oben und setzte mich auf einen der hintersten Plätze, wurde allerdings allmählich etwas nervös, weil ich durch das Fenster die Strecke nicht gut genug verfolgen konnte. Ich sah verschwommene Umrisse von weißen Gebäuden, gelegentlich einen Baum und die grauen Asphaltmauern, die an den Berghängen als Schutz gegen Erosion errichtet waren. Doch ich konnte nicht erkennen, ob das nun speziell die Gebäude, Bäume und Mauern waren, die mich zu unserer Wohnung führen würden. Ich konnte es spüren, wenn der Bus in eine Kurve fuhr, und war sicher, daß wir nicht nach rechts und den langen Hügel hinauf in Richtung Wongneichong Gap Road abgebogen waren, sondern nach links hinunter in das Happy

Valley. Als der Bus sich rumpelnd weiter und weiter von meinem heimatlichen Hafen entfernte, kam ich mir vor wie ein Astronaut, der ins All geschossen wurde und beobachtet, wie die Erde zu einer kleinen blauen Murmel schrumpft. Als der Bus endlich hielt, sprang ich die Treppe hinunter, drängte mich durch die dichte Menge Chinesen mit gefüllten Einkaufstaschen und stürmte hinaus.

An diesem Tag lernte ich Hongkong wirklich kennen. Im Vorbeigehen fiel mir eine Gruppe alter, spindeldürrer Chinesen auf, die ein Würfelspiel spielten. Sie ruderten aufgeregt mit den Armen und schnatterten hitzig auf Kantonesisch durcheinander. Ein Mann nahm einen Schluck aus einem Einweckglas, das mit irgendeiner braunen, schleimigen Flüssigkeit gefüllt war. Dann gab er aus tiefster Kehle ein Geräusch von sich, das sich anhörte, als ob eine Katze mit ihren Krallen über Sandpapier kratzt, und spuckte in weitem Bogen einen schleimigen Pfropfen aus, der direkt auf dem Pflaster vor meinen Füßen landete. Die anderen lachten, und ich nahm an, daß dies ein Wink sei, mich zu trollen. In einiger Entfernung hörte ich den gleichmäßigen Rhythmus von Trommeln, der mein Interesse erregte. Als ich auf das pulsierende Geräusch zuging, erkannte ich eine Reihe von langen, schmalen Auslegerbooten, die in leuchtenden Farben bemalt waren, vorne geschnitzte Drachenköpfe trugen und am Kiel gezackte Schwänze. Am Bug jedes Bootes saß ein Mann mit einer Trommel zwischen den Beinen. Den Blick nach rückwärts gerichtet, schlugen sie den Takt für ihre Besatzungen. Von dort lief ich durch eine schmale Gasse, bis ich zu einer Treppe kam, die ich hinaufstieg. Sie endete auf einer kleinen Plattform mit einem Holzhäuschen, das in den Berg hineingebaut war. Zu meiner Linken setzte sich die Treppe fort, und obwohl mir bewußt war, daß ich möglicherweise unerlaubt ein fremdes Grundstück betrat, war ich sehr neugierig. Eine halbe Stunde lief ich im Zickzack über zahllose Treppen, die steil den Berg hinaufführten.

Jede Treppe war von einer weiteren kleinen Plattform mit einem winzigen Haus unterbrochen. Als ich schließlich außer Atem oben angekommen war, befand ich mich in einer kleinen rot-grünen Pagode, die zu beiden Seiten von riesigen geschnitzten Drachen bewacht wurde. Belaubte Ranken wucherten über die feuchten Wände, und ich konnte das Gezeter von winzigen Vögeln hören, die unter dem Dach nisteten. Vor dem Tempel lagen Platten mit erlesenen Gerichten und mit Tee gefüllten Schalen, alles Gaben an Buddha. Während ich in der stillen Pagode stand, deren Wände die Geräusche der Stadt tief unter uns dämpften, wurde mir bewußt, daß ich einen großartigen und geheiligten Ort betreten hatte, einen Ort, den nur ganz wenige Forschungsreisende mit unendlicher Geduld und Beharrlichkeit jemals entdecken würden. Jahre später sollte ich herausfinden, daß es genau dieses Gefühl war, das ich auf einem Berggipfel empfand.

Nachdem ich an diesem Abend an drei weiteren falschen Bushaltestellen ausgestiegen war, fand ich endlich den richtigen Weg nach Hause und rannte zu unserer Wohnung – ein paar Minuten, nachdem meine Mutter mit meinem Vater, der sie vom Flugplatz abgeholt hatte, heimgekommen war. »Wo warst du?« fragte sie.

»Ach, er hat draußen gespielt. Keine Ahnung, warum wir ihn übersehen haben«, sagte mein Vater in dem Bewußtsein, tief in diese Verschwörung verstrickt zu sein. Als meine Mutter in ihr Zimmer ging, um auszupacken, rückte er mir allerdings so nahe auf den Pelz, daß ich seinen wütenden Blick sehen konnte. »Wir sprechen uns später«, flüsterte er in strengem Ton. »Ich bin froh, daß du wohlbehalten zurückgekommen bist. Ein paar Minuten später, und deine Mutter hätte mich in Stücke gerissen.«

Leider wurde mein Vater bereits vier Jahre, nachdem wir nach Hongkong gezogen waren, wieder nach New York zurückversetzt. Meine Mutter fand ein Haus in Weston, Connecticut, eine Autostunde von der Stadt entfernt. Unser neues Haus lag oben auf einem Hügel und war nur über eine lange, steile und geschwungene Auffahrt zu erreichen. Obwohl Hongkong ein einziges großes Abenteuer gewesen war, gefiel es mir in Connecticut bald besser, denn ich genoß mehr Freiheiten. Jedes Wochenende fuhr ich mit dem Fahrrad über die Landstraßen, trat bei einer Steigung der sanften Hügel in die Pedale und ließ mich auf der anderen Seite hinuntergleiten. Ganz besonders interessierten mich die riesigen, penetrant riechenden Sümpfe, die sich im Sommer bildeten, der zerklüftete Einschnitt, den sich der Fluß zwischen steilen Felsen gebahnt hatte, und die leeren Parzellen mit ihren weichen, von Planierraupen aufgetürmten Erdhaufen, in denen ich mich wälzen und hinfallen konnte, ohne mich zu verletzen. Meine Lieblingsbeschäftigung wurde das Radspringen. Ich setzte mich in einem Evel-Knievel-T-Shirt und mit schwarzen Lederhandschuhen oben vor unserem Haus auf das Rad. Nachdem ich ein paarmal tief Atem geholt hatte, schoß ich die Auffahrt hinunter, um eine Kurve und auf eine Holzrampe, die an ihrem Ende lag. Ich segelte über die Rampe und landete auf einer zweiten zweieinhalb Meter dahinter. Dann drehte ich in der Bucht der Zufahrtsstraße eine Ehrenrunde, mit einer Hand am Lenker, die andere triumphierend in die Höhe gereckt, und winkte einer imaginären Menge zu.

Eines Tages, als ich die Auffahrt zum nächsten Sprung hinaufstrampelte, schienen mein Fahrrad und der Grund unter mir von einer Seite zur anderen zu schwanken, und ich schaffte es gerade noch, meinen Fuß auf den Boden zu setzen, bevor ich gestürzt wäre. Aus einem unerfindlichen Grund sah ich alles noch unschärfer und verschwommener. Ich schüttelte den Kopf, schloß die Augen, öffnete sie wieder und schaute mich verwirrt um. Ich redete mir ein, es sei bloße Einbildung, daß meine Sehkraft nachlasse, daß es sich lediglich um eine kurzfristige Blendung durch das Sonnenlicht gehandelt habe, daß ich beim Frühstück nicht genug gegessen oder daß ich nicht genug geschlafen habe; alles mögliche, nur nicht die Wahrheit. Ich beschloß, mir selbst zu beweisen, daß alles in Ordnung sei und daß ich ohne weiteres wieder meinen Sprung ausführen könne. Diesmal trat ich etwas vorsichtiger in die Pedale, doch die braune Holzrampe, die nur undeutlich vom Asphalt darunter zu unterscheiden war, schoß zu schnell auf mich zu. Ich kam schräg auf, rutschte seitlich ab und schaffte es nur mit einiger Mühe, im Sattel zu bleiben. Von Versuch zu Versuch wurde ich langsamer und langsamer; entweder rutschte ich seitlich weg oder verfehlte die Rampe völlig.

Oben auf der Auffahrt lackierte mein Vater einen alten Schrank mit einer Spritzpistole. Ich bemerkte ihn nicht, aber er konnte gar nicht anders, als meine Fehlversuche zu registrieren. Er verzog jedesmal sein Gesicht, wenn ich mein Ziel wieder verfehlte, und hätte mir am liebsten verboten weiterzumachen, doch er blieb eisern. Er wußte, daß er nicht jedesmal angelaufen kommen konnte, wenn ich vor einem Problem stand. Schließlich sah er, wie ich angewidert und zornig mein Fahrrad in die Garage schob. Ich sagte nichts zu ihm, rannte ins Haus und knallte die Tür hinter mir zu. Mein Vater blickte auf die ausgebleichte Holzrampe und auf die Spritzpistole in seiner Hand. Dann ging er in die Garage und durchforschte das Regal, bis seine Augen auf einer Lackdose mit leuchtendem Orange hängenblieben.

Am nächsten Morgen nach dem Frühstück ermunterte mein Vater mich, es noch einmal mit der Rampe zu versuchen. Zögernd radelte ich die Auffahrt hinunter, während er angespannt von oben zuschaute. Als ich um die Ecke bog, fiel mir sofort der große Unterschied auf. Ich konnte die Umrisse der Rampe deutlich erkennen; sie leuchtete in der Sonne in hellem Orange. Ich konnte den Geruch des Lacksprays riechen, als ich präzise auf der ersten Rampe aufkam, über die Lücke flog und auf der

Landerampe aufkam. Bald hatte ich mein Selbstvertrauen wiedergewonnen und überredete meine beiden Brüder Eddi und Mark, sich zwischen die beiden Rampen zu legen, so daß ich über sie springen konnte. Sie erklärten sich zögernd dazu bereit, legten sich jedoch platt auf den Asphalt, zitternd und die Arme über den Kopf gepreßt. Ich segelte in prachtvollem Evel-Knievel-Stil über sie hinweg, drehte wieder meine Ehrenrunde und winkte triumphierend. Meine Brüder sprangen auf, wankten theatralisch, hielten ihre Hände an den Hinterkopf und taten so, als ob ich sie getroffen hätte. Einen Augenblick war ich begeistert, aber im Inneren hatte ich das bedrohliche Gefühl, daß mein Leben enger wurde, daß leuchtend bemalte Rampen, vertrauensvolle Brüder und meine eigene verbissene Hartnäckigkeit nicht ausreichen würden, mich vor der unausweichlichen Erblindung zu schützen.

Im nächsten Jahr bekam mein Bruder Eddi, der drei Jahre älter war als ich, seinen Anfängerführerschein. Ich war neidisch. Ich stellte mir vor, wie ich selbst wie mein Vater hinter dem Lenkrad saß, souverän einen Arm aus dem Fenster hängend und den anderen locker auf dem Lenkrad, den Sitz so weit nach hinten geschoben, daß ich mich etwas zurücklehnen konnte. Immer, wenn ich mit meinem Vater auf Landstraßen fuhr, bettelte ich, meine Fähigkeiten als Autofahrer endlich testen zu dürfen. Ich saß auf dem Fahrersitz unseres alten Ford-Kleinlasters zwischen seinen Knien und legte meine Hände auf das Lenkrad, während er das Gaspedal und die Bremsen bediente. Manchmal, wenn die Lichtverhältnisse gut waren, steuerte ich nicht schlecht, aber es war nicht so, wie ich es mir vorgestellt hatte. Ich mußte meinen Kopf nach vorne recken und fast gegen die Scheibe pressen, um etwas sehen zu können. Dabei hielt ich das Steuerrad mit beiden Händen umklammert statt mit einer, die Ellbogen wie Geierflügel von mir gestreckt. Mein Vater sorgte dafür, daß die Geschwindigkeit niedrig blieb, also hatte ich eine Menge Zeit zu reagieren.

An einem sonnigen Herbsttag kam mein ältester Bruder Mark vom College am La-Guardia-Flughafen an, um mit uns Thanksgiving zu feiern. Die ganze Familie holte ihn mit dem Pickup ab, warf seine Taschen auf die Ladefläche und quetschte sich zur Heimfahrt in die feudale Fahrerkabine. Als wir den Highway verließen und über Landstraßen fuhren, nervte ich meinen Vater wieder, mich Mark vorführen zu lassen, wie toll ich fahren könne. Also hielt mein Vater einige Kilometer vor unserem Haus an, ich setzte mich eifrig in Position, und wir rollten sehr langsam vorwärts. Doch die schrägen Schatten der Bäume über uns und das strahlende Sonnenlicht, das von der Motorhaube reflektiert wurde, überforderten meine Sehkraft. Ich steuerte an den rechten Straßenrand, fing mich wieder und steuerte den linken an, während mein Vater, Mark, Eddi und meine Mutter ständig schrien: »Links! Rechts! Wieder links! Mehr nach links! Rechts! Rechts!« Der Laster schlingerte auf die linken, dann wieder auf die rechten Reifen. Der Fahrzeugrahmen quietschte und knirschte auf den Achsen. Meine Mutter kurbelte das Beifahrerfenster herunter und muß etwas grün ausgesehen haben, denn Eddi sagte: »Alles o.k., Mom?« Sie reagierte nicht, doch als er darauf sagte: »Das ist noch toller als eine wilde Fahrt auf der Achterbahn!«, versetzte sie ihm einen Rippenstoß. Ich verkrampfte meine Gesichtsmuskeln und versuchte, nicht zu heulen. Die Tränen würden alles nur noch verschwommener machen. Schließlich übernahm mein Vater wieder das Steuer, und meine Mutter holte tief Atem. »Du hättest mich letzte Woche erleben sollen«, war das einzige, das ich zu Mark sagen konnte.

Als ich später mit dem Gesicht ins Kissen gedrückt dalag, kam Mark in mein Zimmer und beugte sich über mich. »Klasse Leistung!« sagte er.

»Findest du?« antwortete ich überrascht.

»Ganz im Ernst. Ich weiß, wie schwer das ist.«

»Wirklich?« fragte ich.

»Ganz klar. Du bist den Schlaglöchern ausgewichen. Ich hatte den Eindruck, daß du jedem einzelnen ausgewichen bist.« Dann winkelte er einen Arm an, als ob er ein imaginäres Steuerrad festhalte, und begann mit übertrieben kleinen hastigen Schritten im Zimmer verrückte Kurven zu drehen. Er düste zum Bücherregal, dann zum Nachttisch und zum Stuhl und vollführte jedesmal nur ein paar Zentimeter davor eine perfekte 180-Grad-Wende.

»Großer Gott, o Gott, o Gott!« schrie er mit schriller Omastimme. »Paß auf! Hilfe! Hilfe! Keiner kann mich mehr stoppen! Ich weiß nicht wohin! Paß auf die Schlaglöcher auf! Hurra, ich schaff's!«

KAPITEL ZWEI

In einer Zwischenwelt

IN DER SIEBTEN KLASSE VERSCHLECHTERTE SICH MEIN Sehvermögen und ließ sich nicht stabilisieren. Jeden Morgen, wenn ich aufwachte, hatte die Verminderung meiner Sehkraft ein neues Stadium erreicht, und dementsprechend verringerten sich auch die Erwartungen. Meine Welt schien enger zu werden – wie in alten Science-fiction-Filmen, in denen die Helden zwischen zwei Mauern gefangen sind, die immer näher rücken. Manchmal dachte ich, daß es besser wäre, wenn es plötzlich geschehen würde, der heftige Knall einer zuschlagenden Tür und nicht das unerträglich langsame Quietschen, wenn der Wind mit ihr spielt.

Ich war ein Jahr lang zur Haltestelle des Schulbusses gegangen. Der Weg war mir vertraut wie mein Schlafzimmer. Ich wußte, wie der Straßenbelag sich vom Gras und den Sträuchern abhob. Ich kannte die glatten, dunklen Strecken, die neu geteert worden waren; die helleren, ausgebleichten Stellen; und die Stellen mit Schlaglöchern. Ich kannte alle Biegungen und die Steigungen und Gefälle auf den Hügeln. Doch meine Sicht der Welt änderte sich so rasch. Es war seltsam, daß eine so vertraute Umgebung plötzlich furchterregend und fremd wurde; verschwommene, dunkle Formen zuckten und zitterten am Rand meines Sehfelds. Nichts, was ich sah, war real, und in dem Flimmern meinte ich Monster mit schuppigen Leibern und hervorquellenden Augen zu erahnen, die gerade außer

Sichtweite lauerten und mit den kniehohen Büschen am Straßenrand verschmolzen. Ich wendete meinen Kopf rasch um und versuchte zu erkennen, wie sie in Angriffsstellung gingen, doch sie krochen flink und geschickt an die Peripherie und verwandelten sich wieder in Flackern. Also gab ich auf und ging rasch weiter, konzentrierte mich auf den Asphalt und hoffte, daß sie, wenn ich meinen Blick auf die Straße richtete und die Monster aus meinen Gedanken verbannte, erstarrt im Gras und in den Büschen bleiben würden. Vorher hatte mich mein Sehvermögen wie das Amulett eines Kriegers beschützt, doch nun war ich eine leichte Beute, und sie rückten alle immer näher an mich heran. Jeden Tag, wenn ich zum Bus ging, bereitete ich mich innerlich darauf vor und spannte meine Muskeln an, für den Fall, daß sie angreifen sollten.

Während der Schulstunden wurde es schwieriger für mich, den wachsenden Unterschied zwischen mir und anderen normalen Jungs nicht zu registrieren. Nach der Pause brauchten meine Augen mindestens zwanzig Minuten, um sich wieder an die Lichtverhältnisse im Klassenzimmer zu gewöhnen. Ich kam mir wie ein Idiot vor, wie ich da im Eingang stand und zahllose Fragen beantwortete, warum ich denn ausgerechnet hier stehenblieb. Ich wurde richtig gut im Erfinden bizarrer Ausreden. Manchmal erzählte ich meinen Klassenkameraden, daß ich schwer in der Tinte sitze und zum Rektor müsse. Ein anderes Mal sagte ich, daß ich auf den Pizzaboy warte.

Wenn ich im Klassenzimmer auf meinem Platz in der ersten Reihe saß und mein Einglas benutzte, merkte ich, daß die Buchstaben auf der Tafel immer weiter wegrückten und das Gedruckte in den Büchern wegschmolz wie ein Eiswürfel zwischen meinen Fingern. Ich mußte Lesebücher benutzen, die mehr als doppelt so groß wie meine alten waren und viele Bände umfaßten. Ich schleppte sie in einem Rucksack mit meiner dicken Lesebrille, dem Einglas und einem Vergrößerungsglas mit mir herum.

Inzwischen hatte ich nur noch ein schemenhaftes seitliches Sehvermögen; ich mußte zur Decke blicken, um geradeaus zu sehen. Es war mir schrecklich peinlich, wenn Mitch, der gern Schwächere schikanierte, zur Decke schaute und dann wieder auf mich und sagte: »Was siehst du denn da oben, Kugelauge?« Morgens schwebten kleine, vage, unscharfe Formen in mein Sehfeld und dehnten sich manchmal so aus, daß sie mir ganz die Sicht nahmen. Es war, als ob ich durch das Milchglas einer Duschkabine schielte. Wenn Teile meines Sehfelds wegbrachen, füllte ich die Lücken mit winzigen Objekten. Der Effekt war wie in einem verrückten Spiegelkabinett, in dem sich Gegenstände verzerren und in alle Richtungen wegrutschen. Manchmal schien die Tafel vor mir so heftig zu wackeln, daß mir schwindlig wurde und ich die Augen schließen mußte. Gewöhnlich sah ich nachmittags deutlicher, aber schließlich besserte sich mein Sehvermögen auch im Lauf des Tages nicht mehr.

Obwohl meine Sehkraft rasch schwand, verzehrte mich nicht der Verlust an sich, vielmehr war ich auf all die Dinge fixiert, die meine Freunde so mühelos tun konnten. Verzweifelt versuchte ich, mit meinen sehenden Freunden mitzuhalten, von denen viele einen Mannschaftssport betrieben. Ein Sport wie Basketball hatte so viele präzise Regeln: Wann man dribbeln und wann man den Ball zuspielen mußte, drei Sekunden im Freiwurfraum, um ihn in den kleinen Korb zu werfen. Die Regeln überforderten mich derart, daß ich beim besten Willen nicht mithalten konnte und mich infolgedessen einer Gruppe von Jungen anschloß, die kein Interesse an geregelten Sportarten hatten. Ihre Spiele hatten keine Regeln, oder wir stellten sie im Spielverlauf auf. Manche dieser Spiele waren riskanter und verwegener als die, die ich aufgegeben hatte, doch dazuzugehören war wichtiger als die Angst vor Verletzungen.

Jeden Morgen vor dem Ertönen der Schulklingel waren

wir in die Schulkantine eingepfercht, während Lehrer die Runde durch die Gänge machten und kontrollierten, daß alle Schüler stillsaßen. Ich hockte mich mit einer frechen Bande Jungs neben die Kantinentür, die in den Flur führte. Ted gab das Zeichen, und alle gleichzeitig rannten wir den Flur in entgegengesetzter Richtung von dem Aufsicht führenden Lehrer hinunter. In neun von zehn Fällen jagte der Lehrer hinter uns her, und wir schlugen Haken durch die Gänge, der Lehrer direkt hinter uns. Bei einer dieser Verfolgungsjagden schätzte ich eine Abbiegung falsch ein und knallte gegen eine Betonmauer. Der Lehrer hielt einen Augenblick inne und betrachtete meine zusammengesunkene Gestalt, worauf er hinter den anderen Jungs her hetzte. Das durfte doch nicht wahr sein! Er hatte mich nicht grob hochgezerrt und in das Büro geschleppt, um einen Verweis wie bei den anderen auszufüllen. Er hatte sich nicht einmal den Anschein gegeben, daß er zurückkommen werde. Ich war ein unbedeutender Klumpen auf dem Boden, nicht einmal ein armseliges Nachsitzen oder einen Zwischenbericht an meine Eltern wert. Seine Reaktion ließ mich ein Ziel anpeilen: mir den Ruf eines ernstzunehmenden Rowdys zuzulegen.

Manchmal versammelten meine Freunde und ich uns in einem großen leeren Hausmeisterzimmer. Mitch, der selbsternannte Anführer des Haufens, hatte immer ein paar Ideen auf Lager, damit es nicht langweilig wurde. »Wenn ich das Kommando gebe, werfen wir unsere Milchtüten durch die Tür der Bibliothek. Bemüht euch, Yoda zu treffen.« Yoda war unser rundlicher, molliger Bibliothekar. Oder er sagte: »Wir nehmen diese Muffins mit und stopfen sie in die Gitarren im Musikzimmer.« Eines Tages wandte er sich an mich: »Blindenheimer, jeder in diesem Zimmer hat sich schon einmal geprügelt. Du als einziger nicht. Und wieso nicht? Heute ist der Tag, an dem du mit jemand kämpfen wirst ... oder du trittst gegen mich an.« Unwillkürlich machte ich einen Schritt zurück und hoffte einen Augenblick lang, daß ich es schaffen könnte, durch die Tür unter das prüfende Auge des Aufsichtsschülers zu kommen, doch dann wurde mir klar, wie unmöglich das wirken würde. »Wie wär's beim Lunch?« schlug ich vor, während Adrenalinstöße meinen ganzen Körper durchzuckten. Vielleicht könnte ich da einen aus der sechsten Klasse zu fassen kriegen.

»Und wie wäre es jetzt?« antwortete er herausfordernd. Ich stierte durch den Raum. Ted war mindestens dreißig Zentimeter größer als ich, und die anderen Jungs hatten darüber gesprochen, daß er sich bereits rasieren müsse. Rechts neben ihm war Mike. Ich war mit ihm einmal während der Pause auf dem Spielfeld zusammengerumpelt. Er hatte auffallend muskulöse Unterarme. Nicht einmal Mitch ließ sich mit ihm ein. Schließlich versuchte ich, Chuck in den Blick zu kriegen. Er war größer als ich und viel schwerer, aber die anderen riefen ihn »Babyspeck«. Chuck hockte sich im Flur zuweilen neben mich hin und tauchte in meinem Gesichtsfeld auf. Er neigte sein Gesicht so dicht zu meinem, bis er sicher sein konnte, daß ich ihn sah. Dann riß er die Augen auf, rollte sie und reckte seinen Hals zur Decke. Ich mochte ihn nicht besonders, und außerdem war er der einzige im Raum, bei dem ich mir eine Chance ausrechnete. Meine Augen waren zur Decke gerichtet, so daß niemand erkennen konnte, wen ich im Visier hatte. »Ich nehme… Chuck«, schrie ich, senkte den Kopf und stürmte auf ihn zu. Chuck hatte einen breiten Schädel, ein flächiges Gesicht und knallrotes Haar, so daß ich ihn nicht verfehlen konnte. Ich landete einen Haken und spürte, wie Chucks Gesicht unter meiner Faust schlapp wegsackte. Sein Kopf schlug mit einem hohlen Geräusch gegen die Mauer. Seine glitschige Haut und der hohle Aufprall seines Kopfes verursachten mir ein wenig Übelkeit, so daß ich sogar froh war, als Chuck zurückschlug und ich spürte, wie meine Zähne sich in meine Lippe bohrten.

Darauf hielten wir uns im Klammergriff fest und zerrten einander im Kreis herum. »Schaut euch bloß die zwei Schwuchteln an, zuviel Schiß, um sich eine reinzuhauen«, hörte ich Mitch höhnen. Ich war erleichtert, als ich die Klingel hörte und wir voneinander ablassen mußten. Den ganzen Tag erzählte ich Freunden von dem Kampf. Ted bekam das einmal mit. »Das soll ein Kampf gewesen sein?« spottete er. »Ihr wart zwei Waschlappen, die wie Weiber aufeinander losgegangen sind.« Trotzdem kriegte ich den Gedanken daran, wie meine Faust in Chucks Gesicht gelandet war, nicht aus dem Kopf, und dieses Gefühl war zugleich widerwärtig und aufregend.

Seit ich auf dem Motorrad eines Freundes beinahe mit einem Auto zusammengestoßen war, das zufällig meine Mutter fuhr, begannen meine Eltern, meine Aktivitäten einzuschränken. Aber egal, wieviel sie mir auch verboten, es warteten immer neue, bis dahin noch ungekannte Gefahren direkt um die Ecke auf mich. Es gab Höhlen, durch die ich rutschen konnte, halbfertige Neubauten, Felsbrocken, von denen man springen konnte, und Felswände, um sie zu erklettern. Wir schwammen im Devil's Glen, einem Fluß mit starker Strömung zwischen hohen Granitfelsen, und sprangen von den Felswänden hinunter. Ich stand mit meinen Freunden zwölf Meter über dem Wasser auf einem Felsvorsprung. Jeder stachelte den anderen auf, als erster zu springen. Doch keiner traute sich. Ich schaute hinunter; ich konnte das von der Sonne beschienene Felsband vor mir sehen, das in eine leere Finsternis abstürzte. Ich wußte, daß es da eine Stelle von fünf mal fünf Metern gab, in die man ohne Risiko hinunterspringen konnte. Dahinter lauerten Felsen, die sich kaum einen Meter unter der Wasseroberfläche befanden. Ich nahm einen Stock und zeigte auf das Wasser. »Hier?« fragte ich nervös. »Nein!« erwiderte mein Freund Chris noch nervöser. Ein paarmal zeigte ich auf Stellen, von denen ich wußte, daß sie voller Felsen waren, nur um zu hören, was

Chris nun sagen würde. »Nein«, sagte er eilig. Ich richtete meinen Stock dreißig Zentimeter nach rechts. »Weiter, weiter«, drängte er. Indem ich hierhin und dahin zeigte, fand ich die Lage der sicheren Stelle heraus. Dann holte ich tief Atem, biß die Zähne zusammen, sprang vom Felsvorsprung zwölf Meter in einem endlosen Fall ins Nichts und klatschte schließlich ins Wasser. Ich war am Rand der Öffnung gelandet und stieß mit meinem Fuß gegen einen Felsen unter der Wasseroberfläche. Ein wenig schlotternd schrie ich lachend meinen Freunden zu, daß ich einen Felsen entdeckt habe, den nicht einmal sie sehen konnten.

Mitch kam manchmal zum Glen mit, fand jedoch immer eine Ausrede, warum er nicht vom Felsen sprang. »Komm schon, Mitch, spring hinunter«, forderte ihn Chris immer wieder auf.

»Siehst du nicht, daß ich gerade eine Zigarette rauche?« pflegte er zu antworten. »Vielleicht später.« Nach einigen Wochen fiel mir auf, daß Mitch Höhenangst hatte. Er stand am Rand des Felsbandes, und ich konnte hören, wie sein Atem ein wenig schneller ging und er fast unmerklich aufstöhnte. Dann ging er zu einem Felsbrocken zurück und setzte sich hin. »Du hast Schiß, gib's doch zu«, sagte Chris.

»Jaaa, Schiß davor, daß ich deinen Dotterkopf blutig schlage«, giftete Mitch zurück. Einmal stand ich am Rand, um zu springen, und Mitch kletterte herunter und stand neben mir. »Willst du heute vielleicht springen?« erkundigte ich mich.

»Vielleicht, vielleicht nicht«, meinte er. »Aber ich will dir mal eines sagen. Wenn dein blinder Arsch es kann, dann kann ich es zehnmal!«

»Ach, wirklich?« sagte ich.

»Worauf du einen lassen kannst!« Aber ich wußte, daß er nur bluffte.

Ich schaute in den Abgrund hinunter und dachte an

die vielen Male, die Mitch mich aus blödsinnigen Gründen geschlagen hatte; daran, daß er mir einen Fausthieb ins Gesicht versetzt hatte, mit der Behauptung, daß ich auf seine Pizza gespuckt habe, daran, daß er mich windelweich geprügelt hatte, weil ich ihn aus Versehen über meinen Stock stolpern ließ. »Heute bist du dran«, sagte ich.

Ich zerrte ihn am Arm mit mir, sprang auf die offene Wasserstelle zu und lauschte mit Vergnügen seinem markerschütternden Schrei. Als ich tief in das Wasser eintauchte, Mitch mit rudernden Armen direkt über mir, hatte ich bereits Schuldgefühle und hoffte, daß er sich nicht ernstlich verletzt hatte. Ich versuchte, ihm unter Wasser zu entkommen, doch als ich eine Böschung hinaufkroch, wurde mir klar, daß ihm absolut nichts fehlte, denn er stand bereits da, um mich mit seinen Schlägerfäusten in Empfang zu nehmen.

In der Nähe unseres Hauses, nur eine kurze Strecke durch den Wald entfernt, gab es ein großes Netz von schwarzen, unergründlichen Sümpfen. An ihrem Rand lag eine baufällige Anlegestelle, an der ich in den Sommermonaten stundenlang fischte. Irgend jemand hatte an ihrem Ende ein altes Flachboot aus Aluminium festgemacht, das ich mir oft für eine kleine Abenteuerfahrt auslieh. Ich glitt durch das schwarze, undurchdringliche Wasser. Der Bug schnitt durch Schichten von Algen und verrottenden Blättern und zog eine Fahrrinne hinter sich her. Wenn ich zurückschaute, konnte ich erkennen, wie sich die Dreckschicht wieder schloß und mir den Rückweg versperrte. Ich ließ es darauf ankommen und paddelte weiter und weiter in die schmalen Kanäle und lernte schließlich, mich durch das verwirrende Labyrinth zu manövrieren. Ich nahm die vertrauten Stückchen blauen Himmels, die sich im Wasser spiegelten, und die knorrigen Muster von Eichenstämmen als Orientierungspunkte. Manchmal verirrte ich mich derart, daß ich beinahe in

Panik geriet, aber ich schaffte es immer wieder herauszufinden. Ich genoß das Gefühl, selbst für mein Schicksal verantwortlich zu sein, auch wenn es mir angst machte. Manchmal glitt ich in ein riesiges, klebriges Spinnennetz, das über dem Wasser hing, und zuweilen in einen umgestürzten vermoderten Baum, dessen moosbewachsene Tentakel über mein Gesicht krochen. Einmal stieß ich fast mit einer großen giftigen Mokassinschlange zusammen, die von einem Ast vor mir hing. Die kupferrot-bräunliche Zeichnung der Schlange konnte ich erst einige Zentimeter vor meinem Gesicht erkennen. Ich warf mich auf den Boden des Boots, und mein Herz zersprang fast vor Schreck.

Während ich am Ende des Stegs fischte, machte ich mir ganz bewußt angst, indem ich mir vorstellte, wie ich durch die dicke Dreckschicht in das dunkle warme Wasser platschte, in dem es von zubeißenden Schlangen, Aalen und noch viel schlimmeren Biestern wimmelte. Ich hatte mir ein Hörbuch mit dem Titel *Die gefährlichsten Tiere der Welt* ausgeliehen und gerade das Kapitel über »Meereskrokodile, die gnadenlosen Menschenfresser« beendet. Ich stierte auf das Wasser, und es kostete mich ziemliche Mühe, mir klarzumachen, daß die dunklen, schleimigen Baumstümpfe, die aus dem Wasser ragten, nicht die schuppigen Köpfe von Meereskrokodilen waren.

Manchmal fischten auch meine Freunde an der Anlegestelle. Wenn Mitch am Ende des Stegs neben mir saß, war ich immer etwas nervös und hatte Angst, ihm den Rücken zuzuwenden.

»Ich wette, daß da unten jede Menge Aale und Schlangen sind«, sagte Mitch, während er auf das Wasser und dann auf mich schaute.

Eines Tages blieb Mitchs Köder an einer Wurzel unter Wasser hängen, und die Angelschnur riß. Ohne ein Wort zu sagen, begann er, in meiner Angelbox nach einem anderen Köder zu wühlen. Der Gedanke, daß Mitch mit seinen schmutzigen, nikotinbefleckten Fingern in meinem Angelzeug herumgrapschte, war mir unerträglich. »Pfoten weg«, sagte ich.

Ich hörte seinen Atem, als er zu mir aufschaute. »Willst du damit sagen, daß du nicht mit deinem Kumpel Mitch teilen willst?« sagte er.

»Nimm erst deine fiesen Finger aus meiner Angelbox, und dann werde ich's mir überlegen«, erwiderte ich, aber ich glaube nicht, daß das die Antwort war, die er hören wollte. Ich hörte, wie seine nackten Füße dumpf auf dem Steg dröhnten, und spürte, wie sein schweißnasser Körper sich in meinen rammte und mich umstieß. Ich fiel am Rand des Stegs auf den Rücken. Meine rechte Schulter hing über die Kante, Mitchs glitschiger Körper über mir. Ich spürte, wie er seine Arme unter mich grub und versuchte, mich hochzustemmen und mich über sich zu werfen, doch ich wurde stocksteif vor Schreck. Ich stellte mir das laute Aufklatschen meines Körpers vor, die erste schleimige Berührung mit einem Meereskrokodil, das zum Wettschwimmen auf mich zuschoß, und schließlich die Rasiermesserzähne, die in mein Bein drangen. Der Gedanke an die Zähne war so heftig, daß er mir Kraft für den letzten entscheidenden Stoß gab. Ich bäumte mich auf und spürte, wie Mitch über mich rutschte. Sein Körper zuckte und wand sich, als er nach einem Halt suchte. Auf dem Rücken liegend hörte ich das Aufplatschen. Er schlug im Wasser wild um sich und stieß ein schrilles Winseln aus. Ich wollte nicht abwarten, ob ein Meereskrokodil eines seiner fleischigen Beine zu fassen gekriegt hatte, sondern flitzte wie ein Wilder über den Steg, um mich in Sicherheit zu bringen.

Ein paar Tage danach trottete ich über den Steg, um wieder zu fischen. In der einen Hand hielt ich eine Kühlbox, in der anderen die Angelrute. Obwohl ich mir wiederholt die Augen rieb, kriegte ich die Flecken nicht weg, die meine Sicht behinderten. Auf halbem Weg sah ich tatsächlich, daß die Holzplanken des Stegs sich spalteten. Ich entschied mich für die linke Hälfte, und als mein Fuß ins Leere trat, wußte ich, daß ich die falsche gewählt hatte. Meine Arme ruderten nach einem Halt, doch ich griff nur in die Luft. Als ich kopfüber in die unbekannte Leere stürzte, schossen mir verzweifelte Gedanken durch den Kopf. Ich stellte mir vor, daß ich mir den Kopf auf einem Felsen spalten oder mich an einem gezackten Baumstumpf aufspießen würde – oder schlimmer, noch viel schlimmer, daß ich in die unergründliche Schwärze tauchen würde, mitten in einen Wirbel von zuschnappenden menschenfressenden Raubfischen. Breiiges Wasser verschluckte mich, und ich bekam keine Luft mehr. Mein Mund stieß hohe wimmernde Angstschreie aus, während ich wie wild um mich schlug und nach einem Pfosten des Stegs tastete. Wenn es in der Nähe Meereskrokodile gegeben hätte, wären sie bei dem Lärm, den ich machte, ganz gewiß auf mich zugeschossen. Mein Arm schlug gegen den hölzernen Pfahl, ich klammerte mich daran und schwang mich taumelnd nach oben. Schließlich saß ich schlotternd da und inspizierte meine Schrammen und blauen Flecken, die zu schmerzen begannen. Hunderte Splitter hatten sich in meine Hände und Unterarme gegraben, und ich zog sie mit den Zähnen heraus. Als ich mich von der Angelschnur befreite, die sich um meinen Körper gewickelt hatte, kam ich mir wie ein Idiot vor. Mitch, dem brutalen Kameradenschinder, war es nicht gelungen, mich ins Wasser zu werfen, aber ich hatte es prima alleine geschafft. »Ich hätte draufgehen können«, sagte ich mir so oft, bis mir die Erkenntnis voll bewußt wurde. Mir war nicht mehr zum Fischen zumute, und ich war zu verängstigt, um aufrecht über den Steg zu gehen, also kroch ich auf allen vieren, fassungslos und zutiefst erschrocken.

Als meine Welt dunkler wurde, schien es, daß auch

die meiner Mutter sich verfinsterte. Seit wir aus Hongkong zurückgekommen waren, hatte ihr Panzer immer mehr Sprünge bekommen. Das Auf und Ab ihrer Stimmungen wurde von einem geheimnisvollen, unberechenbaren Zyklus bestimmt. Tagelang sprudelte sie vor Zuneigung über, lachte und erzählte Geschichten, stand früh auf, um Pfannkuchen zu backen, und fuhr mich zur Schule. In diesen Perioden war sie voller Energie und machte sich ständig ans Staubsaugen, Wischen und Abstauben. Bei ihren Putzanfällen teilte sie Eddi und mich zu einer eigenen Putzkolonne ein und gab uns den Auftrag, Bad und WC zu schrubben und den Garten zu jäten. Wenn sie unsere Arbeit dann kontrollierte, mußte alles makellos in Ordnung sein. An anderen Tagen ging sie in ihr Zimmer, machte die Tür hinter sich zu, schlief den ganzen Tag und stand manchmal nur auf, um eine Tasse Suppe zu trinken. Sie lag in ihrem dunklen Zimmer zusammengerollt und unbeweglich da. Wenn ich hineinging, um mit ihr zu reden, erschreckte sie mich, indem sie über ihren Tod sprach. »Falls mir etwas zustoßen sollte«, sagte sie, »möchte ich, daß ihr Kinder alle Dinge bekommt, die ich gesammelt habe. Falls euer Vater wieder heiratet, möchte ich nicht, daß irgendein junges Flittchen etwas davon in die Finger kriegt.«

»Mom«, unterbrach ich sie, »hör auf, so zu reden. Du hast noch dein ganzes Leben vor dir.« Doch offenbar hatte sie den Rat ihres Vaters vergessen, »den Nacken steif zu halten«, denn es schien, als ob sie durch einen Rückspiegel auf das exotische Kolorit und das Abenteuer blickte, das sie mit der Abreise aus Hongkong hinter sich gelassen hatte. »Und ich möchte nicht beerdigt werden, ich möchte, daß ich verbrannt werde und meine Asche über dem Südchinesischen Meer ausgestreut wird.«

In der Welt draußen, außerhalb unserer Familie, hatte mein Vater sich immer hervorgetan: Er war in der Highschool als bester Sportler ausgezeichnet worden, hatte in der Schule für Offiziersanwärter bei den Marines vor sechshundert anderen seinen Abschluß mit Auszeichnung gemacht und war vor kurzem der Personalchef einer großen Firma in der Wall Street geworden. Aus jeder Herausforderung, der er sich stellte, war er immer als der Beste und Brillanteste hervorgegangen; wie kam es also, daß es ihm nicht gelang, meine Mutter glücklich und zufrieden zu machen? Vielleicht war es meine Schuld. Manchmal kletterte ich vom Balkon im ersten Stock auf das steile Dach und saß dort stundenlang. Ich wollte sie retten, meine Arme um sie schlingen und sie durch die Zeit zurück in ihre glänzende Vergangenheit mitziehen. Außer diesem unerreichbaren Vorhaben fiel mir nichts anderes ein. Ich versuchte, mein Zimmer sehr sauber zu halten, jeden Morgen mein Bett zu machen und meine Wäsche zu falten und aufzuräumen, aber in ihrer Zurückgezogenheit nahm sie davon keine Notiz.

Vielleicht, dachte ich, machte sie dieser Ort, an dem wir nun wohnten, so traurig. Mein Vater machte draußen in der Welt Karriere und ließ sie in unserem großen Haus auf dem Hügel zurück, das mit wertvollen Möbeln und Artefakten gefüllt war, die sie von ihren Reisen nach Indien, Pakistan, Korea und Thailand mitgebracht hatte. Unser Haus war ein Museum für Asiatika. In der sechsten Klasse war sogar eine Exkursion zu uns veranstaltet worden. In der Diele vertauschten meine Klassenkameraden die Turnschuhe mit chinesischen Seidenpantoffeln und begaben sich auf Besichtigungstour. Sie begafften die ein Meter zwanzig hohen polierten Buddhas auf dem Kaminsims und die Bronzeskulpturen von Tigern und Elefanten, die buntbemalten antiken Schränke, die indischen *Pishwas* und die tibetanischen Gebetsmühlen. Sie wichen zurück, als sie oben auf der Treppe lebensgroße Nachbildungen einer Seeschildkröte, eines Komodowarans und einer Kobra, die mit einem Mungo kämpft, sahen. Meine Mutter war erst zweiundvierzig, doch vielleicht empfand sie, umgeben von diesen lebhaften Erinnerungen an ihre Vergangenheit, diesen Mementos an das, was sie einmal gewesen war und was sie hätte sein können, ihr Leben allmählich als Gruft.

An Weihnachten, in einer ihrer schlimmsten Phasen, war sie den ganzen Tag nicht aus ihrem Zimmer gekommen, während der Rest der Familie die Geschenke im Wohnzimmer auspackte. Ich hörte als erster ihre trippelnden Schritte, als sie die Treppe herunterkam und um die Ecke ins Wohnzimmer ging. Ich sprang auf und lief zu ihr. »Packst du mit uns aus?« fragte ich ganz aufgeregt. Sie gab keine Antwort, ging an mir vorbei und versetzte ihrem wertvollen chinesischen Blumentopf einen Tritt, so daß er mitten im Zimmer mit einem lauten Knall zersprang. Dann sank sie laut klagend und weinend in sich zusammen. Mein Vater und meine Brüder rannten zu ihr, hoben sie auf, während sie um sich schlug und schrie, verstauten sie mühsam auf dem Rücksitz unseres Autos und fuhren sie in die Notaufnahme. Den Rest des Tages saß ich auf dem Sofa. Die Hälfte der Geschenke unter dem Weihnachtsbaum blieb unausgepackt, aber das war wirklich das letzte, an das ich dachte. Ich wurde von dem Gedanken an den schlurfenden Gang meiner Mutter an mir vorbei verfolgt, und obwohl ich es mir vielleicht nur einbildete, hatte ich doch den Eindruck gehabt, daß ihre Augen – geisterhaft und abwesend – hinter mich in einen imaginären Spiegel blickten. Als sie an diesem Abend, mit Medikamenten ruhiggestellt, wieder zurückkehrte, hatte ich nur eine Angst: daß sie, falls ich den Mut aufbringen sollte, in ihr Zimmer zu gehen, während sie auf dem Bett lag, mich erstaunt anschauen und nicht wissen würde, wer ich war.

Als ich noch jünger war, hatte ich mein Einglas vor mein rechtes Auge gehalten und mich drei Meter vor dem Bild meines Vaters aufgestellt, das in unserem Wohnzimmer hing. Er stand stolz in seiner Princeton-Uniform da, die Nummer 62 prangte auf seinem Pullover, und er hielt seinen ledernen Football unter dem Arm. Er stand mit geschwellter Brust, und seine kräftige Kinnlade war eindrucksvoll vorgestreckt. Er hatte einen Bürstenhaarschnitt, und seine tiefliegenden Augen, die von seinem starken Willen zeugten, beherrschten das Bild. Dann richtete ich das Einglas auf ein Foto meiner Mutter. Sie stand auf einer Reise durch Indien vor dem Tadsch Mahal. Sie trug einen Sari, einen traditionellen indischen Wickelrock aus Seide, smaragdgrün mit dunkelhäutigen Göttern und Göttinnen, die über den Stoff hüpften und tanzten. Sie war groß und schlank, und obwohl ihr Gesicht schmal war und fast zerbrechlich wirkte, strahlte es wie das meines Vaters Selbstvertrauen aus. Ich hatte die zwei Fotos lange studiert und mich gefragt, ob ich mehr nach ihm oder nach ihr geraten sei. Es war so viel leichter, Eigenschaften wie Logik, Stärke und Kraft zu bewundern als das Chaos der Gefühle. Ich konnte seinem Weg folgen, mir vornehmen, große Ziele zu erreichen, und hart daran arbeiten, um den Anforderungen gerecht zu werden. Aber ein anderer, tieferer Teil meines Selbst wollte die Kreativität meiner Mutter behalten, ihre Weichheit und ihr feines Gespür, doch das bedeutete auch, ihre grüblerische Seite anzunehmen, ihre Verletzlichkeit, ihren Seelenzustand, der mit der Zeit immer fragiler wurde. Die Persönlichkeiten meiner Eltern waren diametral entgegengesetzt, und ich fragte mich, ob ich nicht vielleicht von beiden etwas mitbekommen könne, den Pragmatismus und Optimismus meines Vaters, um mich nicht in Gefahr zu bringen, und die Kreativität meiner Mutter, um das Träumen nicht zu verlernen.

An heißen Sommertagen vor meinem ersten Jahr in der Highschool saß ich, wenn meine Mutter schlief, an meinem Fenster und horchte auf die Stimmen der Nachbarskinder, die auf der Straße Basketball um einen Korbständer spielten. Ich hörte den hohlen Aufprall des Balles, wenn sie über den Straßenbelag dribbelten, und das konvulsivische Vibrieren des Spielbretts. Basketball, Mann gegen Mann, war ein Sport mit festen Regeln, den ich auch noch liebte, als meine Sehkraft abnahm. Wie die Rampe hatte mein Vater auch das Spielbrett unten vor unserer Zufahrt in leuchtendem Orange bemalt. Wenn ich mich nur auf einen Mann statt auf fünf konzentrieren konnte, war ich gar kein so schlechter Spieler. Ich war mächtig stolz, daß ich in der Umgebung ein Champion in der Manndeckung war, auch wenn die Nachbarjungen erst in der fünften und sechsten Klasse waren, während ich bereits die achte besuchte. Im späten Frühjahr hatte ich noch intensiv trainiert, doch während des ganzen Sommers, als mir der zunehmende Verlust meines Sehvermögens bewußt wurde, hatte ich das Spielfeld gemieden. Als ich aber nun am Fenster saß, war die lastende, schale Langeweile des Hauses noch schlimmer, und so überwand ich meine Ängstlichkeit und ging hinunter, um ein paar Körbe zu werfen. Die Konturen des Spielbretts waren nicht mehr deutlich, nur eine vage, fast imaginäre Form, die sich kaum von dem grünen und braunen Wald dahinter unterschied. Bald forderte mich Scott, ein kleinerer Junge, der nie auch nur annähernd die Chance gehabt hatte, mich zu schlagen, zu einem Spiel heraus. Mein Stolz verbot mir, einen Rückzieher zu machen. Scotts undeutliche Gestalt schien nach Lust und Laune um mich herum zu huschen. Manchmal hatte er mich umspielt, bevor ich es auch nur bemerkt hatte. Ich nahm eine vorbeiwischende Bewegung wahr und hörte dann, wie der Ball gegen das Spielbrett schlug und kurz darauf durch das Korbnetz fiel. Das eine Mal, als Scott mir nicht den Ball aus den Händen stahl, sauste ich auf den Korb zu, war mir aber nicht sicher, ob ich in die richtige Richtung lief. Ich erwartete jeden Augenblick, daß Scott hinter mir her rasen und mir den Ball entreißen werde, und eigentlich hoffte ich sogar darauf. Denn als ich nach oben schaute und verzweifelt meinen Kopf hin und her wendete, war das Spielbrett nirgends zu erkennen. Daraufhin wollte ich den Ball nur noch loswerden. Ich schätzte die Richtung ein und schleuderte den Ball, so hoch ich konnte. Er landete im Gras, wahrscheinlich Meilen vom Spielbrett entfernt. Scott lachte nur erstaunt auf. Als wir das Spiel beendeten, hatte ich zehn zu null verloren. Ich war zu schockiert, um wütend zu werden. Scott reckte seine Faust in die Luft und wiederholte immer wieder: »Ich kann's nicht glauben. Ich hab dich noch nie geschlagen!« Ich warf Scott den Ball zu und ging völlig benommen weg. »Wo gehst du hin? He, wo gehst du hin?« Sein Siegesjubel verhallte hinter mir. »Wo gehst du hin? He, wo gehst du hin?« Scotts Stimme wurde schwächer.

Ich mußte entkommen. Ein Stück weiter wurde an der Straße ein neues Haus gebaut, ich war schon ein paarmal dort gewesen, um nachzudenken und allein zu sein. Ich ging über die Zufahrt und durch die leere Türöffnung. Das Haus war wie ein verlassener Kokon. Die Handwerker hatten bereits Feierabend gemacht, und ich stand völlig allein im Inneren. Ich ging durch die leeren Räume und ertastete die kühlen Gipswände und die neuen Fensterscheiben, die gerade eingesetzt worden waren. Ich konnte die Fenster durch den Kontrast zwischen dem Licht, das durch das Glas flutete, und den dunklen Holzrahmen erkennen. Ich trat von einem Fenster zurück und zählte die Schritte, bevor es allmählich verschwand und sich nicht mehr von der Wand unterscheiden ließ. Acht Schritte, verdammt, nur acht Schritte. Vor einer Woche hatte ich es noch aus einer Entfernung von achtzehn Schritten erkennen können. Ich konnte mir nichts mehr vorlügen. Die Wahrheit wurde mir auf brutale Weise deutlich. Bis jetzt hatte ich alles Menschenmögliche getan, um ihr auszuweichen, einen Schutzschirm zwischen meinem Leben und dem Unausweichlichen zu errichten. Ich hatte mich an die vage Vorstellung geklammert, daß die

Diagnose der Ärzte einer Erblindung mit dreizehn falsch gewesen sei, daß ich ihnen allein durch meine Willenskraft das Gegenteil beweisen könnte, daß ich mir das tägliche Schwinden meines Sehvermögens nur einbilde und am nächsten Morgen aufwachen und das lebhafte Grün der Bäume und den Korbring unter unserem Haus sehen würde. Doch als ich nun vor dem Fenster stand, nur acht Schritte entfernt, wußte ich, daß das alles Hirngespinste gewesen waren. Ich nahm eine Handvoll schwere Eisennägel aus einer hölzernen Kiste und schleuderte sie gegen das diesige Licht. Glas splitterte, Scherben klirrten zu Boden. Der Atem pfiff aus meinen Lungen und kehrte in flachen Stößen wieder. Ich zielte auf ein anderes schimmerndes Objekt und hörte, daß es ebenfalls zersprang. Dann ging ich durch das ganze Haus, zielte und zertrümmerte, denn ich wollte, daß kein einziges Fenster heil blieb. Ich wollte das Haus ausweiden, es völlig auseinandernehmen. Ich zerbrach gerade das letzte Fenster, als ich hörte, daß eine Sirene über die Zufahrt näher kam. Ich machte mich durch eine Fensterhöhle davon, stolperte in den Wald und spürte kaum die Bäume, gegen die ich knallte, und die spitzen Zweige, die mir das Gesicht zerkratzten. Ich rannte weiter, ohne zu wissen, wo meine Füße landen würden, und hoffte nur, daß ich weiterhin Boden unter mir hatte. Mein Schwung trieb mich vorwärts. Ein weiterer Schritt, und meine Füße segelten durch die Luft. Ich landete kaum einen Meter tiefer in einem Graben und blieb liegen, bis mein Herz, das mir bis zum Hals schlug, sich beruhigt hatte. Bewegungslos lag ich eine Stunde da und horchte auf das Geräusch von Schritten.

In dieser Nacht träumte ich, daß ich durch den Wald hinter dem leeren Haus stürmte. Meine Freunde waren weit vor mir, und obwohl ich wie ein Wahnsinniger rannte, fiel ich immer weiter und weiter zurück. Ich konnte hören, wie Blätter und Unterholz hinter mir zertreten wurden, und spürte einen stinkenden heißen Atem in meinem Nacken. Er holte mich ein, und ich war vor Angst von Sinnen, weil ich wußte, daß ich nichts dagegen tun konnte. Der Wald bestand nur aus Schatten und huschenden Lichtern, die sich in rotierenden Bewegungen miteinander mischten, tanzten und hüpften. Ich rannte durch sie hindurch, und die Lichter durchdrangen mich. Ich prallte gegen einen Baumstumpf, der sich zu dem schuppigen Kopf eines Krokodils verzerrte, das seinen Rachen öffnete, um mich zu verschlingen. Ich prallte rückwärts gegen einen Baum, der dicke, knotige, zupakkende Krallen hatte, und dann stolperte ich über eine dahingleitende Schlange, nein, über Tausende, die sich am Boden ringelten und ihre Zähne in mich schlagen wollten. Boden, Felsen und Himmel wirbelten in einem wahnsinnigen Kaleidoskop aus Farben durcheinander, und alles schwankte monströs vor meinen Augen. Dann spürte ich Leere unter mir und fiel durch das Vakuum eines schwarzen Himmels. Über mir konnte ich hören, wie das Geschöpf lachte und lachte und lachte, doch es war das Gelächter von Chuck und Scott und Mitch, und sie meckerten: »Fall, Blindenheimer, fall. Es gibt nichts, was dich auffangen wird.« Und das war tatsächlich das einzige, was mir übrigblieb: fallen und fallen, merkwürdig langsam und als würde ich ersticken, als ob ich in Dreck versinken würde. Doch wenn ich die Hände ausstreckte, waren es nur schwarzer, leerer Himmel und der undeutliche Eindruck, daß die Erde über mir verschwand. Das war der Augenblick, in dem ich aufwachte, fest den Rahmen meines Betts umklammerte, auf das verzweifelte Rasseln meines Atems horchte und versuchte, das Gefühl des Fallens in meinem Traum zu verdrängen.

Die Angst vor der völligen Erblindung hatte mich so lange verfolgt, und ich hatte mich nie damit abgefunden. Nach meiner Vorstellung mußte es wie Sterben sein. Doch ganz gleich, was ich empfand, ganz gleich, wovor ich mich am meisten fürchtete, dieser Tod stand mir bevor. Und ob ich bestritt, daß er stattfand, oder ihn wegwünschte, ob ich ihn bedauernd akzeptierte oder annahm, er kam auf mich zu. Es spielte keine Rolle, wie sehr ich mich zur Wehr setzte und heulte und kämpfte. Ich hatte kein Mitspracherecht, ob er mich überrollen oder wie sanftes Tröpfeln über mich kommen würde und welche Schmerzen er verursachte. Er bestimmte selbst sein Tempo, und es gab absolut nichts, was ich dagegen unternehmen konnte.

Als ich mein Sehvermögen verlor, erfüllte mich ironischerweise erbitterte Erleichterung. Ich hatte keinerlei Anhaltspunkte, wie ich als Blinder überleben, mir eine Mahlzeit zubereiten, mich fortbewegen oder ein Buch lesen könne, doch der Versuch, wie ein sehender Mensch zu leben, war viel qualvoller, als Blindheit jemals sein konnte. Und die Ungewißheit, was jeder neue Morgen bringen werde, war fast noch beängstigender. Ich wußte nichts über das Leben als Blinder. Ich hatte keine Ahnung, welche Strategien ich entwickeln könnte. Ich wußte nur, daß ich es müde war, mich auf dem Spielplatz zu verirren und den Eingang zur Schule nicht finden zu können. Ich hatte es satt, meine Augen zusammenzukneifen und von Stegen zu fallen, satt, einen Pfad im Wald entlangzulaufen oder einen Ball ins Korbnetz zu werfen. Nichts davon konnte ich noch wirklich. Ich schlug mit meinem Kopf gegen Bäume, meine Haut war immer zerkratzt und blutig. Ich lebte in der grauen Zone zwischen Blindheit und Sehen. Obwohl ich nicht genug sehen konnte, um visuelle Spiele zu spielen, ein normal gedrucktes Buch zu lesen oder eine Gleichung auf der Tafel zu erkennen, konnte ich mich selbst dennoch nicht als Blinden akzeptieren. Aber eines wußte ich: Verglichen mit dieser Zwischenwelt konnte völlige Blindheit nicht schlimmer oder beängstigender sein.

KAPITEL DREI

Hilflosigkeit

ICH SASS AUF DEM BEIFAHRERSITZ DES AUTOS MEINER Mutter vor der Highschool. Es war mein erster Tag dort, und ich war inzwischen völlig erblindet. Ein paar Wochen zuvor, als wir bei meinen Großeltern zu Besuch gewesen waren, hatte mein Augenleiden sein Endstadium erreicht. Ich konnte nicht mehr alleine gehen. Als wir in einem Lebensmittelgeschäft einkauften, mußte meine Großmutter mit ansehen, wie ich in ein Regal stolperte und offenbar nicht mehr in der Lage war, ihr zu folgen. Sie fragte mich, ob sie meinen Arm festhalten könne. Ich versuchte, den Vorschlag mit einem Lachen abzutun. Darauf sagte sie: »Ich weiß, daß du keine Hilfe brauchst, aber ich stütze mich gern auf dich, damit ich meine alten schwachen Knie ein bißchen entlasten kann.« Ich war einverstanden, obwohl ich mich fragte, wer da eigentlich wem half. Es war merkwürdig, daß meine Großmutter keinen Kommentar gab oder das geringste Erstaunen zeigte. Tatsächlich schien sie auf diesen Moment vorbereitet. Weshalb war ich es nicht?

Als wir im Auto vor der Schule saßen, wollte meine Mutter mich hineinführen, doch ich lehnte brüsk ab, denn ich wollte mich vor meinen Freunden nicht lächerlich machen. Da wurde mir durch ihr Schweigen klar, daß ich sie verletzt hatte. Ich drückte ihre Hand. »Ich möchte es einfach allein versuchen«, sagte ich ruhig. Als ich die Stufen zum Schuleingang hinaufstieg, streckte ich meinen

Blindenstock vor mir aus und klopfte gegen jede Stufe, bevor ich sie emporging. Der Mensch, der mir den Stock verkauft hatte, hatte mir einen Schnellkurs erteilt: rechter Unterarm auf der rechten Hüfte, mit dem rechten Handgelenk in einer kurzen Drehung gegen jede Stufe schlagen. Wenn Blinde es auf diese Weise taten, dachte ich, würde ich es anders versuchen. Es war mir nicht bewußt, daß Mrs. Mundy, die vom Staat angestellte Blindenlehrerin, meinen stolpernden Auftritt verfolgte. »Guten Morgen«, hörte ich und nahm augenblicklich den penetrant süßlichen Duft ihres Parfüms wahr. Ich hoffte, daß sie nicht mit mir sprach. »Guten Morgen«, wiederholte sie steif. Ihre große fleischige Pranke griff nach mir, und meine kleine Hand verschwand fast darin. »Ich werde dir einige Stunden pro Tag helfen – jeden Tag.« Ihre Stimme war rauh und ernst, ohne den leisesten Anflug von Humor. »Deine Stocktechnik ist unpräzise und uneffektiv«, sagte sie übergangslos. Dann marschierte sie mit mir den Flur auf und ab und demonstrierte mir, wie ich vor dem einen Fuß und dann vor dem anderen zu klopfen habe. Warum mußte mich diese mir völlig unbekannte Person vor der gesamten Schule demütigen? Es war mein erster Schultag, und ich wollte lediglich mit meinen Freunden ein bißchen Spaß haben. Statt dessen lieferte ich für alle das Gesprächsthema. Bis zu diesem Zeitpunkt hatte sich mein Zorn auf die Welt wie Wasser aus einer Sprinkleranlage ergossen, war in zu viele Richtungen gesprüht, um gefährlich zu sein, doch bei meiner ersten kurzen Begegnung mit Mrs. Mundy hatte ich eine Zielscheibe gefunden, eine perfekte Kandidatin, auf die ich die volle Wucht meiner Wut loslassen konnte. Ich haßte meinen Blindenstock fast ebenso, wie ich Mrs. Mundy hassen lernte. In meiner Vorstellung verkörperten sie beide die riesige Kluft, die zwischen mir und allen anderen bestand. Und sosehr ich mich auch anstrengen mochte, diesen unüberwindlichen Abgrund würde ich niemals überbrücken können.

Bereits im Sommer hatte meine Mutter mich gedrängt, einen Blindenstock zu benutzen, doch ich hatte mir geschworen, das niemals zu tun. Mit voller Absicht hatte ich ihn verbogen, indem ich ein Ende auf eine Bank legte, das andere auf das Pflaster, und in der Mitte mit voller Wucht darauf trat. Doch meine Mutter, die genauso dickköpfig war wie ich, kaufte mir ständig neue. Eines Tages hatte sie mir verboten, das Haus ohne Stock zu verlassen. Ich hatte mich geweigert, daraufhin hatte sie mir Hausarrest erteilt. Ich spürte brennende Wut in mir aufsteigen. »Du bist ein Miststück!« schrie ich.

»Wenn ich ein Miststück bin«, erwiderte sie ruhig, »dann bist du der Sohn eines Miststücks, also ein Scheißkerl. Und trotzdem gehst du nicht aus dem Haus.« Schließlich hatte ich nachgegeben und war mit dem Stock weggegangen, den ich hinter mir her schleifte. Ich traf meinen Freund Chris in der Stadt, und wir standen auf einer Überführung und lauschten dem Dröhnen der Autos, die unter uns durchrasten. Als ich zwischendurch keine Fahrgeräusche vernahm, schleuderte ich den Stock wie einen Speer von mir. Das zwecklos gewordene Utensil landete auf der Straße, und zu meinem Ergötzen schilderte mir Chris, wie er sich wie eine Schlange zuckend unter dem Ansturm der Reifen wand. Er zählte laut, wie viele Autos nötig waren, bis die fragile Metallkonstruktion zerbrach. Wir wiederholten diese Aktion auf der Überführung einige Male, und ich bin sicher, daß sich die Leute fragten, warum wohl all die demolierten Blindenstöcke am Straßenrand lagen. Ein anderes Mal, als ich hörte, wie ein Gully unter meinen Füßen einen metallenen Klang gab, rief ich sarkastisch: »Hoppla«, ließ meinen Stock zwischen die Schlitze fallen und konnte hören, daß er wie ein entschärfter Torpedo in den Morast gurgelte.

Ich wurde immer ausgekochter im Erfinden bösartiger Methoden, um meine Stöcke kaputtzumachen, doch ich hatte nicht mit Mrs. Mundys Beharrlichkeit gerechnet.

»Ich werde dich von einem Klassenzimmer ins andere führen, bis du die richtige Stocktechnik beherrschst«, bestimmte sie. Als Antwort wirbelte ich den Stock in meiner Hand herum wie ein Harlem Globetrotter, der seine Tricks mit dem Ball vorführt. Sie zwang mich, ihren Arm zu nehmen, und führte mich vor den Augen meiner Klassenkameraden den Gang hinunter. Ich hörte, wie sie zurücktraten, um mich vorbeizulassen. Ich war mit diesen Jungs seit der fünften Klasse gemeinsam zur Schule gegangen, aber ich wußte, daß sie mich wie einen Fremden betrachteten, wie ein zerbrechliches Porzellanei, dessen Schale leicht einen Sprung bekommen und widerwärtiges Eigelb auf ihre Schuhe triefen lassen konnte. »Ich bin derselbe geblieben«, wollte ich herausschreien. »Ich bin immer noch Erik. Ich kann euch zwar nicht sehen. Ich bin vielleicht gezwungen, mich an einem Arm festzuhalten und diesen blödsinnigen Stock zu schwingen, aber ich bin noch derselbe Mensch, den ihr gekannt habt.« Obwohl ich vor Wut über die Demütigung kochte, hielt ich mich weiter an Mrs. Mundys Arm fest, denn noch stärker als mein Zorn war meine Angst, mich im Gedränge der Schüler zu verlaufen. Ich senkte den Kopf, umklammerte ihren Arm fester und versuchte den Gedanken an das rege Leben im Gang und die Freunde, von denen ich wußte, daß sie mir zuschauten, zu verdrängen. Meine Muskeln waren verkrampft; ein ständiges quälendes Gefühl stach in meinen Nervenenden und trieb mir den Schweiß aus den Poren.

Mrs. Mundy brachte mich in die Mathematikklasse und setzte mich auf einen leeren Stuhl vorne in der Mitte. »So kann die Lehrerin kontrollieren, ob du mitkommst.« Ich war so oder so hilflos. Ich hatte Lehrbücher in Blindenschrift bekommen, aber meine Finger waren nicht entsprechend geschult, um die Informationen schnell genug entziffern zu können. Obwohl die Lehrerin versuchte, die Gleichungen, die sie an die Tafel schrieb, in Worte zu fassen, konnte ich sie mir nicht merken. Meine Konzentration litt außerdem darunter, daß ich seit Beginn des Schultags aufs Klo hätte gehen müssen. Doch da Mrs. Mundy mit mir den ganzen Vormittag herummarschierte, wollte ich nicht die zusätzliche Demütigung erdulden, von ihr auch noch aufs Örtchen geführt zu werden. Ich rutschte unruhig auf meinem Stuhl herum und wechselte ständig die Haltung. Doch schließlich wurde der Druck auf meine Blase selbst für meinen angeschlagenen Stolz zu übermächtig. Ich hob die Hand und sagte, daß ich austreten müsse. Die Lehrerin fragte, ob mich jemand begleiten solle. Ich erwiderte ruhig, daß ich keine Hilfe brauche. Als ich aufstand, beeilten sich ein paar Jungs, mich zur Tür zu bringen. Ich entwand mich ihrem Griff, stieß gegen einen Stuhl und fand schließlich den Ausgang. Ich wanderte den Gang entlang und hatte nicht den geringsten Anhaltspunkt, wo sich die Toilette befinden könnte. Als ich auf Garderobenschränke vor mir stieß, wandte ich mich aufs Geratewohl nach rechts, dann nach links, dann wieder nach rechts. Nach einer Zeit konnte ich mich nicht mehr an die Reihenfolge von rechts und links erinnern. Ich ging zu der Stelle zurück, wo ich meiner Meinung nach das letzte Mal abgebogen war, doch als ich die Hand ausstreckte, berührte ich die Tür eines Klassenzimmers. Nichts um mich herum war mir vertraut – wie in jenen Nächten, in denen ich aus einem tiefen Schlaf hochschreckte und mich nicht erinnern konnte, wo ich war. Ich wurde hektisch und ging schnell und unbesonnen durch die Gänge. Mrs. Mundy fand mich, als ich mich auf der Suche nach der Klotür eine Wand entlangtastete. Offensichtlich hatte meine Lehrerin über die Haussprechanlage das Sekretariat alarmiert, und die Sekretärin hatte sie ausfindig gemacht. »Was tust du unbeaufsichtigt außerhalb des Klassenzimmers?« dröhnte ihre laute Stimme.

»Verdammter Mist«, murmelte ich und tastete mich

weiter die Wand entlang, in der Hoffnung, daß das Herrenklo endlich auftauchte und ich darin verschwinden könnte.

»Es wird noch viel größeren Mist geben, wenn du das Klassenzimmer noch einmal ohne fremde Hilfe verläßt«, sagte sie. »Jetzt nimm meinen Arm, und ich werde dich auf die Toilette und dann zurück in die Klasse führen.«

»Ich kann nicht zurück in die Klasse«, murmelte ich.

»Du kannst und du wirst«, antwortete sie energisch.

»Nein, ich gehe ganz bestimmt nicht zurück«, wiederholte ich.

»Und warum nicht, junger Mann?«

»Also, es ist so«, sagte ich langsam, »vorige Woche bin ich fünfzehn geworden, und gerade habe ich in die Hose gepinkelt, weil ich das Klo nicht finden konnte. Ich habe nicht mehr in die Hose gepinkelt, seit ich drei war.« Mrs. Mundy war für ein paar Sekunden still, als ob sie im Geiste das Handbuch für den Umgang mit Blinden nach einer angemessenen Antwort überflog. Schließlich sagte sie einfach nur: »Ach, Schatz.« Dann legte sie ihre fleischigen Arme um meine Schultern, drückte mich an sich und preßte meinen Kopf gegen ihren gewaltigen Busen. Ich konnte hören, wie ihr der Atem stockte. »Ach, Schatz.«

Am nächsten Tag war Mrs. Mundy wieder die Sachlichkeit selber. Wie ein Major, der einem Gefreiten Befehle gibt, teilte sie mir mit, daß ich die Blindenschrift erlernen werde, um im Unterricht Schritt halten zu können. Ich wollte davon nichts wissen; ich hatte bereits in der ersten Klasse lesen gelernt, und nun sagte mir diese Frau, daß ich es neu erlernen müßte, diesmal mit winzigen Pünktchen und tastenden Fingern, die kein Wort vom anderen unterscheiden konnten. Der Gedanke erschien mir lächerlich. Blindenschrift war nur etwas für Blinde, und der einzige Blinde, der mir bekannt war, war Stevie Wonder, und der bewegte für meinen Geschmack seinen Kopf zuviel hin und her. Absichtlich versuchte ich jeden Brailleunterricht zu torpedieren. Eines Morgens brachte ich meine in Brailleschrift getippte Lektüre mit, die ich am Tag vorher als Hausaufgabe bekommen hatte.

»Hast du den Text gestern abend gelesen?« fragte sie.

»Aber sicher«, antwortete ich.

»Dann lies ihn jetzt vor.« Ich legte das Blatt vor mich hin, knackte mit den Knöcheln und räusperte mich. Ich begann mit meinem Zeigefinger links oben auf der Seite und suchte quasi zum Aufwärmen die erste Zeile ab. Nach ein paar Minuten griff Mrs. Mundy ein. »Erst einmal sitz gerade und straff deine Schultern. Wie willst du Braille lesen, wenn du zusammengesunken auf dem Stuhl sitzt? Zweitens liegt das Blatt verkehrt herum.«

Sichtlich frustriert verließ Mrs. Mundy den Raum, um sich eine Tasse Kaffee zu holen – alles in allem keine gute Entscheidung. Während sie weg war, legte ich meinen Stock so auf den Stuhl, daß ein Stück in den Mittelgang ragte. Als sie zurückkam, stieß sie gegen den Stock, ließ die Tasse beinahe fallen, fing sich wieder und stand dann indigniert schweigend da.

»Äh, tut mir leid«, sagte ich lahm. »Ich werde ihn anderswohin tun.«

»Besten Dank«, erwiderte sie zähneknirschend.

Zwei Tage darauf verließ sie während der Lesestunde abermals das Zimmer. Ich fand ein passendes Wort und kratzte mit meinem Fingernagel ein paar Punkte weg, so daß sich das völlig harmlose Wort, das sie getippt hatte, in ein unanständiges verwandelte. Als sie zurückkam, wies ich auf dieses Wort hin und fragte: »Was ist das für ein Wort, Mrs. Mundy? Ich glaube nicht, daß es mir schon einmal begegnet ist.« Sie beugte sich über den Tisch, reckte ihren Kopf vor und studierte das Wort sorgfältig, worauf ein Geräusch aus der Tiefe ihrer Brust hervordrang. »Ich habe das nicht getippt!« knurrte sie.

Ich glaube nicht, daß Mrs. Mundy viel Vertrauen in

meine Fähigkeiten hatte. Bisher hatte ich ihr wirklich keinen Anlaß gegeben, an mich zu glauben. Dennoch unterwies sie mich weiterhin beharrlich in allen nur möglichen Fertigkeiten, die Blinde erlernen müssen: wie man eine Brailleschrift-Schreibmaschine benutzt, wie man Braillepunkte mit einem Griffel statt mit dem Fingernagel tilgt und wie aus mir ein braver kleiner blinder Junge werden könnte. Eines Vormittags sagte sie: »Ich möchte zu dir nach Hause kommen und an eurem Herd und am Ofen Brailleschildchen anbringen. Du solltest in der Lage sein, in der Küche selbständig zu hantieren.«

»Machen Sie sich keine Gedanken«, antwortete ich. »Ich habe alles im Griff. Erst heute morgen habe ich mir selbst ein Omelett gebacken.« Es war der neueste Spleen, das Eiweiß vom Dotter zu trennen, um das Cholesterin zu reduzieren, also fügte ich prahlerisch hinzu: »Natürlich nehme ich nur das Eiweiß.«

»Und wie hast du sie getrennt?« fragte sie.

»Mit einem Eitrenner. Es ist ziemlich einfach, den Unterschied zwischen dem Dotter und dem Eiweiß zu spüren.«

»Ich glaube dir nicht«, sagte sie sachlich.

»Warum glauben Sie mir nicht? Halten Sie es nicht für möglich, daß ein Blinder das Eigelb vom Eiweiß trennen kann?«

»Das habe ich nicht behauptet«, sagte sie spitz. »Ich glaube nur nicht, daß du es kannst.«

Daß sie mir nicht glaubte, machte mich nicht so wütend wie die Tatsache, daß sie recht hatte. Ich hatte mir die ganze Geschichte ausgedacht. Aber was sagte ihr rasch entschlossener und überzeugter Unglaube über mich und meine Entwicklungsmöglichkeiten aus? Wie konnte sie mich so ohne weiteres abstempeln? Von meinem Standpunkt aus war die Geschichte kaum eine Lüge, denn ich wünschte mir sehnlichst, solche Dinge zu können. Ich wußte, daß ich in der Lage sein müßte, ein Eigelb von einem Eiweiß zu trennen. Es gab keinen Grund, warum das nicht gelingen sollte, vorausgesetzt, ich beschloß, die Methode zu erlernen.

In der Mittagspause entwischte ich Mrs. Mundys strengem Auge und ging auf eigene Faust in die Kantine. Die Kantine war meine größte Sorge. Es gab dort so viele Möglichkeiten für Katastrophen: Es war ein sich ständig verschiebendes Labyrinth von Tischen und vorstehenden Stühlen und sich schnell bewegenden Körpern mit vollen Tabletts. Und als ob diese Gefahrenstellen es mir nicht schwer genug machten, das Gleichgewicht zu halten, gab es da auch heimtückisch verstreute Schultaschen. Dieser Ort war wie die Videospiele, die ich gespielt hatte, als ich noch sehen konnte, und in denen ich eine kleine Rakete war, die durch die Galaxis tauchte und Asteroiden, Weltraummüll und Laserstrahlen ausweichen mußte, die von außerirdischen Raumschiffen abgefeuert wurden. Es war lediglich eine Frage der Zeit, bevor ich in eine Million winziger Stückchen zertrümmert wurde. Während der ersten Woche in der Schule führte mich Mrs. Mundy durch die Büfettabsperrung, hielt mein Tablett und füllte es mit verschiedenen Gerichten in Kunststoffbehältern. Sie bot jedesmal an, mein Tablett und mich zu einem Tisch zu bringen, an dem viele Jungs saßen, aber ich bat sie immer, mich an einen leeren Tisch zu führen. Ich konnte mich nicht zu einem Tisch führen lassen, an dem ein Großteil meiner Freunde saß. Ich wollte lieber vergessen werden.

An diesem Tag jedoch war ich auf mich gestellt. In der Schlange versuchte ich, mit meinem Stock nicht gegen die Beine der Person vor mir zu schlagen. Ich fand das Büfett und schob mein Tablett entlang, bis ich das Klingeln der Registrierkasse hörte. Ich schaffte es, bei der Kassiererin zu bezahlen und mich aus der Schlange zu lösen. Meine Freunde gingen schwatzend zu einem Tisch weit rechts. Mitchs laute, durchdringende Stimme war mein

Führer, aber ich mußte durch das Labyrinth kommen. Ich bewegte mich unsicher, mein Tablett neigte sich nach rechts und dann nach links, und die Plastikschalen und Becher rutschten bedenklich herum. Es sah sicher nicht elegant aus, und während ich mich um Tische und Schultaschen schlängelte, lief ich einige Male ins Leere, doch der Abstand wurde entschieden geringer. Als ich fast bei ihren lauten, ausgelassenen Stimmen angelangt schien, verstummte der Tisch plötzlich, als ob jemand einen Schalter ausgeknipst hätte. Ich wußte, daß das in gewisser Hinsicht auch der Fall war. Ich stellte mir vor, wie Mitch den Jungs am Tisch mit der Hand ein Zeichen gegeben hatte, still zu sein. Ich stand mit meinem Tablett nur wenige Zentimeter von ihrem Tisch entfernt. Ich wußte nicht, was ich tun und wo ich hin sollte. Ich hätte es schaffen können, einen Stuhl zu finden und mich trotzdem hinzusetzen, doch ich wich zurück und kehrte vorsichtig um zu einem leeren Tisch, der knapp zwei Meter hinter mir stand. Sobald ich zu essen begann, mußte Mitch den Schalter wieder angeknipst haben, denn ihre Stimmen explodierten wieder. Ich war von dem geschäftigen Treiben des Schülerlebens umgeben – Gerangel ums Essen, dreckige Witze, die durch die Gegend schwirrten, hitzige Diskussionen um die jeweilige Lieblingsmannschaft –, doch ich schien in einem Kokon zu existieren. Die Barriere zwischen ihnen und mir war so real wie ein Ozean voller Meereskrokodile, so greifbar wie die Gitterstäbe eines Gefängnisses. Mit meinem geistigen Auge konnte ich noch immer sehen. Durch die Gitterstäbe beobachtete ich, wie all die Aufregung, das Abenteuer und die Fröhlichkeit an mir vorbeizogen. Ich saß an meinem leeren Tisch, bis ich sicher war, daß alle anderen den Raum verlassen hatten, bevor ich den Mut aufbrachte, mir meinen Weg aus dem Labyrinth zu bahnen.

An diesem Nachmittag wurde im Fach englische Literatur *Der Regenbogen* von D. H. Lawrence gelesen und analysiert. Meine Aufgabe war es, eine Passage vorzulesen, zu der ich selbst eine Beziehung hatte. Die meisten in der Klasse waren bereits dran gewesen, und ich hatte versucht, mich wegen meiner Unerfahrenheit im Lesen von Brailleschrift so klein wie möglich zu machen. Nun war ich aufgerufen worden, und es gab kein Entkommen. Ich spürte die Blicke aller auf mir, als ich mit dem Stock auf den Boden klopfend nach vorne ging. Ich zog den Abschnitt heraus, den ich mit Mrs. Mundys Hilfe in Braille getippt hatte. Ich legte das Blatt flach auf den Tisch, setzte mich gerade und straffte die Schultern. Meine Finger fanden die obere linke Ecke des Blattes, fuhren auf die erste Zeile hinunter, und ich begann mich auf der Seite voranzukämpfen. Die Worte kamen zögernd: »Er befand sich in einer Agonie der Hilflosigkeit. Er konnte nichts tun. Vage kannte er die gewaltigen Kräfte der Welt, die sich aufeinander zu wälzten und zusammenprallten, dunkel, schwerfällig, töricht und doch ungeheuer, so daß man fast wie Staub mitgefegt wurde. Hilflos, hilflos wie umherwirbelnder Staub wollte er doch so sehnlich rebellieren, wüten, kämpfen, doch womit? Konnte er mit seinen bloßen Händen die Erde bekämpfen, gegen Berge angehen? Und doch wollte sein Herz kämpfen, die ganze Welt bekämpfen. Und diese zwei kleinen Hände waren das einzige, womit er es tun konnte.«

Anschließend saß ich für den Rest der Stunde an meinem Tisch, dachte über die Worte nach und ließ sie tief in mich eindringen. Ich war es so müde, in der Schule herumgeführt zu werden, war mein eigenes stümperhaftes Unvermögen leid; die fürsorgliche Wachsamkeit der Lehrer, ihre süßliche Hilfsbereitschaft und ihr Wohltätergehabe machten mich krank; ich konnte es nicht ertragen, daß meine Klassenkameraden auf mich herabsahen, und – was noch schlimmer war – ihr Unbehagen spüren zu müssen. Sie wußten nicht, wie sie sich verhalten und was sie sagen sollten, wie sie mich erreichen konnten, und ich hatte ihnen meinerseits keine Hilfestellung gegeben.

Im ersten Jahr in der Highschool sollte man sich nicht wie im Gefängnis vorkommen. Es war die erste Gelegenheit, einen Hauch von Freiheit zu erleben und seine Wahl zu treffen, auch wenn es die verkehrte war. Es sollte nicht so wie in der Grundschule sein, wo die Lehrer dir die Entscheidungen abnahmen und du in der Kantine essen mußtest, was sie dir aufs Tablett häuften. In der Highschool konntest du zwischen verschiedenen Fächern wählen, du suchtest dir in der Kantine dein eigenes Essen aus, Cheeseburger und Pommes frites und noch eine zweite Portion, wenn du Lust darauf hattest. Andere Jungs konnten hingehen, wohin sie wollten – wenn sie wollten. Sie konnten eine Stunde schwänzen. Sie konnten Schund lesen und sich in Filme mit Jugendverbot schleichen. Ein Teil von mir wußte, daß das Erlernen all dieser neuen Fertigkeiten meine Freiheit fördern würde, aber das würde ewig und vielleicht noch länger dauern. Mein Körper und mein Verstand waren gewachsen und gereift und hatten mich für diesen Augenblick bereitgemacht, und mit einem Schlag hatte mich die Erblindung auf den Stand der Grundschule zurückgeschleudert. Mein fünfzehnjähriges Ich schrie nach Freiheit. Ich mußte völlig von neuem lesen lernen, lernen, mein Tablett selbst zu tragen, mich in den Gängen zurechtzufinden. Mein Leben schien sich im Rückwärtsgang zu bewegen.

Ich faltete die Hände. Sie waren schwach, und meine Finger waren mager. Sie waren nicht fest und schwielig wie die Hände von Mitch; sie waren nicht groß genug, um einen Basketball zu umfassen, wie die Hände meiner Brüder; im Vergleich zu Mrs. Mundys Pranken schienen sie geradezu verkümmert. Aber so unscheinbar sie und ich auch waren, konnte ich spüren, wie sich eine Härte in mir aufbaute. Jetzt reicht es, beschloß ich. Ich würde nicht nach der Pfeife der anderen tanzen. Ich würde mich nicht in einer Phase meines Lebens unterdrücken lassen, in der ich einen Raketenstart in die Welt machen wollte. Ich mußte aus diesem engen Gehäuse entkommen.

Vor meinem Garderobenspind stieß ich gegen Chris, der in seinem Spind direkt unter meinem wühlte. »Zum Teufel, willst du vielleicht abhauen?« fragte ich ihn. Chris war bei weitem der Kleinste in der Schule. Er war für die größeren Jungs der absolute Favorit, wenn es darum ging, einen perfekten Sündenbock auszusuchen. Und so wurde Chris, um sich gegen sie zur Wehr zu setzen, unsichtbar. Selbst vor mir machte er sich unsichtbar. Seine sanfte Stimme entsprach seiner kleinen Statur, und oft bekam ich mitten im Gespräch keine Antwort mehr. Ich streckte die Hand aus, und er war verschwunden. Doch der kleine Funken Hinterlist, der ab und an an die Oberfläche kam, strafte seine Sanftmut Lügen. »Ich hätte heute nachmittag sowieso geschwänzt«, erwiderte er ohne zu zögern.

Mrs. Roland, unsere stellvertretende Schulleiterin, berüchtigt wegen ihrer gewaltigen untersetzten Schenkel, die sie in grüne Stretchleggings stopfte, hatte mich vor einer Woche kommen lassen und mir mitgeteilt: »Wir hatten noch nie einen blinden Schüler. Ich habe mit allen Lehrern, Verwaltungsangestellten und den Geschäftsleuten in der Nähe gesprochen und ihnen gesagt, daß sie auf dich aufpassen müssen. Wir möchten, daß du dich in deiner neuen Umgebung sicher und glücklich fühlst. Wir haben beschlossen, daß du das Gebäude nicht ohne Aufsicht verlassen solltest.«

»Andere Jungs dürfen während der Pausen zu ihren Autos auf dem Parkplatz gehen und können nachmittags wegfahren, wenn sie keinen Unterricht mehr haben«, protestierte ich.

»Es ist im Interesse deiner eigenen Sicherheit«, beschloß sie das Gespräch.

»Zum Teufel mit ihrer gottverdammten Hilfsbereitschaft und zum Teufel mit ihrer gottverdammten Sicherheit«, hatte ich anschließend zu Chris gesagt.

»Daß sie jeden Morgen ihren fetten Arsch in ihre Stretchleggings quetscht, ist ein größeres Sicherheitsrisiko, als du jemals sein könntest«, hatte Chris gesagt. Ich stellte mir ihre monströsen Beine in den feinmaschigen grünen Strumpfhosen vor, die unter dem wachsenden Druck dampften und aufstöhnten, bis sie schließlich mit einem lauten Knall explodierten und Fett und Knorpel wie Splitter durch den Gang flogen.

Chris und ich machten uns durch eine Seitentür und über den leeren Parkplatz in Richtung Wald davon. Chris sah, wie ich meinen Stock vor mir schwenkte. »Laß das Ding bloß verschwinden«, drängte er. »Du könntest genauso eine Neonreklame vor dir her tragen mit dem Text: ›Ich bin der vermißte blinde Junge. Bei Auffinden bitte bei Mrs. Roland abgeben.‹« Ich faltete den Stock zusammen und folgte Chris' Schritten. Als ich über Bodenschwellen und Bordsteine stolperte und gegen geparkte Autos prallte, hatte ich meine Zweifel, ob ich nun weniger Aufmerksamkeit auf mich zog. Chris hatte einen nicht zugelassenen Motorroller ganz in der Nähe im Wald versteckt. Und so fuhren wir den Rest des Nachmittags über abgelegene Straßen, und Chris drehte jedesmal beinahe durch, wenn ich meine Hände vor seine Augen hielt. Auf der Heimfahrt hörten wir eine Sirene. Chris beschleunigte, und ich rutschte ein Stück auf dem Vinylsattel zurück. Er fuhr quer über eine unbefestigte Straße, durch den Wald und kam am unteren Ende unserer Straße heraus. Wir bretterten in Richtung unseres Hauses und trieben in der Bucht ein paar kleinere Jungen auseinander, die Basketball spielten. Wir schossen die Auffahrt hinauf, schoben die Karre hastig in die Garage, und Chris rannte ins Haus. Als ich gerade das Garagentor schloß, kam ein Polizeiwagen die Auffahrt herauf. Ich lächelte unschuldig. Der Bulle kannte mich. »Wo ist der Fahrer des Motorrollers, Erik?«

fragte er ungeduldig. »Hoffentlich bist nicht du gefahren. Was für einen Polizeibericht würde das geben!« Er lachte dröhnend, und ich tat so, als ob ich mitlachte.

»Ich weiß nicht einmal den Namen von dem Typ. Er hat mich einfach mitgenommen. Er und der Roller sind längst weg.«

»Ich möchte dir ja gerne glauben«, sagte er zuvorkommend, »aber es kommt eine Menge Rauch aus den Ritzen eurer Garage. Der Roller ist nicht zufällig in der Garage? Oder?«

»Nein, ganz bestimmt nicht.«

»Warum schaust du nicht einfach für mich nach?«

»Brauchen Sie für so etwas nicht einen Durchsuchungsbefehl?« erkundigte ich mich in aller Unschuld.

Er lachte wieder aus vollem Hals. »Du hast dir offenbar zuviel Folgen von *Hawaii Five-0* angeschaut.« In Zeitlupe beugte ich mich vor und tat so, als ob ich Schwierigkeiten hatte, den Griff des Garagentors zu finden. Mein Körper wollte und wollte nicht funktionieren.

»Wirst du jetzt endlich aufmachen?« fragte er, und das Lachen war aus seiner Stimme verschwunden. Ich fand den Griff und zog das Tor hoch. Beide standen wir bewegungslos vor der Öffnung. Schließlich sagte ich: »Holla! Das ist wirklich sonderbar. Es steht doch drin. Er muß es hineingestellt haben, ohne daß ich es merkte.«

»Soso, offensichtlich kannst du wieder sehen. Was für ein Wunder!«

»Nein!« antwortete ich und versuchte, mir seine Sympathie noch ein wenig länger zu erhalten.

»Wie konntest du dann wissen, daß der Roller drinnen steht?«

»Ähhh ... ich habe die Auspuffgase gerochen, ja, das war es wohl.« Der Bulle lachte abermals.

»Du dummes Arschloch«, sagte Chris zornig am nächsten Nachmittag beim Nachsitzen. »Du hast die Auspuffgase gerochen? Wie konntest du nur so blöd sein?«

Obwohl Chris und ich beide einen Monat lang Hausarrest hatten, schlichen wir uns um Mitternacht hinaus. Ich fühlte mich von der Dunkelheit beschützt. Auf den Landstraßen oder in den Wäldern waren wir in der Nacht alle gleich. Ich konnte so schnell wie jeder andere laufen, sogar noch schneller. Ich konnte mit dem Ende meines Stocks ein gutes Versteck finden. Meine Finger konnten ein Streichholz an die Zündschnur eines Knallfrosches halten. Wenn die Straßen ruhig waren, konnte ich bereits aus großer Entfernung hören, daß sich ein Auto näherte, und ich gab das Signal, daß wir in die Büsche abtauchen mußten, bevor Chris auch nur die Scheinwerfer sehen konnte.

Eines Nachts standen Chris und ich vor Mitchs Haus unter dem beleuchteten Vordach. Verstohlen öffnete ich seinen Briefkasten und wog eine große Rolle Knallfrösche in meiner Hand. Ich preßte die lange Zündschnur zwischen meine Finger, so daß ein Zentimeter vorstand, und zündete mit der anderen ein Streichholz an. Mit zitternden Fingern hielt ich das Streichholz an die Stelle, von der ich annahm, daß sie das Ende der Zündschnur war. Um sicherzugehen, bewegte ich das Streichholz auf meine Finger zu und spürte die zunehmende Hitze der kleinen Flamme, bevor ich mich daran verbrannte. Als ich das Zischen hörte, warf ich die Knallfrösche hinein, stieß mit Wucht den Briefkasten zu und rannte davon, als ob Mitch direkt hinter mir her wäre – bereit, mich mit seinen Fäusten zu malträtieren.

Als wir einmal im Wald lagen, stachelte Chris mich dazu auf, meinen nackten Hintern einem vorbeifahrenden Auto zu präsentieren. Ich war scharf darauf, etwas zur Leistung unseres Teams beizutragen, also stand ich bald im Gras neben der Straße, die Kapuze über das Gesicht gezogen und meine magere nackte Kehrseite dem Verkehr entgegengestreckt. Zwei Autos fuhren einfach weiter. Ich versuchte, mir die Mienen der Leute vorzustellen: amüsiert, schockiert und entsetzt. Ich wollte nicht, daß mich jemand an dem weißen Stock mit den roten Katzenaugen erkannte, also verbarg ich ihn vor meinem Körper. Ich rechnete nicht damit, daß das nächste Fahrzeug ein Lieferwagen mit einer großen Gruppe von Schülern der Abschlußklasse war. Er kam quietschend zum Stehen, sie schrien und johlten und strömten in wilder Jagd heraus. Die Brenzligkeit der Situation drang allmählich zu meinem Bewußtsein durch, und meine Beine wurden bleischwer. Ich stellte mir vor, daß es eine Gang sei, Bierdosen in der Hand, jeder Kerl doppelt so schwer wie ich, die alle auf mich zu stiefelten – und jeder scharf darauf, als erster auf den blinden Perversling einzuschlagen. Meine Hände, die die Hose hochhielten, schienen nicht mehr zu funktionieren. Ich ließ sie sinken, und meine Jeans sackten auf die Knöchel. Ich konnte hören, daß sich der schnellste Junge nicht viel weiter als drei Meter hinter mir befand, schüttelte endlich das Gefühl der Lähmung ab und flüchtete die Straße hinunter. Die Hose um meine Knöchel zwang mich zu winzigen eiligen Schritten, und der Stock, mit dem ich auf den Boden klopfte, verfiel in denselben raschen Rhythmus. Doch selbst unter diesen ungünstigen Bedingungen fielen meine Verfolger zurück, und ich fragte mich, ob sie stehengeblieben waren, weil sie sich vor Lachen über diesen bizarren Anblick bogen. Ich sauste nach links, einen sechs Meter langen Pfad hinunter und dann direkt in den Wald. Ich warf mich zwischen ein paar Büsche und versuchte, meinen keuchenden Atem zu kontrollieren. Die Jungs durchkämmten eine Stunde lang systematisch den Wald. Einer kam anderthalb Meter an mich heran. Noch ein bißchen näher, und er wäre über mein Bein gestolpert. Ich hörte seinen schweren Atem, und dann schrie er: »Ich wette, das sind dieselben kleinen Scheißkerle, die unseren Briefkasten in die Luft gejagt haben.« Ich hatte nicht an Mitchs drei ältere, noch gewalttätigere Brüder gedacht.

Mich schauderte, ich hoffte, daß sie keine Taschenlampen hatten, deren Schein mein teigiger Hintern reflektieren würde. Als sie endlich verschwanden, stand ich wacklig auf und pfiff nach Chris. Auf der Vorderseite meines Körpers empfand ich an tausend Stellen einen stechenden Schmerz, und erst jetzt wurde mir klar, daß ich mit meiner Blöße in einem Dornengestrüpp gelegen hatte. »Was soll das, wolltest du die Dornen vögeln?« sagte Chris, als ich ihm mein Leid klagte, und lachte sich während der nächsten Stunde kaputt, während ich die Dornen aus meinen empfindlichsten Teilen pflückte.

Chris und ich hatten die letzten zwei Wochen nachsitzen müssen. Wir waren in einem Klassenzimmer eingesperrt und wurden vom Aufsicht führenden Lehrer oft unserem Schicksal überlassen. Ich war von meinen Eltern und Lehrern ermuntert worden, mich mit Hörbüchern zu beschäftigen, und schließlich schien mir diese Art des Lesens sehr verlockend, als ich die Worte »scharfe Schilderungen von Sex« neben einigen der Bücher entdeckte, die im Braillekatalog aufgeführt waren. Ich bestellte ein paar. Eines der Bänder brachte ich zum Nachsitzen mit und stellte das Tonbandgerät auf den Tisch. Ungefähr zehn Jungen mußten an diesem Tag ihren Arrest absitzen, und als ich den entscheidenden Abschnitt laut abspielte, kamen sie alle angerannt und drängten sich um den Tisch. Sie forderten mich immer wieder auf, die besten Stellen zu wiederholen und den Ton lauter zu stellen. Sie hörten alle mit gespitzten Ohren zu, schmeckten jedes Wort nach und stießen bei den saftigsten Stellen unterdrückte Beifallsrufe aus. Chris, der mir indirekt immer noch die Schuld für die Beschlagnahme seines Motorrollers gab, mischte sich ein: »Das ist doch noch gar nichts. Da solltet ihr erst seine *Playboy*-Ausgaben in Blindenschrift sehen.« Alle lachten, und für den Rest des Nachmittags mußte ich endlose Witze über *Playboy*-Magazine in Blindenschrift über mich ergehen lassen.

»Werden sie so richtig mit Feldern zum Rubbeln und Riechen herausgebracht?« »Das gibt dem Befummeln eines Mädchens einen völlig neuen Sinn.« »Also stimmt die Altweibergeschichte, daß Liebe blind macht.«

Es blieb mir nichts übrig, als mitzulachen. Eine Menge Leute wollten mir helfen. Viele wollten, daß es mir gutging und daß mir nichts zustieß. Es gab ein paar, die sich aufrichtig für mich interessierten und wollten, daß ich mir Fähigkeiten aneignete, die mich weiterbringen könnten. Vielleicht würde ich im Lauf der Zeit diese Menschen und das, was sie zu bieten hatten, schätzen lernen. Vorläufig jedoch suchte ich jemanden, der genau wie ich ein kleines Arschloch war, erfüllt von Wut, Auflehnung und verrückten Ideen, den ich meinen Freund nennen konnte.

KAPITEL VIER

Vages Zurechtfinden

JEDEN TAG WARTETE ICH NACH DER SCHULE AUF DEN BUS für behinderte Schüler. Obwohl ich mit der Schulverwaltung darum kämpfte, den regulären Bus nehmen zu dürfen, blieben sie bei ihrer Entscheidung. Wegen meiner Aufsässigkeit und der mangelnden Bereitschaft, meine Bewegungsfähigkeit zu trainieren, sei das zu gefährlich. Es trug nicht zur Verbesserung der Lage bei, daß ich am Tag nach ihrem Beschluß bäuchlings auf der Motorhaube des Autos eines Freundes liegend am Schulbus vorbeiflitzte. Der Busfahrer hatte dem Rektor durch die Leitzentrale eine aufgeregte Mitteilung ausrichten lassen: »Dieser verrückte blinde Junge lag auf einem Auto und hat mir einen Vogel gezeigt.«

Als ich auf den Behindertenbus wartete, versteckte ich mich hinter einem Müllcontainer am Rand des Parkplatzes und hoffte, daß mich keiner sehen konnte. Als ich den Motor des Busses hörte, rannte ich mit meinem Stock fuchtelnd darauf zu, fand den Türgriff und tauchte hinein. Ich duckte mich, bis der Bus um eine Ecke gebogen und außer Sicht war.

»Ich gehöre nicht in diesen lächerlichen Bus. Er ist für Krüppel, Leute in Rollstühlen mit Beinschienen, nicht für mich«, beschwerte ich mich bei Jerry, dem Fahrer. Er war ein Schwarzer mittleren Alters, der das Basketballteam der dritten und vierten Klasse trainierte. Ich erzählte ihm ständig, daß ich keine Hilfe brauche und niemals all die lächerlichen Dinge tun würde, die mir die Lehrer aufdrängen wollten.

»Wie viele Finger halte ich hoch?« fragte Jerry.

»Wie zum Teufel soll ich das wissen?« antwortete ich.

»Dann kannste das nicht abstreiten«, sagte er, »du bist behindert. Warum willste den Bus nehmen, wenn du mit einem gutaussehenden Typen wie mir und einer heißen Schwester wie Sacha fahren kannst? Warum isses dir nicht egal, wie du heimkommst? Weil du blind bist, kannste gar nicht sehen, daß du in einem alten grünen Kombi sitzt. Stell dir doch einfach vor, daß ich ein Chauffeur von 'nem Limousinenverleih bin.«

Sacha war ein kleines, obdachloses Mädchen, das einige Klassen über mir war und auf dem Beifahrersitz saß. Ihre Beine waren noch winziger als der Rest ihres Körpers, und sie trug Metallschienen. Wenn sie einen schlechten Tag hatte und ihre Beine zu schwach waren, fuhr sie in einem Rollstuhl durch den Gang.

»Auch wennde blind bist, will das nich heißen, daß du kein Zuchthengst bist«, sagte der Fahrer eines Tages, »und du mit deinen Schienen bist trotzdem ein steiler Zahn. Keiner von euch hat 'ne Verabredung für den Frühjahrstanz. Ihr seid alle zwei behindert. Warum geht ihr nich zusamm'n hin?« Sacha und ich zuckten zusammen. Sacha teilte den ersten Schlag aus. »Er ist nicht mein Typ«, erwiderte sie, »und ich gehe nicht mit Jungs aus den unteren Klassen.«

»Und ich nicht mit Zwerginnen«, knallte ich ihr vor den Bug.

»Und ich nicht mit blinden Schlappschwänzen.« Das Gespräch kippte immer mehr ab.

»Ich werde deinen Rollstuhl den Hügel hinunterstoßen, mitten in den Verkehr.«

»Und ich hau dir mit einem Baseballschläger über deinen dicken blinden Schädel.«

Eines Tages, als ich der letzte Schüler im Auto war, fuhren wir am Schulbus vorbei, und der Fahrer sagte: »Wink deinen Freunden zu.« Ich dachte an das leuchtende Schild oben auf dem Auto mit einem lächelnden Kind in einem Rollstuhl und dem Text: BEFÖRDERT BEHINDERTE KINDER. Ich ließ mich auf die Fußmatte fallen. »Sagen Sie mir, wenn wir vorbei sind«, schrie ich zu ihm hinauf.

»Du bist total kindisch«, sagte er. Als ich wieder hochtauchte, ließ ich ein neues Bombardement von Beschwerden vom Stapel. Jerry hörte sich das schweigend an und brachte das Auto dann quietschend zum Stehen, so daß ich gegen die Rücklehne seines Sitzes geworfen wurde. »Raus mit dir!« kommandierte er. Ich wußte, daß wir noch nicht oft genug abgebogen waren, um in der Nähe unseres Hauses zu sein.

»Einfach hier?« fragte ich beunruhigt.

»Schieb deinen wehleidigen Jammerarsch aus meinem Schlitten«, und seine Stimme hatte alles Spielerische verloren und einen drohenden Tonfall angenommen. Ohne zu maulen, öffnete ich die Tür und huschte hinaus in der Annahme, daß er mich am Straßenrand zurücklassen werde. Ich hatte schließlich den Schlamassel angerichtet, mich so oft beklagt, daß er mich nun rausschmiß und sich weigerte, mich weiterzufahren. Ich wartete darauf, daß er mit quietschenden Reifen losfuhr, doch statt dessen spürte ich, wie etwas Hartes aus Gummi ziemlich heftig gegen meinen Kopf prallte. Meine Ohren dröhnten, während ich hörte, wie das Ding in eine andere Richtung sprang. Ein Basketball. Er hatte mir einen Basketball an den Kopf geworfen. Ich war fassungslos; kein Erwachsener hatte das jemals mit mir gemacht. Dann öffnete sich die Tür, und ich hörte, wie er den Ball holen ging. »Du bist blind«, schrie er unverblümt.

»Scheiße!« schrie ich zurück.

»Du bist blind!« wiederholte er. »Gewöhn dich dran.«

»Bin ich nicht«, sagte ich etwas matter.

»Bist du wohl! Du kannst nich mal 'nen Basketball fangen.«

Ich geriet noch mehr aus der Fassung.

»Das nächste Mal werd' ich dir's sagen, wenn er ankommt. Ich möchte, daß du die Hände ausstreckst... Jetzt!« Der Ball traf mich auf der Brust, und ich konnte ihn leicht festhalten. Es war ein gutes Gefühl, wie er da in meinen Händen ruhte. »Erik«, sagte Jerry, »es gefällt dir vielleicht nich, daßde blind bist, aber du bist es nun mal. Kämpfen ist nich immer das Richtige. Laß die Leute an dich ran. Laß sie dir 'ne Zeitlang helfen. Vielleicht wirste echt wieder fangen lernen.«

Die Unabhängigkeit kam nicht mit großen Schritten, sondern durch winzige, kaum wahrnehmbare Erfolge. Sie kam mit der Entdeckung, daß ich ein zusammenpassendes Paar Socken finden konnte, indem ich Sicherheitsnadeln an unterschiedlichen Stellen anbrachte, mit dem Stolz, daß ich für einen Aufsatz, den ich auf meinem sprachgesteuerten Computer geschrieben hatte, ein »A« bekam, und mit dem neu gewonnenen Selbstvertrauen, daß ich meine Umgebung durch Anhaltspunkte orten konnte, die ich mit dem Ende des weißen Stocks ertastete. Obwohl es nur Kleinigkeiten waren, gaben sie mir doch den Mut zu etwas kühneren Träumen.

Während einer Pause saß ich in der Kantine, dachte über meine Mitternachtsausflüge mit Chris nach und über das, was Jerry über Hilfe gesagt hatte. Ich wäre beinahe von einem ganzen Lieferwagen voller aggressiver betrunkener Schüler der Oberstufe verprügelt worden, und das Unglaubliche daran war, daß sie mich nicht erwischt hatten. Ich hatte am Straßenrand gestanden, und mein bleicher Hintern hatte wie ein zweiter Mond geschimmert, als sie hinter mir her waren. Als ich schließlich weggewatschelt war, die Hose um meine Knöchel, mit dem Stock vor mir auf den Boden klopfend, hatte ich den

Atem des schnellsten Jungen hinter mir gehört, aber sie hatten mich nicht gekriegt. Mein Entwischen war etwas unorthodox gewesen, aber es war mir gelungen. In Wahrheit war es der Stock gewesen, der mich gerettet hatte, und wenn ich meine Haut vor einer schier unvermeidlichen Tracht Prügel retten konnte, warum konnte das dann nicht auch hier in der Schule funktionieren? Vor einer Woche hatte Mrs. Mundy einen tastbaren Plan der Kantine für mich angefertigt und mich gezwungen, ihn mit mir herumzutragen. Ich blätterte in meinem Schulheft und fand den Plan. Er war sozusagen jungfräulich. Ich studierte ihn lange und übte darauf, mich zwischen den leeren Tischen hindurchzumanövrieren. Mein Heft diente als Tablett, das ich auf einer Hand balancierte, während die andere mit dem Stock über den Boden klopfte.

Beim Mittagessen nahm ich mein Tablett vom Büfett und wandte mich nach rechts, bis mein Stock leicht gegen die Wand schlug. Dann folgte ich der Wand, bis ich auf den hervorstehenden Getränkeautomaten stieß. Ich wußte, daß die Lücke zwischen zwei Tischen nunmehr einen Meter entfernt war. Ich wandte mich nach links und benutzte den hellen Klang der metallenen Stuhlbeine als Orientierungshilfe. Dann erkannte ich vor mir durch den ganzen Betrieb die Stimmen meiner Freunde. Ich arbeitete mich um den Tisch herum und berührte geschickt die Lehne jedes Stuhls, bis ich einen fand, der sich leichter als die anderen anfühlte. Hier setzte ich sorgfältig mein Tablett ab und vergewisserte mich, daß es ganz auf der Tischfläche auflag. Schließlich setzte ich mich; ein heimlicher Seufzer entrang sich meinen Lippen. Mitch, der auf dem nächsten Stuhl saß, ergriff meinen Stock. »He! Das Ding funktioniert ja wirklich«, sagte er.

»Ich schätze schon«, erwiderte ich lächelnd und begann, an mich zu glauben.

In der Braillestunde tippte Mrs. Mundy einen Artikel und gab mir auf, ihn zu Hause durchzulesen. »Du wirst ihn mir morgen vorlesen«, sagte sie. Natürlich las ich ihn an diesem Abend nicht. Am nächsten Tag las ich ihn stockend und lustlos vor, mit der Geschwindigkeit eines Erstkläßlers. Als ich allmählich die Geschichte unter meinen Fingern zu verstehen begann, erkannte ich, daß es um Baseballspieler der Juniorenliga ging, die um den Aufstieg kämpften. Seit der Schülerliga hatten sie nur das eine Ziel vor Augen, es in die Profiliga zu schaffen, obwohl ihre Chancen minimal waren: eins zu hunderttausend. Ihr Kampf war wie der eines Lachses, der stromaufwärts schwimmt. Gewöhnlich richtete sich meine Frustration gegen Mrs. Mundy, da sie mich zwang, meine Zeit mit dem Entziffern einer komplizierten Anordnung von Punkten zu vergeuden, obwohl es mich herzlich wenig interessierte, den Sinn der Wörter herauszufinden. Heute jedoch richtete sich meine Frustration auf meine unbeholfen umherirrenden Finger. Ich bewegte sie weiter über den Text, weil ich wissen wollte, ob die Burschen es schaffen würden. Mrs. Mundy hatte mich ausgeschmiert. Wie sehr mußte sie sich angestrengt haben, ein Thema zu finden, das mich interessierte. Sie hatte mich mit Artikeln über Politik und Wissenschaft konfrontiert, aber dieser hatte mich gepackt. Er handelte von Leuten, die für etwas kämpften, und das Faszinierende daran war, daß sie wußten, wofür sie kämpften. Sie bewegten sich in einer Richtung. Ich merkte, daß an Brailleschrift mehr dran war als nur erhabene Punkte; es gab da Geschichten über Menschen, die einen Traum hatten, und diese Geschichten machten einen gewaltigen Sprung von meinen unbeholfenen Fingerkuppen hinauf in mein Gehirn.

Im Winter probierten alle Erstkläßler verschiedene Sportarten aus. Ich wollte unbedingt mitmachen. Vor meiner Erblindung habe ich mich an keiner Art von Kontaktsport beteiligen dürfen; meine kranke Netzhaut hätte sich dadurch noch früher ablösen können. Da ich nun völlig blind war, gab es diese Einschränkung nicht mehr;

ich hatte nichts mehr einzubüßen. Auf eine schlimme Art hatte mich meine Erblindung erlöst. Schließlich bekam ich die Erlaubnis, mich im Ringen zu versuchen. Als ich mit meinem Stock den leeren Gang entlangzockelte, fragte ich mich, ob ich etwas taugen würde. Wenn ich beim lockeren Ringen mit meinem Bruder Eddi in der Garage ein Fuß- oder Handgelenk zu fassen bekam, konnte ich intuitiv erkennen, wo sich der Rest des Körpers befand. Und mit diesem Wissen, dachte ich, könne ich im Team mitmachen. Allerdings machten mir meine Körpergröße von 1 Meter 78 und mein Gewicht von 52 Kilo mehr Sorgen als meine Blindheit. Das war nicht gerade der Körperbau eines Ringers. Ich drückte meinen kaum vorhandenen rechten Bizeps und dann den anderen und lief dabei fast gegen die Wand.

Am ersten Tag des Ringertrainings stellen sich die Erstkläßler in einer Reihe auf, um gegen den Mannschaftskapitän anzutreten, und werden gewöhnlich in rascher Abfolge mit beiden Schultern auf den Boden gedrückt. Ich war der dritte in der Reihe. »Los, gib dir Mühe!« hörte ich und fast unmittelbar darauf: »Schultersieg, sieben Sekunden«, als die sich windenden Schultern des Neulings auf die Matte gezwungen wurden. Das zweite Opfer war in neun Sekunden ausgeschaltet. Dann war ich dran. Meine Beine verwandelten sich in Plastilin, und mir war kotzübel. Ich konnte nichts unternehmen, denn ich spürte, wie sich die starken schwieligen Hände des Kapitäns um meine Handgelenke schlossen und mich ohne großen Kraftaufwand in die Mitte der Matte zogen. Die nächsten Augenblicke verschmolzen zu einem hektischen, wirren Wirbeln. Sofort nach der Begrüßung mit Handschlag wurden mir die Füße weggezogen, und ich landete auf dem Rücken. Wie durch ein Wunder konnte ich mich auf die Seite wälzen, bevor ich wieder in den Clinch genommen wurde. Ich zappelte auf der Matte wie ein Fisch auf dem Trockenen, doch mein Kampf war vergeblich. Sehr schnell war das Gewicht meines Gegners, das mir die Luft aus den Lungen preßte, zu schwer für mich. Ich hörte, wie der Trainer mit der Hand fest auf die Matte schlug und verkündete: »Schultersieg, zwanzig Sekunden!« Ohne eine Pause zu machen, ging der Kapitän die Reihe weiter durch und zerstörte jeden nach Luft schnappenden Gegner. Kein anderer Kampf dauerte länger als zehn Sekunden. Ich stand auf und schwankte von der Matte.

Vor dieser ersten Trainingsstunde hatte ich befürchtet, daß meine Mannschaftskameraden mich mit Samthandschuhen anfassen würden. Doch der Kapitän hatte das Tollste gemacht, was er überhaupt tun konnte: Er hatte meinen spindeldürren Körper gnadenlos auf die Matte gequetscht. Meine Rippen waren geprellt, das Atmen tat mir weh. Doch durch den Schmerz hindurch empfand ich ein stolzes Gefühl freudiger Erregung. Zum ersten Mal seit meiner Erblindung kam ich mir nicht mehr wie »der blinde Kerl« vor. Ich war der blinde Kerl, der beim Ringen hundsmiserabel war, aber zehn Sekunden besser als jeder andere Erstkläßler in der Reihe.

Eine Stunde vor dem ersten Kampf unseres Teams erfuhr unser Trainer, daß der Champion in meiner Gewichtsklasse wegen einer Verletzung nicht würde antreten können. Er forderte mich auf einzuspringen, teilte mir allerdings unter vier Augen mit, mich in den Ring hinauszuschicken sei so, als ob man einem Schwarm von Haien einen Aasköder vorwerfe. Während ich mit meinem Team auf der einen Seite der Turnhalle saß, malte ich mir meinen Gegner in den furchterregendsten Farben aus. Als ich an der Reihe war, nahm der Kapitän mich am Arm und führte mich in die Mitte der Matte. Ich begrüßte meinen Gegner mit Handschlag und taxierte seinen Griff. Er war weicher, anders als der Griff des Kapitäns, der hart, schwielig und sehnig war und alle zarten Knochen meiner Hand hätte zerbrechen können.

Der Kampf war ziemlich ausgeglichen, unsere beiden

Körper zappelten, jagten, stürzten über die ganze Matte. Kurz vor Ende der Wettkampfzeit wurde mein erschöpfter Gegner langsamer, so daß ich mich neben ihn plazieren konnte, mit der linken Hand seine Hüfte erfaßte und mit der rechten unter seiner Achsel hindurch seinen Nacken in einem Halbnelson ergriff. Ich richtete mich auf, rammte meine Brust in seine Seite, hebelte ihn aus und warf ihn zu Boden. Ich konnte es kaum fassen, daß er so wenig Widerstand leistete. Ich erwartete, daß er sofort wieder zu Kräften kommen, eine Hockwende machen und meinen Griff brechen werde. Vielleicht kam er sogar in die Oberlage und erhielt zwei Punkte dafür, daß er mich in eine gefährliche Lage gebracht hatte. Doch er rutschte immer weiter auf den Rücken, und mein Arm, unter seiner Achselhöhle und in seinem Nacken vergraben, drückte ihn weiter und weiter. Mein Arm verkrampfte sich. Er begann zu kribbeln und taub zu werden. Ich konnte nicht mehr spüren, ob ihn noch Kraft durchströmte. Dann lag er auf dem Rücken, und ich preßte mich mit meinem vollen Gewicht auf ihn. Eine Sekunde vor dem Schlußpfiff hörte ich das Klatschen auf der Matte, als der Schiedsrichter rief: »Schultersieg!« Die ganze Turnhalle brach in Beifallsrufe aus. Der Applaus erfüllte den Raum, und durch das Toben konnte ich die begeisterten Schreie meiner Eltern hören. Selbst meine Mutter, die es so hart ankam, mit ansehen zu müssen, wie ihr Sohn mit blutiger Nase auf eine Ringermatte geknallt wurde, war völlig aus dem Häuschen. Später sagte sie mir, sie sei so nervös gewesen, daß sie an ihrem langen Haar gekaut und ihre Hände so zusammengepreßt habe, daß die Spuren ihrer Fingernägel noch eine Woche zu sehen waren. Gehüllt in den Jubel der Menge und umgeben vom scharfen Schweiß meiner Mannschaftskameraden zweifelte ich nicht im geringsten daran, daß ich auf dem richtigen Weg war. Vielleicht hatte ich den Menschen wiedergefunden, der ich vor meiner völligen Erblindung gewesen war, doch als sich dieser Gedanke in mir festsetzte, beunruhigten mich die möglichen Folgen. Ich hatte das Gefühl, daß ich, um diesen Menschen wiederzuerlangen, nochmals die Vergangenheit würde durchleben müssen, all die Qualen, die Frustration und Einsamkeit. Wie konnte ich in der Zeit zurückgehen und all das auslöschen? Vielleicht war es besser, dem Rat zu folgen, den mein Großvater einst meiner Mutter gegeben hatte, den Nacken steif zu halten und nie zurückzublicken. Vielleicht war es die beste Vorgehensweise, mich einfach in Bewegung zu setzen, mich vorwärtszukämpfen. Und irgendwo unterwegs würde ich vielleicht auf einen neuen Menschen stoßen, vielleicht sogar auf viele Menschen, die sich meiner Seele annehmen würden, die immer noch ein bißchen leer war, und diese Leere mit Neuem und mit Freude füllen könnten.

Am Anfang des Kampfes war ich auf die Matte direkt auf mein Gesicht geknallt worden. An diesem Abend lag ich wie damals als kleiner Junge neben meiner Mutter in ihrem Bett. Sie brachte mir eine Eispackung und legte sie auf meine geschwollene Nase und die Beule, die sich auf meiner Stirn gebildet hatte. Wir hatten gerade einen VCR-Videorecorder bekommen und schauten uns unsere erste Kassette an: Arnold Schwarzenegger in *Der Terminator*. Als sie die Eispackung holen ging, hatte sie sogar versucht, einen Ausspruch von Arnold zu imitieren: »Ich kumm z'ruck!«

Während des ganzen Films hob ich immer wieder die Eispackung hoch und fuhr mit den Fingern über mein Gesicht. Ich hatte das nie zuvor getan, aber es war mir plötzlich bewußt geworden, daß ich mich fast ein Jahr lang nicht mehr gesehen hatte. Ich konnte mich auch nicht mehr genau erinnern, wie ich eigentlich ausgesehen hatte. Und als meine Finger nun über meine Nase fuhren, die mir riesig und knollig erschien, über meine Stirn, die nicht aufhören wollte, und meine breiten Brauen, die vorzuspringen und bedenklich über meinen kleinen, tiefliegenden Augen zu hängen schienen, setzte mein Gehirn daraus das Bild eines Monsters zusammen. Meine Mutter mußte bemerkt haben, wie meine Finger hektisch über meine Nase fuhren und den Abstand zwischen meinen Brauen und meinen Augäpfeln maßen, denn sie sagte: »Du siehst jeden Tag hübscher aus.« Es war äußerst irritierend, das von seiner Mutter zu hören, zumal mir meine Finger gerade gezeigt hatten, daß ich die Sorte Gesicht hatte, die lediglich die eigene Mutter lieben konnte. »Ich glaube, du bist etwas voreingenommen«, sagte ich. »Meine Nase ist riesig, und meine Augenbrauen hängen über meinen Augen wie bei einem Neandertaler.« Darauf nahm sie meine Hand und legte sie auf ihr Gesicht. »Das ist eine ziemliche Beleidigung angesichts der Tatsache, daß du mir von allen meinen Kindern am ähnlichsten bist.« Das verwirrte mich, denn ich wußte, wie schön sie war. Ich ließ eine Hand auf meinem Gesicht und die andere auf dem ihren. Ich war überrascht; unsere Nasen waren beide schmal und scharf geschnitten, mit einem leichten Drall nach rechts; ihre Stirn war glatt und hoch wie meine; selbst unsere Augen hatten etwa die gleiche Größe und lagen tief unter dem Stirnknochen.

Im Lauf des letzten Jahres hatte meine Mutter sich neuen Herausforderungen gestellt und einige beachtliche Erfolge erzielt. Sie schlief nicht mehr den ganzen Tag, im Gegenteil. Sie nahm sich viel zuviel vor. Sie erinnerte sich immer noch mit großer Zärtlichkeit an die Zeit, in der sie in Asien herumgereist war, und liebte ihre Andenkenkollektion über alles. Wenn ich nachmittags aus der Schule nach Hause kam, fand ich sie gewöhnlich im vorderen Zimmer, wo sie alle Schränke, Wandschirme und Schnitzereien abstaubte und firnißte, die sie nicht in den Rest des Hauses hatte stopfen können. In diesem Raum konnte man sich kaum bewegen. Während ich mich mit meinem Stock durch die engen, gewundenen Zwischenräume manövrierte, die von Stapeln kleiner Papiermachédosen, reich verzierter Sonnenschirme, riesiger Fächer, Orientteppiche, mit polierten Holzperlen gefüllten Körbchen, kleinen Jadetierchen, Perlmutt und schwarzem Onyx eingefaßt wurden, befürchtete ich, daß nur ein einziger falscher Schritt die ganze Anordnung zum Einstürzen bringen könnte. Eines Tages stand meine Mutter in der Tür ihres kleinen Museums, ließ den Blick über die verschiedenen Stücke ihrer Sammlung schweifen und erinnerte sich, woher jedes stammte. Nur wenige hatte sie leicht beschaffen können. Sie war zu Fuß, auf Kamelen, selbst auf Elefanten in abgelegene Dörfer gereist, wo die schwarzhaarigen Kinder noch nie eine weiße Frau gesehen hatten. Sie hatten ihr langes blondes Haar berührt, als ob sie eine exotische Göttin sei, und sie hatte jedem Kind eine Strähne gegeben, bis sie befürchten mußte, daß sie bald keine Haare mehr haben würde. Als sie einmal in Pakistan um einen langen mit Juwelen besetzten Säbel gefeilscht hatte, ließ der Ladenbesitzer durchblicken, daß er den Säbel für ihre Designerjeans eintauschen würde, die er seiner Frau zum Geschenk machen wollte. Also war sie in den hinteren Teil des Ladens gegangen, in ein traditionelles weißes *shamir*-Unterkleid geschlüpft und hatte den Handel abgeschlossen. Als sie nun in ihrem kleinen Museum stand, kam sie auf die Idee, ihre alte Leidenschaft für die Gegenwart nutzbar zu machen. Im Sommer 1983 eröffnete meine Mutter ein Geschäft im nahen Westport. Sie gab ihm den Namen »Oriental Origins«. Aus dem Inhalt von Körben, die mit kunterbunten exotischen Materialien gefüllt waren, stellte sie wunderschöne und außergewöhnliche Halsbänder und Armreifen her. Die Nachfrage war überraschenderweise so groß, daß sie mit der Produktion nicht nachkam, also machte sie aus unserem Vorderzimmer einen Fabrikraum und stellte Frauen aus der Nachbarschaft an, die ihr beim Auffädeln halfen. Bald bekam sie Anfragen von Bloomingdale's und Saks Fifth Avenue. Sie fuhr die ganze Ostküste entlang und stellte überall ihre Erzeugnisse aus. Meine Mutter war sogar Gast in einer regionalen Talkshow, in der erfolgreiche Geschäftsfrauen vorgestellt wurden. Als sie gesendet wurde, versammelten Eddi, mein Vater, meine Mutter und ich uns vor dem Fernseher.

Während der Weihnachtsferien in meinem ersten Jahr an der Highschool begleitete ich meine Mutter zu einer ihrer Ausstellungen nach Boston. Ich half ihr, den Stand aufzubauen und ihre Produkte zu arrangieren. Den ganzen Nachmittag saß ich daneben und lauschte stolz den Menschen, die Schlange standen und voller Bewunderung über die außergewöhnlichen Juwelen und Formen und die wunderschönen Dessins waren, die ihre Kollektion ausmachten. Anschließend, als wir aufräumten, fuhr ich mit der Hand über die übriggebliebenen Halsbänder und fragte sie geradeheraus: »Mom, hat dir das alles geholfen, Glück und Zufriedenheit zu finden?«

Sie lachte und sagte: »Das ist eine sehr ernste Frage. Ich glaube nicht mehr, daß einem das Glück über den Weg läuft; ich denke, daß wir es uns selbst schaffen müssen.«

Ich streckte meine Hand aus, fand ihre und hielt sie fest. »Ich möchte einfach, daß du glücklich bist«, sagte ich. »Sag mir, daß du glücklich bist.«

»Ich bin glücklich«, erwiderte sie.

Im Sommer nach dem ersten Jahr in der Highschool fuhr ich in ein Ringerlager. Die erste Woche war ein voller Erfolg. Ich schaffte es, bei einem K.o.-Turnier dritter zu werden, was mir frühen Respekt bei den älteren Jungs verschaffte. Die Burschen im Lager waren hart im Nehmen und lebten ohne Ausnahme nur dafür, Kraft und Ausdauer zu entwickeln und ihre Technik zu perfektionieren. Glücklicherweise ergab es sich, daß ich mit Dan Gable trainieren konnte, dem berühmtesten Trainer der USA, der für anderthalb Tage gekommen war. Ich stand auf der Matte und übte Bewegungsabläufe, als einer meiner Zimmergenossen sich hinter mich schlich und mich auf den

Kopf schlug. Gleich darauf wiederholte sich das, diesmal auf den Hintern, und noch einmal, abermals auf den Kopf. Ab jetzt horchte ich besonders aufmerksam, wann die nächste Attacke stattfinden würde. Es war ein Katz-und-Maus-Spiel. Ich ging in guter Ringerposition in die Hocke und lauschte den weichen, gedämpften Schritten um mich herum. Als ich einen Klaps gegen meine Wade spürte, drehte ich mich blitzschnell um und überraschte den Angreifer mit einem raschen Fußgriff, den ich in einen Halbnelson und einen Ausheber verwandelte, direkt vor Trainer Gable. Es gab Gejohle, Pfiffe und sogar ein wenig Applaus. Gable kam zu mir, gratulierte mir zu der hübschen Kombination und arbeitete die nächsten fünfzehn Minuten mit mir am Ausheber von vorn, einem vernichtenden Griff, den ich schließlich perfekt beherrschen lernte und der mir im letzten Schuljahr dreiunddreißig Punkte einbrachte.

Ich hatte das zusätzliche Glück, in der Hütte untergebracht zu sein, die das Turnier in der ersten Woche gewann. Es war eine knallharte Gruppe Jungs, die sich gegenseitig anfeuerten und einander stark motivierten. Gemeinsam beschlossen wir, am Intensivprogramm der zweiten Woche teilzunehmen: zusätzlich sechs Vormittage Gymnastik und Lauftraining, regelmäßiges Vormittags- und Nachmittagstraining und einen zusätzlichen Abend mit Ringen, dem eine Filmvorführung folgte. Das größte Opfer jedoch war, daß die eifrigsten Teilnehmer – etwa zehn Prozent – auf den größten Teil einer Tanzveranstaltung am Donnerstag abend in einem Lager von Cheerleaders in der Nähe verzichten mußten. Als ich am ersten Sonntag meine Eltern anrief, war ich total aufgeregt. Ich schilderte die erste Woche mit allen rühmlichen Details und teilte ihnen stolz meinen Entschluß mit, am Intensivkurs teilzunehmen. Ich sagte meiner Mutter, daß ich in der nächsten Woche keine Zeit für einen Anruf haben würde – zuviel Streß und folglich zu müde. Aber ich versprach, ihr alles am Samstag zu erzählen, wenn sie und mein Vater zum großen Abschlußturnier ins Lager kommen würden.

Es war Donnerstag nachmittag, und ich war völlig ausgepumpt, aber ich wußte, daß ich noch genug Reserven hatte, um die Woche durchzuhalten. Ich übte gerade einen Fußfeger, als ein Trainer auf mich zukam und sagte: »Erik, im Büro des Direktors ist ein Anruf für dich.« Ich ging mit ihm aus dem Turnsaal und fragte mich, was wohl los war. Wer sollte mich mitten im Training anrufen? Meine Eltern wußten beide, daß ich erst am Samstag mit ihnen sprechen wollte. Ich stieg in sein Auto, und als wir über den Campus fuhren, fragte ich mich die ganze Zeit, wer wohl der Anrufer sei. »Wer ist denn dran?« fragte ich den Trainer.

»Ich weiß es nicht, Junge«, sagte er leise. Ein Anflug von Sorge durchzuckte meinen Körper. Das Auto hielt, und ich stieg aus. »Hallo, Erik«, sagte die Stimme, und ich erkannte sofort meinen Vater.

»He, Paps! Kinder, Kinder, was habt ihr hier so früh verloren? Das Turnier ist erst am Samstag.«

Kraftlos sagte mein Vater: »Erik, es tut mir leid.« Seine Stimme zitterte. »Es gibt keine andere Möglichkeit, es dir zu sagen. Es hat einen schrecklichen Unfall gegeben. Deine Mutter ist dabei ums Leben gekommen.«

»Mach keine Witze«, sagte ich, doch mein Vater blieb stumm. »Es ist nicht wahr!« schrie ich. »Es kann nicht wahr sein!« Dann wurde mir klar, daß es wahr war. Ich verfiel in fassungsloses Schweigen und brach dann in einen Strom von Tränen aus. Mein Vater stand da, ohne sich zu rühren. Ich stand nur einen Meter von ihm entfernt, ich zitterte am ganzen Körper, und die Tränen liefen mir über die Wangen. Schließlich packte mich der Leiter des Lagers und drückte mich an sein Sweatshirt. Mein Kopf war in seinem gewaltigen runden Bauch vergraben. Sein Sweatshirt roch frisch, und meine Tränen und der

Rotz durchtränkten es, doch er hielt mich an sich gedrückt. Mein Vater, entkräftet von der schwersten Aufgabe, die er in seinem ganzen Leben hatte hinter sich bringen müssen, stand unbeholfen daneben, versuchte seinen Atem unter Kontrolle zu bringen, und alle drei schluchzten wir durcheinander.

Wie soll ich den Schmerz beschreiben, der jede Faser meines Körpers erfaßte? Selbst wenn ich tausendmal erblindet wäre, wäre die Qual mit dieser nicht zu vergleichen gewesen. Wenn ich es mir hätte aussuchen können, wäre ich an diesem Tag auf der Stelle gestorben, doch der menschliche Körper verfügt über die hartnäckige Kraft, sich an das Leben zu klammern, auch wenn sein Besitzer nicht weiterleben will. Wie war es möglich, daß der Mensch, der mich mein ganzes Leben mit jeder Faser seines Seins beschützt hatte, nicht mehr da war?

Beim Begräbnis stand ich neben dem Sarg und berührte ihre Arme, die über der Brust gefaltet waren. Ihre Haut war kalt und wächsern wie die einer Schaufensterpuppe. Ich konnte nicht glauben, daß ihr warmer lebendiger Körper sich derart verwandelt hatte. Was sie gewesen war, konnte ich mit dieser wächsernen Figur, die vor mir lag, nicht in Verbindung bringen. Nach dem Begräbnis gingen meine Brüder und ich zu der Tankstelle, um uns den weißen Saab anzuschauen, den sie an jenem Abend gefahren hatte. Ich berührte die Windschutzscheibe und fuhr mit meiner Hand darüber. Auf der Fahrerseite ertastete meine Hand eine Beule aus zersprungenem Glas in Kopfgröße. Es klebte trockenes Blut daran, und ich durchlebte Todesqualen, als ich mir vorstellte, wie das schöne Gesicht meiner Mutter gegen die Scheibe geprallt und ihre Haut von den scharfen Splittern zerschnitten worden war.

Der Sommer ging zu Ende, die Schule begann wieder, und ich konnte mich nur mit Mühe aufrecht halten. Ihr Tod war so abrupt, so erdrückend und endgültig, daß ich nicht wußte, wie ich damit fertigwerden sollte. Ich sagte mir, daß es genau wie bei meiner Erblindung, die ich als Überfall empfunden hatte, keine Rolle spielte, wie ich reagierte. Nichts würde sie zurückbringen. Die Tatsache, daß sie nicht mehr da war, traf mich immer wieder wie ein Faustschlag: wenn ich einen Song im Radio hörte, »Glory Days« von Bruce Springsteen, oder die alte Schaflederjacke, in der noch ihr Duft hing, aus dem Schrank zog. Ich versuchte, mir klarzumachen, daß sie für immer von mir gegangen war, daß ich sie in meinem ganzen Leben nie wiedersehen würde. Sie würde mich nicht von der Schule abholen oder es sich nach dem Abendessen auf dem Bett bequem machen, um mir vorzulesen. Wenn ich am Morgen aufwachte, schlug mein Herz, bevor ich ganz wach wurde, einen Augenblick in der Hoffnung höher, daß ihr Tod nur ein böser Traum gewesen sei.

Es schien mir so ungerecht. Mein Leben hatte endlich eine Wendung zum Besseren genommen. Ich war im Ringen ziemlich gut geworden, hatte neue Freundschaften geschlossen und es endlich geschafft, die Blindenschrift zu erlernen. Ich hatte begonnen, das, was nach dem Verlust übrig war, aufzusammeln und die Stücke wieder zusammenzufügen, wenn ich mich auch dazu zwingen mußte. Gerade als ich anfing zu erkennen, daß Blindheit meine Hoffnung oder mein Glück nicht würde zerstören können, hatte mich ein weiterer Schlag, doppelt so vernichtend wie der erste, am Boden zerstört. Vielleicht war es unser Los, niemals wirklich glücklich zu sein, dachte ich nach ihrem Tod. Vielleicht war es gar nicht vorgesehen, daß wir unser Leben in die Hand nehmen, es meistern konnten. Vielleicht war das Leben eine ständige Abfolge von Verlusten. Wenn es einen Gott gab, mußte er Gefallen daran finden, menschliche Wesen grausamen Bestrafungen zu unterziehen, wie er es mit Hiob in der Bibel getan hatte, endlosen Bestrafungen, die uns zwangen, uns durchzuschlagen und Wege zu finden, uns mit weniger zufriedenzugeben. Gott vernichtet das, was wir für das Wichtigste in unserem Leben halten, wir versuchen, mit weniger zurechtzukommen, und dann nimmt es uns das auch noch weg.

Meine Brüder waren auf dem College, und mein Vater und ich lebten alleine in dem großen Haus. Mein Vater fuhr morgens um halb sechs zur Arbeit und weckte mich, bevor er das Haus verließ. »Es steht ein Eintopf auf der Anrichte. Stell ihn bei 190 Grad eine Stunde in den Ofen. Ich habe ihn zum Auftauen herausgenommen«, sagte er. Manchmal, wenn ich nach der Schule in das große stille Haus zurückkam, sehnte ich mich so sehr nach der Gegenwart meiner Mutter, daß ich kaum atmen konnte. Ich dachte: Warum kann sie nicht in diesem Haus sein mit ihren Kleidern und ihren ganzen anderen Besitztümern und den Menschen, die sie geliebt hat? Manchmal war die Sehnsucht so überwältigend, daß sie mir das Herz zerriß und mich ganz durcheinanderbrachte, bis ich etwas tun mußte. Dann lag ich auf dem Bauch auf ihrer Bettseite und preßte mein Gesicht in ihre Laken und Kissen. Obwohl sie gewaschen worden waren, konnte ich Spuren ihres Duftes riechen, ihrer Cremes und ihrer Haut. Andere Male saß ich in ihrem Schrank zwischen all ihren Mänteln und Kleidern und versuchte mich in dem vertrauten Geruch zu verlieren und mir einzureden, daß, wenn ihr Geruch da war, auch sie da sein müsse oder wenigstens irgendwo in der Nähe. Ich nahm einen ihrer Schuhe nach dem anderen in die Hand, in der Hoffnung, daß ich ihre Anwesenheit durch sie würde spüren können. Ich stellte mir vor, daß sie, während ich die Schuhe im Schrank anfaßte, diese Schuhe in einer anderen Welt berührte. Ich wollte im Schrank bleiben, für immer da drinnen leben, begraben zwischen ihren Mänteln, Kleidern und Schuhen. Doch dann hörte ich die Haustür, wenn mein Vater von der Arbeit kam, und sprang heraus, um nicht ertappt zu werden.

Ringen gab mir ein klares Ziel und ein Gefühl von Sinn.

Ich beschloß, meinen ersten Kampf der Saison meiner Mutter zu widmen. Das war eine persönliche Entscheidung, die ich niemandem mitteilte, aus der ich jedoch große Inspiration zog. Indem ich mich durch die Kraft meiner Mutter leiten ließ, fühlte ich mich unbesiegbar. Ich war hochmotiviert und trainierte härter als je zuvor. Ich konnte das Eröffnungsturnier der Saison kaum erwarten. Selbst als ich schließlich in die Gewichtsklasse von 65 Kilo kam und erfuhr, daß mein Gegner bei den Meisterschaften des Bundesstaates im letzten Jahr zweiter geworden war, war ich nicht erschüttert. Ich hatte mich diesem Kampf, hatte mich ihr geweiht und konnte nicht verlieren. Ich wußte, daß das undenkbar war.

Doch ich verlor. Ich kam kein einziges Mal richtig zum Zug und verlor 10:2. Ich war völlig am Boden zerstört. Ich hatte nicht mein Bestes gegeben, weit davon entfernt. Ich hatte mich und meine Mutter zutiefst enttäuscht. Mit diesem Gefühl von Schuld und Versagen ließ es sich nur schwer leben.

Diese Nacht war heiß und schwül, und ich fiel in einen unruhigen Schlaf, während mir noch die Niederlage beim Ringen, das Begräbnis meiner Mutter und das ramponierte Auto durch den Kopf schwirrten. Ich träumte, daß ich vor einem Ringkampf im Umkleideraum meiner Schule sei. Im Traum konnte ich alles in lebhaften Farben sehen, aber es war ein schrecklicher Anblick. Der Raum war von einer billigen Glühbirne erhellt, die bizarre Schatten in alle Richtungen warf. Es war ein Abendkampf, und die schmalen, hohen Fenster des Umkleideraums waren schwarz. Irgendwie hatten wir es bis zur Meisterschaft des Bundesstaates geschafft. Die ganze Mannschaft befand sich im Raum, saß auf Bänken und führte leise Gespräche, während sie sich auf den Kampf einstellte. Ich wußte, daß alles von diesem Kampf abhing. Ich wußte auch, daß mein Gegner ein ziemliches Ungetüm war; einer, der mich zerquetschen würde. Die Mitglieder des Teams sprachen viel zu leise und nervös, als ob sie die Stille nicht stören wollten. Dann hörte ich ein sich näherndes Rumpeln und als nächstes ein ohrenbetäubendes Krachen der Mauer, als der weiße Saab sie durchbrach. Splitter von Verputz und Holz flogen überall herum. Metallene Spinde flogen durch den Raum, und der Motor heulte auf. Bänke brachen durch, und die Ringer fielen auf den Boden. Ich konnte deutlich durch den aufsteigenden Rauch und die Windschutzscheibe sehen. Es saß niemand hinter dem Steuer, und bedrohliche Metallnadeln ragten wie Zähne aus dem Grill. Ich konnte das zersplitterte Glas und die blutbeschmierte Beule in der Windschutzscheibe sehen, wie ein kaputtes Auge, das an mir vorbei weit in die Ferne und weit in die Vergangenheit starrte. Das grauenvolle Bild verfolgte mich wie der beängstigendste Roman von Stephen King. Ich kniete mich auf die Glasscherben und Trümmer nieder, ohne im geringsten auf meine nackten Knie zu achten, und schrie – aber es war nicht meine Stimme. Es war das hoffnungslose, hohe Heulen meiner Mutter an jenem Weihnachtstag, als meine Brüder und mein Vater sie in die Notaufnahme gebracht hatten.

Ich wachte vor meinem Schlafzimmerfenster kniend auf und schlug mit meinen Fäusten und meinem Gesicht immer wieder gegen die schwarze Scheibe. Das wetterfeste Plexiglas wollte jedoch nicht zerbrechen, doch aus meinem Gesicht schoß das Blut und rann die Scheibe hinunter. »O Gott! O Gott! O Gott!« schrie ich, als ich die vertraute, nach Metall schmeckende Flüssigkeit in meinem Mund spürte. »Laß es nicht wahr sein. O Gott! Laß es nicht wahr sein.«

Einmal in der Woche leitete Mr. Westervelt, der stellvertretende Rektor, nach dem Unterricht eine Gesprächsgruppe von Schülern und Lehrern, die einen Elternteil verloren hatten. In der Gruppe waren zwei Schwestern, deren Mutter an Brustkrebs gestorben war, und ein Junge, dessen Vater Selbstmord begangen hatte. Mr. Westervelts Vater war vor kurzem ebenfalls gestorben.

In letzter Zeit, zumal nach meiner kläglichen Leistung auf der Ringermatte, dachte ich viel über Gott nach, vor allem über die Frage, ob es ihn überhaupt gab. Ich wollte glauben, daß es ihn wirklich gab, denn das war die einzige Möglichkeit, daß irgend etwas von meiner Mutter noch existierte. Doch als ich auf Erden nach ihr gesucht hatte, war mir nur das leere Gefühl des Verlustes geblieben, und als ich im Himmel nach ihr gesucht hatte, hatte sich die Stärke, die ich aus ihr bezogen hatte, als Lüge erwiesen. Der Ringkampf hatte das bewiesen und den brüchigen Panzer meines Selbstvertrauens zertrümmert. Beim nächsten Treffen der Therapiegruppe war auch der örtliche Pfarrer anwesend, um den Schülern dabei zu helfen, mit ihren Gefühlen fertigzuwerden. Ich dachte an den verheerenden Kampf und beschloß, ihn mit dieser Frage zu konfrontieren und wie sich das überhaupt mit der göttlichen Vorsehung vereinbaren lasse. Ich lachte verbissen in mich hinein, denn ich wußte, daß ich damit den Pfarrer aufs Glatteis führen würde. Ich unterzog ihn einem Test, den er unmöglich bestehen konnte. Ich wollte hören, wie er sich auf seinem Stuhl wand, während er seine lahme Antwort murmelte und nuschelte und wahrscheinlich irgendeine geheimnisvolle Bibelstelle zitierte. Ich erzählte meine Geschichte, trug sie langsam vor und machte häufig eine Pause, um tief Atem zu holen. »Wie konnte ich überhaupt verlieren, wenn Gott und meine Mutter mich mit vereinter Kraft wie ein schützender Schild umgaben?«

Der Pfarrer überlegte eine Sekunde und stellte dann eine Frage. »Kannst du mir sagen, was geschieht, wenn du einen Kampf gewinnst?«

»Es ist großartig«, antwortete ich eifrig. Ich dachte an meinen ersten Sieg zurück. »Die Menge gerät aus dem Häuschen, und deine Mannschaft rennt auf die Matte. Du bist von Körpern umringt. Sie klopfen dir auf den Rücken und umklammern dich.«

»Und wo ist deine Mutter in all dieser Begeisterung?«

Ich hielt inne. »Ich bin nicht sicher. Sie ist da irgendwo auf der Tribüne«, sagte ich, »aber es gibt keine Möglichkeit, daß sie durch die Fans und meine Mannschaft zu mir durchdringen kann.«

Sehr sanft und langsam erwiderte er: »Nun, so ist es doch. Es ist einfach kein Platz für sie. Erik, wenn du gewinnst und von deiner Mannschaft und den Fans umringt bist, wenn alles gutgeht und das Leben phantastisch ist, brauchst du deine Mutter nicht. Doch wenn du vor Schwierigkeiten stehst, wenn du mutlos bist, wenn du dich quälst und nicht weißt, ob du die Kraft zum Durchhalten aufbringen kannst, wenn du sie am meisten brauchst, dann wird sie da sein. Sie ist jetzt bei dir. Ich weiß, daß du ihre Liebe und ihre Kraft spürst.« Ich lehnte mich zurück. Die ruhigen, überlegten Worte hatten mich berührt. Konnte ich sie spüren? Sollte er recht haben? Es ergab einen Sinn. Ich wußte noch immer nicht, warum Gott sie mir weggenommen hatte, warum er mir mein Sehvermögen genommen hatte, warum mein Leben aus so vielen Verlusten und so wenig Gewinn bestand, doch trotzdem gaben mir die Worte des Pfarrers irgendwie Trost.

Wir beendeten die Gesprächsrunde mit einer Übung. Mr. Westervelt sagte: »Wenn ihr einen Elternteil verliert, dann lebt er in euch weiter. Er wird ein Teil von euch.« Muttertag stand bevor, und er schlug vor, daß wir eine Karte schreiben und sie uns selbst am Muttertag vorlesen sollten. Ich tippte eine Braillekarte, steckte sie in unseren Briefkasten, holte sie am Sonntag heraus und las sie.

Liebe Mom,
ich habe nach Dir gesucht, Mom, in Deinem Kissen, in Deinen Mänteln, in Deinen Schuhen. Ich habe sogar im Himmel, bei Gott nach Dir gesucht, aber offenbar kann

ich Dich nicht finden. Der Pfarrer sagt, daß Dein Geist mich führen und mir Stärke in schweren Zeiten geben wird. Es ist so verwirrend. Ich weiß nicht mehr, wo ich noch suchen soll. Mr. Westervelt sagt, daß ich in mir selbst nach Dir suchen soll. Also, da beginne ich nun zu suchen und hoffe, daß ich Dich dort finden werde. Und mach Dir keine Sorgen. Denn wo auch immer Du bist, ich werde nicht aufhören zu suchen, bis ich Dich gefunden habe.

Ich liebe Dich,

Erik

KAPITEL FÜNF

Blinde Krieger

IM FRÜHJAHR KAM EINE FRAU VON DER BEHÖRDE ZU UNS nach Hause, um meinen Vater zu überreden, mich für einen Monat zu einem Ausbildungskurs am Carroll Center for the Blind in Massachusetts zu schicken. Als sie gegangen war, sagte ich: »Du wirst doch nicht auf die Idee kommen, mich einen Monat lang mit einem Haufen von blinden Halbidioten zusammenzustecken, oder?« Ich bewegte meinen Kopf hin und her wie Stevie Wonder in seinen besten Tagen, um meinen Worten Nachdruck zu verleihen, doch ehrlich gesagt war ich auch ein bißchen neugierig. Die Geräte, die sie mitgebracht hatte, um mich für das Programm zu interessieren, hatten mich nämlich ziemlich beeindruckt. Sie hatte uns einen Apparat gezeigt, der die Schrift eines Buches scannen und die Wörter mit einer elektronischen Computerstimme lesen konnte, und ein Gerät, das Geld erkennen konnte. Sie versprach, daß das Carroll Center über weit mehr eindrucksvolle Apparate verfüge als die, die sie mitgebracht habe. Noch verlockender war die Tatsache, daß ich niemals mit Blinden meines Alters zusammengekommen war, und ich fragte mich, ob ich feststellen würde, daß sie wie ich seien. Meine Neugier machte mir wirklich zu schaffen. Welche Sportarten betrieben sie? Welche Schulen besuchten sie? Wie lasen sie, wie benutzten sie ihre Stöcke, und wie trugen sie ihre Tabletts durch die Kantine?

»Möchtest du hin?« fragte mein Vater.

»Vielleicht«, sagte ich, und das genügte ihm. Er meldete mich an.

Als wir in dem Center ankamen, trugen mein Vater und ich meinen großen Koffer über eine Veranda in ein restauriertes altes Haus und eine Wendeltreppe hinauf in mein Zimmer. Der Tutor führte uns über den Campus und zeigte mir, wie ich auf den Fußwegen bleiben konnte, indem ich meinen Stock am Rand zwischen Pflaster und Gras entlanggleiten ließ. Auf dem Campus gab es piepende Korbringe, eine Holzwerkstatt mit Braille-Meßwerkzeugen und ein umzäuntes Spielfeld. »Alles Gute«, sagte mein Vater, als er mir zum Abschied die Hand gab.

Im Eingang des Gebäudes setzte ich mich auf eine Bank neben ein paar andere Neuankömmlinge. Ein Mädchen zu meiner Linken unterhielt sich mit jemandem, aber ich konnte nicht herausfinden, mit wem. »Ich habe einen Notendurchschnitt von vierkommanull. Ich bin die Begabteste in meiner Klasse. Alle Lehrer sagen, daß ich sehr begabt bin.« Ich konnte niemanden vor oder links von uns hören, also mußte sie wohl mit mir sprechen. Merkwürdige Vorstellung, dachte ich. »Vierkommanull, das ist großartig«, erwiderte ich und wandte mich zu ihr, um ihr die Hand zu geben. Sie mußte noch ein wenig sehen, denn sie legte ihre große schlaffe Hand in meine und schüttelte sie. »Ich bin Adrian«, sagte sie so leise, daß ich mich zu ihr beugen mußte. Ein weiterer Neuankömmling saß rechts von mir. »Hi, ich bin Joey«, sagte er. Seine Stimmbänder vibrierten, als ob er sie erst aufwärmen müsse, bevor die Worte über seine Lippen kamen. Während er sprach, klopften seine Finger gegen meine Hüfte und zogen leicht an meinem Ärmel. »Hi, ich bin Joey«, wiederholte er. »Ich heiße Joey.« Seine Finger zupften und zogen an mir.

»Nett, dich kennenzulernen, Joey«, sagte ich und stand auf, um mich zu verziehen. Vielleicht war es ein Riesenfehler gewesen, hierherzukommen, dachte ich.

An diesem Abend saßen wir alle im Kreis und wurden aufgefordert, unsere Namen zu nennen und ein wenig von uns zu erzählen. Ich saß neben einem Mädchen namens Jenny, die zu allem ihren Kommentar abgab. Eine Stimme prahlte: »Ich bin Scott, und ich bin Funkamateur. Einmal habe ich Hawaii empfangen und einmal sogar den Nordpol.«

»Depp!« flüsterte Jenny.

»Ich bin Tim und bin zwölf und mag Comics und Wasserpistolen.« Seine schrille Stimme ließ ihn noch viel jünger wirken.

»Er hat einen Gehirntumor«, flüsterte Jenny. »Dadurch ist er blind geworden. Angeblich erlebt er seinen dreizehnten Geburtstag nicht mehr.«

Alle kamen an die Reihe: Keith, der ein Fan von Black Sabbath war; Alex, die in der Nähe der Niagarafälle lebte und Fußball gespielt hatte, bevor sie Probleme mit den Augen bekam; Jenny, die sehr beliebt war und eine Menge Freunde hatte; Rick, der auf professionelles Ringen stand und seinen kleinen Bruder gern in den Schwitzkasten nahm; Adrian, die über ihren Notendurchschnitt von vierkommanull sprach; und Joey, der sagte: »Hi, ich bin Joey. Mein Name ist Joey.« Ich fragte mich, an wem er diesmal herumzupfte.

Danach saßen wir auf der Veranda und warteten. Jenny kam gleich zur Sache. »Will irgendwer wissen, wie ich aussehe?«

»Na klar.« Keith gab ihr grünes Licht.

»Alle Jungs, mit denen ich gehe, sagen, daß ich süß bin. Ich habe langes blondes Haar, ein hinreißendes Lächeln und große grüne Augen.«

»Hört sich gut an«, sagte Keith.

»Meistens gehe ich mit älteren Jungs«, fuhr sie fort. »Jungs, die mich irgendwo hinfahren und mir schöne Dinge kaufen können.«

»Darfst du denn mit Jungs ausgehen?« fragte Alex.

»Natürlich. Du vielleicht nicht?« sagte Jenny.

»Nicht daran zu denken«, erwiderte Alex. »Meine Eltern sind sehr religiös. Sie sagen, daß ich warten muß, bis ich einundzwanzig bin.«

»Wie kommst du dann vom Fleck, um was zu erledigen?« fragte Jenny.

»Gar nicht, eigentlich. Früher bin ich mit dem Fahrrad zum Fußballspielen gefahren, aber radfahren kann ich nicht mehr. Aber das macht nichts, denn ich kann auch nicht mehr Fußball spielen. Meine Eltern haben mir doch tatsächlich verboten, jemals das Wort *blind* auszusprechen oder auch nur einen Stock zu benutzen.«

»Ist ja toll«, sagte ich, »meine Eltern haben mich dazu gezwungen.«

»Als ich Probleme bekam«, fuhr Alex fort, »dachten sie, daß ich sie an der Nase herumführen wolle. Sie sagten, daß Gott einer Familie wie der unseren so etwas niemals antun würde. Also tappte ich in der Schule herum, knallte gegen Spinde und stolperte über die Bücher der Leute. Als sie dann endlich begannen, mir zu glauben, sagten sie, daß ich in Gottes Augen etwas ganz Fürchterliches begangen haben müsse, für das ich bestraft würde.«

»Nichts für ungut«, warf Keith dazwischen, »aber deine Eltern müssen vollkommen bekloppt sein.« Als die Mädchen weg waren, wandten Keith und ich uns sofort an Tim, der als einziger in der Gruppe noch über ein partielles Sehvermögen verfügte, und baten ihn um eine Einschätzung. Entgegen ihren eigenen Angaben bekam Jenny lediglich die Note »ganz ordentlich«, Alex dagegen das Prädikat »Superbabe«.

Am nächsten Vormittag in der Computerklasse saßen wir vor Computern, die in Brailleschrift tastbar waren und eine elektronische Stimme generierten, und lernten, einfache Programme zu schreiben. Wir schrieben eines, das die Person nach Name, Alter und Geburtstag fragte und darauf »Happy Birthday« sang und den Namen dieser

Person einfügte. Es endete mit der Mitteilung, wieviel Tage es bis zum nächsten Geburtstag seien, und versprach, eine Geburtstagskarte per E-Mail zu schicken.

In den Pausen konnten wir spezielle Computerspiele spielen, die auf Wörtern und Klangeffekten basierten. Eines war das Fantasyspiel *Eamon,* in dem du der Held warst und deine Waffen wählen konntest, um gegen Kobolde und Trolle zu kämpfen, die in den unterirdischen Gängen der Burg lauerten. Carl, unser blinder Computerlehrer, hatte das Spiel so umprogrammiert, daß eine der Waffen, die zur Wahl standen, ein Blindenstock war. Ich mußte jedesmal lachen, wenn die leblose Computerstimme die Wahlmöglichkeiten aufzählte: »Schwert? Speer? Keule? Langer weißer Stock?« und, wenn ich »Stock« eintippte, die Antwort gab: »Die Reise, die vor dir liegt, ist lang und gefahrvoll, doch du bist weise, blinder Krieger, weit über deine Jahre hinaus gereift.«

Das beste Computerspiel konnten wir erst nach den Unterrichtsstunden einlegen. Keith hatte es eingeschmuggelt. »Softporno«, flüsterte er und legte meinen Finger auf die Brailleschrift auf der CD. »Heißer Stoff, entworfen von einem der genialsten blinden Perverslinge auf der ganzen Welt.« In dem Spiel wanderte man durch eine zwielichtige Stadt à la Las Vegas und versuchte, drei sogenannte »stramme Schwestern« zu fassen zu kriegen. Verschiedene Figuren gaben einem Hinweise. Ein Penner, der auf einer Mülltonne saß, sagte etwa: »Chicks is verrückt auf Blumen. Warum besorgste ihr nich welche?« Oder ein Toilettenmann schlug vor: »Guck dir mal die Sprüche an der Klowand an. Warum liest du nicht ein paar?« Oder ein Pfandleiher: »Wie wär's mit diesem Ring, Kumpel? Geb ihn dir billig ab. Könnte nützlich sein, kannste nie wissen.« Das Spiel hatte viele gefahrvolle Varianten. Wenn man einem der Mädchen nicht den Ring und die Blumen gab, bevor man sie anmachte, sauste ihr muskelbepackter Bruder aus dem Nebenzimmer und schlug dich mit einer

Hantel zu Brei. »Du stirbst auf der Stelle ... du bist kein Gentleman ... das wird dich lehren, eine Lady nicht wie eine - - - zu behandeln ...«

Ich blieb mit ein paar Jungs an diesem Nachmittag in der Klasse, wir ließen das Abendessen sausen und spielten das Spiel bis spät in den Abend. Kurz vor Mitternacht bekamen wir endlich den Schlüssel, nach dem wir gesucht hatten, in der Eingangshalle des Playboy Bunny Hotel vom Portier. Wir mußten ihn mit einer Schachtel einer speziellen Zigarettenmarke bestechen, die wir vom Angestellten eines Drugstore mit Geld gekauft hatten, das aus einem Unterweltkasino gestohlen worden war. Der Schlüssel brachte uns auf das Dach des Gebäudes, wo laut Computer ein wunderschönes Playboy-Häschen in einer heißen Wanne saß. »Steig in die heiße Wanne«, tippte ich ein, und wir bekamen alle einen Lachkrampf, als darauf die monotone Computerstimme ertönte: »Ooh aah, ooh aah, ooh Baby ooh Baby aah ... game over.«

Am nächsten Tag im Unterricht führte uns Carl in etwas ein, das er »Systeme« nannte. Um das Konzept zu erklären, zog er einen Schuh aus und forderte seltsamerweise jeden von uns auf, seine Socke zu befühlen. Als meine Finger sie untersuchten, bemerkte ich, daß oben am Rand eine Sicherheitsnadel befestigt war. »Die Sicherheitsnadel oben bedeutet, daß sie schwarz sind, eine in der Mitte befestigte blau und eine an der Spitze braun. Systeme«, wiederholte er, »ohne die könnt ihr nicht überleben.« Den Rest der Stunde lernten wir, Aufgaben durch die Entwicklung von Systemen zu lösen. Manchmal lagen die Systeme durchaus nicht auf der Hand, aber wenn wir uns berieten, fanden wir fast immer einen Weg. Ich lernte, eine Milchtüte an der richtigen Seite zu öffnen, indem ich die winzige Einkerbung ertastete. Ich übte, ein Glas mit Saft zu füllen, indem ich die Spitze meines Zeigefingers über den Glasrand hängte, bis der Saft sie erreichte, und bei einem heißen Getränk, bei dem ich mir auf diese

Weise den Finger verbrühen würde, lernte ich, nach dem Gewicht zu schätzen, wann die Tasse voll war.

Am Ende der Stunde zeigte uns Carl sogar, wie wir Objekte »hören« konnten. Er erklärte: »Ihr werdet es vielleicht nicht glauben, aber Tonschwingungen werden von Objekten reflektiert und kehren dann zu uns zurück. Das wird Echolotung oder Sonar genannt. Fledermäuse besitzen diese Fähigkeit; Menschen ebenfalls. Sehende Menschen lernen bloß nie, sie zu nutzen.« Um seine Theorie zu untermauern, ließ Carl jeden von uns den leeren Flur entlanggehen. Er hatte auf beiden Seiten des Ganges alle Türen bis auf eine geschlossen. »Sagt mir, wenn ihr zu der offenen Tür kommt.«

»Das ist lächerlich«, erwiderte ich, aber als ich den Gang entlangging, konnte ich es kaum glauben: Ich blieb verblüfft stehen, als der begrenzte Schall, der zu mir widerhallte, plötzlich zu meiner Rechten in einen offenen Schall überging. Ich streckte meine Hand nach rechts aus und spürte den leeren Türrahmen. »Laßt euch nicht entmutigen, wenn ihr nach einem System sucht«, beendete Carl die Stunde. »Ihr könnt euch wahrscheinlich nicht immer an das Naheliegende halten, aber ihr werdet eine Lösung finden.«

Carl war sich dessen vielleicht nicht bewußt, wie wichtig Systeme für mich in jeder Lebenslage werden würden, besonders in den Bergen, wo ich Sachen versuchte, die kein Blinder jemals getan hatte. Ich suchte immer nach einem geheimen System, von dem ich hoffte, daß es das Abenteuer weniger riskant, einfacher, effektiver und manchmal überhaupt erst möglich machen würde.

In der Nachmittagsstunde im Carroll Center saßen wir um einen Tisch, und Carl forderte uns auf, darüber nachzudenken, wie die Sehenden die Welt der Blinden wahrnahmen. Jenny begann: »Meine Freundinnen glaubten nicht, daß ich jemals imstande sein würde, mein Makeup selbst aufzutragen. Deshalb bin ich hier, um ihnen das

Gegenteil zu beweisen. Ich kann den Make-up-ohne-Spiegel-Kurs kaum erwarten.«

»Manchmal, wenn Leute herausfinden, daß ich blind bin«, sagte Keith, »fangen sie doch tatsächlich an, laut und langsam zu sprechen. Ich antworte ihnen dann immer auf die gleiche Weise: ›Lesen ... Sie ... von meinen ... Lippen, ... ich ... bin ... nicht ... taub, ... ich ... bin ... blind, ... ok?‹«

»Ich hasse es, wenn ein Kellner fragt: ›Was bekommt er?‹« sagte Tim mit schriller Stimme, und Scott fiel ihm ins Wort: »Oder wenn du etwas bezahlst, und die Kassiererin drückt das Wechselgeld deinem Freund in die Hand.«

»Ist es nicht interessant«, sagte Carl, »daß das Problem nicht immer nur die Blindheit selbst ist, sondern all die irrigen Annahmen über das Blindsein, und das betrifft auch eure eigenen Vorurteile. Einmal wollte mich eine Frau fragen, wie lange ich schon blind sei, doch sie scheute sich, das Wort blind auszusprechen. Vielleicht dachte sie, Blindheit sei eine Art Dämon, und das bloße Aussprechen des Wortes könnte ihm die Macht geben, sich zu erheben und meinen Geist zu zermalmen. Also fragte sie statt dessen: ›Wie lange sind Sie ein Mensch ohne Sehvermögen?‹ Für einige von euch ist Blindheit immer noch ein Dämon, der einen Krieg in eurem Inneren führt, aber wenn ihr Blindsein einfach hinnehmt und damit euren Frieden macht, wenn ihr ihm einen Platz einräumt und es zu einem Teil von euch macht, so wie jemand braunes Haar oder grüne Augen hat oder groß oder klein ist, dann wird der Dämon dahinwelken und schließlich sterben.«

Am Ende der Stunde teilte uns Carl mit, daß wir an den Wochenenden Exkursionen in die Museen von Boston und zu einem Spiel der Red Socks machen, auf dem Charles River segeln, auf Cape Cod Tandem fahren und in Vermont reiten würden. Am faszinierendsten war für mich die Aussicht auf das Kletterwochenende in North Conway, New

Hampshire. Die Motivation hinter diesem Freizeitprogramm war klar. Die Dame, die mich zu Hause besuchte, hatte sich nach meinen Hobbys erkundigt, und ich hatte ihr mitgeteilt, daß ich außer Ringen keine habe. Auf der Highschool hatte ich mich für die Holzwerkstatt angemeldet und für das Wahlfach Kunst, doch der Lehrer in der Holzwerkstatt war zu nervös gewesen, weil die Klasse mit Sägen und Hobeln arbeitete, und der Kunstlehrer war zu nervös gewesen, weil seine Klasse Schnitzmesser benutzte. Deshalb war ich für beide Kurse aus Haftungsgründen abgelehnt worden. Ich konnte auch nur beschränkt am Sportunterricht teilnehmen, weil meistens Ball gespielt wurde. Zum Glück hatte ich das Ringen entdeckt, doch ich wußte, daß die meisten blinden Jugendlichen in meinem Alter nicht so gut dran waren. Die Lehrer am Carroll Center hatten sich bemüht, blinden Teenagern die Möglichkeit zu schaffen, die freie Natur zu genießen, einige kalkulierte Risiken einzugehen und sich stärker zu fordern, als sie es sonst getan hätten. Obwohl diese Gründe allein schon ausgereicht hätten, glaube ich, daß ihre Motive noch tiefer gelagert waren. »Der Körper eines Menschen ist wie ein Stromkreis: alles ist miteinander verbunden«, sagte uns Carl. »Wenn ihr lernt, euren Körper zu fordern, dann bringt das auch euren Verstand weiter.«

Als erstes gingen wir in den örtlichen CVJM zum Schwimmen. Wir spielten Räuber und Gendarm, und ich suchte ständig nach einer Möglichkeit, Alex zu befreien. Wenn ich in ihre Nähe kam, flüsterte sie: »Hierher.« Als ich sie befreite, berührte ich ihre Schulter und spürte den Satinträger ihres Badeanzugs und ihre Haut, und als sie wendete und Reißaus nahm, streifte ihr langes, nasses Haar mein Gesicht. Ab der Hälfte des Spiels änderte Jenny die Regeln, so daß eine Person nur von jemandem aus ihrer Mannschaft befreit werden konnte, wenn dieser zwischen ihren Beinen durchschwamm. Als ich zwischen den Beinen von Alex durchschwamm und ihre glatten

Waden streifte, war es beinahe zuviel für meine überreizten Sinne.

Während der Fangspiele saß Keith am Rand des Beckens und schlug mit seinen Händen träge auf den Beton.

»Was ist los?« fragte Alex. »Willst du nicht mit uns spielen?«

»Die Sache ist etwas peinlich«, gab er zu. »Meine Eltern erlauben mir nämlich nicht, meinen Kopf unter Wasser zu bringen. Sie sagen, daß ich, wenn ich untertauche, die Orientierung verliere und nicht mehr weiß, wo oben ist.«

»Und dann wirst du also ertrinken?« fragte ich verwirrt.

»Das denken sie«, erwiderte er.

»Und was denkst du?« fragte Alex.

»Woher soll ich das wissen?« sagte er. »Ich habe noch nie meinen Kopf unter Wasser gehalten.«

»Na, dann laß es uns herausfinden«, sagte sie, faßte ihn am Arm und stieß sich mit ihrem Bein vom Beckenrand ab. Keith lachte. »Nein, nein, ich kann das nicht!« Doch er fiel bereits ins Wasser und platschte neben Alex auf. Ihr Lachen brach ab, als sie untertauchten. Als sie wieder an die Oberfläche kamen, lachte er noch immer. »Es ist nicht wahr«, schrie er. »Es ist ein Komplott. Mich haben sie auch angelogen.« Worauf auch Alex wieder zu lachen begann. Sie hatte die Gabe, die Dinge auf natürliche Weise wieder ins Lot zu bringen. Beim Wassertreten in ihrer Nähe wünschte ich mir, daß ich auch eine Phobie hätte, bei deren Überwindung mir Alex helfen könnte.

Vor den Mahlzeiten hängten alle ihre Stöcke neben die Tür zur Kantine. Ich nehme an, daß das Personal genau wußte, daß bei fünfzig Blinden, die auf engstem Raum ihre Tabletts hielten und ihre Stöcke schwangen, eine Katastrophe vorprogrammiert war. Wir bewegten uns in einer Reihe hintereinander, unsere Füße auf einem tastbaren Streifen. Ich gewöhnte mich daran, daß andere Körper sanft gegen meinen Rücken stießen oder fremde Hände kurz über mein Bein streiften. In der Welt der Sehenden wäre das als sexuelle Belästigung betrachtet worden, doch in einem Blindencamp wurde eine gelegentliche Berührung als Teil des Lebens akzeptiert. Selbst Alex verstieß gegen die Normen der Sehenden. Wenn sie mit mir sprach, beugte sie sich so weit vor, daß die Grenzen des schicklichen Abstands weit überschritten waren und ihre Nase sich nur wenige Zentimeter vor der meinen befand. Ich wußte, daß sie lediglich versuchte, mein Gesicht zu erkennen, und war dankbar, daß ihre schwachen Augen keinen Pickel oder womöglich ein Salatblatt entdecken konnten, das zwischen meinen Vorderzähnen hängengeblieben war.

Nach dem Mittagessen holte Keith seinen Ghettoblaster heraus, drehte voll auf und spielte Nummern von Black Sabbath ab. »Hört ihr die wahnsinnige Rhythmusgitarre unter dem Grundbaß?« rief er.

»Total schräg«, schrien die anderen Jungs begeistert im Chor.

»Und wie findet ihr dieses unglaubliche Schlagzeug, das unter der E-Gitarre liegt?«

»Irre«, echoten sie abermals. Ich schien der einzige Blinde im Raum zu sein, der nichts von dem hören konnte, worauf er hinwies. Ich versuchte, die einzelnen Instrumente auseinanderzuhalten, die E-Gitarren vom Baß und vom Schlagzeug zu unterscheiden, aber alles ging im Durcheinander des plärrenden Sounds unter. »Ich fahre auf diesen Text total ab«, sagte Keith. »Er singt über die Zeit, in der er 1972 auf Drogenentzug war«, und alle Jungs hörten aufmerksam zu.

»Wow! Das ist stark.«

»Das geht dir an die Eier.«

»Habt ihr das gehört?« fragte Keith großspurig. »Das ist eine Metapher. Er ist tatsächlich der Typ, der sich an den eigenen Haaren aus dem Sumpf zieht.«

Es wurde angenommen, daß Blinde automatisch Interesse an Musik haben müßten. Man ging davon aus, daß es mit dazu gehörte. Du warst mit der Last des Blindseins geboren worden, doch du hattest auch das Geschenk der Musik mitbekommen, das dich durch all die Trauer führte. Es wurde von dir erwartet, daß du Klavier spielen oder phantastisch singen konntest, doch irgendwer hatte vergessen, mich mit dieser Gabe zu segnen. Ich konnte nicht einmal Geschmack an Musik finden. Ich war der einzige Blinde auf der Welt, der keine Ahnung hatte, warum sich der Typ an den eigenen Haaren aus dem Sumpf zog.

Die Musik schien die Jungs in Raserei zu versetzen. Tim sprang herum und spielte eine imaginäre Gitarre, und andere wetteiferten miteinander in rasanten Schlagzeugsoli. Keith hämmerte mit seinen Händen wie wild auf dem Tisch herum, schneller und schneller, steigerte sich immer mehr hinein. Dann hörte er mit einem letzten Schlag auf den Tisch auf und sagte atemlos: »Überbietet das mal!« Und ein anderer Junge begann noch wilder von neuem.

Am nächsten Tag fuhren wir zu einem Spiel der Red Socks nach Boston. Für die Fahrt ins Stadion quetschte ich mich auf die Rückbank des Camp-Kombi zwischen Rick und Scott, die beide nur hochgradig sehbehindert oder, wie die Lehrer es ausdrückten, Partielle waren. Da ich völlig blind war, wurde ich als Totaler bezeichnet. Es schien, daß der Testosteronspiegel von Scott und Rick mit dem Grad ihrer verbliebenen Sehkraft in Verbindung stand. Wieviel sie sehen konnten, wurde zum verbissenen Wettstreit.

»Kannst du den Telefonmast sehen?« fragte Rick. »Was für eine Farbe hat er?«

»Schwarz«, erwiderte Scott.

»Nein!« konterte Rick heftig. »Er ist grau, Doofmann.«

»Und was ist mit dem Pickup?« fragte Scott.

»Wo?« fragte Rick.

»Direkt vor deiner Nase, Arschgeige«, antwortete Scott grimmig.

Es war wie eine Blindenversion von Beavis und Butt-Head.

Rick: Was für eine Farbe hat das Haar von dem Burschen auf dem Gehsteig?

Scott: Braun?

Rick: Du lügst, Wichser. Du hast einfach geraten.

Als wir endlich vor dem Fenway-Stadion ankamen, war ich froh, daß ich den beiden halbblinden Streithähnen entkommen konnte. Einerseits lachte ich über ihre lächerliche Rivalität, doch andererseits beneidete ich sie. Die geheime Botschaft ihres Wettstreits war, daß Sehen Macht bedeutet, und ich mußte mir eingestehen, daß ich es nicht anders empfand. Mir war sogar im Blindencamp die Art aufgefallen, wie Partielle eine Gruppe von Totalen über den Campus in die Klasse führten oder daß eine Totale augenblicklich Interesse an einem Jungen zeigte, sobald sie erfuhr, daß er ein Partieller war. Ich hatte die Hierarchie innerhalb der Gruppe sogar beim Wandern gespürt, als Totale gezwungen wurden, sich an einem langen dicken Seil festzuhalten, während die Partiellen am Straßenrand gehen durften. Als ich an der Leine ging, während Alex allein marschieren durfte, kam ich mir wie ein Idiot vor. Ich hatte aber keine Szene machen wollen und statt dessen die raffinierte Lösung gefunden, daß ich die Existenz des Seils kaum zur Kenntnis nahm, es nur mit meinen Fingerspitzen streifte und häufig meinen Arm hob, um mich zu recken oder zu gähnen. Als einer der sehenden Lehrer mich dafür ausschimpfte, daß ich es losließ, antwortete ich beiläufig: »Ach! Das Seil! Es macht mir so viel Spaß, mit Alex zu plaudern, daß ich es völlig vergessen habe.«

Im Stadion schaffte ich es, mich neben Alex zu manövrieren und mich neben sie auf die Tribüne zu setzen. Glücklicherweise waren wir ein paar Reihen von den anderen entfernt. Doch obwohl ich nun neben ihr saß, wurde ich von dem Gedanken verzehrt, daß ich keinen

Eindruck auf sie machen würde, weil ich nicht sehen konnte. Ich würde ihr nicht erzählen können, wie der Schlagmann zum Home-Run-Schlag ausholte oder was sich auf der riesigen Videoleinwand abspielte, so daß alle hysterisch aufheulten. Dann hatte ich eine Idee, wie ich Alex todsicher beeindrucken konnte, obwohl ich ein Totaler war. In meinem Rucksack befand sich mein Walkman. Leise nahm ich ihn heraus, ließ ihn in meine Vordertasche gleiten und führte die lange Schnur des Kopfhörers an das von Alex entfernte Ohr. Geschickt stellte ich den Sender ein, in dem die Reportage über das Spiel lief. Ich hoffte, daß Alex nicht den kleinen Stöpsel erkennen könne, der aus meinem Ohr ragte.

»Das ist albern«, sagte sie. »Ich kann das Spielfeld kaum erkennen.«

»Keine Bange«, sagte ich. »Ich bin ein wandelndes Lexikon, wenn es um Baseballstatistik geht. Ja wirklich!« machte ich mich wichtig. »Was würden wir bloß ohne Amerikas tollsten Zeitvertreib anfangen!«

»Ich glaube dir kein Wort«, lachte Alex.

»Aber das solltest du«, widersprach ich und begann dann, alles nachzuplappern, was die Radioreporter sagten, auch wenn ich keine Ahnung hatte, wovon sie redeten. »Wade Boggs ist heute der erste in der Aufstellung. Er hat einen Schlagquotienten von drei und zwölf und ist der zweithöchste bei Abtropfschlägen ins Aus.« Das ganze Spiel hindurch bombardierte ich Alex mit einer phantastischen Reihe von Fakten, die alle aus dem Radiokommentar stammten. »Wahnsinn!« brüllte ich. »Ein schlägerzersplitternder Bodenball. Klingt, als ob er flach ins Außenfeld geschlagen wird und bis zum Zaun rollt.«

»Wie kannst du das wissen?« fragte Alex.

»Durch den Klang des Schlägers. Man braucht jahrelange Übung, bis man das erkennt.« Alex gab keine Antwort. Ich wußte, daß sie schwer beeindruckt sein mußte, aber ich befürchtete, daß sie allmählich mißtrauisch werden könnte. Ich nahm mir zwar vor, mich ein wenig zu dämpfen, aber ich konnte nicht widerstehen. »Johnson ist verrückt darauf, Male zu stehlen. Ich wette mit dir, daß er das zweite zu stehlen versucht.« Und bevor ich meinen Satz beendete, erhob sich die Menge und tobte wie wild, denn – es war wirklich kaum zu glauben – Johnson war in der Tat zum zweiten Mal aufgerückt.

Kurz vor Ende des Spiels passierte etwas Merkwürdiges. Aus heiterem Himmel landete ein großer Wasserball in meinen Armen. »Was zum Teufel soll das?« sagte ich.

»Was für ein hübsches Geschenk«, sagte Alex.

»Was soll ich damit tun?« fragte ich sie.

»Wenn mir ein Wasserball aus dem Himmel in den Schoß fällt, würde ich ihn behalten«, erwiderte sie.

Auf dem Feld hielt offenbar einer der Spieler, vielleicht ein sturer Pitcher, das Spiel auf und weigerte sich, den Ball zu werfen, denn immer mehr Fans begannen zu schreien: »Wirf den Ball, Esel!«

»Warum wirfst du ihn nicht, Dummkopf?«

Während ich den Stöpsel des Wasserballs fand, ihn herauszog und die Luft durch die Öffnung pfiff, wurde die Menge über den starrköpfigen Spieler auf dem Feld immer wütender. Ihr Protest schwoll zu einem ohrenbetäubenden Crescendo an. Ich hätte nicht in der Haut dieses Burschen stecken mögen, dachte ich. Warum warf er nicht einfach den Ball? Ich stellte mir vor, wie der anmaßende Pitcher auf dem Feld herumsprang, den Ball selbstgefällig mit seinen Händen hochhielt und die höhnisch johlende Menge reizte.

Ich legte den Wasserball in meinen Schoß und lehnte mich mit meiner Brust drauf. Er pfiff lauter und begann zusammenzusacken. Vielleicht würde ich ihn nach dem Spiel Alex schenken.

Dieser Irre auf dem Feld stand kurz davor, von fünftausend wütenden Fans verdroschen zu werden. Selbst die Reporter in meinem Walkman wurden zunehmend ärgerlich.

»Was denkt dieser Witzbold eigentlich, wer er ist?«

»Keine Ahnung, Rodge, aber es sieht so aus, als ob er eine unmögliche Schau abzieht.« Dann brüllte mir der Mensch, der direkt hinter mir saß, ins Ohr: »Wirf ihn, Trottel!« Und während ich vor Schreck ganz klein wurde und mir glühend heiße Nadeln durch die Haut schossen, dämmerte es mir allmählich. Der Witzbold, der die Schau abzog, der Trottel, das waren ein und dieselbe Person. Das galt alles mir. In brenzligen Situationen wenden wir uns an diejenigen, von denen wir glauben, daß sie uns beschützen können.

»Alex!« flehte ich.

»An deiner Stelle würde ich ihn werfen!« war alles, was sie sagte.

Der einst runde und pralle Ball war zwischen meinen Handflächen zu einer Qualle geworden. Ich stand auf und schlug ihn unter einer Kakophonie von Schmähungen weg.

»Arschloch!«

»Mißgeburt!«

»Schmeißt den kleinen Penner raus!«

Als wir uns rasch im Behindertenaufzug davonmachten, fand Alex, daß ich für meinen üblen Trick genug bezahlt hatte, und erklärte mir den Bostoner Brauch: »Im siebten Spieldurchgang wirft jemand einen Wasserball, und die Fans reichen ihn im Stadion durch. Ich dachte, daß das jeder weiß, zumal du als wandelnde Enzyklopädie.«

»Eine Baseball-Enzyklopädie«, antwortete ich eingeschnappt, »keine Wasserball-Enzyklopädie.«

An diesem Abend drängten alle in Alex' Zimmer, um sich eine Fortsetzung von Stephen Kings *Friedhof der Kuscheltiere* anzuhören. Körper lagen auf Betten, Stühlen und überall auf dem Fußboden. Ich litt noch immer unter dem Wasserball-Zwischenfall. Während des furchterregendsten Teils, als der kleine Teufelsbraten, ein Skalpell schwingend, durch den Gang auf das Zimmer seines Vaters zukriecht, bewegte ich mich zentimeterweise auf dem Boden vorwärts, so langsam, daß die Partiellen meine Bewegungen nicht wahrnehmen konnten. Ich schlängelte mich zwischen den Körpern durch und ließ mich durch ihr schauderndes Gemurmel leiten. Als ich am Fußende von Alex' Bett angekommen war, wartete ich, bis der kleine Junge das Skalpell gegen die Kehle seines Vaters richtete. Dann griff ich nach oben, fand Alex' Fuß, der über die Bettkante baumelte, und packte zu. Ich knurrte wild, und als Reaktion stieß sie einen hohen, schrillen Schrei aus. Ihr Bein schoß in die Höhe, und ihr Körper hüpfte auf dem Bett wie ein Ball. Dann begannen alle zu schreien, und die Schreie mischten sich. Ich lag grinsend auf dem Rücken auf dem Boden. Mission erfüllt.

Am nächsten Nachmittag ging ich nach dem Unterricht die Wendeltreppe hinauf und hörte plötzlich Alex' Stimme auf dem Absatz über mir.

»Wo ist dein Skalpell, Teufelsbraten?« fragte sie, und ihre Stimme schwankte zwischen Verärgerung und Schalk.

»Ich habe es in der Kehle meines letzten Opfers stecken lassen«, sagte ich, doch während dieser Worte spürte ich, wie eine zähe, kühle Flüssigkeit auf meinen Kopf floß und über die Stirn tropfte. Ich fuhr an meinen Kopf und griff in Rasiercreme.

Alex kicherte. »Ach ja, und außerdem habe ich erfahren, was für ein perverses kleines Spiel ihr Jungs gespielt habt. Softporno«, spottete sie und hüpfte die Treppe hinauf. Ich jagte hinterher, doch ihr Vorsprung war zu groß. Ich stellte mir vor, wie ihre langen muskulösen Beine davonrannten. Ich lief den Flur hinauf und hinunter, horchte auf ein Rascheln hinter einer Tür oder ein leises Kichern, aber ich hörte nichts. Darauf klopfte ich an Tims Tür. »Willst du mein Komplize sein?« fragte ich ihn rasch.

»Yeah«, antwortete er aufgeregt, bevor ich ihm seine

Aufgabe erklären konnte. Er folgte mir auf die Toilette, wo wir Klopapier zu Kügelchen zerknüllten und sie im Waschbecken naß machten. »Sie heißen Glitschis«, sagte ich.

»Cool!« erwiderte Tim, als ich eine in seine Hand plumpsen ließ.

»Wenn du sie findest, erzähl ihr nichts. Komm zurück und hol mich«, befahl ich. Als ich den Gang hinunterschlich, hörte ich ein Geräusch vor mir. Ich hatte keine Zeit zum Überlegen, schleuderte den nassen Papierball und hörte ihn aufklatschen. »Bah, ekelhaft! Total ekelhaft!« hörte ich Jenny jaulen. Adrian stand hinter ihr und starrte mit ihren schwachen Augen über ihre Schulter: »Erik? Erik?« Eine Papierkugel schoß an meiner Schulter vorbei und explodierte auf Adrian.

»Sie heißen Glitschis!« hörte ich Tim hinter mir schreien.

Bald schlichen auch Jenny und Adrian durch den Gang, die Hände voller klebriger Pfropfen nassen Papiers. Andere öffneten ihre Türen und wurden mit einem Platscher empfangen, und bald gab es in jedem Gang ein Bombardement hin und her schießender nasser Geschosse. Jede noch so kleine Bewegung führte dazu, daß ein halbes Dutzend klebrige Bälle in diese Richtung geschleudert wurde. Das erfrischende Aufklatschen von Klopapier auf der bloßen Haut stimulierte die Teilnehmer. Auf dem Höhepunkt der Schlacht griff Tim nach meinem Arm. »Ich glaube, ich habe sie in der Abstellkammer gesehen. Dort drüben.« Ich füllte eine Wasserkanne im Waschbekken, betrat leise den Raum und schloß die Tür. Ich tat so, als ob ich mich lediglich orientieren wolle. Dann bewegte ich mich auf den Wandschrank zu und tastete über die leeren Schuhe, die auf dem Boden lagen. Bald ertasteten meine Finger ein Paar Turnschuhe mit Inhalt. Ich fuhr mit den Händen hinauf und spürte Fußgelenke. »Wenn ich es nicht besser wüßte, würde ich denken, daß jemand drinsteckt.« Das brachte Alex zum Kichern, sie sprang über mich drüber und sauste in Richtung Tür. Ich hielt die Kanne bereit und spritzte ihr das Wasser über den Hinterkopf, als sie nach dem Türgriff tastete. Dann lachten wir beide, während sie sich zu mir umdrehte und nach der Kanne griff. Dabei fielen wir auf den Boden und kämpften um die Kanne. Ich konnte den süßen, frischen Duft ihrer Seife riechen und ihren Atem auf meiner Wange spüren.

Plötzlich wurde die Tür aufgerissen, und Carls Stimme brüllte: »Was zum Teufel ist hier oben los?« und: »In was bin ich reingetreten?« Zum Glück war er selber blind und konnte nicht sehen, wie wir uns auf dem Boden balgten. Wir standen rasch auf und wurden in den Gang kommandiert. Die anderen tauchten nach und nach aus ihren Verstecken auf. Als ich zusammen mit den anderen die nächsten zwei Stunden die Fetzen nassen Klopapiers von den Böden, Wänden und sogar von der Decke kratzte, spürte ich das Flüstern ihres Atems auf meiner Wange.

Die letzten vier Tage des Camps waren für den mit Spannung erwarteten Kletterausflug vorgesehen. Auf der Fahrt im Kombi nach New Hampshire versuchte ich mir vorzustellen, wie ich eine vertikale Felswand erkletterte. Ich malte mir aus, daß die Granitoberfläche so glatt und senkrecht wie die Wände in meinem Zimmer war. Ich fragte mich, wie mein Körper auf dieser Fläche Halt finden konnte. Eine Felswand zu erklettern schien gefährlich und spottete aller Vernunft, und aus diesen Gründen war ich auf der Stelle davon fasziniert. Ich würde etwas tun, was normale Menschen als verrückt abtaten.

Auf dem Weg zum Fuß der Steilwand machte ich mit Alex einen Wettlauf und schwang meinen Stock wie wild vor mir her. Alex rannte schnell eine kurze Strecke und blieb dann stehen, um sich zu orientieren. Doch schließlich setzten sich ihre langen Beine durch, und sie berührte den Felsen als erste.

Als alle angekommen waren, versammelte Nick, unser

Ausbilder, uns um sich und verteilte die Ausrüstung. Die kleine Lichtung wurde zu einer chaotischen Masse sich windender Körper mit fliegenden Ellbogen und Knien, als jeder von uns mit Klettergurten, Helmen und Kletterschuhen kämpfte.

»Sitzt mein Gurt hinten richtig?«

»Diese Kletterschuhe bringen mich um.«

»Dieser Helm rutscht mir immer über die Augen.«

»Was zum Teufel macht das aus, Idiot?«

Dann machte uns Nick mit der Kameradensicherung beim Klettern vertraut, indem er das Seil durch einen kleinen Metallgegenstand führte, den er als Karabiner bezeichnete, und uns zeigte, wie wir das Seil an unseren Gurten mit einem Spezialknoten festmachen mußten, der Achterknoten genannt wurde. Schließlich waren wir soweit. Nick erklärte: »Wenn ich klettere, suche ich den Fels mit meinen Augen ab. Ich schaue nach oben, halte nach Stellen Ausschau, an denen ich mich festhalten kann, nach Kreidemarkierungen, nach Stellen, an denen ich rasten kann. Ehrlich gesagt weiß ich nicht, ob es funktioniert, aber eure Hände und Füße müssen eure Augen werden. Ihr müßt mit euren Händen den Fels abtasten und auf die Anweisungen eures Partners warten.«

Wir saßen auf dem Boden und feuerten jede Person beim Klettern mit Beifallsrufen an. Ich wurde reichlich nervös, als Jenny es lediglich zwei Meter hoch schaffte, bevor sie Angst bekam und wieder herunter wollte. Als ich an der Reihe war, stand ich auf und machte das Seil mit dem Knoten an meinem Gurt fest, so wie Nick es uns gezeigt hatte. Ich berührte den Fels. Er war nicht ganz so glatt und steil, wie ich es mir vorgestellt hatte, aber es war dennoch einschüchternd und faszinierend, den sicheren Boden zu verlassen. Diese erste Wand, die gleichmäßig in einem Sechzig-Grad-Winkel anstieg, bezeichnete Nick als Reibungswand. Es gab praktisch keine Stellen zum Festhalten, nur glatte Ausbuchtungen und flache Einbuchtungen, doch der Winkel war immerhin so gemäßigt, daß ich meine Handflächen auf die Vorsprünge legen konnte, während ich mein Gewicht auf die haftenden Gummisohlen meiner Kletterschuhe verlagerte und mich so die Wand hinaufarbeitete. Während ich mich nach oben schob, gewann ich Schwung und Selbstvertrauen, und kurz vor der Spitze lief ich die Platte fast hinauf. Nick schrie aufgeregt: »Prima, du Kletteraffe!« Mein Herz klopfte bis zum Hals; die kühle Bergluft drang tief in meine Lungen. Meine Waden, Unterarme und Fingerspitzen pulsierten von Leben; der größte Teil meines Gesichts bestand aus einem riesigen zähnebleckenden Lächeln. Chuck Yeager konnte nicht fröhlicher gewesen sein, als er die Schallgrenze durchbrach, und als Nick mich am Seil hinunterließ, konnte ich es voller nervöser Energie kaum erwarten, den nächsten Grad anzugehen.

Vor meinem zweiten Aufstieg sagte Nick: »Das ist eine steilere Route als die erste. Der Reibungswiderstand reicht nicht aus, um dich am Fels festzuhalten.« Ich fand den Winkel auf den ersten drei Metern so gemäßigt wie den ersten, aber dann stoppte ich, als die Wand abrupt steiler wurde, und preßte Beine, Brust und Wange gegen den schroffen Felsen, der mich von sich abstoßen wollte. Ich hatte keine Ahnung, wie ich meinen Körper bis zur Spitze hochhieven konnte, festgehalten lediglich von der Kraft meiner Finger und Zehen; der Gedanke daran schien absurd. Wie Nick gesagt hatte, waren meine Hände meine Augen, aber auf dem Boden konnte ich mir immerhin die Zeit nehmen, herumzutasten und meine Welt zu erkunden. In der Wand jedoch kam ich mir wie in einer Falle vor. Mein verzweifelter Griff war das einzige, was mich am Fels festhielt, und wenn ich losließ, um nach einem neuen Halt zu tasten, würde ich ohne Zweifel hinunterfallen.

Nick sagte mir, ich solle mich mehr links halten, und als ich mich behutsam zentimeterweise in dieser Richtung bewegte, fanden meine Hände eine enge senkrechte Spalte. Ich zwängte einen Fuß und eine Hand hinein und versuchte, mich hochzuziehen, doch der Fels vor mir wollte mich weiterhin wegstoßen. Nach ein paar Versuchen drehte ich meinen Körper seitlich und begann, mich mit äußerster Langsamkeit nach oben zu schieben. Bald wurde die Spalte noch enger, und ich spürte abermals nur noch die glatte Wand. »Da ist ein größerer Buckel ein Stück über deiner linken Hand«, rief Nick.

Meine Hand tappte hektisch über den Fels. Kein Bukkel.

»Greif höher.«

»Hier?« schrie ich, einen Fuß auf einem winzigen Vorsprung seitwärts gedreht, den anderen schmerzhaft in einem Tritt verkeilt.

»Das ist kein Buckel. Taste weiter nach links ... zehn Zentimeter weiter ... das ist eher ein Meter ...«

»Da? ... Da? ... Da?« Schließlich schaffte ich es bis nach oben, doch den größten Teil der Zeit hing ich am Seil und ließ meine brennenden Unterarme herunterbaumeln.

Gegen Ende des dritten Tages lernte ich schließlich, die Stellen, auf die mich Nick hinwies und an denen ich Halt fand, genau zu lokalisieren. Nicks Instruktionen machten den einzigen Unterschied zwischen nackter Panik und dem Ertasten eines Halts aus. Als Nick am letzten Tag aufhörte, uns Anweisungen zu geben, war ich deshalb schwer frustriert. Doch Nick bestand darauf: »Bei diesem Sport geht es ausschließlich um Selbstvertrauen, es geht darum, daß du aus eigener Kraft nach oben kommst. Um unabhängig zu sein, mußt du selbst deinen Weg in der Wand finden.«

An diesem Vormittag hing ich an einem riskanten fingerbreiten Griff, während mein Fuß auf einem abschüssigen Vorsprung allmählich den Halt verlor. Wenn ich den nächsten Halt nicht innerhalb von Sekunden fand, würde ich abstürzen. Ich mußte etwas, irgend etwas finden, doch die Wand war so riesig, ein Halt konnte überall verborgen sein. Erst zappelten und schlugen meine Füße und Hände über den Fels in der puren Hoffnung, Glück zu haben und etwas zu finden. Während ich mich immer wieder die Wand hochkämpfte, konnte ich mindestens ein dutzendmal nichts entdecken und fiel in die Seilsicherung zurück. Meine Arme waren erschöpfter als nach einem Ringkampf. Wenn ich abzustürzen drohte, war meine natürliche Reaktion, in Panik zu geraten, aber ich zwang mich, die Wand stetig mit Händen und Füßen abzutasten. Ich streckte meine Gliedmaßen aus, so weit sie reichen konnten, und suchte über, unter und neben mir nach einem verborgenen Halt, der sich wie ein Himmelsgeschenk am äußersten Ende meiner Reichweite befinden mußte. Als ich wieder einen Meter höher war, beschloß ich, die Wand wie ein Koordinatensystem zu untersuchen, und zwang meine Hand, darüberzugleiten und nicht zappelig herumzutasten, so daß ich jeden Quadratzentimeter des Felsens abdecken konnte. Ich begann auch zu begreifen, daß ich mir, falls ich meine Füße trainieren konnte, den Halt zu finden, den meine Hände gerade losgelassen hatten, die halbe Arbeit sparen könnte. Als auf dem Weg zur Spitze meine Unterarme brannten und meine Finger sich allmählich schlaff anfühlten, fand ich – gerade wenn ich dachte, daß ich mich keine Sekunde länger würde festhalten können – einen Halt, vielleicht keinen idealen, aber einen ausreichenden, um mich ein paar Sekunden länger festzuklammern und mich ein paar Zentimeter höher zu kämpfen.

Da ich außerhalb der Reichweite meiner Hände nicht »sehen« konnte, schien es unmöglich, meine Route auf dem Fels zu planen. Früher war ich bereits an Stellen gekommen, wo es nicht mehr weiterging, wo die Wand plötzlich völlig kahl schien. Während ich am Fels hing, hatte mir Nick den Tip gegeben: »Folge den Spuren im Gestein. Ein rauher, unebener Abschnitt kann zu einer

Spalte führen, zu einer flachen oder einer tieferen Rinne. Eine Spalte kann plötzlich verschwinden und eine Armlänge entfernt wieder beginnen.« Ich erkannte, daß es das Schöne am Klettern war, ein Puzzle zusammenzusetzen, Spalten, Rinnen, Schüsseln, Höcker, Buckel, Kanten, Vorsprünge und Tritte miteinander zu verbinden und alles in eine Wegekarte zu übertragen und meinem Gedächtnis einzuprägen.

Während ich also gegen den Fels schlug, mich entlangtastete und ihn mit meinem Blut befleckte, arbeitete ich mich die Wand hoch und trieb meinen Körper trotz aller Schwierigkeiten zur Spitze eines Felsens hinauf, der in keiner Beziehung zur horizontalen Welt zu stehen schien. Oben saß ich auf einem kleinen, muldenförmigen Vorsprung, die Handflächen flach auf den Stein gepreßt, und meine Beine baumelten über den Rand. Ich war von dem Gefühl überwältigt, das der Felsen mir vermittelte, vom Wind in meinem Rücken, von der großartigen Struktur des Gesteins, den abwechselnden Mustern von Kühle und Hitze unter meiner Berührung. Es war, als ob meine Sinne endlich erwacht wären. Jeder Laut, jeder Geruch, jede Berührung waren so lebendig, so lebhaft, daß es beinahe weh tat. Blindheit, dachte ich, war eine verdammte Plage. Sie hatte mir das Klettern eindeutig erschwert, mich dazu gezwungen, anders als die meisten anderen zu klettern, aber sie hatte mich nicht davon abgehalten, es zu tun oder sogar gern zu tun. Ich würde niemals in einem Schnellangriff über ein Basketballfeld rennen oder mit einem Motorrad über eine Rampe springen; die Vergangenheit war begraben, und wie sehr ich mich auch bemühte, konnte ich das, was vorbei war, nicht mehr zurückerlangen. Doch dreißig Meter über der Baumgrenze, mit der Sonne auf meinem Gesicht und dem offenen Schall um mich herum, schien das alles nicht mehr so wichtig, denn ich hatte gerade herausgefunden, daß ich imstande war zu klettern.

Nach einem langen Klettertag kamen wir in die Waldhütte zurück, in der wir alle wohnten. Wir spielten Trivial Pursuit in Braille und sprachen über unsere Erfahrungen. Die Meinung war einhellig: Alle hatten ein Hochgefühl, sogar Jenny, die anfangs solche Angst bekommen hatte, daß sie für eine Weile den Mund hielt, was bei ihr selten vorkam. Am Ende des Tages hatte sie sich sogar von der Wand abgeseilt und das Seil mit einem Griff umklammert, den Nick als »Weiße-Knöchel-Todesgriff« bezeichnete, aber sie hatte es geschafft. »Das war so ... so erstaunlich. Ich kann's nicht glauben. Ich habe mir einen Fingernagel abgebrochen. Aber ich hab's wirklich geschafft.« Alex und ich gingen nach draußen und kletterten auf einen Felsbrocken. Eine Weile saßen wir schweigend da, und dann fragte Alex: »Was fehlt dir, seit du blind bist, am meisten?«

»Nichts!« sagte ich erst, weil ich meine Gedanken nicht in die Vergangenheit schweifen lassen wollte.

»Es muß etwas geben, was dir fehlt«, beharrte sie. Ich wurde schwach und dachte zurück an die Zeit, in der ich noch sehen konnte. An die sommerlichen Fahrten mit dem Rad zum Speichersee und den Glen entlang, und wie ich mit Volldampf über ein Feld gespurtet war – ich wog alles gegeneinander ab. Dann kam ich darauf: Gesichter. »Die Gesichter der Menschen fehlen mir«, sagte ich. »Es fehlt mir, daß ich ihnen nicht mehr in die Augen schauen kann, und es fehlt mir, daß ich nicht mehr sehe, wie sich ihr Ausdruck von traurig zu fröhlich, von zornig zu lustig verändert.«

»Beschäftigt es dich, wie ich aussehe?« fragte sie und sagte, ohne auf meine Antwort zu warten: »Du kannst mein Gesicht berühren.«

Ich lachte. »Blinde tun das nur im Kino«, sagte ich, streckte aber halb gegen meinen Willen die Hand aus und berührte zaghaft ihre Backenknochen, Lippen, Nase und Stirn; doch ich konnte mir von den einzelnen Teilen kein zusammenhängendes Bild machen. Das Resultat war immer, daß ihr Gesicht wie das in einem Comic wirkte. Ich konnte jedenfalls nicht feststellen, ob sie wirklich gut aussah, also gab ich auf und klammerte mich an die Dinge, die ich erfassen konnte, an das, was ich berühren und hören und riechen konnte. Davon gab es genug, mehr brauchte ich nicht: ihr musikalisches Lachen, wie ihr Haar über meine Wange strich, der Duft ihrer reinen Haut, das Flüstern ihres Atems.

»Ich wünschte, du könntest mich sehen«, sagte sie.

»Ich kann es«, sagte ich und beugte mich vor. Sie mußte sich ebenfalls vorgebeugt haben, denn meine Lippen berührten die ihren. Wir küßten uns lange, und später lag sie mit dem Kopf in meinem Schoß da, und wir lauschten den Grillen und dem Schrei der Eulen in der Ferne.

Als ich wieder nach Hause kam, stellte ich ein Tonband für Alex zusammen. Ich ließ meine Freunde Witze in den Recorder sprechen. Manche mußte ich löschen, weil ich dachte, daß sie bei ihren religiösen Eltern nicht allzugut ankommen würden. Dann fügte ich kleine Parodien auf Keith, Jenny, Tim und die anderen ein und imitierte alle Stimmen. Und schließlich ergriff ich die Gelegenheit und sagte ihr, daß ihre Erblindung nicht ihre Schuld sei; daß Gott sie nicht bestrafe, weil ich nicht glaube, daß Gott so handelte. Ich habe auch geglaubt, daß das Leben eine Strafe sei und lediglich aus Verlusten bestehe. »Ja, natürlich nimmt er uns etwas weg«, sprach ich ins Mikrophon, »aber dafür gibt er uns andere Dinge zurück, und seltsamerweise können diese neuen Dinge genauso gut sein oder sogar noch besser. Ich denke, du mußt dich einfach etwas mehr bemühen, nach diesen neuen Dingen zu suchen.«

KAPITEL SECHS

Wizard, der Miezenmagnet

GEGEN ENDE DES SOMMERS BEKAM ICH EINE BRAILLE-karte von Fidelco, einer Schule für Blindenhunde in der Nähe von Hartford, mit der Mitteilung, daß mein Antrag auf einen Blindenhund bewilligt worden sei. Meine Mutter hatte den Vorschlag gemacht, einen Blindenhund zu beantragen. Sie hatte auf der Straße einen Mann mit einem seidig glänzenden, kräftigen Schäferhund gesehen und mir gesagt, daß das Paar elegant gewirkt habe. Ich hielt die Karte von Fidelco in der Hand und vermißte meine Mutter und daß sie niemals meinen Hund sehen würde, dessen Name in Braille unten auf der Karte stand: »Wizard«.

Normalerweise bekommen Schüler einen Blindenhund erst, wenn sie aufs College kommen. Man muß so verantwortungsbewußt sein, daß man bereit ist, jeden Tag mit dem Hund zu arbeiten und ihn zu bürsten und zu versorgen. Ich war erst sechzehn, als ich Wizard begegnete, einem geschmeidigen schwarzbraunen Schäferhund. Witzigerweise war Wizard der jüngste Absolvent des Fidelco-Programms, und ich war der jüngste Empfänger in der Geschichte des Instituts. Er hatte einen langen, glatten Körper mit einem langen Fang wie ein Wolf. Sein Fell legte sich in einer Richtung nach hinten, und da, wo das Ledergeschirr auflag, hatte er kleine Haarbüschel wie eine Tolle. Dave Darr, mein Ausbilder, sagte mir, daß Wizard die ersten fünfzehn Monate in einer Familie verbracht habe, wo er stubenrein gemacht wurde und gelernt hatte, bei Fuß zu gehen, sitz zu machen und wieder aufzustehen, und im übrigen sein Leben als Welpe genossen hatte. Es mußte für die Familie schwer gewesen sein, einen so prachtvollen Hund wie Wizard wieder herzugeben, aber vielleicht tröstete sie das Wissen, daß er im Begriff war, eine sehr wichtige Arbeit zu verrichten. Die Arbeit als Blindenhund steht für einen Schäferhund etwa auf der gleichen Stufe wie das Amt des Präsidenten der Vereinigten Staaten für einen Menschen, mit dem Unterschied, daß Wizard – statt die Bevölkerung vor fremden Diktatoren, Atomangriffen und Inflation zu beschützen – das Leben eines blinden Jungen vor Kollisionen mit Hydranten, Telefonmasten und tief hängenden Ästen beschützen würde.

Im ersten Stadium unseres Trainings legte sich Dave ein improvisiertes Geschirr und eine Leine an. Ich ging durch die Nachbarschaft und kam mir ein wenig albern vor, als ich so tat, als ob Dave der Hund sei, ihn nach links und rechts dirigierte und ihm den Befehl gab, stehenzubleiben. Danach wurde Wizard das Geschirr angelegt, und Dave ging, durch ein langes Seil mit dem Geschirr verbunden, zweieinhalb Meter hinter mir. Falls Wizard versuchen sollte, aus meinem Griff auszubrechen, konnte er ihn so jederzeit bändigen. Als wir das erste Mal allein gingen, spürte Wizard auf der Stelle, daß er nicht mehr mit der Sicherheitsleine verbunden war, und ließ mich mit meinem Oberschenkel direkt in einen Hydranten laufen. Ich stieß mich so stark, daß ich mich auf dem Gehsteig vor Schmerzen krümmte. Wizards schlechter Atem dampfte mir ins Gesicht. Ich stellte mir vor, daß er sagte: »Steh auf, harter Bursche, was ist mit Runde zwei?«

Hunde haben keine angeborene Angst vor dem Verkehr. Anfangs denken sie nicht schnell genug, um einen sich bewegenden Zweitonner mit dem unangenehmen Gefühl von Schmerz in Verbindung zu bringen. So mußte Wizard beigebracht werden, die Straße zu fürchten. Dies erreichten wir, indem Wizard und ich am Randstein standen, während David sich in einem Kombi von Fidelco hinter der Ecke versteckte. Dann fuhr er in hohem Tempo um die Ecke, und als er nur dreißig Zentimeter an mir vorbeiraste, gab ich Wizard das Kommando, vom Bürgersteig zu gehen. Ich sagte »Voran!«, und gerade als der arme Wizard dem Befehl folgen wollte, riß ich ihn an seinem Geschirr zurück und schimpfte ihn aus, indem ich sagte: »Böser Hund.« Nachdem Dave den ganzen Vormittag mit quietschenden Reifen Beinahezusammenstöße inszeniert hatte, während ich »Voran!« schrie, begann Wizard, mir den Gehorsam zu verweigern, und genau darauf kam es an. Ich mußte derjenige sein, der entschied, wann wir eine Straße überquerten, doch wenn dröhnende Preßlufthämmer oder heulende Sirenen mein Gehör beeinträchtigten und ich den Befehl »Voran!« gab, während gerade ein Auto vorüberraste, mußte Wizard wissen, daß er meinen Befehl ignorieren durfte.

Die Arbeit mit einem Blindenhund war weitaus anstrengender, als ich ursprünglich gedacht hatte. Um dorthin zu gelangen, wo ich hin wollte, konnte ich nicht einfach sagen: »Wizard, bring mich zu McDonald's, du weißt schon, Ecke Erste und Hauptstraße.« Wizard verfügte über keine magische Intuition wie der Blindenhund, den ich in einem Disneyfilm an einem Sonntagabend im Fernsehen gesehen hatte. Der Hund in dem Film schien klüger zu sein als der Blinde, den er führte, und die beiden schienen miteinander in telepathischer Verbindung zu stehen. Wizard war alles andere als allwissend; wir mußten uns anstrengen, uns zu verständigen. Dave sagte mir: »Du bist für die großen Zusammenhänge zuständig, und Wizard ist der Mann fürs Detail.« Ich mußte wissen, wo ich hinging. Wenn ich im Zentrum von Westport vom Plattengeschäft zum Kino ging, wußte ich, daß ich den Hügel hinuntergehen, fünf Straßen überqueren und kurz nach einem starken Gefälle Wizard sagen mußte: »Such links, such innen« und mit der Hand in die Richtung winken mußte, in die Wizard schauen sollte. Wizard konnte den Eingang zum Kino nicht vom Eingang zu irgend etwas anderem unterscheiden, und oft gab ich ihm das Kommando »Such links« zu früh oder zu spät, und er brachte mich zur Tür des Kiosks oder der Buchhandlung oder des Mini-Marts. Von da an war es meine Aufgabe, den Geruch von Büchern oder frisch gebackenem Brot, das Klingeln der Ladenkasse oder das Fehlen von Popcorn zu registrieren, meinen Fehler zu erkennen und zu entscheiden, ob wir weiter oder zurück müßten. Das Training bestand aus ständigem Versuchen und Sich-Irren und einer Menge falscher Türen, doch es eröffnete mir auch eine Welt neuer Möglichkeiten. Wenn Wizard und ich mit einer Gruppe Jungs durch die Straßen der Innenstadt zogen, klopfte mein Herz nicht mehr beklommen. Die Benutzung eines weißen Blindenstocks war völlig in Ordnung, aber durch die irritierenden Geräusche von Preßlufthämmern, Autohupen und anderen Fußgängern konnte ich die Schritte meiner Freunde nicht deutlich genug hören, um ihnen zu folgen. Also war ich gezwungen, einen Arm zu ergreifen, was bei meinen Brüdern oder meinem Vater o.k. war, aber am Arm eines Kumpels zu hängen war überhaupt nicht cool, zumal wenn Mädchen in der Nähe waren. In diesem Szenario war Wizard nun meine Geheimwaffe. Ich mußte ihm lediglich befehlen, jemandem zu folgen, und er hängte sich wie schlechter Körpergeruch an diese Person.

Während unseres Blindenhundtrainings testete Dave Wizards Fähigkeiten, indem er versuchte, uns in einem Einkaufszentrum abzuschütteln. Eine halbe Stunde lang schlängelte er sich wie ein Irrer durch ein Labyrinth von Kleiderständern und Glastheken, fuhr Rolltreppen hinauf und hinunter, hinein in kleine Läden und wieder heraus. Doch Wizard war nicht aus der Fassung zu bringen. Er senkte einfach den Kopf, legte die Ohren an, und während ich seinem Zickzackkurs über den steifen Metall- und Ledergriff seines Geschirrs folgte, wurde mir deutlich, daß er an genau dieser Art von Herausforderung wuchs. Er war kein Hund; er war eine Verfolgungsmaschine, ein Ledernacken unter den Blindenhunden. Kurz vor Ende der Übung machte Dave einen letzten, raffinierten Versuch, mich loszuwerden, schoß nach links in eine Toilette und versteckte sich in einer Kabine. Ich hörte ein Kind in der Nähe fragen: »Mami, warum läuft dieser Mann vor dem Blinden weg?«

Doch Wizard ließ sich nicht schlagen. Er schaffte es, in die Toilette zu kommen, noch bevor die Tür wieder zufiel, setzte sich ganz ruhig vor die Kabine und zeigte mit der Schnauze in Daves Richtung. Dann reckte er seinen Kopf in die Höhe und gab einen gähnenden Laut von sich, als wolle er uns mitteilen, daß seine Fähigkeiten im Verfolgen nicht im geringsten gefordert worden seien. Dave war einen Augenblick still, während er durch einen Spalt der Kabine spähte. Als er erkannte, daß er gefunden worden war, begann er vor sich hin zu lachen und sagte leise wie zu sich selbst: »Braver Hund! Das ist ein braver Hund!«

Wizard kannte eine Menge anderer Befehle: Such Treppe, such Randstein, such Rolltreppe, und mein Lieblingskommando, vielleicht weil ich es ihm selbst beigebracht hatte, such Stuhl. Wenn ich in den Schulbus stieg oder ins Klassenzimmer kam, war es mir immer peinlich, daß ich nach einem leeren Sitz oder Stuhl herumtasten mußte. Also stellte ich einmal zu Hause einen leeren Stuhl vor Wizard auf, sagte immer wieder: »Such Stuhl« und drückte dann seinen Kopf sanft nach unten, so daß er auf dem Stuhl ruhte. Wenn Wizard nun im Klassenzimmer einen leeren Stuhl auf der anderen Seite des Raums entdeckte, steuerte er zielbewußt darauf zu, legte seinen Kopf darauf und wedelte fröhlich mit dem Schwanz. Am besten gefiel mir sein Trick, wie er Wechselgeld aufhob, das ich fallen gelassen hatte, indem er es mit der Schnauze herumschob, bis es ihm gelang, es mit derselben zu pakken. Dann legte er es vollgesabbert und schleimbedeckt stolz in meine Hand.

Nach langen Trainingstagen spielten Wizard und ich in der Bucht unter unserem Haus apportieren. Auch in diesen Zeiten der Entspannung nahm Wiz alles sehr ernst. Er spielte so intensiv, wie er arbeitete. Mein Vater beschrieb mir seinen unverwandten Blick, dunkel und wölfisch, wie er dem Tennisball in meiner Hand folgte. Dann warf ich den Ball so weit und hoch, wie ich konnte, Wiz raste zu der Stelle, an der der Ball niederging, drehte sich wie ein professioneller Außenfeldspieler im Kreis, während seine glühenden Augen dem Ball folgten, und schnappte ihn sich mit einem schnellen Satz und dem Vorschnellen seines Fangs aus der Luft. Nachher balgten wir uns oben auf der Auffahrt. Wiz und ich stellten uns in Kampfstellung auf, und er sprang vor mir hin und her und immer wieder aus meiner Reichweite und rollte sich auf dem Boden. Wenn ich ihn zu fassen kriegte, befreite er sich, indem er sich in einer Explosion von Kraft drehte und wand, wir gingen wieder in Kampfstellung, und Wizard gab kleine spielerische Knurr- und Grunzlaute von sich. Er schnappte mit seinem langen Fang drohend nach meinen Handgelenken und Händen und hielt nur wenige Zentimeter davor inne, so daß ich nur den sanften Druck seiner Zähne und Lefzen auf meiner Haut spüren konnte. Als ich ihn schließlich festhielt, gab er sich noch immer nicht geschlagen, und ich konnte fühlen, wie seine kraftvollen Muskeln unter seinem Fell zuckten. Dann hob ich ihn mit einem Feuerwehrgriff auf, seinen Bauch auf meinem Nacken, und hielt seine Pfoten fest. Während Wiz immer noch vor Vergnügen bellte und heulte, drehte ich uns beide im Kreis wie ein professioneller Ringer, der dabei ist, seinen Gegner mit einem Ausheber mit Schenkelgriff zu erledigen. Nach ein paar Minuten Herumwirbeln, wenn uns beiden völlig schwindlig und ich kurz vor dem Hinfallen war, legte ich ihn behutsam auf den Rücken. In dem Moment, in dem Wiz spürte, daß mein Griff sich lockerte, war er wieder oben, sprang hin und her, schnappte und bellte. Oft machte mir das Spiel so viel Spaß, daß ich das Zeitgefühl verlor, und anschließend lagen wir beide keuchend und hechelnd und fast leblos auf dem Boden. Manchmal legte ich meinen Kopf auf Wizards Flanke, und er leckte den salzigen Schweiß von meiner Hand.

Wizard begleitete mich überallhin, durch die Gänge der Highschool, zu den Ringkämpfen und einige Monate vor dem Highschoolabschluß zu einem Freitagabendausflug nach New York City. Wiz und ich fuhren zusammen mit Chris und Bret, einem anderen Freund, mit dem Zug in die Stadt, und beide borgten sich einen meiner extra langen weißen Stöcke aus, um nur den Sehbehindertentarif der Metro-North zu bezahlen: 4 Dollar 50 statt 8 Dollar. Sie versteckten ihre Augen hinter dunklen Sonnenbrillen, so daß ihre Gesichtsbewegungen sie nicht verraten konnten, schwankten durch den engen Mittelgang, schwangen plump ihre Stöcke und stießen sich die Schienbeine an. Durch die heftige Bewegung des Zugs fielen sie immer wieder Leuten in den Schoß, und am Ende jedes Waggons verlor Chris im Vorraum die Orientierung, ging im Kreis und torkelte gegen die Wände. Schließlich wurde ich es müde, auf sie zu warten, ließ sie eine Reihe bilden, jeder die Hand auf der Schulter des Vordermanns, während ich wie eine Entenmutter die Prozession anführte. Ich stellte mir vor, wie die Pendler auf ihren Sitzen gafften, und kicherte leicht verdrießlich in mich hinein, denn es war mir klar, daß wir wie ein Mittelding aus den drei blinden Mäusen und Heinzelmännchens Wachtparade wirken mußten.

Nachdem Wiz seinen Kopf auf einen leeren Sitz gelegt und wir uns gesetzt hatten, kam der Schaffner, um uns die Fahrkarten zu verkaufen. Chris und Bret griffen in ihre Taschen und streckten ihm ein ungeordnetes Bündel zerknitterter Geldscheine entgegen. Er zupfte die 4 Dollar 50 heraus. »Da sind Ihre Karten«, sagte er sehr langsam und etwas zu laut. »Brauchen Sie Hilfe beim Aussteigen?«

»Nein danke«, erwiderte ich, »ich werde mich um sie kümmern.« Die Scheine in meiner Brieftasche waren nach ihrem Wert gefaltet, die Zwanziger waagrecht, die Zehner senkrecht, die Fünfer zweimal gefaltet und die Ein-Dollar-Scheine überhaupt nicht, so daß ich dem Schaffner den genauen Betrag geben konnte. Vielleicht, weil ich der einzige war, der keine Sonnenbrille trug, und weil ich die Gewohnheit hatte, eine Person anzuschauen, wenn ich mit ihr sprach, fragte mich der Schaffner: »Wollen Sie auch den Behindertentarif?«

Ich hätte ihm gerne gesagt: »He, Kumpel, ist dir noch nicht aufgefallen, daß ich der einzige bin, der wirklich blind ist«, doch statt dessen lachte ich und dachte mir, daß ich es als Kompliment betrachten könnte.

In New York versuchten wir, in einen Nightclub zu kommen. Der Mann vom Sicherheitsdienst, der am Eingang stand, zweifelte nicht unsere schlecht gefälschten Ausweise an, sondern sagte schlicht: »Keine Hunde.« Ich versuchte zu erklären, daß der Hund kein Haustier sei, sondern mir die Augen ersetze. Ich erklärte, daß Wizard sich unter einen Stuhl legen und nicht einmal bemerkt werden würde, doch diese Erklärung hatte nicht die geringste Wirkung. »Der Hund könnte Gäste erschrekken«, war alles, was er darauf entgegnete. Ich nahm eine Broschüre heraus, in der eindeutig stand, daß Blindenhunde in öffentlichen Etablissements zugelassen sind, aber gerade das machte ihn wütend. »Zeigen Sie mir nicht die Gesetze. Ich bin Polizeibeamter und vertrete das Gesetz, und wenn Sie noch 'ne dicke Lippe riskieren, dann werfe ich Sie ins Gefängnis. Es kümmert mich nicht die Bohne, ob Sie blind sind.« Ich hätte schrecklich gern weiterdiskutiert, aber ich befürchtete, daß dieser Vorstoß dazu führen würde, daß er unsere noch schmächtigen Körper und unsere armseligen Ausweise einer genaueren Prüfung unterzog. Wir trollten uns, schlichen uns jedoch um die Ecke zum Hintereingang, klopften und sagten einem Rausschmeißer, daß der Polizist vorne uns gesagt hätte, es sei besser, den Hund von hier aus nach drinnen zu bringen. Der Rausschmeißer begleitete uns zu einem Tisch. Auf dem Weg fragten immer wieder Frauen, ob sie den Hund streicheln dürften. Als wir uns hinsetzten, sagte Chris: »Leg Wizard so ab, daß er etwas im Gang liegt, damit ihn die Frauen sehen können. Ich weiß, daß es seine Aufgabe ist, dich zu führen, aber auch als Miezenmagnet ist er erste Sahne.« Der Plan funktionierte fabelhaft, und wir waren selten ohne weibliche Fans, die, wenn sie an unserem Tisch vorbeikamen, fanden, daß Wizard ideal geeignet sei, das Eis zu brechen. Ich vermute, daß die Frauen dachten, jemand mit einem prachtvollen Schäferhund an seiner Seite könne wohl kein Kettensägenmörder sein.

»Ach, er ist so ein Schatz.«

»Ach, ist er nicht hinreißend.«

»Was für ein prächtiger Bursche.«

Wenn wieder eine Frau auftauchte, erfand ich neue Antworten. »Danke für das Kompliment. Aber der Hund ist auch nicht ohne. Sie können ihn nicht streicheln; er ist im Dienst, aber wenn Sie attraktiv sind, lasse ich mich vielleicht von Ihnen hinter dem Ohr kraulen.«

Mein Ego bekam Auftrieb, als sich ein Mädchen zu uns setzte, das wirklich an mir interessiert schien. »Die meisten Typen kümmert doch nur, wie ein Mädchen aussieht, aber Schönheit ist nur oberflächlich. Sie«, sagte sie leidenschaftlich, »können durch die äußere Erscheinung eines Mädchens schauen. Sie blicken direkt in die Seele.« Ich war mir ziemlich sicher, daß das Blindsein mir keinen speziellen Röntgenblick in die Seele verschaffte, doch ich widersprach ihrer Einschätzung nicht. Dann forderte sie mich zum Tanzen auf, und als mich ihre fleischige Hand in den Klammergriff nahm, um mich auf die Tanzfläche zu führen, wurde ich allmählich mißtrauisch, warum sie wohl so daran interessiert war, daß ich sie nicht sehen konnte. Das Mädchen war unermüdlich, jagte mich ein Dutzend Songs von Madonna und The Culture Club über die Tanzfläche, tanzte mich mit wogenden, mahlenden Bewegungen sogar gegen die Wand und bog mich – selbst halb in der Hocke – nach hinten, ihren Busen wie ein Sumokämpfer nach vorne gewölbt.

Als sie mich schließlich an unseren Tisch zurückführte, beugte ich mich zu Chris und flüsterte: »Arschloch.«

Chris bekam einen hysterischen Lachkrampf. »Was hätte ich denn tun sollen? Hätte ich vielleicht vor ihr sagen sollen: ›Mann, renn und versteck dich, bevor es zu spät ist.‹«

»Du mußt mir einen Hinweis geben, ob ein Mädchen gut aussieht oder nicht, aber er muß unauffällig sein.« Ich dachte eine Minute nach und sagte dann: »Wenn ein Mädchen herkommt, gehst du auf mich zu und schüttelst mir die Hand, als ob du mich begrüßen wolltest. Wenn du mir die Hand so gibst«, sagte ich und ergriff die seine mit einem üblichen Händedruck, »dann heißt das, daß sie Durchschnitt ist. Wenn du mir die Hand so gibst«, ich ergriff Chris' Hand, hakte unsere Daumen ineinander und legte meine Finger um seinen Handrücken, »dann bedeutet das, daß sie heiß ist.«

»Und was tue ich, wenn sie Ausschuß ist?« fragte Chris.

»Dann so.« Ich krümmte vier Finger und hakte sie in seine gekrümmten Finger.

Für den Rest des Abends funktionierte der Händedruck reibungslos. Ein Mädchen tauchte auf; Chris kam dazwischen: »He, Mann, wie stehen die Aktien?« und packte meine Hand mit dem häßlichen Griff. Darauf sagte ich:

»Tja, der Hund. Er ist schwer in Ordnung, außer, wenn es irgendwo gerammelt voll ist. Dann rastet er einfach aus, schnappt und beißt. Wird irgendwie unangenehm. Aber das hat er erst ein paarmal getan.« Und auf wunderbare Weise war sie nach ein paar Sekunden verschwunden. Ein anderes Mädchen kam; Chris kam mit demselben Gruß dazwischen, aber diesmal gab er mir die Hand mit dem heißen Griff. Darauf sagte ich: »Ein Vorteil des Blindseins ist, daß mir Aussehen nicht viel bedeutet. Ich versuche, in die Seele zu schauen. Also erzähl mal: Wo kommst du her?«

Als ich eine Runde Bier an der Bar kaufte, wollten ein paar Typen, die dort saßen, von mir wissen, wie ich den Unterschied zwischen den Scheinen erkennen könne. Sie waren eindeutig betrunken, also dachte ich einen Augenblick nach und sagte: »Ich kann den Unterschied riechen... Die Ein-Dollar-Scheine sind aus Kiefernholz gemacht, die Fünfer aus Eiche und die Zehner aus Birke.« Vermutlich waren sie nicht so betrunken, wie ich gedacht hatte, und einer sagte: »Das glaub ich nicht. Das mußt du mir schon beweisen, Kumpel.« Wobei er bereits einige Scheine herauszog. Chris und ich entschuldigten uns für einen Moment, weil wir zum Pinkeln gehen mußten, und als wir zurückkamen, gaben sie mir einen Schein. »Na schön«, sagte ich. »Wenn ihr wirklich nicht glaubt, daß ich es kann, warum wetten wir dann nicht um eine Runde Bier?« Sie waren ohne weiteres einverstanden und gaben mir wahllos Schein um Schein in die Hand. Manche neu, manche alt, manche glatt, andere zerknittert. Jedesmal hielt ich den Schein dicht an meine Nase und sog sein Aroma ein. Dann rollte ich ihn zusammen und hielt ihn direkt unter mein Nasenloch, atmete abermals ein, und schließlich nahm ich den Schein und rieb ihn kräftig über meine Wange.

»Warum reibt er ihn so?« wollte einer wissen. »Ich dachte, er kann es riechen.«

»Pssst!« wies Chris ihn zurecht. »Er hat so seine Methoden.« In Wahrheit hatte Chris keine Ahnung, warum ich es tat, und ich ebensowenig, außer daß ich dachte, es könnte von dem ablenken, was sich unter dem Tisch abspielte. Bei jedem Schein klopfte Chris' Fuß gegen den meinen: einmal für den Ein-Dollar-Schein, zweimal für den Fünfer, dreimal für den Zehner und so weiter. Nachdem ich fünf verschiedene Scheine hintereinander identifiziert hatte, waren die Burschen völlig verblüfft und Chris und ich reichlich betrunken. Auf dem Weg nach draußen stolperten wir dreist an dem Polizisten am Eingang vorbei, der sich zweifellos fragte, wie wir hineingekommen waren. »Keine Bange, Herr Wachtmeister«, beruhigte ich ihn. »Ich setze mich garantiert nicht hinters Steuer.«

Im Juni 1987 machte ich meinen Abschluß an der Weston High. Ich war am Boston College angenommen worden, das nur wenige Kilometer vom Carroll Center for the Blind entfernt war. Während der Zeit am Carroll Center war ich in Boston auf Entdeckungsreise gegangen und von all den Fahrstühlen begeistert gewesen, in denen neben jedem Knopf die Nummer in Brailleschrift angebracht war, und von den Trolleys, kurz Ts genannt, die mich so wie Tausende anderer Studenten von über zweihundert anderen Universitäten durch die ganze Stadt bringen konnten. Das BC hatte ein adaptives Technologie-Center und verfügte über Computer mit Brailledisplays und Stimmsynthesizern, leistungsfähige Brailleprinter und Kurzweilapparate, die wie Scanner funktionierten und den gedruckten Text in eine elektronisch generierte Stimme konvertierten.

Am Abschlußabend gab mir Mrs. Reddy, meine Studienberaterin, ein zusätzliches Barett für Wizard. Ich setzte es ihm auf, aber er schüttelte es immer wieder ab. Ich hatte den Gang von meinem Platz im Publikum zu den Stufen aufs Podium geübt, wie wir es zu überqueren und am anderen Ende die Stufen wieder hinunterzugehen hatten, so daß Wizard die Strecke im Schlaf absolvieren konnte. Als ich hörte, wie mein Name aufgerufen wurde, stand ich auf und sagte leise: »Voran, Wiz. Such Stufen.« Unmittelbar vor dem Podium blieb Wiz stehen und stellte sich lotrecht zu den Stufen, so daß mein erster Schritt mich geradewegs nach oben führte. Oben angekommen, machten wir drei Schritte, wo ich zu meiner Linken den begrenzten Schall eines Körpers hören konnte, ich streckte die Hand aus und fand die des Rektors. Als ich mein Abschlußzeugnis in Empfang nahm, applaudierte das Publikum und brach in Beifallsrufe aus. Die Ovation hielt lange an, so lange, wie Wiz und ich brauchten, um das Podium zu überqueren und die gegenüberliegenden Stufen zu erreichen, vor denen Wiz abermals anhielt, ich »Voran« sagte, wir uns vorsichtig die Treppe hinunterbewegten und er mich wieder sicher zu meinem Platz brachte. Als es soweit war, daß die Absolventen ihre Barette in die Luft warfen, griff ich nach Wiz' Barett, aber er hatte es bereits abgeschüttelt und war somit der erste von unserer Abschlußklasse gewesen, der der Tradition Genüge getan hatte.

KAPITEL SIEBEN

Ringen um Unabhängigkeit

ALS MICH MEIN VATER IM HERBST INS BOSTON COLLEGE brachte, sagte er: »Dieser Tag hätte deine Mutter mit Stolz erfüllt.«

»Erinnerst du dich, wie sie weinte, als Eddi fortging?« fragte ich, und plötzlich war ich eifersüchtig auf Eddi, denn sie hatte seinen Highschool-Abschluß noch miterleben und weinen können, als er aufs College ging.

Nachdem mein Vater weg war, inspizierte ich mein Zimmer. Wizard und ich hatten das einzige Einzelzimmer im Erdgeschoß bekommen, acht Quadratmeter klein und auf Behinderte zugeschnitten, mit einem Einzelbett, einem kleinen Holztisch und einem Waschbecken. Das Merkwürdige und Irritierende allerdings war die große Kabine mit einer Schwingtür, in der sich eine extra große Toilette für Rollstuhlfahrer befand, auf deren einer Seite ich leicht hätte thronen können, während sich auf der anderen ein paar Freunde häuslich niederließen. Als ich an diesem Nachmittag meine Sachen auspackte und hörte, wie die anderen Studenten sich einrichteten und Bekanntschaft mit ihren Zimmergenossen machten, erfüllte mich eine Mischung aus Erwartung und Einsamkeit. An der Highschool hatten mich meine Freunde bereits gekannt, als ich noch sehen konnte. Sie hatten meine Familie und meine Mutter gekannt und wußten von ihrem Tod. Sie hatten meine Vergangenheit und meine Gegenwart gekannt und die gewaltigen Veränderungen miterlebt, die dazwischen stattgefunden hatten. Nun wurde mir bewußt, daß ich als Blinder ein neues Leben beginnen mußte.

Ich war einer von drei blinden Studenten unter zehntausend und deshalb leicht zu identifizieren, wenn ich mit Wiz über den Campus ging, doch dieses Anderssein, das die Leute anlockte, sonderte mich andererseits wieder von ihnen ab. Vor den Vorlesungen im Hörsaal, in der Buchhandlung, in der Studentenvereinigung wurde ich immer wieder von Kommilitonen und Kommilitoninnen angesprochen, die mir Fragen über Wiz und über das Blindsein stellten. Ich kam mir wie eine Art Blindenbotschafter vor. Was sie nicht wissen konnten, war, daß ich diese Rolle erst seit fünf Jahren spielte und viele der Regeln noch nicht beherrschte; und außerdem war es eine Rolle, die ich überhaupt nicht spielen wollte. Es war jedoch so einfach, über Wiz zu sprechen und Blindenwitze zu erzählen, während ich gleichzeitig verzweifelt versuchte, hinter der Fassade hervorzutreten und tiefer zu loten. Am Anfang des Semesters trainierte ich täglich im Raum mit den Hanteln, bis ich im Liegen hundertvierzig Kilo drücken konnte, und übte das »Quarters«-Trinkspiel, bis ich den Vierteldollar von meinem Nasenrücken abrollen, ihn vom Tisch abprallen und in ein kleines Bierglas bugsieren konnte. Doch nichts davon befriedigte mich auch nur annähernd.

Nach einigen Monaten, während ich noch daran arbeitete, mich auf dem riesigen Campus zurechtzufinden und mich in meinen neuen Seminaren zu akklimatisieren, bekam ich chronische Schmerzen im linken Auge. Manchmal lag ich nach einem Kurs auf dem Bett, preßte meine Hand gegen das Auge und wälzte mich vor Schmerzen hin und her. Das linke Auge, das Jahre vor dem rechten erblindet war, färbte sich außerdem allmählich grau und trat hervor, und an seiner Oberfläche bildeten sich kleine Blasen. Als die Schmerzen so schlimm wurden, daß sie mein Studium, mein Bodybuilding und selbst das bloße Durchstehen eines Seminars beeinträchtigten, ging ich schließlich zu Dr. Brockhurst, der mir mitteilte, daß sich auf dem Auge ein grüner Star gebildet habe. In einem gesunden Auge zirkuliert die Flüssigkeit durch den Augapfel und fließt durch eine Membran zur Augenoberfläche. Die Flüssigkeit reguliert den Druck und gibt dem Auge seine Form, doch in meinem Fall hatte der graue Star die Ausgänge verstopft und sie im Augapfel eingeschlossen. Dr. Brockhurst testete meinen Augendruck, indem er ein kleines Röhrchen gegen die Oberfläche hielt. Bei einem gesunden Auge entspricht der Innendruck etwa acht Kilo; doch selbst als die Zahlen auf dem Apparat auf vierzig Kilo anstiegen, konnten sie den Druck in meinem linken Auge nicht erfassen. Er schilderte mir mein Auge als Ballon, der so stark wie möglich aufgeblasen worden war. »Allmählich«, sagte er, »wird die Haut des Ballons sehr dünn, und schließlich entsteht ein Loch, das den Ballon explodieren läßt.« Mit zusammengebissenen Zähnen stellte ich mir vor, daß mein Auge eine Sonne sei, die sich zu einer Supernova ausgedehnt habe und schließlich zu einem roten Zwerg zusammengeschrumpft sei. »Die vernünftigste Vorgehensweise«, sagte er, sei es, das Auge zu »enukleieren«, das heißt zu entfernen. Nachdem ich einen Termin für den Eingriff vereinbart hatte, ging ich an diesem Abend mit einigen Freunden aus und trank mit ihnen in einer Bar ein paar Bier. Keiner außer mir wußte, daß dies ein Abschiedsabend war. Ich ertappte mich dabei, daß ich das Auge durch das Lid betastete und mir vorstellte, daß es nicht mehr da sei.

Eine Woche darauf stellte ich mich in der Augen- und Ohrenklinik von Massachusetts ein. Als mich die Krankenschwester in den OP rollte, zitterte ich am ganzen Körper. Mein Vater, der von Connecticut gekommen war, ging neben mir und hielt meinen Arm fest, solange er dabei sein durfte, und nachher, als ich wieder herausgerollt wurde, erinnere ich mich an das vage Gefühl, daß seine Hand immer noch auf meinem Arm lag. Später erzählte er mir, daß er ein wenig erschrak, als er mein geisterhaft bleiches Gesicht sah, dessen obere Hälfte unter Gaze und riesigen Bandagen verborgen war. Als ich allmählich wieder zu Bewußtsein kam, träumte ich, daß meine Schmerzen so stark wären, daß ich weinen wollte; mir fiel jedoch ein, daß ich nicht weinen konnte, weil ich keine Augen mehr hatte, aus denen ich weinen konnte. Und als ich schließlich erwachte, war der Schmerz so verzehrend, als ob ein Stück glühende Kohle in meine Augenhöhle gezwängt worden wäre. Ich konnte spüren, wie sehr sich mein Vater sorgte, ganz im Gegensatz zu seinem sonstigen draufgängerischen Elan. Also brachte ich ein trockenes, heiseres Flüstern heraus: »Mach dir keine Sorgen. Es wird schon wieder werden.«

Bereits ein paar Tage nach der Operation kam Chris aus Connecticut, wo er die Fairfield University besuchte, um mich aufzuheitern. Eigentlich wollte ich nur daliegen, vor Schmerzen stöhnen und die verordneten starken Schmerzmittel schlucken, doch in meinem betäubten Zustand schaffte er es irgendwie, mich zu überreden, mit ihm einen Comedy Club zu besuchen. Die holprige Fahrt in Chris' Auto über das Bostoner Kopfsteinpflaster war eine einzige Tortur, und eigentlich wollte ich sofort wieder zurück. Ich lehnte mich auf dem Beifahrersitz zurück und befühlte die unförmige Klappe über meiner Augenhöhle, die von einem unförmigen Knäuel Bandagen festgehalten wurde. Ich hatte den Eindruck, daß sie um meine obere Kopfhälfte wie bei einer Mumie gewickelt waren. »Ich komme mir etwas unsicher vor«, sagte ich zu Chris.

»Du wirst 'ne Menge Spaß haben«, sagte er und schaute immer wieder zu mir herüber. Ich wußte, daß er auf meine Bandagen starrte. »Ich möchte nicht, daß wir uns die Chance entgehen lassen«, fuhr er fort. »Wir haben nicht bloß Wiz, um die Babes anzulocken, jetzt werden sie mich auch lieben. Wenn du im Club vor Freude ein bißchen ausrastest, können wir ihnen erzählen, daß ich ein netter freiwilliger Helfer bin, der dich für das Wochenende aus der Anstalt geholt hat.« Im Comedy Club sorgte Chris dafür, daß wir strategisch günstig in der Mitte der ersten Reihe saßen. Der Standup Comedian, der gerade dran war, brach seine Conference bereits nach wenigen Worten ab, fixierte mich und sagte in angewidertem Ton ins Mikrophon: »Was erwartet ihr eigentlich von mir, wie soll ich meine Nummer abziehen, wenn da in der ersten Reihe ein Mutant sitzt?« Ich stellte mir seine Kollegen vor, die in der Garderobe auf ihren Auftritt warteten. »Charley, das wird ein lockerer Abend werden, wir haben einen Mutanten in der ersten Reihe.«

Chris erstickte beinahe vor Lachen, und die nächsten drei Nummern lang war ich noch für jede Menge Witze gut.

Schließlich wurde mir die Klappe abgenommen, und ein spezialisierter Augenoptiker paßte mir eine Augenprothese an. Sie war nicht aus Glas, sondern eine flüssige Plastikmasse, die er mir in die Augenhöhle drückte und wieder herauspflückte, als sie hart geworden war und sich der Form meiner Augenhöhle angepaßt hatte. Das Auge hatte eine ovale Form: vorne flach und hinten konkav. Der Okularist studierte eine halbe Stunde lang mein rechtes Auge und bemalte dann die Prothese, so daß sie zu meinem anderen Auge paßte. Dann bedeckte er die Vorderseite mit einer Acrylschicht, damit die Farbe nicht ausbleichte. Als ich sein Labor verließ, hatte ich das Gefühl, daß eine riesige, schwere Murmel hinter meine Lider gequetscht worden war. Doch nach ein paar Tagen verschwand dieses fremdartige Gefühl, und ich spürte die Prothese nicht einmal mehr.

Seit Beginn des Semesters hatte ich mich davor gescheut, meine Augen direkt auf die Menschen zu richten, weil ich Angst hatte, daß sie auf mein graues, hervorquellendes Auge starren würden. Ich hatte sogar damit angefangen, eine Sonnenbrille zu tragen, was ich bisher rigoros abgelehnt hatte, weil ich es als Blindenquatsch betrachtet hatte. Doch nun ergriff ich die Gelegenheit beim Schopf und »fixierte« jeden, der vorbeikam. Insbesondere wollte ich auf Sue Eindruck machen, eine Studentin, die über mir wohnte und in die ich ziemlich verknallt war. Mein Plan war, an ihre Tür zu klopfen und sie lässig zum Ausgehen einzuladen, während ich versuchte, ihr mit meinem brandneuen, leuchtenden, farbenfrohen Augapfel direkt in die Augen zu blicken. Ich fuhr mit dem Lift in ihr Stockwerk und machte mich durch die verschiedenen Gänge auf den Weg. Als ich um die letzte Ecke bog, faßte ich an meine Prothese, um mich zu vergewissern, daß sie nicht schief saß, aber irgendwie mußte ich zu hart daran gerieben haben, denn sie sprang heraus und kollerte zu meinem Entsetzen auf dem Flur davon. Dann hörte ich, wie in einem schlechten B-Picture, daß sich die Lifttür öffnete. Leute sprachen und lachten. Zu allem Übel konnte ich unter den Stimmen, die immer näherkamen, auch die von Sue erkennen. Ich lag auf den Knien und tastete den Flur verzweifelt nach meinem Auge ab. Als sie um die Ecke kam, kriegte ich das kleine Plastikding endlich zu fassen und stopfte es wieder in meine Augenhöhle zurück. Gerade als ich aufstehen wollte, hörte ich Sues besorgte Stimme. »Erik! Was machst du da auf dem Boden? Bist du o.k.?« Wahrscheinlich ist es überflüssig zu erwähnen, daß es niemals zu einer Verabredung mit Sue kam.

Da es mit Mädchen nicht zu meiner Zufriedenheit lief, konzentrierte ich mich auf mein Studium. Mein Interesse richtete sich vor allem auf längst untergegangene Kulturen. Im ersten Jahr an der Highschool war ich besonders vom Inkareich fasziniert gewesen, das um 1460 entstanden war und sich vom peruanischen Cuzco über einen großen Teil von Südamerika ausgebreitet hatte. In weniger als hundert Jahren hatten die Inkas ein riesiges Straßennetz geschaffen, das sich durch den Urwald und über die Gebirge wand und über das Waren und Kultur zu über zwölf Millionen Inkas befördert wurden. Das alles endete mit der Eroberung durch die spanischen Konquistadoren 1532, doch eine entlegene Enklave, in 2500 Meter Höhe auf einem Bergsattel verborgen und an beiden Seiten von hohen Gipfeln beschützt, war von den Spaniern niemals entdeckt worden. Rätselhafterweise war sie von den Inkas verlassen worden und lag dreihundert Jahre vergessen im hohen Urwald. Es war die einstige Herrscherstadt Machu Picchu.

Hiram Bingham, ein Anthropologe und Abenteurer, der das Vorbild für die Gestalt des Indiana Jones gewesen sein dürfte, entdeckte die präkolumbischen Ruinen 1911 wieder. Mit einem kleinen Quechuajungen als Führer wanderte er über einen Bergpaß und blickte auf viele Kilometer steinerne Ruinen hinunter, die auf Hunderten Terrassen lagen und mit Tausenden von Stufen miteinander verbunden waren. Es muß ihm vorgekommen sein, als ob er aus der vorwärts drängenden Zeit ausgestiegen sei und ein Reich betreten habe, das sich auf magische Weise gegen die Jahrhunderte gesperrt hatte.

Seit dem Tod meiner Mutter hatte mein Vater den Plan, eine Sommerreise zu unternehmen, die uns wieder enger zusammenführen würde, auch wenn wir über die ganze Ostküste von Maine bis Florida verstreut waren. Als wir zu Weihnachten alle zu Hause waren, wandte sich das Gespräch, nachdem alle Geschenke ausgepackt waren, dem Familienurlaub zu. »Wie wär's mit einer Wanderung?« schlug ich vor.

»Wo?« fragte Mark mißtrauisch.

»Keine Ahnung … vielleicht Peru.«

Ich zog eine Broschüre heraus, die ich bestellt hatte,

und mein Vater blätterte sie durch. »Inkapfad«, sagte ich. »Steht auf Seite zwölf.«

In der Broschüre stand: »Eine anstrengende körperliche Herausforderung über sieben Tage, in denen wir uns in der immer noch bestehenden verborgenen und primitiven Kultur der Quechua-Indianer bewegen. Wir lernen die Fakten und Legenden über die Inkas kennen und kommen durch die Ruinen von Dörfern, Tempeln und Kurierraststätten, die sich nur zu Fuß erkunden lassen.«

Wir führten mit Sobek, der Abenteueragentur, die den Treck organisierte, ein Gespräch über die Risiken, die die Reise für einen Blinden mit sich brachte. Bisher war noch kein Blinder jemals den schwierigen Inkapfad entlanggewandert, zumindest nicht im 20. Jahrhundert. Doch als sie von meinen Erfolgen beim Ringen und beim Klettern erfuhren, fiel Sobeks Entscheidung positiv aus. Ich war ihnen willkommen.

Der Inkapfad beginnt in Cusco, der alten Inka-Hauptstadt in 3300 Meter Höhe, die gleichzeitig die älteste ohne Unterbrechung bestehende Stadt des amerikanischen Kontinents ist. Die ersten Tage folgten wir im allgemeinen dem reißenden Rio Urubamba, der kühle Wasserschleier in die Luft sprühte. Der Pfad stieg auf dreihundert Meter und mehr über dem Fluß an und senkte sich dann wieder. Unsere Gruppe wanderte acht bis zehn Stunden pro Tag. In größerer Höhe waren die Morgen kalt, doch um die Mittagszeit dörrte die glühende Sonnenhitze den Pfad aus, der durch vorbeiziehende Kolonnen beladener Alpakas in Staubwolken gehüllt wurde.

Mein Vater und ich arbeiteten zusammen. Dad ging einen halben Schritt hinter mir, die linke Hand um meinen Nacken, mit deren Druck er mich rechts oder links zwischen Felsen und Bäumen hindurchsteuerte, um das Wasser herum und über Brücken. Ich benutzte einen dünnen weißen Stock, mit dem ich ständig das Gelände direkt vor mir sondierte. Mein Vater gab mir regelmäßig Informationen. »Riesiger Felsen links. Scharf nach rechts und über einen Ast. Großer Schritt auf einen Felsbrocken hinauf. Geröll, rutschig.« Ich mußte jeden Schritt mit äußerster Vorsicht machen, meine Beine und Fußgelenke vor jeder leichten Steigung und jedem Gefälle anspannen oder vor einem kleinen Felsbrocken oder einer Wurzel, die aus dem zerklüfteten Pfad ragte. Und weil die verbalen Instruktionen nur Anhaltspunkte sein konnten, wenn mein Fuß auftrat, mußte ich ihn vor dem nächsten Schritt wieder völlig neu ausbalancieren. Es war eine unglaublich ermüdende Art der Fortbewegung. Da Dad sich dessen bewußt war, wie beschwerlich es für mich war, viele Stunden zu wandern, ohne zu sehen, was vor mir lag, überschwemmte er mich auch mit Informationen, die den Aufstieg in kurze Abschnitte aufteilten. »Leichte Steigung die nächsten hundert Meter. Flach und leicht zu schaffen, fünf Minuten über eine Wiese. Aufragende Felsen, etwa fünf Meter hoch. Rastplatz zehn Minuten vor uns. Ich kann ihn von hier aus bereits sehen.«

Inzwischen wollten Mark und Eddi natürlich ein rascheres Tempo als mein Vater und ich anschlagen. Wenn der Pfad deutlich erkennbar war, rannten sie oft auf den nächsten Kamm, setzten sich hin und warteten, bis wir sie wieder eingeholt hatten; ihre Art, uns zu zeigen, daß der Aufstieg für sie ein Kinderspiel war. Natürlich wollte ich rasch und unbeschwert wie meine älteren Brüder vorankommen, statt nur Schritt für Schritt mit der Hand meines Vaters im Nacken vorwärts zu stolpern. Während mein Vater gerade die Wasserflaschen füllen ging, gab mir Mark auf dem Rastplatz eine wenig schmeichelhafte Schilderung von dessen Wanderkleidung. Diese neue Vorstellung von Dad gereichte unserer Partnerschaft nicht zum Vorteil. Für die langen Strecken in schwierigem bergigem Gelände trug er weiße Tennisschuhe mit abgelaufenem Profil und Schafwollsocken, die er über die Waden hochgezogen hatte. Für Regen war er mit einem durchsichtigen Plastikponcho ausgerüstet, den er bei K-mart für 2 Dollar 99 gekauft hatte. Gegen Hitze, Schmutz und Staub trug er ein patriotisches rot-weiß-blaues Halstuch. Und um zu verhindern, daß er bei seinem inzwischen schütteren Haarwuchs einen schweren Sonnenbrand auf dem Schädel bekam, hatte er sich einen Leinenhut mit breiter schlapper Krempe aufgesetzt. Er blieb auch häufig stehen, um die Szenerie um uns herum zu filmen: Kinder, die entlang des Weges Inka-Sodawasser verkauften, grasende Alpakas und bröckelnde Ruinen neben dem Pfad. Während des Filmens sprach er in langsamem, bedächtigem Ton. »Wir sehen vor uns die Relikte eines steinernen Turms, von dem aus die Inkakrieger nach dem Feind Ausschau hielten. Die Ansässigen nennen dieses Bauwerk den Wachtturm.« Das Schlimmste war, wenn er ein paar Meter vorauslief und mich filmte, wie ich auf ihn zukam. »Wir sehen Erik, wie er seinen Weg den felsigen Pfad entlang findet. Man beachte seine hervorragende Stocktechnik und seine sorgfältige Beinarbeit, wie er jeden Schritt optimal ausbalanciert.«

Wenn ich das Surren der Kamera hörte, hob ich bei jedem Schritt meine Zehen, schwang den Fuß hoch in die Luft und wirbelte ihn graziös, bevor ich ihn wieder niedersetzte.

Ich drängte meinen Vater ständig, schneller zu gehen, doch seine Aufgabe war ebenfalls ermüdend. Er ging oft halb neben dem Pfad, einen Arm nach oben oder unten ausgestreckt, um an meinen Nacken heranzukommen, im anderen seine geliebte Kamera. Er ging bis an die Grenze seiner Möglichkeiten, vor allem, als wir den Fluß verließen und in größere Höhen aufstiegen. Der Pfad wurde steiler und enger, und rechts oder links befand sich ein steiler Abhang. Gegen Ende eines besonders langen Tages, als unsere Beine müde waren und die Trittsicherheit nachließ, trat mein Vater, während er auf meine Füße achtete, auf einen lockeren Stein und rutschte vom

Rand des Pfades ab. Ich hörte ihn beim Fallen brüllen – wie vielleicht eine Kuh brüllt, wenn sie in den Morast plumpst. Als er schließlich Halt fand, klopfte er sich ab und stapfte schnaufend und außer Atem die Böschung nach oben. Als ich merkte, daß er nicht verletzt war, lachte ich und sagte: »Du bist mir vielleicht ein Held.« Doch ein paar Minuten darauf traf es mich. Auf einem engen, abschüssigen Abschnitt trat ich auf lockeren Kies und rutschte über die Böschung, mein Vater auf dem Bauch hinter mir, während seine eine Hand einen Zipfel meines T-Shirts umklammerte und die andere immer noch die Videokamera hoch in die Luft hielt. Mark und Eddi, die uns von ihrem Aussichtspunkt auf der nächsten Anhöhe voll im Visier hatten, lachten und schlugen sich auf die Schenkel. Da Dad und ich bereits müde waren, war das langsame, mühevolle Hochkrabbeln unter spöttischem Applaus ganz und gar nicht komisch.

Als der Tag sich hinzog, verschlimmerten die Kratzer, Schnittwunden und blauen Flecke unsere Müdigkeit, und unsere Geduld nahm ab. Als wir das nächste Mal abrutschten, sagte ich zornig: »Dad, du hast mich vom Pfad hinuntergezogen.«

»Erik, weißt du eigentlich, daß ich nicht einmal einen Fuß auf den Pfad setzen kann?«

»Ist ja fabelhaft!« sagte ich. »Na, dann machen wir eben weiter.«

»Wie es dem Herrn beliebt«, sagte mein Vater.

Den Rest des Nachmittags gab er mir nur knappe Anweisungen, und ich befolgte sie sorgfältig, aber schweigend.

Als wir den Tag endlich hinter uns hatten und uns in einem Bach in der Nähe gewaschen, unseren Durst gelöscht und unseren Bauch gefüllt hatten, saß ich alleine da und fühlte mich schrecklich. Mein Vater war bereitwillig auf meine Idee eingegangen, nach Peru zu reisen. Er hätte gemütlich nach seinem eigenen Rhythmus wandern, die herrliche Landschaft genießen und nach Herzenslust alle Kinder, Alpakas und steinernen Türme filmen können, doch statt dessen gab er sich die größte Mühe, mich mit dem Druck seiner Hand und durch mündliche Anweisungen durch ein Labyrinth endloser Hindernisse zu dirigieren. Ich begann fast zu weinen, als ich darüber nachdachte, wie egoistisch ich gewesen war und wie ich seine ohnehin schwierige Aufgabe noch erschwert hatte. Bevor wir uns in unsere Zelte zurückzogen, schlurfte ich im Staub um meinen Vater herum und sagte dann zögernd: »Tut mir leid wegen heute nachmittag. Ich weiß, daß du dein möglichstes getan hast.«

»Tut mir leid, daß ich böse wurde«, sagte mein Vater. »Ich war wohl ein wenig müde.«

Als ich mich vor meinem Zelt hinkniete und den Reißverschluß öffnete, konnte ich den Atem meines Vaters immer noch hören. »Ich hoffe, daß es dir Spaß macht«, sagte ich.

»Großen Spaß«, antwortete er vergnügt. »Ich denke, daß ich wirklich gutes Filmmaterial zusammenbekommen habe.«

Am nächsten Morgen in der frühen Sonnenwärme weckte uns mein Vater mit seinem typischen: »Aufstehen, Jungs, und atmet die frische Morgenluft ganz tief ein. Steht auf und strahlt wie die Morgensonne.«

Mark reagierte verdrießlich: »Steht auf und scheint wie der Hintern eines Alpakas.«

Bei aller Courage brachte mein Vater doch nicht den Mut auf, wie in unserer Kindheit auf dem imaginären Bügelhorn zu blasen. Wir waren inzwischen älter, Eddi und ich junge Männer und Mark bereits Ende Zwanzig. Ich schätze, mein Vater sagte sich zu Recht, daß sein Bügelhornblasen Mark dazu veranlassen könnte, seine witzigen Repliken mit einer Handvoll Alpakamist zu unterstreichen.

Nachdem wir in fünf Tagen drei Bergpässe geschafft

hatten, der höchste davon 4200 Meter, stiegen wir die Tausende von Steinstufen nach Machu Picchu hinunter. Manche Stufen, die von den Inkas vor so langer Zeit angelegt worden waren, waren so steil und zerbröckelt, daß ich mich auf den Hintern setzte und auf allen vieren hinunterkletterte. Vom Zugang aus, einem Joch im Berg, das den Namen »Tor der Sonne« trug, konnte ich hören, wie sich das riesige Tal unter mir öffnete. Und zu meiner Überraschung konnte ich etwa einen halben Kilometer entfernt tatsächlich das Gelächter und die Rufe der Touristen hören, die die Hänge unter uns erkundeten. Wir verbrachten den Tag in den Ruinen und nahmen mit großem Respekt die Ideen und hochentwickelten Techniken der Inkas in uns auf. Die Tempel waren so präzise gebaut, daß nicht einmal mein Fingernagel zwischen die Ritzen der Granitblöcke paßte. Machu Picchu war für Entdekkungsreisende ein Paradies, und ich dachte an meine Mutter, an Hongkong und andere romantische, exotische Orte, die all jene inspiriert hatten, die durch puren Zufall zum erstenmal auf sie gestoßen waren.

Der Inkapfad begründete eine Tradition in meiner Familie. In den folgenden Sommern besuchten wir abgelegene, ferne Teile der Welt, gewöhnlich in den Bergen, wo die Bevölkerung von der modernen Zivilisation noch relativ unberührt ist. Zu seinem Bedauern mußte mein Vater die Aufgabe als mein Wanderpartner Mark überlassen, und zwar wegen dessen erstaunlicher Behendigkeit und seines größeren Durchhaltevermögens. Mark und ich entwickelten uns rasch zu einem effizienten Team. Wir kamen nun viel rascher vorwärts, da Mark mir die ebene Mitte des Pfads überließ, während er auf der steilen Bergkante ging, ohne jemals ins Wanken zu geraten. Seit unserer ersten Wanderung nach Machu Picchu wurden die Trecks sogar noch schwieriger; wir überquerten den einige Kilometer breiten Bolteragletscher in der Karakorumkette in Pakistan, den größten Gletscher Asiens, sprangen von einem riesigen Felsbrocken zum anderen, wobei schwarzes Eis auf der ganzen Strecke eine zusätzliche Gefahr für uns darstellte. Oft halfen uns nur Marks ausgezeichnete Sprungtechnik, um auf den nächsten Felsen zu kommen, und sein fester Griff, der mich oben festhielt. Gemeinsam entwickelten wir unsere eigene Wandersprache. »Zickleinpfad« bedeutete einen Pfad mit einem Abhang an einer oder beiden Seiten, auf dem ich einen Fuß unmittelbar vor den anderen setzen mußte. »Schienbeinfreundchen« hieß, daß auf dem Pfad Felsbrokken vorstanden; und verschiedene Bälle – Football, Basketball – beschrieben die Form der Felsbrocken vor uns.

Obwohl wir tagsüber durch einige der großartigsten und entferntesten Regionen der Welt zogen, konnten die Abende oft mit dem Erlebnis des Berges konkurrieren. In den abgelegenen Dörfern in Nordspanien besuchten Mark, Eddi und ich die örtlichen Cantinas. Spät am Abend und nach einigen Kostproben des würzigen Weins der Gegend konnte ich feststellen, daß Mark sich am Tisch von Dorfbewohnern häuslich einrichtete. Bald sangen und lachten Mark und die Stammgäste und umarmten einander immer wieder, als wären sie schon seit einer Ewigkeit miteinander befreundet. Nach einigen weiteren Trinksprüchen begannen meine zwei Bodybuilder-Brüder, gegen die ich und alle anderen Zwerge waren, zur exotischen Folkloremusik zu tanzen, mit mir in der Mitte, und schwangen mich vor und zurück. Erst hakte sich Mark bei mir unter, drehte mich im Kreis und katapultierte mich über die Tanzfläche zu Eddi, der mich auffing, an seinem Ellbogen ebenfalls herumdrehte und dann wieder zurückkatapultierte. Ihr sogenannter Tanz mit ihrem kleinen Bruder setzte sich über ein Dutzend Lieder fort, und ich kam mir wie das Opfer in einem Wettbewerb im Zwergewerfen vor, als ich von Eddi zu Mark und von Mark zu Eddi geschleudert wurde. Es war bereits spät in der Nacht, als ich in mein Bett stolperte, während mein

Vater sich auf die andere Seite drehte und etwas über den anstrengenden Treck murmelte, der heute vor uns liege.

Mark blieb noch länger auf als Eddi und ich, und in der Dämmerung konnte ich von meinem Fenster aus hören, wie unsere Führer meinen torkelnden, gutgelaunten Bruder in sein Refugium schleppten. Marks laute Stimme hallte durch die stillen Straßen. Die Führer hatten Mark in der Bar gefunden, wo er sich an die Freundin eines Dorfbewohners heranmachte. Sie hatten ihn heimgebracht, bevor es zu spät war. »Americano loco, amerikanischer Irrer«, sagten sie und verdrehten die Augen.

Wenn mich Dorfbewohner und Schäfer in den Bergen sahen, fragten sie sich – oft deutlich vernehmbar –, warum sich ein Blinder freiwillig einer solchen Tortur aussetzte, und hielten mich für einen Spinner. Die Führer, die Mark und mich Tag für Tag bei unserer Arbeit beobachteten, staunten über unser Teamwork, doch am meisten waren sie von Marks unglaublicher Aufmerksamkeit und Geduld beeindruckt. »Der blinde Mann ist sehr gut«, sagte ein Träger mit verblüfftem Respekt, »aber die Liebe des Bruders ist besser. Der Bruder ist nicht ganz bei Verstand«, fuhr er fort, verdrehte die Augen und machte eine kreisende Bewegung um seine Schläfe, »aber seine Liebe macht ihn zu einem Herrn der Berge.«

Einige Jahre nachdem wir mit unseren Reisen begonnen hatten, beschlossen wir, ins abgelegene Hochland von Irian Jaya, einer riesigen Insel in der Nähe von Australien, zu reisen. Irian Jaya, das zum Staatsgebiet von Indonesien gehört, wird von Angehörigen des Stammes der Yali bewohnt, die bis in die sechziger Jahre des 20. Jahrhunderts alle Kannibalen gewesen waren, und ich hatte gehört, daß einer der Rockefellers dort verschwunden war. Vermutlich war er in einem Eintopf gelandet. Bevor wir mit Chessnas zum letzten Vorposten Wamena flogen, gingen Mark und ich auf den Markt. Ein großer Teil davon lag unter Palmblattdächern, und im Inneren der Läden war es so dunkel, daß sogar Mark sich fragte, um was für Dinge es sich eigentlich handelte. Er wandte sich zu mir und beschrieb mir in gedämpftem Ton den Schauplatz. Kleine dunkelhäutige Frauen und Männer hockten auf dem Boden und verkauften Ananas und Bananen. Streifen getrockneten Schweinefleisches hingen von der Decke, sichtlich besonders beliebte Aufenthaltsorte für Fliegen. Auf einem Tisch lag eine Auswahl Werkzeuge: Äxte und Hacken mit Holzgriffen und Steinblättern, Artikel, an denen Indonesier und ein paar westliche Touristen besonders interessiert waren. Wamena war ein Ort, an dem sich zwei völlig verschiedene Epochen begegneten, und ich fragte mich, ob dieser Zusammenprall der Kulturen der Bevölkerung zugute kommen oder sie letztlich vernichten würde. Die Männer waren barfuß, mit Schwielen an den Füßen, die so dick wie unsere Schuhsohlen waren. Sie waren nackt bis auf einen langen, hohlen Flaschenkürbis über dem Penis. Die Frauen waren barbusig und trugen fünfzehn Zentimeter lange Graslätze um die Hüften. Dreißig Jahre lang hatten christliche Missionare nicht nur schwer daran geschuftet, der Bevölkerung den Kannibalismus auszureden, sondern auch versucht, sie von ihrer traditionellen Kleidung abzubringen. Jeder zehnte Einheimische trug statt eines Grasschurzes oder eines Penisfutterals westliche Shorts und T-Shirts, die mit Mickymaus oder dem Signet von Pepsi bedruckt waren. Die Indonesier hatten ebenfalls ganze Arbeit geleistet, indem sie das heilige Land der Yali an ausländische Konzerne verhökerten, die vor allem daran interessiert waren, die alten Baumbestände abzuholzen und die Spitzen der Berge abzutragen, um Kupfer zu fördern.

Unser kleines Flugzeug setzte auf einer grasbewachsenen Piste am Rand des kleinen Bergdorfs Koserack auf. Marks erste Worte nach dem Aussteigen beunruhigten mich: »Das haut mich doch glatt um. Sie starren uns alle an, und ihr Blick ist nicht sehr freundlich. Ach du große

Scheiße. Das muß es wohl sein. Vielleicht glauben wir nur, daß das ein Familienurlaub ist, aber in Wirklichkeit sind wir der Hauptgang.« Im Dorf wurden wir vom Häuptling begrüßt, der ein neunzig Zentimeter langes Penisfutteral trug, viel länger als das jedes anderen Mannes. Von da an hörte Mark während der ganzen weiteren Reise nicht mehr damit auf, Penisfutteralwitze zu machen.

»He, Erik, paß auf, der kleine Bursche hinter dir versucht dich aufzuspießen.«

»Erik, das Futteral von dem Typ ist so lang, daß es über dem Lagerfeuer baumelt.«

Er gab unseren Trägern sogar die Spitznamen Kaleba, Kalebas und Kalebasse, entsprechend der Länge ihrer Futterale.

Die nächsten zwei Wochen zogen wir durch den Regenwald, überquerten reißende Flüsse auf umgestürzten Bäumen und stiegen steile Felswände auf dreißig Meter langen schwankenden Lattenrosten hinunter, wie sie von den Yali benutzt werden. Wenn der Pfad leicht begehbar war, sagte Mark: »Leichtes Gelände, so weit ich sehen kann«, dann mußte ich mich eine Weile nicht so sehr konzentrieren, und wir gingen einfach gemütlich weiter.

»Und wenn diese Leute beschließen, wieder Kannibalen zu werden«, fragte ich Mark, »wen von unserer Familie würden sie sich als ersten schnappen?«

Offenbar hatte Mark bereits zu einem früheren Zeitpunkt über diese Frage nachgedacht, denn er stürzte sich, ohne zu zögern, in das schmackhafte Thema. »Ohne Zweifel wärst du als erster dran. Während du vor dich hin holterdipolterst, würden sie dich in zwei Sekunden schnappen. Dad würde es mit seinem Latschenwatscheln nicht besser gehen. Ihn würden sie in fünf Sekunden kriegen. Als nächster wäre Eddi dran. Zu groß und zu durchwachsen, um schnell laufen zu können. Hält nicht lange durch. Ich würde ihm zehn Sekunden geben. Und ich… also ich würde es vermutlich schaffen. Eddi würde das ganze Dorf einen Monat lang ernähren, und dadurch hätte ich die Chance, meinen Arsch in Sicherheit zu bringen. Ich würde mich in Bäumen verstecken und auf Distanz halten. Aber es wäre lediglich eine Zeitfrage, bis ich Häuptling eines Stammes würde, denn ich würde natürlich den größten Flaschenkürbis tragen.«

Eines Tages waren wir über einen besonders holprigen Pfad gewandert, dessen Krume vom Frühjahrsregen ausgewaschen worden war. Er bestand nun hauptsächlich aus freiliegenden Wurzeln von völlig unterschiedlicher Form und Länge, die in alle Richtungen ragten und vom Regen schlüpfrig waren. Mindestens zwanzig Mal pro Stunde machte ich einen Schritt und rutschte einen Meter tief durch das Wurzelgewirr, landete auf dem unebenen Waldboden oder platschte knietief in den Schlamm. Nur gelegentlich bekam ich festen Halt. Gewöhnlich schlug mein sich verrenkender, mit den Armen um sich schlagender Körper bei dem Versuch, das Gleichgewicht zu halten, zuerst mit dem Hintern, dann mit den Knien und Schienbeinen und manchmal mit den Ellbogen auf. Ich war von den Fußgelenken bis zur Hüfte zerkratzt und aufgeschürft, und meine Arme sahen nicht viel besser aus. In solchen Momenten, und das waren die häufigsten in den Bergen, haßte ich das Wandern. Ich konnte mir nichts Schlimmeres oder Schwierigeres vorstellen. In erster Linie war ich auf mich selbst wütend, weil ich mich auf dieses Unternehmen eingelassen hatte. Nachdem ich den ganzen Tag gewandert war, war ich davon überzeugt, daß ich im Besitz meines Augenlichts zurückschauen und die Stelle hätte sehen können, von der ich am Morgen aufgebrochen war. Für andere war das ein Urlaub, aber für mich war es trostlose, gnadenlose Arbeit. Die Jäger, denen wir unterwegs begegneten, die mit bloßen Füßen über scharfe Felsbrocken liefen und fünfundzwanzig Meter hohe Bäume so schnell wie ein Panther erkletterten, mußten sich den Kopf zerbrechen, warum dieser junge blinde Ausländer unbeholfen dahinstolperte und den holprigen, unwegsamen Pfad hinunterkrachte. Wenn ich sie kommen hörte, zwang ich mich zu einem Lächeln, um mein Elend zu verbergen.

Als wir am späten Nachmittag immer noch nicht wesentlich weitergekommen waren, fragte ich Mark, der versuchte, mich durch dieses unpassierbare Labyrinth von Wurzeln und Schlamm zu dirigieren: »Ist es wirklich sehr mühsam, mich zu führen?«

Mark war fast zehn Jahre älter als ich. Er besaß in Orlando, Florida, einen ökologischen Betrieb zur Unterhaltung der Seen, eine Art Landschaftsgärtnerei für das Wasser, was häufig einen Zwölf-Stunden-Tag äußerst anstrengender Arbeit bedeutete. Er stand bis zur Hüfte in schmutzig-trüben Gewässern oder Speicherseen und holte riesige Ladungen importierter Flora heraus, die gedankenlos in den Seen ausgesetzt worden war und die einheimischen Arten verdrängte. »Ich könnte das endlos tun«, erwiderte er. »Verglichen mit der Arbeit, die es macht, einen fünfhundert Kilo schweren Malukabaum aus dem Wasser zu ziehen, ist es eine Kleinigkeit, dich zu führen. Aber warte mal. Was zum Teufel sage ich da? ... Ich habe das den ganzen Tag getan und gestern ebenfalls den ganzen Tag und vorgestern auch. Das ist die Lösung. Ich lasse dich einfach auf deinem faulen Arsch sitzen.« Seine Stimme wurde immer lebhafter, während er mich grob an den Schultern schüttelte.

Als wir uns darauf schweigend weiterkämpften, spürte ich, daß Mark tief in Gedanken versunken war. Dann sagte er sanft: »Weißt du, Erik, wenn es irgendeine Operation gäbe, durch die du dein Augenlicht zurückbekommen könntest, also ich schwöre bei Gott, daß ich dir eines meiner Augen geben würde. Ich würde keine Sekunde zögern. Dann hättest du eines und ich eines. Wir würden nebeneinander gehen. Du würdest die Oben-ohne-Kleinen rechts ins Auge fassen und ich links. Doch wenn sie niedlich sind, habe ich die erste Wahl.« Ich wußte, daß Mark meinte, was er sagte, und zwar in beiden Punkten.

Eine Stunde später erkannten Mark und ich, daß wir es bei unserem langsamen Tempo vor Einbruch der Dunkelheit nicht bis zum nächsten Lager schaffen würden. Mark fragte unseren Führer Rudy: »Irgendwelche Probleme, im Dunkeln zu wandern?«

»Die Panther jagen in der Nacht«, antwortete er. »Ich werde helfen.« Er stieß in ein Horn, und der tiefe Ton hallte im Urwald wider. Bald rannten Yaliträger den Pfad auf uns zu, und ich kam mir wie in einem Tarzanfilm vor. Sie holten Messer hervor, mit denen sie kleine Bambusstämme abschlugen und sie mit Taroblättern und Ranken zusammenbanden. Innerhalb kürzester Zeit hatten sie eine behelfsmäßige Hängematte fabriziert. »Soll ich vielleicht in das Ding klettern?« lachte ich hysterisch. »Und was ist, wenn sie mich fallen lassen?« Rudy übersetzte meine Bedenken, und ein Yali erwiderte: »Er ist leicht zu tragen. Er ist viel leichter als ein großer Sack Pataten.«

Als die Yaliträger mich auf ihre Schultern hoben und mit hohen, schnellen Stimmen begannen, durcheinanderzuschnattern, sagte Mark: »Erik, ganz im Ernst. Das sind nicht unsere Führer. Ich kenne keinen einzigen.«

»Ach komm, Mark«, flehte ich. »Ich weiß, daß du bloß Spaß machst.«

»Diese Burschen sind mir völlig unbekannt«, beharrte Mark, und seine Stimme klang richtig verzweifelt. »Ich denke, das war alles nur ein Trick, um dich zu fesseln.«

»Halt den Mund, Blödmann!« zischte ich und versuchte vergeblich, meine Arme aus den festgezurrten Ranken zu befreien.

Als die Yali mit mir auf den Schultern zu laufen begannen, rief mir Mark nach: »Solange ich lebe, werde ich dich nicht vergessen, kleiner Bruder.« In meiner Hängematte konnte ich spüren, daß wir in halsbrecherischem Tempo über den tückischen Pfad flogen. Immer wieder hörte ich aufgewühlte, schäumende Flüsse unter uns tosen und wußte, daß sie mich über glitschige, unbehauene Baumstämme trugen. Bloß nicht fallen lassen, vor allem nicht in den von Krokodilen wimmelnden Fluß, dachte ich. Mark flitzte hinter uns her, konnte kaum Schritt halten, schoß Fotos und sang eine Parodie auf »She'll Coming Round the Mountain«. Seine Version lautete: »Und sie tragen ihn in die Berge, wenn er kommt.«

Ein paar Tage darauf, als wir uns Anganook näherten, schmetterten Hörner, und Dörfler, die stundenlang von weither gelaufen waren, versammelten sich unter einem großen Dach aus Palmblättern, insgesamt etwa zweihundert Personen. Die Frauen saßen auf einer Seite, nur mit ihren Graslätzen bekleidet; ihre Kinder saßen neben ihnen, die Bäuche von Unterernährung und Krankheit aufgetrieben. Die Männer saßen gegenüber, nur mit ihren Penisfutteralen geschmückt, von denen manche bloße zwanzig Zentimeter maßen, andere jedoch einen gekrümmten, ziemlich exotischen knappen Meter emporragten. Meine Familie, Rudy und ich saßen in unseren Shorts und Wanderschuhen sehr still im Hintergrund und harrten der Dinge, die da kommen sollten. Ein Medizinmann mit höchst eindrucksvoller Körperbemalung und bunten Vogelfedern im Haar sprach im örtlichen Dialekt, und Rudy übersetzte: »Heute sitzen wir stolz mit einem blinden Mann zusammen, der viele Tagesreisen über die Berge hierher gekommen ist. Wir hätten nie geglaubt, daß eine solche Reise möglich ist. Die Blinden in unseren Dörfern sitzen in ihren Hütten und flechten Körbe. Vielleicht können wir von diesem blinden Mann etwas lernen. Vielleicht gibt es für die Blinden der Yali bessere Möglichkeiten.«

Ich lauschte aufmerksam den Worten und erkannte, daß über Felsbrocken zu klettern und über Gletscher zu schlittern plötzlich eine größere Bedeutung erhielt, als ich ursprünglich gedacht hatte. Daß ich, obwohl ich blind war und es wahrscheinlich für immer bleiben würde, die Möglichkeit hatte, den Menschen um mich herum etwas mitzugeben, nicht durch meine Worte oder Absichten, sondern durch meine Taten. Anschließend lächelte ich verlegen, als mir der Medizinmann ein Ehrenpenisfutteral überreichte, das mir einige Nummern zu groß war.

KAPITEL ACHT

Erkenntnisse

NACH DEM COLLEGEABSCHLUSS MACHTE ICH DEN GROßen Schritt über den Charles River nach Cambridge. Abends absolvierte ich einen Magisterkurs in Pädagogik, und tagsüber arbeitete ich als Referendar. Mein letztes Jahr in Cambridge war einsam. Meine Freunde aus dem College waren weggezogen und ins Berufsleben eingestiegen, also füllte ich mein Leben mit Unterrichten, Lernen, Gitarrespielen, Kung-Fu – mit allem, was mich auf Trab hielt. Ich bemerkte meine Einsamkeit nur, wenn ich nichts zu tun hatte, besonders, wenn ich allein zu Abend aß oder wenn es im Gebäude am Freitagabend still wurde. Es wurde mir klar, daß etwas nicht stimmte, als ich ein Mädchen aus meinem Seminar, mit dem ich ein paar Wochen gegangen war, übers Wochenende in das Haus meines Vaters nach Connecticut einlud. »Ich würde mit dir hinfahren«, sagte sie, »aber du willst gar nicht mich speziell; du willst irgend jemanden.« Sie hatte recht. Ich war es überdrüssig, niemanden zu haben, mit dem ich Dinge teilen konnte.

Ich war nicht nur einsam, sondern auch noch abgebrannt. Mein Vater zahlte für das Seminar und das Apartment, und ich kam mir vor wie ein Schwamm. Ich war zweiundzwanzig, und es war höchste Zeit, daß ich unabhängig wurde und begann, meinen Beitrag an die Gesellschaft zu leisten. Also beschloß ich, mich nach einem Wochenendjob umzusehen. Damit konnte ich mir nicht nur ein Taschengeld verdienen, er würde mir auch dabei helfen, neue Leute kennenzulernen. Ein Freund erzählte mir, daß ein Stundenhotel am Harvard Square eine Aushilfe fürs Wochenende suche, und ich schickte ihnen sofort meinen Lebenslauf: Boston College, Notendurchschnitt dreikommaeins, zwei Hauptfächer, Ringermannschaft, Verfasser von Artikeln für das Literaturmagazin des BC, diplomierter Gerätetaucher, Betreuer der Erstsemester im BC's Freshman Assistance Program. Ich wurde umgehend zurückgerufen. Die Geschäftsführerin hatte einen Job an der Kasse für mich und wollte, daß ich am folgenden Freitag abend anfange. Ich hatte aus eigener Kraft meinen ersten bezahlten Job an Land gezogen und rief aufgeregt meinen Vater an, um es ihm zu erzählen. Am Freitag abend ging ich mit Wizard ins Hotel, um die Geschäftsführerin zu treffen. Ich wurde von dem Kassierer an der Rezeption empfangen, der darauf für längere Zeit verschwand und schließlich mit der Geschäftsführerin zurückkehrte. Bevor sie auf mich zukamen, standen sie zehn Meter von mir entfernt da und tuschelten miteinander. Die Geschäftsführerin forderte mich auf, mit in ihr Büro zu kommen, wo sie mir nervös erklärte, daß der Job nicht mehr frei sei, weil der bisherige Aushilfskassierer überraschend beschlossen habe zu bleiben. Ich glaubte ihr kein Wort. Ihre Stimme klang zappelig, und sie entschuldigte sich zu häufig. »Gibt es etwas anderes, was ich tun kann?« fragte ich, »etwa als Page arbeiten oder saubermachen?« Doch trotz ihrer Entschuldigungen fand sie, daß keine der offenen Stellen für mich in Frage käme. Am Ende unseres kurzen Gesprächs sagte sie: »Übrigens – es war nicht ganz fair von Ihnen, uns zu verschweigen, daß Sie blind sind. Sie haben uns alle in Verlegenheit gebracht.«

»Ehrlich gesagt«, erwiderte ich, »habe ich nicht gedacht, daß das etwas ausmacht. Ich hätte den Job schon geschafft.« Warum hätte ich ihr erzählen sollen, daß ich dreihundert Dollar für einen Apparat ausgegeben hatte, der die Kreditkartennummern der Kunden lesen konnte? Ein paar Tage darauf gingen mein Kommilitone und ich an dem Hotel vorbei, und er sagte, daß das Schild »Aushilfe gesucht« noch immer an der Tür hinge.

Die nächsten zwei Wochen bemühte ich mich in Dutzenden Geschäften und Betrieben um Arbeit – ohne jeden Erfolg. Die meisten Leute waren nett, aber einen Job hatten sie nicht für mich. Entmutigt beschloß ich schließlich, einen Job als Tellerwäscher anzunehmen, etwas, von dem ich sicher war, daß ich es leicht bewältigen könne. Es war eine unangenehme Arbeit, die Bezahlung war miserabel, und die sie machten, kündigten sofort, wenn sich eine bessere Chance bot. Am Samstag stand ich früh auf und graste mit einer Brailleliste von Restaurants den Harvard Square ab. Als erstes probierte ich es in einem großen Restaurant mit einer großen Küche. Der Inhaber war höflich, erklärte jedoch, daß die Küche zu groß sei. »Sie würden sich nicht zurechtfinden«, sagte er. »Es gibt Dutzende von Regalen. Sie würden nicht im Gedächtnis behalten, wo Sie die Sachen hinräumen müssen.« Als nächstes versuchte ich es in einer kleinen Pizzeria, in der ich vor zwei Tagen gegessen hatte. Der Geschäftsführer fand, daß die Küche so eng sei, daß ich überall anstoßen und für Verwirrung bei den Serviererinnen sorgen würde, die mit ihren großen, schweren Tabletts durch die Küche eilten. Ich setzte mich vor der Pizzeria auf eine Backsteinmauer, stützte das Kinn auf die Hand und dachte über ihre Bedenken nach. Ich hatte das sichere Gefühl, daß sie unbegründet waren, aber wie konnte ich völlig sicher sein? Ich war nie Tellerwäscher gewesen. Ich wußte, daß es eine Menge Leute mit wenig Talent und keiner Ausbildung gab, die nicht daran dachten, einen solchen Job anzunehmen, weil sie ihn unter ihrer Würde fanden. Ich andererseits war willig und eifrig bemüht, Arbeit zu finden, die Chance zu kriegen, das schmutzige Geschirr anderer Leute abzuwaschen. War das nicht etwas, das ich lernen konnte, so wie ich in der Highschool gelernt hatte, mich mit meinem Tablett durch die Kantine zu manövrieren und mit Wizard Führungen auf dem Campus des Boston College zu machen, wo ich zum Erstaunen meiner Gruppen sogar auf historische Bauwerke hinwies? Als ich zum dritten Restaurant ging, sagte ich mir, daß ich in den ersten beiden zufällig Pech gehabt hatte und daß es beim nächsten Versuch klappen würde. Ich versuchte es diesmal bewußt in einem Restaurant mittlerer Größe, doch der Besitzer führte mich in die Küche und zeigte mir das Fließband, das das Geschirr in den Spülbereich transportierte. »Es kann leicht passieren, daß Sie das Geschirr zerschlagen, wenn Sie es vom Tablett nehmen, und außerdem könnten Sie sich Ihre Hände an einem heißen Topf verbrennen.« Es wurde mir klar, daß er mir den Job nicht geben würde, und meine Enttäuschung mußte mir ins Gesicht geschrieben gewesen sein, denn er sagte: »Tut mir leid, mein Sohn, aber manchmal müssen Sie einfach Ihre Grenzen erkennen.«

Zu groß, zu klein, zu schnell, zu heiß. Es war wie eine verdrehte Version der Geschichte von dem Bären, der vergeblich versucht, an den Honig zu kommen – der Vorgang wiederholte sich überall. Ich hatte mir irgendwie vorgestellt, daß ich mit meiner Willenskraft, meiner Cleverneß, meiner Beharrlichkeit die Leute überzeugen und aus meinem Leben herausholen könnte, was ich wollte. Es war mir nicht bewußt gewesen, daß es Türen gab, die mir versperrt bleiben würden. Ich wollte so sehnlich den Durchbruch schaffen, sie mit einem Rammbock durchstoßen und in eine Million Splitter schlagen, doch die Türen waren zu fest verschlossen und undurchdringlich. Ich bekam in diesem Jahr in Cambridge keinen Job als Tellerwäscher, doch ich hatte etwas fundamental Wichtiges gelernt: daß die Wahrnehmung unserer Grenzen durch andere Menschen mehr Schaden anrichtet als die Grenzen selbst, und es war die härteste Lektion, die ich jemals zu verdauen hatte.

Als ich ein paar Wochen darauf zum Einkaufen ging, hörte ich das Klingeln eines Hundehalsbands vor mir und dann die angespannte Stimme einer Frau. »Links! Voran! Nein! Ich sagte: voran!« Sie atmete frustriert aus. Ich nahm an, daß es eine blinde Frau war, die mit ihrem Blindenhund unterwegs war. Wie groß waren eigentlich die Chancen, fragte ich mich, daß zwei Blinde mit ihren Hunden die Straße zur selben Zeit und an derselben Stelle überquerten? Ihre Begegnung ist ein solcher Zufall, daß bereits bevor sie einander kennenlernen, eine spezielle Verbindung besteht. Ich erreichte den Randstein, und Wizard blieb stehen. Die Frau überquerte die Straße bereits, aber etwas war nicht in Ordnung. Ich hörte, wie sich das klingelnde Halsband kreuz und quer über die Straße bewegte, und konnte auch ein Auto hören, das sich in raschem Tempo näherte. Ich dachte noch daran hinzulaufen, als ich bereits das Quietschen der Reifen vernahm, als der Fahrer verzweifelt auf die Bremse trat. Dann war nichts mehr zu hören außer dem langsamen Zischen der entweichenden Auspuffgase. Ich stellte mir vor, wie der Fahrer tief durchatmete und sich in dem Bewußtsein in den Sitz zurücklehnte, daß er um ein Haar eine blinde Frau über den Haufen gefahren hätte. Dann öffnete er die Tür und lief zu ihr. »Kann ich Ihnen helfen?« fragte der Fahrer und brachte sie, noch bevor sie antworten konnte, auf schnellstem Weg auf die andere Straßenseite. Als das Auto weggefahren und die Straße ruhig war, lief ich hinüber und holte sie ein.

»Hallo!« sagte ich und streckte die Hand aus. Für zwei Blinde ist es gar nicht so einfach, einander die Hand zu geben. Man kann die Hand, die der andere vor sich ausstreckt, nicht sehen, also hielt ich ihr meine Hand entgegen und stieß sie leicht an. Als sie die Hand spürte, ergriff sie sie und schüttelte sie. Dann platzte ich heraus: »Ich wohne in der Nähe. Ich bin ebenfalls blind. Ich habe einen Schäferhund als Blindenhund.« Sie sagte mir, daß sie Laura heiße. Eine Zeitlang sprachen wir über unsere Blindenhunde, und sie teilte mir mit, daß es mit ihrem nicht recht funktionierte. »Vor allem beim Überqueren von Straßen ist sie nicht gut.«

Das nächste Mal, als ich Laura begegnete, wollte sie in ein Lebensmittelgeschäft und war nicht sicher, wie sie dahin gelangen konnte, also begleitete ich sie. Dieses Mal war Laura mit einem großen weißen Stock unterwegs. Wir mußten eine Hauptverkehrsstraße überqueren, auf der Ströme von Autos aus allen möglichen Richtungen zusammenkamen. Es war eine typische Bostoner Straße mit vielen Biegungen und Kurven, die sich mit anderen Straßen überschnitt. Nur im ersten Abschnitt gab es eine Verkehrsampel. Hier hatte ich schon einmal Schwierigkeiten beim Überqueren gehabt. Nun mußte ich uns beide sicher auf die andere Seite bringen. Als ich hörte, daß die Autos anhielten, ergriff Laura meinen Arm, und wir gingen los. Ich stellte mir die amüsierten Blicke der Fahrer vor, die vor der Ampel standen, und wußte, daß wir ihnen einen hübschen Witz über den Blinden, der die Blinde führt, lieferten, den sie ihren Kollegen im Büro erzählen konnten. Als Laura und ich die Verkehrsinsel erreicht hatten, lotste uns Wizard um einen Strauch und einen Pfahl, und wir überquerten den nächsten Abschnitt, blieben stehen und gingen weiter, während die Autos vor und hinter uns vorbeizischten. Als wir schließlich den Randstein erreichten, spürte Wizard, daß er die zusätzliche Verantwortung wieder abgeben konnte, und hielt einen Augenblick inne, bevor er die ungewöhnlich hohe Bordkante hinaufsprang. Ich spürte seinen Sprung und schaffte es mit knapper Not, die Bordkante zu erreichen, doch Laura hatte weniger Glück. Sie stolperte und fiel der Länge nach hin, halb auf die Straße, halb auf den Randstein. Der Stock flog ihr aus der Hand und fiel scheppernd irgendwo auf den Gehsteig. Ich schrie innerlich auf – nicht wegen Laura, die offenbar in Ordnung war, sondern weil ich wußte, wie viele Leute ganz ohne Zweifel dieses Schauspiel beobachteten. Als ich ihr hochhalf, betete ich, daß kein guter Samariter herbeieilen möge, um uns zu helfen. Glücklicherweise lag ihr Stock nicht allzu weit weg, und ich fand ihn zufällig, als ich darauftrat und ihn leicht verbog. Ich hatte das Gefühl, als hätte ich die Blindenbewegung um fünfzig Jahre zurückgeworfen. Das Angenehme am Blindsein ist allerdings, daß man sich, da man selbst ja niemanden sieht, einreden kann, daß sie dich ebenfalls nicht sehen können.

Gelegentlich hörte ich, wenn ich aus meinem Apartment kam, wie Laura mit ihrer Hündin schimpfte. Lauras Blindenhund war ein entzückender kleiner Golden Retriever, aber er machte, was er wollte – schnüffelte im Schritt der Leute, fraß köstliche Wiener Würstchen von Büfettischen, haute die Straße hinunter ab, wenn sie sich an die Arbeit hätte machen sollen. Einmal lud mich Laura ein, sie zum Mittagessen in ein chinesisches Restaurant in der Nähe zu begleiten. Der Inhaber wurde nervös, als er sah, daß zwei Blinde mit ihren Blindenhunden auf sein Restaurant zukamen. Irgendwie war er davon überzeugt, daß wir und unsere Hunde nicht den Weg durch die Eingangstür und die vier Stufen hinunter ins Restaurant finden würden, also führte er uns um die Ecke und öffnete ein riesiges Garagentor, durch das normalerweise die Lieferwagen mit den Lebensmitteln fuhren. Als ich hörte, wie das gewaltige Tor hochfuhr, konnte ich mir ein breites Grinsen nicht verkneifen. Der Besitzer, ein älterer Chinese, war so freundlich und herzlich, daß ich es nicht übers Herz brachte, sein falsches Bild von Blindheit zurechtzurücken. Er wollte helfen, wußte aber nicht wie. Es gibt Zeiten, in denen man sich auflehnen und durchsetzen muß, aber es gibt auch Zeiten, in denen es sich einfach nicht lohnt und ein amüsiertes Lächeln und ein Achselzucken fürs erste genug sind. Ich wußte, daß ich beim nächsten Besuch des Restaurants einfach durch die Tür und die Treppen hinuntergehen würde, bevor er reagieren konnte. Das würde wirkungsvoller sein als ein Vortrag.

»Viel besser für Sie«, sagte der Inhaber liebenswürdig, als er uns stolz hineinführte. Eine Kellnerin las uns die Speisekarte vor. Mindy, Lauras Hündin, zeigte offenbar großes Interesse an den Gerichten, die in unserer Nähe vorbeigetragen wurden, denn der Inhaber kam zurück und sagte fröhlich: »Hund sehen hungrig aus. Er mögen Hühnerflügel? Gute Hühnerflügel.« Laura erwiderte entschieden: »Nein. Sie ist ein Blindenhund, ein Hund, der arbeitet.« Doch die Sprachbarriere muß für den überbemühten Mann zu groß gewesen sein. Zehn Minuten darauf, als Laura und ich eine fabelhafte Mahlzeit genossen, hörte ich unter dem Tisch geräuschvolles Kauen und Schmatzen. Ich war ziemlich sicher, daß es nicht Laura war. Ich beugte mich vor und griff unter den Tisch. Ich spürte Wizard, der gehorsam mit seinem Kopf gegen die Wand lag, aber einen halben Meter weiter links spürte ich Mindys Kopf über einem mit Hühnerflügeln gehäuften Teller. Sie verputzte in aller Ruhe die Flügel und genoß ihr eigenes Festessen. Sie leckte mir die Hand, als bäte sie mich inständig, ihr Geheimnis für mich zu behalten.

Nach einigen Ausflügen lud Laura mich zu einem Abend mit Braille-Brettspielen zu sich nach Hause ein. Sie hatte Braille-Monopoly, Braille-Backgammon, Braille-Yahtzee und Braille-Scrabble. Wir spielten viele Partien Scrabble. Wenn sie an der Reihe war, schmuggelte ich Buchstaben ein, die unanständige Wörter ergaben. Ich dachte, sie werde es nicht bemerken, doch später glitten ihre Finger über die Einfügungen und sie lachte. Bei einem Spiel erzählte sie mir, daß sie die erste blinde Moderatorin einer Talkshow werden wolle. »Die erste blinde Opra«, scherzte sie. Ich hielt das jedoch nicht für einen Scherz. Ich hatte gehört, daß sie sehr schön und gutgekleidet sei; sie hatte eine angenehme Fernsehstimme und war redegewandt. Ich konnte mir vorstellen, daß sie gute Chancen hatte. Sie hatte die Möglichkeit bekommen, als Assistentin in einer Talkshow mit hoher Einschaltquote zu arbeiten, doch die Moderatorin war besorgt, daß Lauras großer Blindenhund ihren eigenen kleinen Hund erschrecken könnte, der im Studio oft auf ihrem Schoß saß. Der Produzent hatte Laura gesagt, sie könne den Job bekommen, wenn sie ihren Hund zu Hause ließ, doch Laura hatte die Assistenz schlicht abgelehnt. Sie schien zufrieden auf ihre große Chance zu warten. »Ich warte einfach noch ein paar Wochen«, sagte sie. »Ein Freund hat vielleicht bei einer Rundfunkstation einen Job für mich, und da gibt es auch noch einen Job beim Kabelfernsehen, auf den ich warte.« Ich konnte nicht verstehen, warum sie nicht um die Assistenz gekämpft hatte, die für das, was sie aus ihrem Leben machen wollte, so entscheidend schien.

Ich wußte jedoch, daß Laura eine Kämpfernatur war. Sie hatte mir erzählt, wie sie mit achtzehn blind zu werden begann. Die Ärzte standen vor einem Rätsel, denn ihre Augen schienen einwandfrei zu funktionieren, und als es beinahe zu spät war, entdeckten sie, daß das Problem in ihrem Gehirn saß. Sie hatte einen großen Gehirntumor, der den Teil des Gehirns zerstörte, der für die Sehfähigkeit zuständig ist. Als sie den Tumor entfernten, mußten sie auch einen Teil ihres Gehirns entfernen. Laura mußte wieder ganz von vorne anfangen, gehen und sprechen zu lernen. Es fiel mir zwar nicht auf, aber sie sagte mir, daß ihre Aussprache noch immer etwas undeutlich sei. Laura hatte gekämpft und den Kampf um ihr Leben gewonnen, aber sie wußte nicht, wie sie diesen neuen Kampf führen mußte, in dem der Feind nicht so offenkundig wie ein Gehirntumor, sondern schwerer zu fassen war.

Wochen vergingen, und Laura wartete immer noch auf ihre große Chance. Sie lebte von der Sozialhilfe, und ihr Apartment wurde vom Staat bezahlt, aber sie hatte nicht genug Geld, um auszugehen oder irgend etwas zu unternehmen. Meistens holte ich am Freitagabend im chinesischen Restaurant etwas zu essen und nebenan in der Bäkkerei eine Käsetorte und ging damit zu Lauras Wohnung zu einem Scrabble-Abend. Laura ließ das Fenster offen, und ich konnte die Verkehrsgeräusche hören und die Leute, die auf dem Harvard Square in Restaurants und Bars gingen. Ich spürte, daß mir etwas fehlte, daß es noch etwas anderes geben müsse als Käsetorte und Essen vom Chinesen und Braille-Scrabble am Freitagabend. Ich wollte nicht, daß mein Leben aus bloßem Abwarten bestand, und hoffte, daß mir glückliche Umstände endlich ein erfülltes Leben bescheren würden. Ich war reif für eine Veränderung.

Ich stand kurz vor dem Hochschulabschluß, und meine Arbeit als Referendar war für dieses Jahr abgeschlossen. Es war genau der richtige Zeitpunkt für einen neuen Aufbruch. Ein Ortswechsel verändert nicht zwangsläufig dein Leben, doch die Spannung, die er mit sich bringt, kann dem Geist eine zusätzliche Motivation geben. Als ich mit dem Zug nach New York City zur Lehrerjobbörse fuhr, wußte ich, daß ich, falls ich eine Stelle an einem neuen und aufregenden Ort angeboten bekäme, sofort zugreifen würde. Mit Hilfe der Jobbörse stellten unabhängige Schulen aus dem ganzen Land Absolventen der Hochschulen der Ostküste ein. Bei vielen Vorstellungsgesprächen fanden meine Gesprächspartner, daß meine Blindheit unüberwindliche Probleme mit sich bringe. Einer der Interviewer stellte mir eine Reihe Fragen: »Wie würden Sie mit der Benotung schriftlicher Arbeiten zurechtkommen?«

»Ich könnte mir von meinen Schülern die Aufsätze vorlesen lassen und meine Kommentare auf ein Tonband sprechen, oder sie könnten mir eine Floppydisk geben.«

»Schön, und was ist mit den Lehrbüchern und der ganzen Literatur, die Sie lesen müssen?«

»Ich lese sie in Braille oder spiele sie mir vom Band ab.«

»Wie würden Sie die Disziplin in der Klasse herstellen?«

»Wenn Kinder herumalbern, geht das gewöhnlich nicht ohne Lärm ab, und wer ist besser als ein Blinder dazu geeignet, Stimmen zu erkennen?«

»Wie würden Sie ...? Wie würden Sie ...?« Ich versuchte, positiv zu bleiben, doch wie ich auch reagierte, er wiederholte nur: »Ich weiß nicht. Ich weiß es einfach nicht.«

Sobald das Gespräch beendet war, stürzte er zu meinem Stuhl, schob seinen Unterarm unter meine Achsel, zog mich hoch und schleppte mich zur Tür. »Also wirklich«, versuchte ich zu protestieren, »ich kann alleine gehen.« Aber vielleicht war ich nicht energisch genug, denn ich wollte den Job unbedingt haben. Wizard, der an seiner Leine hinter uns hergezogen wurde, war völlig verwirrt. Da dieser Mensch mich mit seinem starken Arm hochhievte und gegen seine Schulter drückte, mußte ich praktisch auf den Zehenspitzen gehen. Gegen Ende des Gesprächs war er merkwürdig still gewesen. Heute wird mir klar, daß er vermutlich nicht einmal dem zuhörte, was ich zu sagen hatte, sondern sich vielmehr den Kopf über das Problem zerbrach, wie er mich zur Tür verfrachten und davor bewahren könnte, daß ich über einen Stuhl stolperte. Dachte er überhaupt darüber nach, auf welchem Weg ich zu unserem Gespräch gelangt war? Wie ich nach New York gekommen war? Wie ich vom Apartment meines Freundes, bei dem ich wohnte, in die Eingangshalle des Hotels gekommen war? Oder dachte er, daß mich jemand unter der Achsel die ganze Strecke von Boston bis zur Schwelle seiner kleinen Messekabine geschleppt hatte? Vor der Tür gab ich ihm verwirrt die Hand, rieb meine Achsel, die durch seinen Zugriff etwas taub geworden war, nahm Wizards Geschirr und ging den Flur hinunter zum nächsten Gespräch.

Eine Handvoll Interviewer glaubten, daß meine Blindheit möglicherweise ein Vorzug sein könnte. »Eine wirklich interessante Sache«, sagte ein Rektor. »Sie sind eindeutig qualifiziert, und abgesehen vom Unterricht in Englisch und Mathematik könnte ich mir vorstellen, daß Sie den Schülern noch eine Menge anderer Dinge beibringen können.« Als alle Bewerbungsgespräche geführt waren, hatte ich überraschenderweise fünf Angebote, mehr als die meisten meiner sehenden Kommilitonen.

Ich besuchte verschiedene Schulen. Eine war in Charlotte. Sie lag auf einem riesigen grünen Campus mit herrlichen Wiesen, alten Gebäuden im viktorianischen Stil und einer Schwimmhalle, in der die Olympiamannschaft trainiert hatte. Sie schien ideal, aber ich brauchte ein Abenteuer. Ich hatte fast mein ganzes Leben an der Ostküste verbracht. Ich wollte an einen Ort, von dem ich so gut wie nichts wußte, an einen Ort, der so anders war, daß selbst so einfache Dinge wie das Auffinden des Lebensmittelgeschäfts oder des Friseurs ein Abenteuer sein würden. Indem ich mich zwang, meinen sicheren Dunstkreis zu verlassen, würde ich es meinem Geist ermöglichen, zu lernen und zu wachsen. Ich spürte, daß eine neue Erkundung mein Leben wieder aufregend machen würde. Ich wollte in den Westen.

Ich hatte einen Freund, der in Phoenix zur Schule gegangen war. Als er über Weihnachten nach Hause gekommen war, hatte er von Sonnenschein und einem Apartmentkomplex mit einem riesigen Swimmingpool erzählt, an dem Frauen in Tangas lagen. Ich stellte mir den tosenden Colorado River vor, den Grand Canyon, die erstaunlichen vulkanischen Felsentürme, die aus der Wüstenebene ragen.

Ich hatte eine Stelle an einer kleinen, aber renommierten Schule namens Phoenix Country Day School angeboten bekommen. Peg Madden, die Leiterin der Schule, die mich engagiert hatte, teilte mir später den Grund mit, warum sie dachte, daß ich für die Stelle in Frage käme. »Ihr Curriculum vitae war hervorragend. Ihre Noten waren hervorragend. Sie waren redegewandt und hatten gute Ideen, was Ihre Klasse betraf, aber ich hatte immer noch meine Bedenken«, sagte sie mir. »Ein Lehrer muß mehr können, als lediglich gute Referenzen vorzuweisen. Er muß mit der Verantwortung für eine ganze Klasse Kinder umgehen können. Was mich wirklich überzeugte, war etwas, das sich nach unserem New Yorker Gespräch ereignete. Ich hatte Sie gefragt, ob Sie Hilfe brauchten, um zur Tür der Eingangshalle zu gelangen, aber Sie hatten dankend abgelehnt. Ich war skeptisch, ob Sie sie finden würden. Sie mußten über die Treppe zu den Tagungsräumen gehen, vorbei an den Lifts, einen Gang nach links zur Rezeption und ein paar Stufen hinunter. Ich war Ihnen gefolgt, weil ich dachte, daß Sie vielleicht doch Hilfe brauchen würden, doch Sie und Ihr Hund fanden den Weg auf beeindruckende Weise. Wizard legte sogar seine Schnauze auf den Türgriff. Daß Sie die Tür in diesem Labyrinth finden konnten, war für mich viel aussagekräftiger als alles, was wir hätten besprechen können. In diesem Augenblick wußte ich, daß Sie es schaffen würden.«

Jeder Mensch kann in seinem Leben auf Entscheidungen zurückblicken, die er in Anbetracht unzähliger anderer Möglichkeiten getroffen hat. Manche dieser Entscheidungen, wie auch mein Umzug nach Phoenix, erweisen sich als Katalysatoren, die dein Leben auf eine Weise verändern, wie du es kaum je erwartet hast.

KAPITEL NEUN

Dreißig Paar Augen

AM MORGEN MEINES ERSTEN TAGES AN DER PHOENIX Country Day School stand ich in meinem leeren Klassenzimmer und lauschte dem Betrieb der Fünftkläßler, die sich draußen in der Aula versammelten und zusammendrängten, um nachzuschauen, für welches Klassenzimmer sie eingeteilt waren. Ich hörte jemanden in die Hände klatschen, und ein Schüler schrie aufgeregt: »Prima! Ich hab den Blinden. Und du?« Nach der ersten Hausaufgabe, dachte ich, würde ich in seinen Augen vielleicht nur ein weiterer fieser Lehrer sein. Ich hatte das ganze Wochenende im Klassenzimmer gearbeitet, Poster aufgehängt, die Regale mit Taschenbüchern und Brettspielen gefüllt und Lehrmittel organisiert. Ich hatte die Tische in sechs Gruppen zu je vier arrangiert und sie durch kreuz und quer laufende kleine Pfade getrennt, so daß ich schnell und leicht zu jedem Schüler gelangen konnte. Als die Klingel ertönte und alle Kinder hereindrängten, rief ich ihnen die Sitzordnung zu.

»Müssen wir uns an eine feste Sitzordnung halten?«

»Letztes Jahr bei Mrs. Johnson konnten wir sitzen, wo wir wollten.«

»Darf ich neben Billy sitzen? Er ist mein bester Freund.«

Eine dieser hohen vorpubertären Stimmen klang genauso wie die andere. Die Schüler verschmolzen zu einem nicht unterscheidbaren Haufen tschilpender Grasmücken. Als ich meine Braille-Sitzordnung abtastete und versuchte, die Stimmen den Namen zuzuordnen, glaubte ich nicht, daß ich es jemals schaffen würde, sie auseinanderzuhalten. Ich konnte nicht einmal die Jungen von den Mädchen unterscheiden. Was für eine Blamage, wenn ich sagen würde: »Tiffany, würdest du die Hefte austeilen?« »Ich bin nicht Tiffany. Können Sie nicht einmal erkennen, daß ich ein Junge bin?« Schon bei dem Gedanken zuckte ich zusammen.

Jungen und Mädchen zu verwechseln war nicht meine einzige Sorge. Während des ganzen Frühjahrs und Sommers hatte ich nachts mit Dutzenden unbeantworteter Fragen wach gelegen, die mir ohne Unterlaß durch den Kopf schwirrten. Während der Vorstellungsgespräche hatte ich mich wacker geschlagen, weil ich wußte, daß es Selbstmord gewesen wäre, es nicht zu tun. Ich hatte einfach behauptet, Lösungen für jede schwierige Frage zu wissen, doch der Bluff war wie Helium in einem Ballon, und als ich nun vor einer Klasse lebendiger, atmender, schwatzender Kinder stand, entwich das Helium und der Ballon sackte in sich zusammen. Meine sprachgesteuerten Computer, Braille-Writer und Tonbänder würden das Lesen, Schreiben und Analysieren abdecken, aber was war mit dem Unterrichten? Wie konnte ich Schüler aufrufen, wenn ich nicht sah, daß sie sich meldeten? Wie konnte ich feststellen, ob die Kinder Unsinn machten? Wie konnte ich etwas an die Tafel schreiben? Ich hatte um Antworten gerungen. Die Kinder hatten Dutzende Fragen über ihre Stundenpläne, Kurspakete und Lernmittel und waren so viele Jahre von anderen Lehrern dazu erzogen worden, die Hand zu heben. Theoretisch wußten sie, daß ich blind war, konnten aber offensichtlich keine logische Verbindung zwischen ihrem mit Verve ausgestreckten Arm und dem Grund herstellen, warum ich sie nicht aufgerufen hatte. »Wie viele von euch haben die Hand gehoben?« fragte ich. Mindestens die Hälfte der

Klasse sagte ja, und ich hörte ein Zischen durch die Luft, als ein paar ihre Hände zur Bestätigung hoben. »Nimm die Hand runter, du Dummkopf. Er kann sie doch nicht sehen«, hörte ich eine Stimme flüstern. »Ich mache euch einen Vorschlag«, sagte ich. »Wenn ihr die Hand hebt, kann ich euch nicht aufrufen. Also, ich habe eine Idee. Wenn ihr etwas sagen wollt, nennt euren Namen, und ich werde euch aufrufen.« Fünftkläßler sind anpassungsfähig, also ließen sie sich bereitwillig auf das neue System ein, doch ich wurde von einer ununterbrochenen Explosion laut gerufener Namen bombardiert. »Billy! Billy! Billy! Billy! Billy!« Sobald ein Schüler aufgehört hatte zu sprechen, begannen zwanzig andere Stimmen auf mich zu feuern. »Tiffany, Tiffany, Tiffany, Tiffany.«

»Brian, Brian, Brian, Brian.«

»Berry, Berry, Berry, Berry.«

Lange bevor die fünfundvierzig Minuten der Unterrichtsstunde vorbei waren, wußte ich, daß das kleine Experiment sich als Riesenpleite erwiesen hatte.

Eine Woche vor Schulbeginn war ich in ein Spielzeuggeschäft gegangen und hatte ganze Säcke mit fünf Zentimeter hohen Fisher-Price-Plastikbuchstaben mit Magnetstreifen gekauft, so daß sie an der Tafel haften blieben: sechsundzwanzig Pakete Buchstaben, zehn Pakete Ziffern und verschiedene Satzzeichen und mathematische Symbole. Auf zwei Tischen neben der Tafel hatte ich fünfundvierzig Plastikbehälter, einen pro Buchstabe, Ziffer und Symbol. Um einen Satz oder eine mathematische Gleichung an die Tafel zu schreiben, wollte ich nach Bedarf in die richtigen Kästchen greifen, doch in Mathematik mußte ich bei dem Versuch, auf der Tafel eine Gleichung aufzustellen, in den Kästchen herumtasten. Ich schien das richtige Zeichen nicht finden zu können. Vielleicht befand es sich auf dem anderen Tisch? Ich versuchte vor all diesen Blicken nicht hektisch zu wirken, während ich die Kästchen durchsuchte. Da war es. Es war irgendwie in das Kästchen mit den Pluszeichen gefallen. Aber jetzt, wo war die Sechs? Ihr Kästchen war nicht an der Stelle, wo es sein sollte, zwischen der Fünf und der Sieben. Statt dessen packte ich eine Neun und hielt sie verkehrt herum. Das Subtraktionszeichen fand ich schnell und klatschte es in die Gleichung, doch ein Schüler rief sofort: »Mr. Weihenmayer, das ist kein Minuszeichen. Das ist eine Eins.« Als ich schließlich die Gleichung zusammengekriegt hatte, hörte ich einen Schüler hinten im Raum gähnen. Als die Stunde aus war, plumpste ich in meinen Stuhl, fix und fertig von der Vorführung dreier Gleichungen. Wenn ich so viel Zeit brauchte, um das richtige Kästchen zu erwischen, wie sollte ich da überhaupt Zeit zum Unterrichten finden?

Als ich so hinter meinem Tisch saß, mich zurücklehnte und mich von der ermüdenden Beschäftigung mit meinen Spieldosen erholte, öffnete ein Schüler die Tür und stand vor meinem Tisch. Es war die Stimme von Guru Dharam, einem Schüler, dessen Familie der Sikh-Religion angehörte, einer Glaubensrichtung, die vor fünfhundert Jahren in Nordindien entstanden war. »Ich habe ein Problem«, erklärte er. »Verstehen Sie mich nicht falsch, ich bin stolz auf meine Religion, aber es ist mir etwas peinlich, daß ich der einzige Junge in der fünften Klasse bin, der einen Turban trägt.«

»Schön, dann laß uns dafür sorgen, daß die Kinder den Grund dafür verstehen«, erwiderte ich. Am nächsten Tag hielt Guru ein kleines Referat mit Anschauungsmaterial über die Sikhs. Alle Kinder starrten fasziniert auf die antiken Speere, Schwerter und Artefakte, die in vergangenen Zeiten Eigentum mächtiger Gurus gewesen und in erbitterten heiligen Kriegen benutzt worden waren. Am Ende der Demonstration stellte Guru sich vor seine Mitschüler, hob beide Hände und riß sich den Turban vom Kopf. Wellen braunen Haars ergossen sich tiefer und tiefer bis hinunter zu den Kniekehlen. Zu den Bräuchen der Sikhs gehört es, daß sie sich niemals die Haare schneiden. Die Kinder stießen ein kollektives Keuchen aus, gefolgt von Ausrufen wie »cool« und »Wahnsinn«.

Am Tag darauf trug eine Gruppe Jungs in der Pause Turbans aus Klopapier, focht imaginäre Schwertkämpfe aus, und im Lauf des Herbstes wurde es Mode, sich das Haar etwas länger wachsen zu lassen. Guru hatte eine verblüffende Bravourleistung vollbracht. Er hatte befürchtet, daß ihm sein Anderssein als Schwäche ausgelegt würde, also hatte er sie in Stärke verwandelt. Blindsein war mir immer als Schwäche erschienen, die ich ständig kompensieren mußte, doch ich fragte mich, ob Gurus Lektion nicht auch für mich von Nutzen sein könnte.

Am nächsten Morgen vor der Englischstunde begann ich in den Kästchen herumzutasten, um einige Sätze auf der Tafel zu bilden. Statt mit lediglich zehn Ziffern und ein paar Symbolen mußte ich nun mit sechsundzwanzig Kästchen mit Buchstaben plus Interpunktion zurechtkommen. Als die Kinder in den Raum drängten, kam ein kleines Mädchen auf mich zu und sagte: »Darf ich heute an die Tafel schreiben? Ich habe eine sehr saubere Handschrift. Und außerdem, ganz unter uns, mit diesen kleinen Plastikbuchstaben klappt das einfach nicht.«

»O.k.«, sagte ich. Und als ich begann, ihr ein paar Sätze zu diktieren, erkannte ich, daß die Lösung des Problems mit der Tafel und vieler anderer direkt vor mir lag, aber daß ich wegen meiner Voreingenommenheit dafür in doppelter Hinsicht blind gewesen war. Wenn ich eine Aufgabe meistern wollte, beschäftigte ich mich erst mit der Art und Weise, in der die Sehenden damit fertigwurden, und schuf mir dann ein System, das dem ihren so genau wie möglich glich. Wenn ein sehender Lehrer normalerweise vor der Tafel stand und ohne Hilfe Sätze und Gleichungen darauf schrieb, stand ich ebenfalls ohne Hilfe davor und arrangierte lächerliche Symbole aus Plastik; wenn sehende Lehrer von den Schülern verlangten, die

Hand zu heben, bevor sie aufgerufen wurden, verlangte ich von ihnen, daß sie ihre Namen nannten, bevor ich sie aufrief, auch wenn ihre schrillen Stimmen meine Trommelfelle durchlöcherten. Um meine Blindheit aus einer kompensierten Schwäche in wirkliche Stärke zu verwandeln, mußte ich den nächsten Schritt unternehmen und – wie Guru seinen Turban – meine voreingenommenen Vorstellungen davon, wie eine Klasse geführt werden müsse, von mir abschütteln und ein von Grund auf neues Konzept entwickeln.

Wann immer ich eine Frage stellte oder etwas anderes getan werden mußte, reagierten die Kinder sofort mit: »Ich hole es!«, »Ich tue es!«, »Ich sehe es!« Vor mir befanden sich dreißig Paar perfekt funktionierende Augen und Hände, den nötigen Verstand inbegriffen. Die Kinder konnten auf die Tafel schreiben, Poster aufhängen, Arbeiten und Hefte austeilen, sich gegenseitig die Arbeiten korrigieren, und falls ich wirklich zum Faulenzer werden sollte, konnten sie sogar Wizards Trinknapf füllen. Keiner meiner Schüler betrachtete diese Aufgaben als stumpfsinnig, sondern als etwas Besonderes. Wenn einer von ihnen mit einem Stück Kreide vor seinen Mitschülern stand, wurde er damit automatisch in den Lernprozeß einbezogen, und seine bisher ungekannte Verantwortung half ihm dabei, Führungsqualitäten zu entwickeln. Was das Aufzeigen oder das Rufen der Namen betraf, verwarf ich auch dieses Konzept. In meiner Klasse ergriffen die Kinder einfach das Wort, natürlich nach gewissen Spielregeln; sie durften keinem anderen ins Wort fallen, und ihre Gedanken mußten mit der Diskussion in Zusammenhang stehen.

Nachdem ich den Schülern eine Übersicht über das Jahr gegeben hatte, erkundigte ich mich, ob jemand Fragen habe, aber ihre Neugier richtete sich nicht auf den Unterrichtsstoff. Vor allem wollten sie alles über Wiz wissen, der den ganzen Tag geduldig an der Wand des Klassenzimmers lag. Ich erklärte ihnen, daß Wiz, wenn er sein Ledergeschirr trug, sozusagen im Dienst sei, was bedeute, daß die Kinder ihn nicht streicheln oder mit ihm spielen könnten. »Es ist wie die Geschichte von *Dr. Jekyll und Mr. Hyde*. Während er Dienst hat, zeigt er seine reife, verantwortungsbewußte Seite, doch wenn ihm das Geschirr abgenommen wird« – ich machte eine Pause und legte eine unheilverkündende Schärfe in meine Stimme –, »dann wird er wirklich tierisch.«

Weitere Fragen folgten, und von manchen wurde ich richtig überfallen. »Wie finden Sie mit der Gabel in Ihren Mund?«

»Wie putzen Sie Ihre Zähne?«

»Wenn Sie Auto fahren, sitzt dann Wiz am Steuer?« Der Witz brachte alle zum Lachen.

Dann fragte jemand: »Wie spielen Sie Basketball?« Auf das meiste hatte ich Antworten, doch diese machte mich ratlos. Seit meiner völligen Erblindung hatte ich nicht mehr Basketball gespielt. Ich wollte den Kindern gegenüber zwar stark und zuversichtlich klingen, als ob es nichts gäbe, was ich nicht erreichen könnte, aber ich wollte auch nicht lügen. Also sagte ich schließlich: »Ich weiß es nicht.« Worauf die Kinder bereitwillig einsprangen und Lösungsvorschläge machten. »Ich habe eine Idee! Tun Sie etwas in den Ball, so daß er ein Geräusch erzeugt.«

»Und etwas, das ein Geräusch auf dem Korbring macht.«

»Tragen Sie eine Gesichtsmaske, damit Sie der Ball nicht ins Gesicht trifft.«

»Und verbinden Sie den anderen Spielern die Augen.«

»Nicht übel«, erwiderte ich. »Vielleicht ist das der Anfang einer Basketballiga mit blinden Profis.«

Während der ersten beiden Wochen hatte ich mich mit aller Kraft bemüht, bruchstückweise Informationen aus den Stimmen meiner Schüler zu gewinnen, und allmählich begannen sich Individuen aus der Gleichartigkeit abzuheben. Ein spezieller Stimmklang, Tonfall und ein bestimmtes Schema in ihrer Sprechweise gaben mir in Verbindung mit der Position ihrer Stimmen im Raum den nötigen Hinweis. Ich war tatsächlich überrascht, wie viele Informationen ich aus einer Stimme zusammentragen konnte, aus ihrem Klang und ihrer Beschaffenheit, aus dem flüssigen Tonfall, aus dem Vokabular und der Art, wie ein Satz gebaut wurde, aus der Vorliebe für bestimmte Themen und aus der Reaktion der anderen. Und allmählich gefiel mir der Lehrerberuf.

Beim Mittagessen saß ich mit einer Gruppe altgedienter Lehrer der fünften Klassen zusammen, und wir plauderten über die Schüler. Ich sagte: »Randy scheint mir ein netter Junge zu sein. Er fragt mich immer, wie es mir geht, und hilft den anderen Kindern bei der Arbeit. Wenn er sich im Unterricht äußert, scheinen mir seine Gedanken für einen Jungen in seinem Alter recht reif zu sein.«

»Wissen Sie eigentlich, daß er ein bißchen pummelig ist?« erkundigte sich eine Lehrerin, als ob sie mein Bild ergänzen, die fehlenden Teile des Puzzles einfügen wolle. »Er hat die schlechte Angewohnheit, im Unterricht in der Nase zu bohren. Die anderen Jungen wollen nichts mit ihm zu tun haben.«

»Und was ist mit seinen T-Shirts? Sie sind zwei Nummern zu klein«, fügte ein anderer Lehrer hinzu.

»Die Mutter ist genauso. Ihre Kleidung ist reif für die Kleidersammlung. Ihre Bluse hängt immer heraus, und ihre Röcke sind immer zerknittert.«

»Nun ja, der Apfel fällt eben nicht weit vom Stamm.«

Ihre Bemerkungen machten mich nachdenklich. Vielleicht beeinträchtigte meine Blindheit mein Urteil über die Schüler, aber ich weigerte mich, zur Vorstellung zurückzukehren, daß Blindsein eine Schwäche sei. Falls der Anblick meiner Schüler bedeutete, daß sie sich aus reizenden, unschuldigen jungen Menschen, die vielversprechend und intelligent wirkten, in pummelige, schlechtgekleidete Nasenbohrer verwandelten, dann wollte ich doch lieber in seliger Unwissenheit verharren. Vielleicht bekam ich nicht das komplette Bild mit, aber ich gab mich gern mit der Hälfte zufrieden, solange es nur die gute Hälfte war.

Seit diesem Mittagessen war Blindsein in meiner Klasse nie wieder eine Schwäche. In den Mathematikunterricht nahm ich die Blindenschrift auf und benutzte das räumliche Muster der Punkte, um logisches Denken zu demonstrieren. Um ein Band zwischen den Schülern zu schaffen, arrangierte ich die Tische und Stühle zu einem Hindernisparcours, durch den sich jeder Schüler mit verbundenen Augen und einem langen weißen Stock hindurchmanövrieren mußte, während ihm die anderen die Richtung zuriefen. Nach einigen Monaten versuchten wir uns sogar im Basketball und setzten die Vorschläge um, die die Schüler gemacht hatten. Aus einem Katalog für Blinde bestellte ich einen Basketball, in dem ein Glöckchen bimmelte, und einen kleinen piependen Apparat, der an den Korbring gehängt werden konnte. Die Schüler legten auf dem Spielfeld Klebebandstreifen aus, so daß sie spüren konnten, wann sie im Freiwurfkreis oder im Freiwurfraum waren. Mit Fechtmasken und Augenbinden aus langen Sportsocken spielten sie ein Spiel mit Manndeckung nach dem anderen. Obwohl sie sich voll einsetzten, bildete ich mir nicht ein, daß diese Spiele jemals der NBA Konkurrenz machen könnten. Doch während ich an der Seitenlinie stand, dem Pieper am Korbring, dem Glöckchen im Ball und dem spielerischen Anrempeln und Zusammenstoßen der Körper der Fünftkläßler lauschte, erfüllte mich Stolz, weil sie auf dem Weg waren, Lösungen für reale Probleme in einer realen Welt zu finden, die nicht so ohne weiteres einfache Lösungen anbietet.

KAPITEL ZEHN

Blindes Vertrauen

ZU BEGINN DES WINTERS SASS ICH AUF EINEM BARHOCKER im Grillrestaurant in der Vierzigsten und trank ein Bier mit Rob, einem anderen Lehrer an der Phoenix Country Day School. »Weißt du, um wen du dich bemühen solltest«, sagte er. »Um Ellen Reeve. Sie hat die schönsten blauen Augen und einen sehr sportlichen Körper. Weißt du, daß sie die Jungenfußballmannschaft trainiert?« Ich hatte das Gespräch genial eingefädelt, indem ich Rob nach den gutaussehenden Lehrerinnen fragte, ohne zu verraten, daß ich in der Tat am meisten an Ellen interessiert war. Ich konnte ja nicht ahnen, daß Ellen bei ihm ganz oben rangierte.

Rob war mit mir die Lehrerinnen durchgegangen, hatte zuerst die mit den Miniröcken, die kaum die Hüften bedeckten, hervorgehoben, darauf die aus der Ivy League mit dem gesunden guten Aussehen und schließlich die nicht mehr ganz taufrischen, die noch Spuren ihrer früheren Schönheit zeigten. Ich zählte ihm diejenigen auf, von denen ich fand, daß sie heiße Stimmen hatten: einige mit einem kratzigen erotischen Schnurren, andere mit hohem fröhlichem Gezwitscher und wieder andere, die ihre Worte rasch und eloquent mit einem leisen Grollen abfeuerten; und Rob stimmte mir zu oder widersprach mir. Manche denken, daß Blinde sich nicht für das Aussehen interessieren, doch falls das zutreffen sollte, verstoße ich mit Stolz gegen dieses Klischee. Ich bin genauso ein Schuft wie jeder sehende Bursche. In der Tat empfinde ich es als Beleidigung, wenn jemand davon ausgeht, daß ich, bloß weil ich blind bin, asexuell zu sein habe. Blindheit hat wenig mit der Tugendhaftigkeit oder Gemeinheit eines Charakters zu tun. Ich kann genauso nach Äußerlichkeiten gehen, doch meine Oberflächlichkeit befriedigt sich aus dem sinnlichen Gurren einer erotischen Stimme oder der elektrisierenden Berührung einer glatten geschmeidigen Hand.

Es ist peinlich, wie verzweifelt lange ich brauchte, um herauszufinden, wie eine Frau aussieht, während ich versuchte, mir die engelhafte Vorstellung zu erhalten, die ich mir von ihr gemacht hatte. Einmal lernte ich eine Frau im Zug nach Boston kennen. Wir hatten uns die ganze Heimreise über unterhalten und gelacht. Sie hatte eine klare, angenehme Stimme, doch obwohl sich der Zusammenhang zwischen einer erotischen Stimme und einem wohlgeformten Körper häufig als richtig erweist, bleibt es ein Risiko, sich nur aufgrund des Klangs der Stimme näher auf jemanden einzulassen. Am Ende der Fahrt hatte ich mir ein Herz gefaßt und sie eingeladen. Als wir schließlich miteinander ausgingen, gab ich ihr die Hand und war beunruhigt. Sie hatte den Handtest nicht bestanden: In neunzig Prozent der Fälle bedeuten kurze und dicke Finger, daß die betreffende Person auch einen kurzen und dicken Körper hat; und als wir nun nebeneinander standen, wurde mir bewußt, daß ihre Stimme doch von recht weit unten kam. Ich richtete es so ein, daß wir in Geo's Pizza am Harvard Square gingen, wo praktischerweise ein Freund hinter dem Tresen stand. Ich schüttelte ihm die Hand, als ich sie vorstellte, und wußte auf der Stelle, daß meine zunehmende Besorgnis mehr als berechtigt war. Er hatte mir die Hand mit gekrümmten Fingern und hohler Handfläche gegeben, so daß ich dasselbe tun mußte. Es war der häßliche Händedruck gewesen, und es blieb mir nichts übrig, als die Verbindung abzubrechen.

Dementsprechend beruhigend war es nun, in der Bar Robs Lob über Ellen zu hören. Vor Robs optischer Beurteilung hatte ich wie gewöhnlich allein gearbeitet und mich nur von Ellens Stimme leiten lassen – aber, mein Gott, was für einer Stimme! Beim Vorstellungsgespräch an der Phoenix Country Day School hatte mich der Rektor in den Unterricht einiger besonders vorbildlicher Lehrer geführt. Ellens Klasse war die erste Station. Ich saß im hinteren Teil des Klassenzimmers auf einem viel zu kleinen Stuhl, während Ellen den Schülern kurz die Aufgabe erläuterte. Ihre Stimme war geschmeidig und sanft, und wenn ich nicht aufgepaßt hätte, wäre mir der subtile, tanzende Funke hinter dem ruhigen Fluß entgangen. Ihre Worte sprangen die Schüler nicht in Sperrfeuersalven oder endlosen Attacken an, sondern schienen wie Musik aus ihrem Mund zu strömen oder, noch treffender, wie eine musikalische Achterbahn, die im Raum aufstieg und sich wieder senkte, aufwärts und abwärts, aufwärts und abwärts. Bald wurde ihre Stimme gleichmäßiger und klang wie die Flügel eines Taubenschwarms, der sich in die Lüfte erhebt, oder wie das gedämpfte Rauschen eines herabstürzenden Wasserfalls, das durch einen tiefen, verborgenen Wald dringt. Ich schob meinen Stuhl zu einem Tisch mit Sechstkläßlern, um ihnen zuzuhören, wie sie die Aufgabe besprachen, aber ich war eine willkommene Ablenkung, und sie begannen, mich mit Fragen zu bombardieren.

»Wo kommen Sie her? Wo kommt Wizard her? Sind Sie verheiratet?«

Als Ellen zu uns kam, zeigte sie nicht das typische Lehrerverhalten, indem sie die Kinder ermahnte, sich wieder an die Arbeit zu machen, sondern stellte ebenfalls Fragen. Es stellte sich heraus, daß wir in Cambridge dasselbe Lehrerseminar besucht, in demselben baufälligen Apartmentkomplex gewohnt und in denselben Restaurants gegessen hatten. Sie war, was meine Person betraf, genauso neugierig wie die Kinder. Es war offensichtlich, daß sie sich nicht als souveräne Leiterin, sondern als eine von vielen Lernenden in diesem Entdeckungsprozeß betrachtete. Daß ein Schüler fragte: »Sind Sie verheiratet?« brachte mich in eine ziemliche Zwickmühle. Ein Bursche in meinem Abschlußsemester hatte mir den Rat gegeben, allen Wißbegierigen zu erzählen, daß ich verlobt sei. Er sagte, das würde mich gefestigter wirken lassen, so, als sei ich bereit, seßhaft und eine Stütze der Gesellschaft zu werden. Also beschloß ich, bei diesem Spiel zu bleiben, und verkündete: »Ich bin nicht verheiratet, aber ich bin verlobt.« Ich dachte, falls ich angestellt würde, könnte ich später immer noch sagen, daß es leider nicht geklappt habe. Außerdem könnte mir das sogar zum Vorteil gereichen. Ich konnte erklären, daß ich durch diese quälende Affäre sensibler und verletzlicher geworden sei. Daß ich zutiefst getroffen sei, aber durchaus bereit, mein Glück mit der richtigen Frau nochmals zu versuchen.

In den letzten Minuten der Stunde ging Ellen wieder nach vorne, setzte sich und begann eine Geschichte vorzulesen, mit der sie in der letzten Stunde angefangen hatte. Die Geschichte hieß *Der kleine Prinz,* und sie las den Abschnitt, in dem der kleine Prinz über eine seltene Blume spricht, die auf seinem Planeten wächst und Gefahr läuft, von einem Schaf gefressen zu werden. »Wenn einer eine Blume liebt, die es nur ein einziges Mal gibt auf allen Millionen und Millionen Sternen, dann genügt es ihm völlig, daß er zu ihnen hinaufschaut, um glücklich zu sein. Er sagt sich: Meine Blume ist da oben, irgendwo ... Wenn aber das Schaf die Blume frißt, so ist es für ihn, als wären plötzlich alle Sterne ausgelöscht.« Die Geschichte hörte sich durch ihre Stimme besonders wundervoll an, traurig und spielerisch zugleich. Nach kurzer Zeit schien es, als ob sie nicht mehr lese, sondern ein Video eingelegt habe und wir den kleinen Prinzen sehen und seine stolze, flehende Stimme hören könnten.

Ich saß im Klassenzimmer und betete, daß Ellens physische Erscheinung so hinreißend wie ihr Wesen sei. Trotz des offensichtlichen Problems mit dem Zusammenhang zwischen Stimme und Aussehen und ohne verläßlichen Händedruck, der meine Gefühle hätte bestärken können, stellte ich – während ich hinten in Ellens Klassenzimmer in einen Plastikstuhl für Sechstkläßler gequetscht war – zu meiner Überraschung fest, daß ich mich hoffnungslos in eine Lehrerin verliebt hatte, die zumindest vorläufig nur eine Stimme für mich war.

Als mir die Stelle als Englisch- und Mathematiklehrer für die fünfte Klasse angeboten wurde, nahm ich sie an, sicher auch wegen Ellen und ihrer Klasse. Ich wollte ein ebensolcher Lehrer sein wie sie und eine Atmosphäre schaffen, wie sie sie kreierte. Im Lehrerseminar hatte ein Professor Lehrer mit Kaffeeautomaten verglichen. »Manche stehen über den Schülern und lassen ihr Wissen und ihre Ideen in die Köpfe der Schüler tröpfeln, doch es gibt auch die seltenen Ausnahmen, wenn der Lehrer und die Schüler miteinander aufgebrüht werden und in denselben Topf durchlaufen.« Es war ein faszinierender Gedanke: Lehrer und Schüler, die gemeinsam Entdeckungen machten und sich entwickelten, der Lehrer nicht als Schulmeister, sondern als einer, der die Dinge erleichtert, die Schüler keine leeren Gefäße, sondern wichtige Aktivposten, zum Bersten voll mit Ideen, die zum Unterricht beitragen konnten. Es war revolutionär, und ich hatte mich gefragt, ob so etwas wirklich funktionieren könnte, doch als ich Ellens Klasse kennenlernte, war ich überzeugt davon. Ellens Klasse war die seltenere Marke Kaffeeautomat, und ich entschied, daß die Phoenix Country Day School der Ort sei, an dem ich lernen könnte, ebenfalls zum Bewußtsein meiner Schüler durchzudringen und vielleicht zu meinem eigenen.

Oft ließ ich in diesen warmen Herbsttagen die Tür des Klassenzimmers offen, ließ die Sonne von Arizona herein und hörte die Leute draußen auf dem Gehsteig vorbeigehen. Schließlich konnte ich sie an ihren Schritten erkennen, und jede dieser Schrittfolgen erzählte eine Geschichte. Der Gang des Rektors John Crabb grenzte an Rennen. Seine plattfüßigen Schritte traktierten das Pflaster und kündeten von einem Dutzend noch nicht verfaßter schriftlicher Mitteilungen und einem weiteren Dutzend noch nicht beantworteter Anrufe von Eltern. Die meisten weiblichen Verwaltungsangestellten klapperten den Gehsteig in einem hochhackigen energischen Gang wie Metronome hinunter. Ihre Absätze schrien wild entschlossen: Finanzielle Unterstützung der Schüler erledigen, Stipendien bewilligen, Lehrbücher kaufen. Aus dem Weg, schienen sie zu kommandieren, denn ich marschiere, und niemand kann mich stoppen. Ellen besuchte mich von Zeit zu Zeit in meinem Klassenzimmer, doch ich hörte sie nie kommen, bis sie bereits im Raum war, auf leisen Sohlen über den Teppich zu meinem Tisch kam und mich mit ihrer weichen Stimme fragte: »Und wie läuft es heute?« Ich hatte nie Zeit, mich auf ihren Besuch einzustellen. Wäre sie eine von den Stöcklerinnen gewesen, hätte ich Zeit genug gehabt, mein Haar in Form zu bringen, Kölnischwasser hinters Ohr zu tupfen und eine Krawatte umzubinden, doch sie glitt leise herein wie ein Panther, und ihre sanften, gedämpften Geräusche waren erst innerhalb des Raums zu vernehmen.

Manchmal bot mir Ellen an, mich nach Hause zu fahren, und obwohl ich nur fünf Gehminuten entfernt wohnte, lehnte ich nie ab. Einmal saßen wir eine ganze Stunde im Auto vor meiner Apartmentanlage, und schließlich fragte Ellen: »Wollen wir nicht irgendwo ein Bier trinken gehen?« Also gingen wir über die Straße zum Grillrestaurant in der Vierzigsten. An der Bar bestellte ich ein Bier vom Faß, doch Ellen bestellte einen Wodka Tonic, und damit, stellte ich mir vor, hatte ich meine Chance verspielt. Niemand, der so kultiviert war,

Wodka Tonic zu trinken, konnte auch nur im geringsten an mir interessiert sein. Ich war etwas eingeschüchtert. Während Windhundrennen aus einem Dutzend Fernsehern plärrten, fragte Ellen: »Und wann werden Sie heiraten?« Ellens einfache Frage traf mich wie ein Keulenschlag. Ich hatte meine unschuldige kleine Lüge völlig vergessen.

»Oh!« stotterte ich. Ich hätte es wissen müssen, daß jemand darauf zurückkommen und mich erwischen würde, dachte ich.

»Sind Sie denn nicht verlobt?«

Ich dachte über meinen vorbereiteten Text nach. Konnte ich ihr erzählen, daß ich meine Verlobung bereits zwei Monate nach Beginn des Schuljahrs gelöst hätte? Das würde mich eher wie einen leichtfertigen Versager aussehen lassen und nicht wie einen verletzlichen, sensiblen Burschen. Außerdem war ich nicht in einem Studentenwohnheim, wo ich versuchte, mit einem Mädchen vom College anzubändeln. Ich saß einer Englischlehrerin der sechsten Klasse gegenüber. Sie wohnte in einem Häuschen mit Garten auf einem Hügel; sie fuhr einen Volvo; und genau in diesem Augenblick saß sie mir gegenüber und trank einen Wodka Tonic. Schließlich sagte ich: »Mein Gott, ich hätte nichts dagegen zu heiraten, wenn ich tatsächlich eine Freundin hätte.« Ellen schwieg und mußte ohne Zweifel annehmen, es mit einer weiteren Standardausgabe eines männlichen Schweins zu tun zu haben. Dann platzte ich mit der Wahrheit heraus und endete mit dem Satz: »Ich wollte die Stelle unbedingt haben.« Ellen lachte hysterisch, was wohl bedeutete, daß sie mir glaubte. Kein durchtriebener Schwindler hätte sich eine derartig lächerliche Geschichte ausdenken können.

Später sprachen wir über die großen Abenteuer in unserem Leben. Ich erzählte ihr, wie ich meine Sachen zusammengepackt hatte und nach Arizona gezogen war. »Wie konnten Sie wissen, daß es Ihnen in Phoenix gefallen wird?« fragte Ellen.

»Ich wußte nicht viel. Deshalb griff ich zu. Es schien ein Abenteuer«, erwiderte ich, und tatsächlich war Phoenix mit nichts zu vergleichen, das ich jemals erlebt hatte. Selbst mein morgendlicher Weg in die Schule war erfrischend, das Gefühl der kühlen Wüstenluft, die zu den Sonnenstrahlen aufstieg, und der scharfe Geruch der Wüste, der sich mit dem süßen Duft von Orangenblüten mischte. Und ich konnte es immer noch kaum glauben, daß ich nach dem Unterricht in den Swimmingpool in meiner Anlage tauchen konnte.

Vor ein paar Jahren hatte Ellen das Gefühl gehabt, daß ihr Leben ein wenig schal werde, und sich nach einem Abenteuer umgesehen, das ihr neuen Auftrieb geben konnte. Deshalb hatte sie sich beim Department of Defense Dependents' Schools beworben, der Regierungsbehörde, die Lehrpersonal zur Erziehung der Kinder des Militärpersonals in Übersee verpflichtete. Aus einer riesigen Zahl von Bewerbern wurde Ellen für eine Stelle im deutschen Oppenheim, der alten Weinstadt am Rhein, ausgewählt. »Ich war noch nie im Ausland gewesen«, erzählte mir Ellen. »Als ich auf mein Flugzeug wartete, wurde ich so nervös, daß ich mich von meinen Eltern wegstahl, die zum Abschied gekommen waren, und im Klo heimlich kotzte.« Doch es war die Geschichte ihres ersten Tages in Deutschland, die mich auf seltsam anrührende Weise mit ihr verband. Als sie ohne Gesellschaft in ihrem Hotelzimmer saß, beschloß sie, nicht im öden Hotelrestaurant zu essen, sondern einen Spaziergang durch die engen, verwinkelten Kopfsteinpflastergassen zu machen. »Alles war mir so fremd«, sagte Ellen. »Die Autos und die Lastwagen mit ihren langen Nummernschildern und plumpen Stoßstangen waren seltsam; die Häuser waren seltsam. Sie hatten spitze Ziegeldächer und Kästen vor den Fenstern, die mit Blumen von einem kräftigen Rot gefüllt waren; die Schilder über den Läden hatten merkwürdig klingende Namen wie *Spielgefahrt* und *Schuhgeshaft*; sogar die Bäume waren seltsam. Sie waren so viel höher und lichter.« Ellen war schließlich auf den Marktplatz gestoßen, wo betrunkene Männer in Kniestrümpfen und Lederhosen und Frauen in mit Rüschen besetzten Blusen und langen Röcken das Weinlesefest feierten und zur Musik einer Blaskapelle Arm in Arm miteinander tanzten. Über dem Platz ragte eine riesige gotische Kirche mit hohen Fenstern mit Glasmalereien und einer gewaltigen Glocke auf, deren Klang alle fünfzehn Minuten durch die Stadt hallte. »Hinter der Kirche«, sagte Ellen, und ihre Stimme senkte sich in der lauten Bar fast zu einem Flüstern, »fand ich ein Beinhaus.«

»Beinhaus?« wiederholte ich. »Klingt fast wie aus einem Horrorfilm.«

»Nein«, erwiderte Ellen, »es war historisch.« Hinter uns plärrten in der Bar noch immer die Windhundrennen aus den Fernsehern, und irgend jemand schrie: »Tempo, Nummer sechs! Nummer sechs!« und schlug mit der Faust auf den Tisch. »Es war ein kleines Haus mit einem winzigen quadratischen Fenster. Als ich hineinschaute, war es stockdunkel, doch dann drückte ich auf einen Knopf, der Raum wurde hell, und ich konnte alte Gebeine sehen. Sie waren wie Brennholz aufgestapelt. Ein Stapel bestand aus Knochen und der andere aus Schädeln. Ich starrte durch das Fenster und fragte mich, wie all diese Gebeine da hineingekommen waren, als plötzlich wieder diese riesige Glocke erschallte. Ich wurde vor Schreck beinahe ohnmächtig.«

Schließlich fand Ellen ein kleines Restaurant am Rheinufer, wo sie sich an einen freien Tisch auf der Terrasse setzte. Sie schaute auf die langen, flachen Lastkähne, die den Fluß hinunterzogen, und auf die pausbäckigen adretten Kinder darauf, die sich, umgeben von

Maschendraht, auf quietschenden, rostigen Schaukeln schwangen. Ziemlich beklommen hatte Ellen das einzige Gericht auf der deutschen Speisekarte bestellt, das ihr bekannt vorkam, einen Chefsalat. Doch selbst der Salat erwies sich als seltsam. Es gab keine frischen Zutaten, sondern alle Gemüse waren eingelegt: eingelegter Blumenkohl, eingelegte Zucchini, eingelegte rote Bete. Da saß sie nun alleine, aß ihr seltsames eingelegtes Gemüse und dachte an die pausbäckigen adretten Kinder, die Männer in bizarren kurzen Lederhosen, die Arm in Arm miteinander tanzten, an die Fenster mit Glasmalerei und an mit Gebeinen gefüllte Häuser. Sie war eine junge amerikanische Frau, die über all die Merkwürdigkeiten staunte; das einzige, was ihr vertraut war, war das Gefunkel der Sterne über dem deutschen Himmel.

Ich war nie in Oppenheim gewesen; ich war auch noch nie in Deutschland gewesen; und insbesondere hatte ich noch nie eingelegtes Gemüse gegessen. Doch irgendwie setzte sich dieses Bild in mir fest. Ich konnte die nervöse Energie spüren, die Ruhelosigkeit, die Erwartung, den ungeschminkten Anflug von Einsamkeit, und ich spürte auch ihren Herzschlag, der Hoffnung durch ihren lebendigen Körper pumpte, als ob es mein eigener wäre.

Inzwischen war Ellen seit sechs Jahren wieder in Phoenix, und allmählich hatte sich das Gefühl der Schalheit erneut eingestellt. Deutschland war eindeutig eine aufregende Periode des Reisens und des Abenteuers gewesen und vielleicht, dachte sie, war das abermals die Lösung. Sie hatte sich wieder beworben, und es war ihr eine Stelle in den Niederlanden angeboten worden. Ellen erwog ernsthaft, sie anzunehmen, in der Überzeugung, daß Reisen ihr neuen Auftrieb geben werde. Der Gedanke, daß sie hier eigentlich nichts festhielt, begann sie zu verfolgen. Kein fester Freund. Keine Freundschaft, die stark genug war, damit sie in Phoenix bliebe. Sie hatte das Gefühl, daß sie dahintreibe wie ein Ballon, den jemand losgelassen hatte. Schließlich hatte ihr Vater ihr den Rat gegeben, den sie brauchte. »Vielleicht ist dein Abenteuer hier an Ort und Stelle. Vielleicht mußt du nicht um die halbe Welt fahren, um es zu finden. Vielleicht ist es an der Zeit, klar Stellung zu beziehen und dein Glück hier zu finden.« Also war sie geblieben, und bereits einen Monat später waren Wizard und ich in ihr Klassenzimmer marschiert.

Kurz vor den Winterferien hatten Ellen und ich über die Pläne gesprochen, die jeder für die Ferien gemacht hatte. Ellen blieb in Phoenix, um mit ihren Eltern zusammenzusein, die sich im Süden der Stadt zur Ruhe gesetzt hatten, und ich flog nach Florida, um dort meinen Vater und meine Brüder zu treffen. Ich hatte bereits meine Taschen gepackt und lief an diesem Nachmittag aus meinem Klassenzimmer, um mein Flugzeug zu erreichen, als Ellen atemlos angerannt kam und mir eine Glückwunschkarte überreichte. Ich holte sie aus dem Umschlag und wollte sie ihr geben, damit sie sie mir vorlas, doch Ellen sagte, immer noch nach Luft ringend: »Nein! Lies sie selbst.« Meine Finger tasteten die Karte ab und fanden die kleinen Ausbuchtungen. »Fröhliche Weihnachten«, stand da, »schön, daß wir einander begegnet sind.« Ich las die Brailleschrift laut, wandte mein Gesicht Ellen zu und lächelte. »Nun ja«, räumte sie ein, »ich mußte es ein wenig neutral formulieren. Immerhin habe ich den Text einem achtzigjährigen Blinden diktiert, der für die spezielle Betreuung in der Bibliothek zuständig ist.« Am Vormittag hatte Ellen die Karte in mein Postfach im Büro gesteckt, doch als sie im Lauf des Tages mehrmals daran vorbeiging, guckte die Karte noch immer an derselben Stelle heraus, wo sie sie hineingesteckt hatte. Kurz vor der Schlußklingel war sie immer noch da. Ohne sich darum zu kümmern, ob sie jemand beobachtete, hatte sich Ellen die Karte wieder geschnappt und war zu meinem Klassenzimmer gerannt. Während meine Finger über den Brailletext fuhren, wollte ich Ellen umarmen, doch statt dessen steckte ich die Karte in meine Tasche und gab ihr die Hand. Ich spürte ihre schlanken, geschmeidigen Finger. Sie waren kräftig, ihr Händedruck war fest, und die glatten Nägel waren unprätentiös kurz geschnitten. Feine Linien überzogen die Handfläche. Sie waren nicht tief eingekerbt, sondern die Linien einer Sportlerin. Für mich formten sie eine Mischung aus Sanftheit und Tüchtigkeit. Als ich zum Taxi eilte, das mich zum Flugplatz bringen sollte, war mein einziger Gedanke, daß sie den Handtest bestanden hatte. Ellen hatte den Handtest bestanden.

Zwei Tage nach Weihnachten hatte ich Ellen aus Florida angerufen und sie eingeladen, nach meiner Rückkehr nach Phoenix Silvester mit mir auszugehen. Ich wollte ihr etwas Besonderes bieten und mietete eine Limousine, die uns zum Abendessen, zum Tanzen und später in einen Comedy Club brachte. Nach diesem Abend waren wir meistens zusammen. Unsere ersten gemeinsamen Monate kamen mir vor wie ein einziges Abenteuer: lange Fahrten auf meinem Tandem und Wanderungen in die Wüste, wo wir auf Klapperschlangen und Nabelschweine stießen. Bei einem romantischen Essen fragte ich Ellen, was sie sich vom Leben erwarte, und ihre Antwort war ziemlich erstaunlich. »Manche jungen Frauen träumen von einer Hochzeit in Weiß, bei der in der Kirche Rosenblätter gestreut werden und die Glocken läuten. Sie wünschen sich ein großes Haus mit einem weißen Staketenzaun davor«, sagte sie, »aber ich habe niemals von diesen Dingen geträumt. Ich möchte ein Leben führen, das außergewöhnlich ist, niemals durchschnittlich.« Und wenn sie wirklich das Außergewöhnliche wollte, dann bekam sie eindeutig eine große Portion davon, indem sie meine Freundin wurde.

Anfangs fiel mir auf, daß Ellen die Eigentümlichkeiten des Lebens eines Blinden zu schaffen machten. Sie war ein scheuer und in sich gekehrter Mensch und nicht an die Aufmerksamkeit gewöhnt, die ich häufig erregte. Alle sind von der Beziehung zwischen einem Blinden und seinem Blindenhund fasziniert, und es kommt einem oft vor, als ob man an der Spitze der Parade marschiere. Ellen beobachtete die Leute, die stehenblieben, sich hinhockten, auf uns zeigten und uns anstarrten. »Schau, Mom, da ist ein Hund im Supermarkt. Kann ich ihn streicheln?«

»Schatz, es ist ein Blindenhund. Er hilft dem netten blinden Mann zu sehen.«

»Warum braucht er einen Hund, der ihm beim Sehen hilft?«

»Weil er blind ist, Schatz.«

»Und wie weiß er dann, wo er ist? Sagt ihm das diese Frau?«

Ich konnte fast hören, wie Ellens Gesicht sich verzog. Sie wußte jedoch, daß die Leute es gut meinten und mir einfach mitteilen wollten, wie wundervoll sie unsere Partnerschaft fanden. »Ein Prachtkerl! Ist das Ihr bester Freund?«

»Aber sicher«, antwortete ich und knetete Ellens Schulter.

»Wie heißt er?« Und ich erwiderte: »Ellen.«

Im Februar überredete ich Ellen, mit mir im Norden von Arizona ein herrliches romantisches Skiwochenende zu verbringen. »Wir werden in dem heißen Wasserbecken sitzen«, beschwor ich sie, »und Wein trinken, während uns die Schneeflocken aufs Haar rieseln.«

»Und was ist mit dem Skifahren?« fragte Ellie in aller Unschuld. »Bist du überhaupt jemals Ski gefahren?«

»Zigmal«, log ich. Tatsächlich hatte ich es nur ein einziges Mal vor fünf Jahren während meiner Collegezeit versucht, und das Erlebnis hatte damit geendet, daß ich alle viere von mir gestreckt auf einem Busch lag und mir Kletten aus dem Schritt zupfte. »Mach dir darüber keine Gedanken!« versuchte ich Ellie zu beruhigen. »Einen

Blinden den Berg hinunterzudirigieren ist wirklich ein Kinderspiel. Es ist überhaupt nichts dabei.«

Intuitiv hatten wir es so arrangiert, daß Ellie ganz dicht hinter mir fuhr und simple Anweisungen gab wie: »Bogen – fahr jetzt einen Bogen! Mein Gott, ich kann nicht hinschauen!« Auf diese Weise schafften wir es, bis zum Ende des Tages eine größere Verletzung zu vermeiden. Wir hatten uns den President's Day, den dritten Montag im Februar, für unseren ersten Ausflug ausgesucht, den überlaufensten Tag in der Geschichte des Urlaubsortes, wie wir bald merkten. Also war es fast ein Wunder, daß wir uns so lange aufrecht halten konnten. Ich schaffte es tatsächlich, synchron zu Ellies Kommandos zu fahren und mein sportliches Können zu demonstrieren, indem ich dynamisch Bogen um Bogen geradezu klassisch in der besten Art von *Wide World of Sports* ausführte. Wir fuhren eine vereiste Piste hinunter und hatten gerade einen steilen, buckligen Abschnitt hinter uns gebracht. Wir wußten beide nicht, daß vor uns gerade eine Frau bäuchlings im Schnee gelandet war und daß sie und ihr Freund sich an der ungünstigsten Stelle des Hangs befanden – direkt unter einem Buckel. Wir hatten ein solches Tempo drauf, und die Stelle war so unübersichtlich, daß es bereits zu spät war, als Ellen sie sah. Ich glaube, sie sagte etwas wie: »Ughhshhtuh.« Der Freund der Frau war direkt neben ihr und half ihr, ihre Skier zu sortieren. Also stieß ich nicht mit einem, sondern mit zwei Körpern zusammen. In diesem Fall war mein Blindsein von Vorteil, denn ich sah den Zusammenprall nicht kommen, verkrampfte mich nicht und fuchtelte nicht sinnlos herum. Die ganze Angelegenheit verlief überraschend glimpflich. Wir bildeten ein Knäuel, aus dem Arme, Beine, Köpfe und Skier wie die Tentakel eines deformierten Oktopus herausragten. Ich befreite mich aus dem Knäuel, klopfte den Schnee ab und tat den ganzen Zwischenfall mit einem Lachen ab, obwohl ich mich eigentlich ärgerte. Aber ich wollte nicht, daß Ellie sich schuldig fühlte oder ihr Selbstvertrauen verlor.

Auf dem Campus der Phoenix Country Day School versuchten Ellen und ich unsere Beziehung vor den neugierigen Augen und Ohren der Schüler und – noch schlimmer – der anderen Lehrer geheimzuhalten. Im Dienst bereitete es mir Vergnügen, mich gegenüber Ellen formell zu verhalten. Ich war nie sicher, wer vielleicht zuhörte. In der Pause hatte ich einen Heidenspaß, sehr förmlich zu sagen: »Guten Morgen, Miss Reeve.« Und sie antwortete ebenso korrekt: »Ebenfalls einen schönen guten Morgen, Mr. Weihenmayer.« Doch auch wenn wir keine Worte wechselten, hatte ich, wenn ich an ihr vorbeiging, meine Geheimwaffe, die mir sagte, daß sie in der Nähe war. Wenn er sie sah, wurde Wizard langsamer, begann in ihre Richtung zu ziehen, hechelte etwas mehr und gab manchmal ein Winseln von sich. Ellen und Wizard hatten Freundschaft geschlossen und spielten nach der Schule vor meinem Apartment oft Fangen. Wenn ich mit einer Reihe von Fünftkläßlern unterwegs war, zeigte ich in die Richtung, in die Wizard kaum merklich ausscherte, und rief fröhlich: »Hallo, Miss Reeve.« Meine Schüler waren völlig verblüfft. »Wißt ihr nicht, daß alle Blinden über eine gewisse übersinnliche Wahrnehmung verfügen?«

Jede Beziehung hat eine Phase, in der zwei Menschen beginnen, sich miteinander so wohl zu fühlen, daß sie beschließen, sich etwas lockerer zu geben. Das kann zum Beispiel ein erster Furz oder Rülpser in Gegenwart des Partners sein. Wenn es einmal soweit ist, könnte man die Ansicht vertreten, daß man mit dem anderen wirklich vertraut ist. Unser Augenblick der Wahrheit unterschied sich etwas von dem anderer Paare. Wir saßen auf meinem Bett, als ich für Ellen mein Glasauge herausnahm. Ich hatte sie auf diese Situation vorbereitet, indem ich ihr nebenbei von meinem Glasauge erzählte und dann so tat, als ob ich es herausnähme, indem ich mein Unterlid herunterzog und mit der Hand übertrieben stark gegen meinen Hinterkopf schlug. Doch um sie irrezuführen, vollzog ich die Prozedur an meinem rechten, echten Auge. Ellen schaute forschend in das Auge und verkündete: »Es sieht so echt aus. Das kann kein künstliches Auge sein.« Darauf wiederholte ich den Vorgang mit meinem linken Auge. »Das sieht ebenfalls echt aus«, sagte sie. Darauf begann ich, während des Essens mitten im Gespräch beiläufig mit dem Nagel meines Zeigefingers gegen eines meiner Augen zu klopfen, als würde ich furchtbar konzentriert darüber nachdenken, was sie sagte. Doch in Wirklichkeit klopfte ich gegen die Unterseite des Tisches. Ich machte das eine Woche lang, bis Ellen gründlich durcheinander war. Obwohl ich solche Scherze machte, war ich in Wahrheit überaus empfindlich, was den Verlust meines linken Auges betraf. Ich hatte es niemals vor jemandem herausgenommen, nicht einmal vor meiner eigenen Familie.

Als ich noch in der Ausbildung war und eine Beziehung gerade rasch abkühlte, hatte ich einmal erwogen, es herauszunehmen, allerdings aus weniger honorigen Gründen. Wir befanden uns anläßlich des Geburtstags dieser Freundin auf einer Fähre nach Nantucket Island. Mein Gedanke war, sie die Augen schließen zu lassen, während ich etwas in ihre Hand legte. »Schatz«, wollte ich zärtlich sagen, »es ist ein Geburtstagsgeschenk.« Und wenn sie dann die Augen öffnen und aufgeregt auf ihre Hand schauen würde, würde etwas Unerwartetes zurückstarren. Doch ich befürchtete, sie könnte so schockiert sein, daß sie mein Auge über Bord werfen würde, und deshalb blieb die große Überraschung nur ein Wunschtraum.

Mit Ellen war es anders. Obwohl ich mich bei dem Gedanken an meine Augenprothese durchaus nicht wohl fühlte, wollte ich doch, daß sie mich ganz und gar kannte, mit einem Augapfel weniger, als ich eigentlich haben sollte. Während wir nun auf dem Bett saßen, schaute Ellen in meine Augen und sagte: »Komm schon! Nimm es heraus.« Ihre Stimme klang so, als ob sie ihr Gesicht in Falten legte, während sie sich auf den grausigen Anblick vorbereitete. »Nimm es raus! Nimm es raus!« skandierte sie. »Wird es dich nicht schockieren?« fragte ich. »Ein bißchen, aber nimm es trotzdem heraus.« Sie blieb beharrlich. Also zog ich mein Unterlid herunter, nickte mit dem Kopf und ließ es tatsächlich herausfallen. Ellen atmete etwas heftiger. Da sie nicht allzusehr schokkiert war, beschloß ich, einen Gang hochzuschalten. Ich streckte meine Arme vor mir aus, die Handflächen nach oben, das künstliche Auge wie ein Kronjuwel auf einer Hand, und schlurfte steif wie eine Mumie auf Ellen zu. Ellen kreischte und schoß vom Bett hoch. Während ich im Apartment hinter ihr herjagte, heulte ich, als ob ich gerade von den Toten auferstanden sei, und öffnete meine Augenlider, so weit ich konnte. Ich hörte, wie sie sich in eine Ecke der Couch kauerte und vergeblich versuchte, ihren Atem zu beruhigen. Als ich in ihre Nähe kam, lachte sie, und ich ließ mich über sie fallen. Ich legte meine Hand auf ihr Gesicht und merkte, daß sie ihre Augen zugekniffen hatte. Ich zwang sie sanft, sie zu öffnen, so daß sie meine leere Augenhöhle und das rosa Fleisch dahinter sehen konnte, während ich sie küßte. Ellen erwiderte meinen Kuß.

Es war schließlich Wizard, der unser heimliches Verhältnis verriet. Eines Tages hatte ich einem Schüler nach dem Unterricht bei seinen Schulaufgaben geholfen und kam zu spät zur Lehrerkonferenz. Außer Atem eilte ich den Gehsteig entlang um die Ecke und riß die Tür auf. Die Konferenz hatte bereits begonnen. Leise gab ich Wizard das Kommando, einen Stuhl zu finden. Üblicherweise führte er mich zu einem leeren Stuhl und legte seinen Kopf darauf. Wenn er stehenblieb, ließ ich meine

Hand von seinem Rücken über den Kopf und die Schnauze gleiten, berührte den leeren Stuhl und setzte mich. Wizard schlängelte sich zwischen den dicht besetzten Tischen durch und senkte den Kopf. Meine Hand glitt über seine Schnauze, doch statt eines leeren Stuhls spürte ich ein Knie und hörte Ellen kichern. Wizard hatte seinen Kopf in Ellens Schoß gelegt und wedelte mit dem Schwanz. Sie flüsterte: »Wizard, Wizard, nicht hier. Such anderen Stuhl.« Ellen hatte ihn in eine andere Richtung gewiesen, während sie ihr Kichern unterdrückte, aber es war völlig vergeblich. Das gesamte Kollegium brach in Lachen aus. Wizards wedelnder Schwanz und sein durchdringender Blick, mit dem er zu Ellens schockiertem und lachendem Gesicht hochstarrte, hatten ihren lang gehegten Verdacht bestätigt. Die Katze – oder in diesem Fall der Hund – war aus dem Sack.

KAPITEL ELF

Vorbereitung

SAM, MEIN KLETTERPARTNER IN PHOENIX, UND ICH ERkletterten einen Vulkankegel, der schroff aus dem ebenen Wüstenboden ragte. Kurz bevor wir oben waren, sagte Sam verträumt: »He, was würdest du davon halten, wenn wir uns ein bißchen was Größeres vorknöpften?«

»Was zum Beispiel?« fragte ich vorsichtig.

»Wie wär's mit dem Mount McKinley?«

»Glaubst du nicht, daß zwischen einer Seillänge auf einem Buckel in der Wüste und dem höchsten Gipfel von Nordamerika ein kleiner Unterschied besteht?« Ich dachte, Sam sei wahnsinnig geworden. Die Trecks, die ich mit meiner Familie unternommen hatte, konnten wohl kaum mit der Unerbittlichkeit des McKinley verglichen werden. Ich wußte nichts über die klaffenden Gletscherspalten, die nur Zentimeter unter der Schneeoberfläche lauerten und darauf warteten, Bergsteiger in ihren bodenlosen Abgründen zu verschlucken, oder über die mörderische Kälte, die auch durch eine Daunenjacke drang, oder über die Intensität von Wind und Sonne, die das Gesicht eines Menschen in das eines Reptils verwandelten. Und ich wußte ganz gewiß nichts darüber, daß Bergsteiger, wenn sie sich dem Gipfel näherten, nur ein Drittel des Sauerstoffs auf Meereshöhe zum Atmen hatten. Der schneebedeckte McKinley erhebt sich zu einer Höhe von 6194 Metern. Die Menschen in Alaska gebrauchen den athabaskischen Namen Denali oder Der Große.

Wenn ich auf wunderbare Weise senkrecht wie eine Rakete hätte aufsteigen können, hätte ich über sechs Kilometer in die Luft schießen müssen, um den Gipfel zu erreichen. Trotz meines bruchstückhaften Wissens und meines fragwürdigen Könnens entwickelte sich Sams Idee in den folgenden Wochen zu einem gefräßigen Bandwurm, grub sich in mein Gehirn und mästete sich an meinen Gedanken. Sams unverwüstlicher Optimismus war ansteckend. Er infizierte mich und riß mich mit. Er glaubte so fest daran, daß die Besteigung des McKinley für uns zu schaffen sei, daß ich es bald ebenfalls glaubte. Der ganze extreme Plan war ein riesiger, nicht erprobter Schritt ins Ungewisse, der lediglich auf Vertrauen beruhte. Ich wußte noch nicht, wie ich mein Vorhaben umsetzen würde, aber ich hatte das Gefühl, daß sich mit entsprechender Vorbereitung, Geschicklichkeit, Unterstützung durch das Team und mentaler Zähigkeit ein Weg finden lassen müsse.

In anderer Hinsicht war der Denali ein perfekter hoher Gipfel, um damit zu beginnen. Ein Großteil des Erfolgs eines Teams hing von der Gewogenheit der Berggötter ab. Bei gutem Wetter konnte die Besteigung gelingen; ohne diese Komponente hatte auch die stärkste Mannschaft keine Chance. Diese Theorie war von relativ unerfahrenen Teams erhärtet worden, die über kräftige Beine, ein starkes Herz und eine Menge Geduld verfügten und so die Spitze erreichten, während Teams der Weltklasse durch einen Sturm ins Basislager zurückgetrieben wurden. Da das gute Wetter selten mehr als ein paar Tage hintereinander anhielt und arktische Stürme gewöhnlich eine Stärke von 240 km/h erreichten und Zelte wie Papiertüten zerfetzten, war der Schlüssel für das Erreichen des Gipfels schlicht und einfach eine Portion Glück.

Eines Abends saßen Sam und ich an meinem Küchentisch und überlegten, wie wir aus dieser Besteigung mehr als nur einen Traum machen könnten. Zwei Jahre davor hatte ich mich mit der American Foundation for the Blind (AFB) in Verbindung gesetzt, einem gemeinnützigen Verein, der sich für die Blinden einsetzte. Sie bereiteten eine große Aufklärungskampagne vor, um Amerika über die Fähigkeiten von Blinden zu informieren, und wollten diese Fähigkeiten gerne mit einem dramatischen Akzent betonen. Sam und ich dachten, daß die Besteigung des Denali dieser Botschaft vollkommen entsprechen und helfen würde, Türen zur Verbesserung der Chancen von Blinden in den Schulen und am Arbeitsplatz zu öffnen. Als wir die Idee der AFB unterbreiteten, waren sie begeistert und unterstützten uns auf der ganzen Linie.

Sam und ich hatten uns kennengelernt, als er an der Phoenix Country Day School eine Vertretung übernommen hatte. Sam war Kletterer, wir hatten uns rasch angefreundet und trainierten zusammen ein paar Abende pro Woche in der Kletterschule von Phoenix. Unsere Partnerschaft hatte allerdings nicht ohne Komplikationen begonnen. Sam gestand mir bei unserem ersten Ausflug in den Klettergarten, daß er an ADS (Aufmerksamkeits-Defizit-Syndrom) leide. Großartig, dachte ich sarkastisch, ein Bursche, der nicht sehen kann, und ein Bursche, der sich nicht konzentrieren kann, tun sich zusammen, um Nordamerikas höchsten und gefährlichsten Gipfel zu besteigen. Während wir uns anseilten und hochkletterten, sprach ich mit Sam darüber, was uns eigentlich zum Klettern anspornte. Sam bekannte, daß es ihm in der Schule eigentlich nicht gefallen habe, wenn er da hinten in der Klasse saß und sich auf das, was die Lehrer sagten, zu konzentrieren versuchte. Die meisten Kinder schienen in der Lage, alles außer der Stimme des Lehrers auszublenden, doch er sah und hörte alles; die tickende Uhr an der Wand, die Kinder, die in der Pause draußen lachten, eine Fliege, die an der Fensterscheibe hochkroch. Er verglich sein Gehirn mit einem Radio, aus dem nicht eine Station, sondern alle Stationen gleichzeitig zu hören waren. Sam hatte sich dem Klettern zugewandt, als ihm ein Lehrer sagte, daß ihm das Erklettern einer Felswand helfen könnte, klares Denken zu entwickeln. »Er hatte völlig recht«, räumte Sam ein. »Ich war dreißig Meter hoch, hing an einer Leiste, und weißt du, was passierte? Zum ersten Mal in meinem Leben konnte ich mich völlig konzentrieren. Ich dachte nicht daran, daß ich mich nicht auf die Klassenarbeit in Algebra vorbereitet hatte; ich dachte nicht daran, daß ich gestern hatte nachsitzen müssen; ich dachte nicht an all die Male, die ich Mist gebaut hatte. Ich dachte nur daran, wie ich zum nächsten Griff gelangen könnte.« Sam und ich schlossen den Abend mit einem schwierigen Überhang, der Das Monster genannt wurde. »Sam, das geht eigentlich über meine Fähigkeiten«, gab ich zu. »Wenn ich in Schwierigkeiten gerate und den nächsten Griff nicht selbst finden kann, hilf mir dann mit einem kleinen Hinweis aus der Klemme.« Auf halber Höhe sprang die Wand in einem Winkel von fünfundvierzig Grad vor, die Griffe wurden schmal, und meine zwei Finger, die ich in einen Riß geklemmt hatte, rutschten allmählich ab. Meine andere Hand schlug verzweifelt um sich, um einen sicheren Halt zu finden, doch meine Kraft ließ nach, und ich war kurz davor zu stürzen. »Sam«, schrie ich, »welche Möglichkeit habe ich?« Sam schrie sofort zurück: »Links von dir, sechzig Zentimeter nach oben, dreißig Zentimeter nach links.« Als ich meine Arme spreizte, mit der Linken die Wand hektisch nach einem Griff abklopfte und meine Füße die Haftung mit dem Felsen verloren, hörte ich Sam entschuldigend murmeln: »Ach du Scheiße. Ich habe rechts gemeint.« Ich baumelte am Seil, rang mühsam nach Atem und schäumte vor Wut.

Sams Leben schien immer etwas durcheinander. Vor unserem ersten Training debattierten wir darüber, ob wir einen Lauf oder eine Wanderung machen sollten, und einigten uns schließlich aufs Laufen. Doch als Sam in meinem Apartment erschien und in seinen Wanderschuhen herumtrampelte, fragte ich: »Wie willst du eigentlich in diesen Dingern laufen?«

»Oh, das geht prima«, sagte er, und durch den Winkel, aus dem seine Stimme erklang, erkannte ich, daß er auf seine Stiefel hinunterschaute, als ob er erst jetzt seinen Irrtum entdecke. Er zögerte und sagte dann: »Hmmm, Laufen bringt Kletterer nicht wirklich in Form. Laß uns lieber wandern.«

Wenn Sam ein wenig konfus war, so war ich ein wenig dickschädelig. Nach unserer Wanderung sagte ich: »Morgen machen wir einen Lauf durch die Wüste.«

»Wirst du dich denn zwischen all diesen Felsen und Kakteen durchmanövrieren können?«

Ich verzog verärgert mein Gesicht, als ob ich sagen wollte: Bring du nur deine Rennschuhe mit, um den Rest kümmere ich mich schon. Beim Lauf lag Sam an der Spitze, und Wiz und ich trabten dicht hinter ihm her. Wiz leistete gute Arbeit, lotste mich um Kakteen und Felsbrocken herum und hielt an, um kleine Steine anzuzeigen, über die ich springen mußte. Ich begann mich auf dem unebenen Pfad gerade zuversichtlich und sicher zu fühlen, als ich über einen Kaktus stolperte, stürzte und mit meiner Handfläche gegen einen scharfen Felsen schlug. Ich zog mein Hemd aus und wickelte es um die Hand, um das Blut zu stillen. Mir war heiß, ich war in Schweiß gebadet und auf mich selbst zornig. Die Hand mußte genäht werden, und für den Rest des Abends saßen Sam und ich verdrießlich in der Notaufnahme. Am nächsten Tag sahen meine Fünftkläßler meine verbundene Hand, und ich erzählte ihnen, was geschehen war. Ein sehr mutiges und frühreifes kleines Mädchen stand auf und fragte: »Mr. W., wenn Sie in der Wüste hinfallen, wie wollen Sie dann auf einen großen Berg klettern?« Beunruhigender als ihre Frage fand ich, daß ich darauf noch keine Antwort hatte.

Im Lauf der nächsten Wochen begannen wir, die Schwachstellen an unserem Trainingsprogramm zu beseitigen. Weder Sam noch ich konnten jeden Tag in die Berge, also holten wir uns die Erlaubnis, die Hintertreppe des höchsten Gebäudes im Zentrum von Phoenix hinaufzulaufen: fünfzig Etagen und rund hundertfünfzig Meter Höhenunterschied. Jeden Abend trafen wir uns mit unseren dreißig Kilo schweren Rucksäcken und stapften die Treppe hinauf. Bald machten wir daraus einen Wettbewerb und jagten einander nach oben. Wenn einer von uns sich nach einem langen Schultag träge oder müde fühlte, forderte ihn der andere. Es gab mir zusätzliche Energie, wenn ich hörte, wie Sams Füße hinter mir hinaufdonnerten und Sam schrie: »Du bist heute abend langsam, blinder Superman. Ich werde dich in den Sack stecken.« Das gab mir genug Auftrieb, um das Tempo anzuziehen, gerade so viel, daß Sam mir auf den Fersen blieb. Wenn ich mich stark fühlte, gab es nichts Schöneres, als die letzten zehn Treppen an Sam vorbeizurennen, während Sam lachte und mich hinten am Rucksack zu packen versuchte. Auf halber Höhe des Treppenhauses stoppten wir immer und machten fünfundzwanzig Sit-ups und Liegestütze, doch bereits am ersten Abend nach den ersten Sätzen rief Sam, während er sich den Rucksack umhängte: »Ach übrigens – ich habe sechsundzwanzig gemacht. Das wäre einer mehr, als du geschafft hast.« Darauf ging das Spiel los. Beim nächsten Satz machte ich siebenundzwanzig und Sam darauf achtundzwanzig, ich wiederum neunundzwanzig und Sam dreißig. Nach einem Monat waren wir fast bei einer dreistelligen Zahl angelangt.

Wenn Sam nicht mitkommen konnte, erfand ich eine Methode, um gegen mich selbst anzutreten. Ich stellte meine sprechende Uhr auf zwanzig Minuten und spielte ein grausames kleines Spiel. Ich sagte mir: Wenn du es nicht bis oben schaffst, bevor der Wecker klingelt, dann kannst du den Gipfel vergessen. Mit dieser Angst im

Schon mit zehn trug ich eine Brille mit dicken Gläsern.

Meine Familie in Hongkong: Eddi, Mark, Mutti, Vati und ich

Meine Großmutter, meine Mutter und ich bei einem Bootsausflug in Hongkong

Im Alter von 16 Jahren mit meinem ersten Blindenhund Wizard

Mein Vater und ich beim Klettern im El Dorado Canyon in Colorado

Die Suche nach einem Griff

Bei einem meiner ersten Fallschirmsprünge

Sam, Jeff, Ryan und ich werden auf dem Long's Peak, Colorado, von einem Sturm überrascht.

Dank meiner Teleskopstöcke und dem Seil, das mich mit der Klettermannschaft verbindet, schaffe ich den Aufstieg zum Mount McKinley in Alaska.

Jamie Bloomquist

Sam, Jeff und ich in einem Iglu in 5200 Meter Höhe auf dem Mount McKinley

Der Gipfel des Mount McKinley: Jeff, ich und Sam

Der 21. – und letzte – Tag unserer McKinley-Expedition

Jonathan Chester

Hans führt meine Hand und zeichnet die Route zur Spitze des El Capitan nach.

Hans, ich mit Seigo, Sam und Jeff vor der Wand von El Capitan

Ich steige als Seilerster die vorletzte Seillänge zum Gipfel von El Capitan.

Mit Baltazar auf dem Uhuru Peak, dem Gipfel des Kilimandscharo

Ellie und ich geben uns auf dem Shira-Plateau des Kilimandscharo in 4000 Meter Höhe unser Eheversprechen.

Alberta, Kanada: an der Polar Circus, einer circa 900 Meter hohen vertikalen Eiswand

Auf dem Aconcagua, unter dem Basislager: ein Abhang voller *penitentes,* Eisspitzen von bis zu zwei Meter Höhe.

Auf dem Gipfel des Aconcagua

Auf dem Ama Dablam

Auf dem Mount Everest, während ich per Satellitentelefon Interviews gebe (Mai 2001)

Jonathan Chester

Im Basislager auf dem Mount Everest (Mai 2001)

Mount Everest: beim Überqueren einer Eisspalte (Mai 2001)

Endlich auf dem Dach der Welt! Am 25. Mai 2001, nach einem stundenlangen starken Unwetter, erreicht unser Team den Gipfel des Mount Everest in 8848 Meter Höhe. Stolz halte ich die Flagge der National Federation of the Blind hoch. Ein Traum ist in Erfüllung gegangen.

Kim Johnson

Ellie und Seigo in den El Capitan Meadows

Meine kleine Tochter Emma, Ellie und ich auf einer Wanderung in der Nähe des Gipfels vom Chief Mountain, Colorado

Nacken verlangsamte ich nie mein Tempo, egal, wie müde ich auch war. Manchmal drückte ich auf halbem Weg auf meine Uhr, und sie sagte: »Noch sechs Minuten.« Ich verausgabte mich voll beim Rennen, achtete nicht auf meine bleiernen Beine und meinen schmerzenden Brustkorb und erreichte den obersten Treppenabsatz Sekunden, bevor der Wecker schrillte. Unzählige Male sank ich gegen das oberste Geländer, hustete, spuckte und schnappte nach Luft und konnte meinen Kopf nur noch mit letzter Kraft heben. »O.k.«, sagte ich mir. »Du hast es zwar nur mit Mühe und Not geschafft, aber du verdienst es, den Gipfel zu besteigen.« Mein Trainingsprogramm beruhte nicht auf wissenschaftlichen Grundlagen; jeden Abend gestattete ich mir erst dann aufzuhören, wenn mir nach vier oder fünf Erstürmungen des Treppenhauses so übel und ich so ausgetrocknet war, daß ich dachte, ich müßte mich erbrechen.

Ich wußte, daß es, außer einen schweren Rucksack ins oberste Stockwerk eines Gebäudes zu schleppen, kein effektiveres Training gab als das Laufen, doch die Erfahrung, die Wizard und ich in der Wüste gemacht hatten, war ein Fiasko gewesen. Außerdem hatte Wiz Probleme mit dem Tempo; die ersten achthundert Meter schleppte er mich, und ab dann zog ich ihn die nächsten neun Kilometer hinter mir her. Ellie war keine Langstreckenläuferin, sondern fuhr lieber Rad. Ich dachte über eine Möglichkeit nach, Ellies Radfahren für mein Laufen zu nutzen. Bald hatte ich eine Idee und bat einen Freund, der in einem Haushaltswarengeschäft arbeitete, mir bei der Umsetzung zu helfen. Die Konstruktion bestand aus zwei langen Holzstäben, die durch ein zwei Zoll langes elastisches Kabel verbunden waren, das um Ellies Sattelstange geschlungen war. Ich hielt zwei Seilschlaufen fest, die am anderen Ende der Stangen befestigt waren, und konnte so bequem hinter Ellies Rad joggen. Das Prinzip war mit dem von Wizards Geschirr vergleichbar. Über die zwei starren

Stangen konnte ich spüren, wenn Ellie nach links oder rechts abbog und auf dem festen Grund des Wegs, der sich kilometerweit vor unserem Haus hinzog, langsamer oder schneller wurde. Weil sich die Geschwindigkeit nach dem Läufer zu richten hatte, wurde es Ellie oft langweilig, daß sie so langsam fahren mußte. Um sich auf der öden Strecke zu unterhalten, pflegte Ellie im schnellen Rhythmus lautstarker Schlagzeugsoli aus ihrem Walkman zu wippen. Ohne daß es ihr bewußt wurde, erhöhte sie das Tempo, bis ich hinter ihr her sprintete. Da ihr die Musik in den Ohren dröhnte, konnte sie nicht hören, wie ich stammelte und keuchte: »Ellie, fahr langsamer. Bitte, fahr langsamer!« Endlich, als sie den Rückwärtsruck meines Körpergewichts spürte, begriff sie, was los war, und drosselte die Geschwindigkeit gerade noch rechtzeitig, um meine Lungen vor dem Bersten zu bewahren. Zugegeben, einen Blinden einen endlosen Kilometer nach dem anderen hinter sich her zu schleppen nervte furchtbar. Deshalb gab Ellie meiner Erfindung ein wenig frustriert den Spitznamen »Blindenexpreß«.

Die ganzen Monate über arbeitete ich mich auch durch Berge von Büchern in Brailleschrift und Tonbändern über den Denali. In einem Buch waren die hundert Todesopfer aufgelistet, die der Denali gefordert hatte: Bergsteiger, die in einem Sturm ohne Zeltausrüstung hängengeblieben, über den Halteriemen eines Steigeisens oder die Schlaufe eines Eispickels gestolpert oder nicht angeseilt durch eine Firnbrücke in eine verborgene Gletscherspalte gestürzt waren. Ich wollte die Statistik in einem Buch über Todesfälle beim Bergsteigen nicht komplettieren und dachte mir, um zu lernen, was man auf dem Denali tun sollte, sei es keine schlechte Methode, sich erst darüber kundig zu machen, was man auf dem Denali *nicht* tun sollte.

Sam hatte für unser Team zwei Freunde im Auge, die er bei einem Sanitäterkurs in Colorado kennengelernt hatte. Der eine war Ryan Ludwig, ein bärenstarker junger Kletterer aus Wyoming, der sein ganzes Leben in den Bergen verbracht hatte. Der andere war, wie Sam ihn beschrieb, ein »sich treiben lassender, blonder, gutaussehender Junge« namens Jeff, der sich an einer überhängenden Felswand genauso daheim fühlte wie in einem Konzert der Grateful Dead oder bei einem Rainbow-Treffen.

Im Winter fuhren Sam und ich nach Joshua Tree, einem riesigen Wüstenplateau mit vielen spektakulären Wänden und Felsspitzen, um das Team zu treffen. Als wir spät am Abend am Rand von J Tree ankamen, hielten wir neben der Straße an und schliefen auf unseren Schaumgummimatratzen im kalten, felsigen Buschland. Während ich auf dem Rücken lag und erwartungsvoll meiner Begegnung mit Jeff und Ryan entgegensah, lauschte ich der gewaltigen Weite des Himmels, so unbegrenzt und unendlich, daß es kaum in Worte zu fassen war. Wizard war unruhig, aber aus anderen Gründen. Wiz winselte leise und kuschelte sich dichter an mich, als wir beide ein Rudel Kojoten hörten, die nicht allzuweit von uns entfernt heulten.

Am Morgen trafen wir Ryan und Jeff und begannen unseren Klettertag. Als wir die steilen und schlüpfrigen Pfade zum Fuß der Steilwand hinaufgingen, probierte ich meine neue und noch nicht perfektionierte Wandermethode aus. Vor einigen Monaten waren Sam und ich bei einer Sportmesse in Reno, Nevada, gewesen, um eine kostenlose Ausrüstung zu erbitten. An einem Stand blieb Sam stehen. »Probier das aus«, sagte er beiläufig und drückte mir zwei lange Stöcke in die Hand. Zu diesem Zeitpunkt waren uns beide die Konsequenzen noch nicht deutlich. So wie Wizard mir neue Welten eröffnet und mir ermöglicht hatte, mich selbständig durch Straßen, U-Bahnhöfe und Flughäfen zu bewegen, sollten diese zwei Stöcke meine Fähigkeit, mich in den Bergen zurechtzufinden, auf revolutionäre Weise verbessern. Es waren Leki-Teleskopstöcke, erstaunlich leicht und so robust, daß sie selbst dann nicht brachen, wenn ich mich mit meinem vollen Gewicht auf sie stützte und mit ganzer Wucht auf und ab sprang. Sie verschafften mir auch ein besseres Gleichgewicht; statt zwei Beinen hatte ich nun vier. Während wir den Aufstiegspfad zum J Tree hinaufwanderten, streckte ich einen Stock aus und suchte den Boden nach einem guten Halt für meinen Fuß ab. Wenn ich einen gefunden hatte, stieß ich die scharfe Metallspitze genau hinter der Stelle in den Boden, beugte mich nach vorne, während mein ganzes Gewicht auf dem Stock lag, und senkte den Fuß langsam, bis er den Pfad berührte. Häufig war die Fläche sehr uneben, so daß ich mir früher den Knöchel verrenkt hätte, doch nun konnte ich mit meinem vollen Gewicht auf dem Stock meinen Fuß so lange in immer neue Positionen bringen, bis er auf einer ebeneren Stelle aufkam. Ich denke, daß all dieses Absuchen, Einrammen, Aufsetzen und hektische Tasten nach einer geeigneteren Stelle auf sehende Menschen wie ein ziemlich chaotisches Stolpern wirken mußte, und kann die Panik begreifen, die Ryan und Jeff wohl erfaßte, als sie sahen, wie ich auf dem Pfad neben einem Abgrund von dreißig Meter Tiefe dahintorkelte.

Als wir eine steile Felsrampe zum Fuß der Steilwand hinaufkletterten, hielt Ryan fürsorglich meine Fußgelenke fest. Ich wußte nicht, ob ich Ryans Arme mit mir mitziehen oder warten sollte, bis er meine Fußgelenke vorwärts schob. Als wir auf dem ebenen Abschnitt am Fuß der Wand ankamen, mußte ich ihm natürlich in nettem Ton sagen: »Du kannst meine Fußgelenke jetzt loslassen.« Ich machte mir keine großen Gedanken über seine zusätzliche Hilfe. Ich hatte es tausendmal erlebt, wenn ich neuen Menschen begegnete. Sie wissen nicht, was sie tun sollen, also machen sie alles. Ryan und Jeff würden bald merken, wann ich Hilfe brauchte und wann nicht.

Am Abend machten wir ein Lagerfeuer und erzählten uns Bergsteigergeschichten. Ryan hatte gerade einen ersten Winteraufstieg auf einen gezackten, 3900 Meter hohen Gipfel namens Black Tooth in der Big-Horn-Gebirgskette in Wyoming hinter sich. Beim bloßen Hören von dieser beachtlichen Leistung bekam ich feuchte Hände, selbst in der kalten Wüstennacht. Er war mit seinem Partner zwei Tage lang mit einem Schneemobil hingefahren und hatte sich dann fünf Stunden durch brusthohen Schnee gekämpft, nur um den Fuß des Felsens zu erreichen. Gegen Abend kamen sie zu einer 150 Meter hohen steilen Wand, die zum Gipfel führte, aber es war nicht mehr hell genug, um angeseilt zu bleiben und einander nach jeder Seillänge zu sichern. Also waren sie frei zur Spitze hinaufgeklettert, ohne Sicherungsleine, die einen möglichen Sturzflug von 1200 Metern hinunter ins Tal hätte stoppen können. Ryans Training bestand aus langen Gebirgsläufen über einen 3900 Meter hohen Paß in der Nähe seines Wohnorts. Ich war in meinem Leben erst ein paarmal in 3900 Meter Höhe gewesen und einmal davon in einem Auto. Ich konnte mir ganz und gar nicht vorstellen, wie man in dieser Höhe laufen konnte.

Jeff war zwar ebenso hartgesotten wie Ryan, zog es jedoch vor, seine Abenteuer herunterzuspielen. Er fühlte sich in den Rocky Mountains, wo er lebte, so zu Hause, daß er es sich, wie er uns erzählte, zur Gepflogenheit gemacht hatte, einmal pro Jahr das Boulder's Third Flat Iron bei Mondschein zu erklettern, mit nichts als seinem Klettergurt am Körper. »Der Gurt scheuerte allerdings an empfindlichen Stellen«, räumte er etwas verlegen ein, »also mußte ich Boxershorts darunter anziehen.« Berge waren für Jeff wichtiger als ein Heim, eine feste Arbeit oder Sicherheit. Er nahm Jobs an, um nahe am Gebirge zu sein. Freundinnen mußten mit seinen hochalpinen Abenteuern konkurrieren können. Obwohl das natürlich keiner gelang, hatten es bereits ziemlich viele versucht.

»Ich habe nie eine Erstbesteigung gemacht und bin auch nie nackt geklettert«, sagte Sam, »aber ich wette, daß ich etwas gemacht habe, was ihr noch nicht getan habt.« Dann erzählte uns Sam die Geschichte von seinem Job im letzten Sommer, als er in den Felswänden vor Edgemont, South Dakota, hing und Löcher bohrte, um Gesteinsproben für das Bureau of Economic Geology zu entnehmen. »Ich hatte nichts mit Geologie oder Öl am Hut. Ich war einfach ein Hippie-Kletterer, der dafür bezahlt wurde, daß er sich an Seilen vom Boden nach oben arbeitete.« Sam hatte die Gelegenheit beim Schopf ergriffen, weil er fand, daß das eine gute Möglichkeit sei, um den Sommer über aus Phoenix herauszukommen. Außerdem mußte er, nachdem kurz davor seine Beziehung zu einem Mädchen in die Brüche gegangen war, seinen Liebeskummer auskurieren und dachte, der Ortswechsel werde ihm Zeit geben, seine Beziehung, sein Leben und seine Zukunft zu überdenken, all das, was ihm so vergänglich schien.

Der neue Job und die Umgebung schienen allerdings einer tiefen Reflexion über das Leben nicht unbedingt dienlich zu sein. Die einzigen zwei Betriebe in dem Ort waren eine verkommene Bar und eine Müllkippe des Verwaltungsbezirks, und er schlief auf einem Feldbett in einer Garage, die durch die heftigen Gewitter der nördlichen Prärie ständig unter Wasser gesetzt wurde. Zehn Stunden am Tag hing Sam an lockeren Sandsteinwänden und holte, umgeben von Schwärmen von Moskitos und anderen Stechfliegen, Tausende von Bohrkernen heraus. Es war nicht außergewöhnlich, daß sich ein Block von der Größe eines Wohnwagens löste, Hunderte Meter in das Bett des Cañon stürzte und Sam beinahe mit sich riß. Während er da hing, hörte er sich in seinem Walkman auf der einzigen Station, die er empfangen konnte, Totengesänge der Lakota-Indianer an, blickte hinaus auf die riesige, leere Prärie und war allmählich davon überzeugt, daß sie Geister von Millionen von Büffeln und jagenden Indianern barg. »Ich ertappte mich bei der Frage, wofür genau ich eigentlich bestraft werde«, sagte Sam und warf ein neues Scheit ins Feuer. »War es wegen einer beschämenden Tat, die ich begangen hatte, oder wegen einer herzlosen Äußerung oder einfach wegen einer der vielen falschen Entscheidungen, die ich im Lauf der Jahre getroffen hatte?«

Nach einer langen Sauferei bis spät in die Nacht, von der er einen ziemlichen Kater hatte, ergab es sich, daß er am nächsten Tag allein auf einem entfernten Tafelberg arbeitete. Nichts wollte klappen. Um Proben aus der Wand zu holen, mußte er über hundert Kilo an Gerätschaft durch die Talsohle des Cañons über morastige Stellen und Geröllfelder schleppen und darauf einen steilen Pfad hinauf zum Dach der Mesa. Als er endlich seine Geräte geordnet hatte und sich über den Rand der Wand abseilen wollte, stellte er fest, daß er ein wichtiges Teil der Ausrüstung vergessen hatte, und mußte wieder zum Ausgangspunkt absteigen. Als er schließlich in der Wand hing, passierte es ihm auch noch, daß er einen Schraubenschlüssel, Schraubenzieher oder einen Bohreinsatz fallen ließ und abermals den ganzen Weg nach unten machen mußte. Außerdem mußte seine Bohrmaschine ständig mit Gas gefüllt werden, wofür er wieder hinauf mußte. Und so ging es den ganzen Vormittag über, während die Sonne immer heißer brannte, die Insekten immer durstiger wurden und sein Kater immer schlimmer. Was das Faß buchstäblich zum Überlaufen brachte, war die Katastrophe, daß sich der Zwanzig-Liter-Wassersack, den er bis nach oben geschleppt hatte, aus der Sicherung löste und sich über eine Gruppe von Kakteen weit unten ergoß.

Die Geschichte war typisch für Sammy, dachte ich, während ich mich an unsere ersten gemeinsamen Trainingstage erinnerte. Das Feuer war heruntergebrannt, und die Flammen zischten nur noch leise, als Sam fortfuhr: »Nachdem der Wassersack geplatzt war, fiel ich auf die Knie und begann zu schreien und den schlammigen Boden mit meinen Fäusten zu bearbeiten. Mir wurde völlig rot vor Augen, und dann hatte ich eine Minute lang einen Blackout. Als ich die Augen öffnete, nahm ich eine Bewegung wahr. Und nachdem ich meine Brille gefunden hatte, die ich zu Boden geworfen hatte und auf die ich in meiner Wut beinahe getrampelt war, sah ich zwei Mistkäfer, die neben mir eine Scheißekugel den Berg hinaufschoben. Dieser Anblick erfüllte mich mit tiefem Neid. Diese zwei Scheißkäfer schafften etwas, an dem ich gescheitert war. Noch schlimmer, ich war allein, während die beiden wenigstens einander hatten.« Ryan, Jeff und ich konnten uns das Lachen nicht mehr verbeißen. Es sprudelte heraus und ging in Lachkrämpfe über – trotz Sams Tragödie. Er schloß: »Ich erkannte damals eines: Falls das Größte, das ich im Leben jemals vollbringen sollte, das Hochrollen eines Haufens Scheiße auf einen Berg wäre, würde ich zufrieden sein, solange ich es nur gut machte.«

»In ein paar Monaten«, sagte ich, »wird dein Wunsch in Erfüllung gehen.«

»Moment mal, Freundchen«, sagte Jeff. »Wer von uns ist der Haufen Scheiße, den er hinaufschleppen wird?«

»Ist das nicht völlig klar?« kicherte Sam und klopfte mir auf die Schulter.

Im Lauf des Winters und des Frühjahrs wuchsen wir als Team zusammen und trafen uns regelmäßig zu Besteigungen des Mount Rainier in Washington und des Long's Peak in Colorado. Auf dem Rainier übten wir die Bergung aus Gletscherspalten, indem wir einen von uns in die höhlenartigen Spalten hinunterließen, von wo er mit Hilfe seines Eisbeils und der Frontalzacken seiner Steigeisen die senkrechten Eiswände nach oben klettern mußte. Der Abgrund der Gletscherspalten verengte sich an manchen Stellen so, daß er nur noch einen Zoll breit war, und es konnte kein Zweifel daran bestehen, daß ein schwerer Sturz einen Bergsteiger unentrinnbar in ihrem eisigen

Schlund verkeilen müsse. Kein wärmender Sonnenstrahl drang in diese eisige, dunstige Tiefe, also kletterte ich immer wie wild nach oben, bis ich die angenehme Wärme der Sonne auf meinem Gesicht spürte. Wir übten auch den Fall, daß das Opfer physisch ausgeschaltet war, und zogen den Teamkameraden durch ein kompliziertes Flaschenzugsystem von Verankerungen der Eispickel, Steigklemmen und Seilrollen nach oben.

Auf dem Long's Peak gewöhnten wir unsere Körper daran, schwere Schlitten zusätzlich zu unseren ebenso schweren Rucksäcken hinter uns herzuziehen. Bereits nach einer Stunde waren die Muskeln an meinen Hüften zu nichts mehr zu gebrauchen und die Haut unter meinem Hüftgurt aufgescheuert. An den steilsten Stellen übten wir das Anseilen und bildeten zwei Seilschaften, bei denen wir mit unserem Partner durch eine Seillänge von zehn Metern verbunden waren. Wir übten die Technik, die Rückseite unserer Schlitten am Kletterseil mit einem Prusikknoten festzumachen, der sich bei jeder plötzlichen Bewegung zuzog und blockierte. Viele Bergsteiger haben den Sturz in eine Gletscherspalte überlebt, wurden aber von ihrem fünfundzwanzig Kilo schweren Schlitten erschlagen, der auf sie hinunterkrachte. Bei einem Spaltensturz mit dieser Technik jedoch konnten die Seilpartner den Sturz halten, indem sie sich mit den Füßen nach vorne auf ihren Eispickel warfen und so das Kletterseil verankerten; der Prusikknoten blockierte durch den Ruck am Seil und verhinderte, daß der Schlitten dem Opfer in die Spalte folgte. Als wir einen Schneehang mit einer Steigung von fünfundvierzig Grad hinaufstiegen, sagte Jeff: »Blinder Superman, ich sage dir nicht, wann es soweit ist, aber irgendwann werde ich mich diesen Abhang hinunterwerfen, und du mußt meinen Arsch retten.« Jeff stellte nur die erste Hälfte der Gleichung auf, aber schließlich waren wir angeseilt, und ich mußte den meinen ebenfalls retten. Während ich hochkletterte, kam ich mir vor, als ob ich in eine Schlacht marschierte, und jeder Muskel meines Körpers wartete darauf, daß der Feind zuschlüge. Dann spürte ich einen jähen Ruck des Seils, der mich rückwärts riß. Ich schlug mit dem Rücken auf dem Hang auf, den Kopf nach unten, und mein großer Rucksack drückte mich wie der Panzer einer Schildkröte nieder. Während ich rutschte, wand und drehte ich mich, so daß ich auf dem Bauch zu liegen kam, drückte meine Brust gegen die stumpfe Seite des Pickels und trieb dadurch die scharfe Haue in den glasigen Schnee. Als Jeffs schweres Gewicht uns weiter abwärts zog, durchschnitt die Zahnung der Haue den dünnen Schnee lediglich wie ein scharfes Messer eine Geburtstagstorte. Ich hielt den Körper steif und stieß auch meine angewinkelten Knie in den Schnee. Ich wußte, daß ich bei dieser Geschwindigkeit die Frontalzacken meiner Steigeisen nicht in den Schnee graben durfte; der zusätzliche Druck der Zacken würde mich in Verbindung mit dem starken Schwung unserer Rutschpartie wieder auf den Rücken expedieren. Schließlich kamen wir zum Halten und machten uns ohne ein Wort wieder auf den Weg nach oben, mit dem Resultat, daß Jeff sich nach ein paar Minuten wieder nach unten warf. Am Ende des Nachmittags schmerzte mein Körper vom ständigen Hinfallen, und beim Rutschen hatte sich eine dicke Schicht Schnee unter meinen Gore-Tex-Panzer geschoben, so daß ich völlig durchnäßt war. Als ich diese Nacht im Zelt schlief, zuckte mein Körper und wand sich, als der scharfe Ruck des Seils und das Vibrieren des Pickels, der durch den Schnee schnitt, sich in jeden Traum einschlichen. Ich wußte, daß mein Einbremsen bei einem wirklichen Spaltensturz automatisch erfolgen mußte. Meine Reaktion mußte so eingespielt sein, daß alle Schaltungen der Muskelfasern unwillkürlich reagierten. Wenn ich darüber nachdenken mußte, was während eines Sturzes zu tun sei, würde es bereits zu spät sein.

Ich verbrachte nicht die ganze Zeit meiner Vorbereitung auf die große Besteigung in den Bergen; im Rahmen ihrer PR-Kampagne bat mich die AFB, einige Interviews im Fernsehen zu geben. Eines davon fand in einer billigen Nachmittags-Talkshow statt, in der ich in einer Gruppe Blinder zur Schau gestellt wurde, die für »erstaunlich und inspirierend« erachtet wurden. Alle Blinden wurden mit ihren klopfenden Stöcken und schwanzwedelnden Hunden in die Dekoration geführt und in einer Reihe vor die Zuschauer gesetzt. Ich wurde als erster präsentiert, und die Moderatorin begann mit der Mitteilung: »Ein blinder Bergsteiger. Ist das nicht unglaublich? Selbst ich, und ich kann sehr gut sehen, würde nicht daran denken, einen Berg zu besteigen.« Es war nicht das erste Mal, daß ich dieses »Selbst ich« zu hören bekam. Es war immer als Kompliment gemeint, aber ich ärgerte mich jedesmal darüber. Es konnte ein Dutzend andere Faktoren geben, die verhinderten, daß sich die Moderatorin im Sport des Bergsteigens hervortat. Vielleicht hatte sie fünfundzwanzig Kilo Übergewicht und mußte bei jedem Atemzug keuchen, vielleicht hatte sie auch noch nie einen Fuß auf einen Berg gesetzt, doch in ihrem Gehirn waren Erfolg und Scheitern nur von einem einzigen Faktor abhängig: Sehvermögen oder kein Sehvermögen.

Die zweite Teilnehmerin hatte während des jüngsten Erdbebens in San Francisco »heldenhaft das Leben eines anderen Menschen gerettet«. Doch als die Geschichte Konturen annahm, blieb von der Heldentat nicht mehr viel übrig. Während des Erdbebens hatte sie in einem Hotel gewohnt, und es war ihr bekannt, daß ihre Zimmernachbarin an den Rollstuhl gefesselt war. Also schrie diese Blinde aus dem Fenster um Hilfe. Zwei stämmige Bauarbeiter hörten ihre Schreie, rannten in das Hotel und brachten die Frau im Rollstuhl in Sicherheit. Ich fragte mich, warum diese Bauarbeiter nicht in der Show waren. Als nächster stand ein blinder Standup Comedian auf und zog seine Nummer ab. Er zeigte ins Publikum und sagte: »Was seht ihr doch heute nachmittag alle toll aus.« Das Publikum brach in Gelächter aus. »Ich habe gehört, daß unsere Gastgeberin eine heiße Nummer ist«, sagte er. »Ich würde gern ihr Gesicht anfassen. Mampf, mampf.« Das Publikum explodierte abermals. Er erzählte einen Blindenwitz nach dem anderen, von der Sorte, die ich in der dritten und vierten Klasse in der Highschool erzählt hatte, um Anerkennung zu finden, und bereits damals hatte ich gewußt, daß diese Witze im Grunde ganz und gar nicht komisch waren.

Während dieses ganzen Programms wand ich mich in meinem Stuhl. Ich hätte stolz darauf sein sollen, daß ich nach dem Kriterium »erstaunlich und inspirierend« ausgewählt worden war, aber seltsamerweise war es mir peinlich, und ich empfand leichte Übelkeit. Ich war nicht begabter als die anderen. Ich war schlicht und einfach ein Blinder, der vorhatte, einen Berg zu besteigen, und weiter nichts. Doch die Menschen bauschen das Leben von Blinden zur Sensation auf, wenn sie häufig genug lediglich den Anschein von Normalität an den Tag legen. Man hatte mir diese Ehrenbezeugungen mein ganzes Leben lang entgegengebracht. Jemandem die Richtung zu meinem Haus weisen – unglaublich. Einen Augenkontakt herstellen – erstaunlich. Milch in ein Glas gießen, ohne alles auf dem Tisch zu verschütten – inspirierend. Jeder von uns auf dem Podium wurde für seine heroischen Geschichten geehrt, doch die Anerkennung zeugte eher von niedrigen Erwartungen als von wirklichen Leistungen. Mein Herz brannte bei der Erinnerung an meine Helden, an Menschen wie Helen Keller, die die Wahrnehmung der Welt, was die Behinderten betraf, in Millionen Stücke zertrümmerten, Menschen, deren Geschichte in mir das heftige Verlangen erweckte, ihnen nachzueifern. Denn die Geschichte derer, die ich als Helden in den Himmel hob, war wirklich heldenhaft und nicht oberflächlich.

Die Gastgeberin beendete die Show mit einer Demonstration von »Beeper-Baseball«, einem mit Baseball vergleichbaren Spiel, das speziell für Blinde entwickelt worden war. Da etwa ein Dutzend inspirierende Helden auf dem Podium saßen, war es mir schleierhaft, warum gerade ich als repräsentativer Schlagmann ausgewählt wurde. Einer aus dem Publikum pitchte mir den durch die Luft zischenden Ball zu. Ich verfehlte den ersten Pitch und auch den zweiten. Der dritte Pitch wurde nur wenige Sekunden vor Ende der Sendezeit geworfen; die flotte Erkennungsmelodie der Show wurde eingespielt, und die Moderatorin hatte bereits mit ihrem Schlußmonolog begonnen, wie erstaunlich und inspirierend wir doch seien, als ich das piepsende Ding doch tatsächlich traf. Ich hörte, wie ihre Stimme stockte, als sie sah, wie der Ball auf sie zuschoß, und dann den dumpfen Ton, als er von ihrem Kopf abprallte. Geschieht ihr recht, dachte ich später, als mir der amüsierte Pitcher erzählte, was geschehen war. Als ich zum Flughafen fuhr, um meine Maschine nach Hause zu erwischen, wurde mir eines klar: Wenn Blinde Standup Comedians werden, eine Rettungsaktion bei einem Erdbeben organisieren und die Besteigung eines Berges planen könnten, ohne als inspirierend herausgestellt zu werden, dann wäre die Welt ein perfekter Ort.

KAPITEL ZWÖLF

Zero Zero

ENDLICH KAM DER TAG. ICH WAR ERSCHÖPFT VOM TRAINING und war es müde, Interviews zu geben. Am Berg würde ich wenigstens genug Zeit haben, um mich ungestört auf ein einfaches Ziel zu konzentrieren: den Gipfel zu erreichen. Doch gleichzeitig war der Tag des Aufbruchs einer der traurigsten in meinem Leben, denn es war auch der Tag, an dem ich Wizard Lebewohl sagen mußte. Wizards Ruhestand war seit langem geplant. Eigentlich hätte er schon ein Jahr früher aufhören müssen, aber ich war noch nicht so weit gewesen, ihn aus meinem Leben gehen zu lassen. So wie der Körper des Menschen funktioniert auch der eines Hundes schließlich nicht mehr. Als Wizard elf geworden war, sah Ellen, daß seine Schnauze grau wurde, und ich bemerkte, daß mein einst so flinker, unermüdlicher Gefährte nur noch mithumpelte und kaum imstande war, Schritt zu halten. Wizards Blase hatte sich auf die Größe von der eines Welpen zurückentwickelt, er blieb einfach stehen und näßte mitten auf den Gehsteig zwischen all den Fußgängern oder vor Familien, die ihren Lunch auf einer Caféterrasse einnahmen. Im Klassenzimmer begann er mitten in der Stunde zu winseln, ich eilte mit ihm hinaus und konnte nur mit knapper Not ein Mißgeschick verhindern. Wenn ich sein Fell berührte, spürte ich, daß es stumpf geworden war und seine Geschmeidigkeit verloren hatte. Doch all das hätte mir nichts ausgemacht. Ausschlaggebend war, daß ich dachte, Wiz solle sich endlich eines geruhsamen Lebens frei von jeder Verantwortung erfreuen. Ursprünglich wollte ich Wiz als Haustier behalten, doch bei Fidelco hatte man mich gewarnt, daß es für Wiz zuviel Streß bedeute, zusehen zu müssen, wie ein jüngerer Hund seinen Platz als mein Blindenhund übernahm. Also hatte mein Bruder Eddi angeboten, ihn zu sich zu nehmen. Eddi lebte in Pensacola, Florida, auf einigen Morgen Land mit einem Fluß und einer Anlegestelle hinter dem Haus. Wiz schwamm schrecklich gern. Als er noch jünger war, hatten wir viele Samstagnachmittage am Charles River verbracht und Apportieren gespielt. Ich warf einen Ball in den Fluß, und Wiz raste in kraftvollen großen Sätzen über den Pier, sprang ins Wasser und schwamm ans Ufer zurück, den Ball stolz in seinem Fang. Ich stellte mir vor, wie Wiz von der Anlegestelle springen und sich einbilden würde, daß er wieder jung sei. Endlich würde er all die Bissen fressen dürfen, die am Tisch für ihn abfielen, bis sein Bauch zum Platzen voll war: Steakknochen, Schweinekoteletts und Apfeltorte. Er würde nach Herzenslust tollen, schnüffeln und bellen dürfen. Endlich würde er ein herrliches Hundeleben haben.

Vor unserem Flugsteig kniete ich mich vor Wiz hin. Er war nie ein Schmusehund gewesen und hatte immer lieber Apportieren gespielt oder sich mit mir im Gras gebalgt, doch diesmal legte ich meine Arme um ihn und legte meine Wange an seine Lefze. »Jeder wird einmal alt«, sagte Ellie und legte ihre Hand auf meine Schulter. »Irgendwann wird es auch dir und mir so gehen.«

»Ich weiß«, sagte ich und holte tief Luft, während meine Tränen auf Wizards Fell tropften, »aber das macht es nicht leichter.« Elf Jahre lang war Wizard mir treu ergeben gewesen, seit meinem sechzehnten Lebensjahr, und hatte großen Anteil daran gehabt, daß sich mir eine Welt von Möglichkeiten eröffnet hatte. Es gab absolut nichts, was ich hätte sagen oder tun können, das ausgereicht hätte, um ihm zu danken. Während der ganzen Zeit, die wir zusammen gewesen waren, hatte mich Wizards Wahrnehmung der Welt ständig vor Rätsel gestellt: Mal ließ er mich plötzlich gegen einen herunterhängenden Ast laufen, und im nächsten Augenblick fand er den richtigen Eingang zu einer Arztpraxis, in der er noch nie gewesen war. Ich konnte nie mit Bestimmtheit voraussagen, was er wußte und was er fühlte, doch während ich meinen Arm um ihn schlug, hoffte ich, daß er spürte, wie sehr ich ihn liebte. Ich fragte mich auch, ob Wizard witterte, daß sich etwas grundlegend änderte. Falls dem so war, wies nichts darauf hin, er hechelte lediglich wegen der heißen Junitemperaturen. Es war besser, daß er es nicht wußte. Laß ihn in Unkenntnis leben und glücklich sein, betete ich. Ich wußte, daß Wizard, wenn er ein Mensch wäre, nicht der Typ für einen langen, rührseligen Abschied wäre, also zwang ich mich aufzustehen und verwuschelte sein Fell an den Ohren. »Leb wohl, Kumpel. Laß es dir in Florida gutgehen. Friß nicht zu viele Steaks.« Dann küßte ich Ellie, sagte ihr, wie sehr ich sie vermissen werde, und ging den Flugsteig hinunter. Wiz und ich sollten uns nie wiedersehen, denn nur sechs Monate darauf starb er an einem Herzschlag, doch ich kann nur hoffen, daß er in diesen letzten sechs Monaten schrankenloser Freiheit ein ganzes Leben gelebt hatte und daß der Herzschlag nicht zuletzt durch viele Sprünge von der Anlegestelle meines Bruders in den Fluß verursacht worden war.

Mein Team und ich flogen nach Anchorage und fuhren nach Norden zu einer kleinen Piste in Talkeetna, wo wir vierhundert Kilo Ausrüstung in eine ausgeräumte Chessna luden. Wir rollten an einem Flugzeugwrack vorbei, das in einem Graben steckte. Es sah mit seinen abgeknickten Tragflächen wie ein toter Vogel aus. Unser Pilot Doug Geeting sagte, der Pilot der verunglückten Maschine habe mit den ausgefahrenen Gletscherkufen zu landen versucht. Die Umstellung von Kufen auf Räder geschieht nicht automatisch, und wenn sie auf Asphalt landen, vergessen manche Piloten umzuschalten. Das war kein Fleck der Erde, auf dem man sich Schnitzer erlauben konnte, dachte ich. Ich sollte mich bald daran erinnern, als wir auf dem Kahiltna-Gletscher landeten.

Zehn Minuten später waren wir in der Luft und segelten eingezwängt zwischen bis zum Rand vollgepackten Rucksäcken und Schlitten über die Alaskakette. Das Dröhnen der Maschine ließ meinen Körper vibrieren. Ein unsicheres Gefühl machte sich breit, als das Flugzeug rumpelte und in manchen Luftströmungen abrupt an Höhe verlor. »Wir fliegen durch den One Shot Pass«, warnte der Pilot, und das Flugzeug drehte sich seitwärts. Zweihundert Kilo Ausrüstung quetschten mich gegen die Tür. Ein leichtes Unbehagen breitete sich in meinem Bauch aus, als ob ich viel zu viele Pfannkuchen gegessen hätte. Ich kannte dieses Gefühl gut. Ich hatte es im Umkleideraum vor einem großen Ringkampf gehabt und oben auf der Auffahrt unseres Hauses, wenn ich mit meinem Fahrrad in Richtung der verschwommenen orangefarbenen Rampe jagte, die sich in vager Entfernung befand.

Der Pilot stellte den Motor ab, und unheimliche Stille umgab uns. Dann setzte das Flugzeug auf einem dreißig Grad steilen Schneehang auf, der Motor lief wieder auf Touren, und der Pilot riß die Maschine um 180 Grad herum, um für den nächsten Start bereit zu sein. Zum zweitenmal stellte er den Motor ab, und wir schwiegen. »Vorwärts, laden wir diesen Vielfraß aus.« Chris Morris mit seiner heiseren Stimme, unser Führer aus Alaska, öffnete bereits die Tür und wuchtete Säcke in den Schnee. Sofort verfiel jeder in hektische Aktivität, zerrte Teile der Ausrüstung heraus und transportierte sie zu unserem Lager. Ryan erwies sich als Maultier, schleppte riesige Stapel Gerätschaft fast zweihundert Meter über den Gletscher zum Lagerplatz, setzte sie ab und hetzte ohne Pause zurück, um eine weitere Ladung zu holen. Meine kleine

Last schien mir, als ich hinter Jeff hertrabte, im Verhältnis dazu armselig. Chris hatte sich bereits an die Arbeit gemacht und schaufelte eine flache Vertiefung für das erste Zelt aus. Ich ging entschlossen zu ihm. Ich hatte mir ein paar Sätze zurechtgelegt, um wesentliche Dinge vor der Besteigung geklärt zu haben. »Chris«, sagte ich, »ich möchte nicht, daß du mir, nur weil ich blind bin, weniger Arbeit gibst oder mich auch nur im geringsten anders als die anderen Teammitglieder behandelst. Wenn eine Arbeit erledigt werden muß, möchte ich unbedingt daran beteiligt werden.«

»Würde mir nicht im Traum einfallen, dich um die Arbeit zu prellen, Sportsfreund«, erwiderte er forsch und klatschte mir die Schaufel in die Hand. »Fang schon mal an zu graben.« Als ich Schaufel um Schaufel schweren nassen Schnees über die Schulter wuchtete, bekam ich einen Krampf im Rücken. Ich fragte mich, ob ich nicht ein wenig zu eifrig gewesen war. Vielleicht hätte ich besser warten und die Dinge auf mich zukommen lassen sollen. Vielleicht hätte ich meinen großen Mund besser gehalten.

Ich saß schweißgebadet auf einem Eisblock in der frischen Gletscherluft, als Ryan sich zu mir setzte. »Aufgekratzt, weil du endlich hier bist?« fragte ich und schlug ihm aufs Knie.

»Während der vergangenen acht Monate habe ich an nichts anderes gedacht«, antwortete er.

»Ich bin froh, daß du dabei bist«, sagte ich.

»Erik«, sagte er und schaute hinaus auf die Alaskakette, »solange ich mich erinnern kann, war es mein Traum, genau hier, an dieser schönsten Stelle der Erde, zu sitzen. Ich spüre so viel Kraft in mir, ich habe das Gefühl, daß ich uns alle hinauftragen könnte. Ich möchte der Halt für dieses Team sein.« Ich wußte, daß Ryan es ernst meinte, und seine Worte und sein Enthusiasmus wirkten beruhigend auf mich.

Unsere erste Nacht auf dem Berg begann mit bedrohlichen Vorzeichen. Die friedliche Ruhe des Berges wurde ständig von Chinook-Hubschraubern gestört. An zwei Stellen auf dem oberen Teil des Bergs waren Menschen in Not geraten. Zwei spanische Bergsteiger waren bei dem Versuch abgestürzt, über den Orient Express, eine steile Rinne in 5500 Meter Höhe, abzusteigen. Das Seil, das sie verband, war glücklicherweise an einem Felsen hängengeblieben. Einer von ihnen war bereits bei dem Absturz ums Leben gekommen, und der andere baumelte hilflos am Seil, und sein verletzter Körper verlor in der gnadenlosen arktischen Kälte immer mehr Wärme. Ein Stück weiter saß bei hoher Windstärke mitten in einem Whiteout eine taiwanische Zweiermannschaft auf dem Football Field, einem flachen ungeschützten Schneefeld unter dem Gipfel, in der Falle. Ohne Zelt saßen sie dicht aneinandergedrängt. Der eine Bergsteiger war noch bei Bewußtsein und sandte verzweifelte Hilferufe über sein Funkgerät. Vor Tagesanbruch war der eine Taiwaner tot, und das Leben des anderen wurde in der höchsten Helikopter-Rettungsaktion der Geschichte gerettet.

Am nächsten Morgen seilten wir uns, beladen mit fünfundzwanzig Kilo schweren Rucksäcken und hinter uns Schlitten von zwanzig Kilo, für unseren ersten Transport in zwei Teams an, und ich wandte die Fortbewegungsmethode an, die ich bei unseren Trainingsaufstiegen entwickelt hatte. Da ich mehrere Kleidungsstücke über meinen Ohren trug und ein ständiger Wind über den Gletscher fegte, würde ich nicht immer in der Lage sein, dem Knirschen der Stiefel meines Vordermanns zu folgen. Doch da wir wegen der Gefahr von Gletscherspalten ständig angeseilt waren, konnte ich ihm folgen, indem ich das Seil um meine Hand schlang und damit eine Spannung erzeugte, die mich die Richtung seiner Bewegung spüren ließ. Während unsere Seilschaft mit Chris als Seilerstem, mir als Seilzweitem und Sam als Schlußmann sich den Ski Hill hinaufmühte, wurde mir vorgeworfen, daß ich zuviel Spannung in das Seil legte. Ich merkte, wie das Seil schlaff wurde, und Chris schrie von oben: »Jungs, ich schleppe einen Thunfisch hinter mir her.« Ich konnte spüren, wie mich sein Blick durchbohrte, also sagte ich das, was mir als erstes einfiel: »Das liegt nicht an mir.« Ich versuchte so unschuldig wie möglich auszusehen. »Er ist es«, deutete ich hinter mich auf Sam. Doch von nun an war das Wort Thunfisch meinem Gedächtnis als Erinnerung an mein langsames Tempo unauslöschlich eingebrannt. Immer wenn wir einen steilen Aufstieg begannen, schrie ich zu Chris hinauf: »Zieh deine Fischerstiefel an. Du mußt einen Thunfisch hinter dir herschleppen.«

Da das Seil um mein Handgelenk geschlungen war, hatte ich beide Hände für meine Teleskopstöcke oder den Eispickel frei, je nachdem, wie steil das Terrain war. Es ist wichtig, daß sich Bergsteiger genau hinter dem Seilersten halten und direkt in seine Fußstapfen treten, um das Risiko, durch eine nicht getestete Firnbrücke in eine verborgene Gletscherspalte zu fallen, auf ein Mindestmaß zu reduzieren. Ich suchte die Spur mit einem Teleskopstock ab, fühlte Chris' Stiefelabdrücke, lehnte mich auf meinen zweiten Stock und setzte behutsam meinen Fuß hinein. Ich versuchte, mich in sein Gehirn und seinen Rhythmus zu versetzen, so daß meine Schritte automatisch den seinen entsprachen. Stundenlang glitten meine Füße in eine Spur nach der anderen. Wenn sich allerdings der Abstand zwischen den Schritten oder der Winkel des Stiefelabdrucks veränderte, brauchte ich zehn Minuten, um den neuen Rhythmus herauszufinden. Ich fragte mich, ob Chris, der meistens als Seilerster ging, sich allmählich langweilte und beschlossen hatte, uns beiden das Leben interessanter zu machen.

Als ich an unserem fünften Tag auf dem Berg aus meinem Zelt in 2500 Meter Höhe herauskam, konnte ich Chris und Ryan miteinander flüstern hören. Der Ton ihres

Gesprächs war ernst. Als ich näher kam, hörte ich, wie Chris fragte: »Hast du überhaupt nicht geschlafen?«

»Nein, schon seit zwei Nächten nicht«, antwortete Ryan heiser. »Ich habe das Gefühl, als ob mein Herz jeden Moment explodiert.«

»Hast du das schon jemals vorher gehabt?« fragte Chris, der sich augenblicklich sein Emergency-Medical-Technician-Training ins Gedächtnis rief.

»Ja, als ich ein kleiner Junge war. Ich hatte eine undichte Herzklappe. Ich mußte eine Zeitlang Medikamente nehmen, doch das ist eine solche Ewigkeit her, daß ich es fast vergessen habe.«

»Das ist nicht der Ort, um Unfug zu treiben«, sagte Chris.

»Ich weiß. Wenn es keine ernste Geschichte wäre, hätte ich kein Wort darüber verloren. Ehrlich gesagt, habe ich ein bißchen Angst.«

»Du mußt wieder runter«, sagte Chris, und Ryan wußte, daß er so etwas auf keinen Fall leichtfertig sagen würde. Chris wußte wie wir alle, wie wichtig diese Besteigung für Ryan war.

»Ich weiß«, sagte Ryan schließlich, und seine Stimme versagte, während er versuchte, seine Tränen zurückzuhalten. Es war niederschmetternd, miterleben zu müssen, wie dieser verwegene junge Mann bereits kurz nach dem Start von einer undichten Herzklappe geschlagen wurde, die er achtzehn Jahre lang nicht gespürt hatte. Ryan stand am Rand des Lagers und packte seine Ausrüstung zusammen. Ich ging zu ihm und setzte mich neben ihn.

»Kann ich irgendwas tun?« sagte ich, weil mir nichts anderes einfiel.

»Nein, ich habe alles beisammen«, erwiderte er und wandte sein Gesicht von mir ab. Dann drehte er sich wieder zu mir und kniete sich im Schnee hin. Er weinte, und sein großer Körper wurde von Schluchzen geschüttelt. »Ich habe von diesem Berg geträumt«, sagte er mit zitternder Stimme. »Ich habe mir sogar dieses Kreuz machen lassen. Ich dachte, es würde mir Glück bringen.« Er zog es aus seinem Pullover. »Schau, faß es an. Der Name unseres Teams, HighSights '95, ist eingraviert.« Ich berührte das warme Metall und konnte die Konturen der Buchstaben spüren. Dann nahm er es vom Hals und legte es um meinen. »Wenn ich es nicht bis zum Gipfel hinaufbringen kann, dann möchte ich, daß du es tust. Ich möchte, daß du es für mich trägst. Bitte.«

»Ich werde es tragen«, war alles, was ich sagen konnte, denn ich mußte ebenfalls weinen. Wir umarmten uns und drückten einander die Hand. Dann stand er auf, schnallte seinen Rucksack auf und ging mit einer absteigenden Mannschaft langsam den Berg hinunter. Ich wußte nicht, ob Ryans Verfassung lediglich besonders großes Pech oder das Resultat der psychischen Belastung war, die er sich selbst auferlegt hatte, oder ob es einfach noch nicht der richtige Zeitpunkt für ihn war. Wenn er die entsprechende Behandlung bekam und genauso hart weiter trainierte, würde er vielleicht eines Tages hierher zurückkehren – vielleicht aber auch nicht. Doch das einzige, was ich tun konnte, war, ihn zu umarmen, ihm alles Gute zu wünschen und sein Kreuz bis zum Gipfel zu tragen.

Eine Stunde, bevor wir unser Lager in 3300 Meter erreichten, hatte Chris einen Einfall. Er wußte, daß sein Freund Rodrigo, der Führer einer anderen Klettermannschaft, dort oben kampierte, und Chris hatte ihm von dem blinden Bergsteiger erzählt, den er hinaufbringen werde. »Rodrigo weiß nicht, wer der blinde Bergsteiger ist. Also Sam«, sagte er, »wenn ich euch miteinander bekannt mache, möchte ich, daß du versuchst, ihm die Hand zu geben, aber danebengreifst. Verstehst du, was ich meine?« Sam brauchte keine weiteren Erklärungen. Sein hinterhältiges Gehirn arbeitete bereits an einem Schlachtplan. Bald erreichten wir das Lager, und Rodrigo kam auf uns zugelaufen, voller Neugierde auf den blinden Bergsteiger. »Das ist Erik«, sagte Chris mit verblüffend fester Stimme. Das war Sams Stichwort. Er trat vor und streckte seine Hand aus. Dann begann er, in die Luft zu greifen. Als er Rodrigos Körper fand, fing er an, ihn zu befummeln, und ließ dabei keine Stelle aus. Rodrigo, fassungslos über diese Demonstration, stand wie ein Reh da, das im Licht der Scheinwerfer erstarrt ist. Seine großen Augen waren mit der flehenden Bitte auf seinen Freund Chris geheftet, ihm einen Hinweis zu geben, wie er sich verhalten sollte. Nun konnte Chris sich nicht länger beherrschen. Er brach in Gelächter aus. Sam trat zurück und lachte ebenfalls schallend, und der Rest stimmte mit ein. Die Fassungslosigkeit in Rodrigos Miene wich ganz langsam dem Anflug eines Lächelns. Er erkannte, daß wir ihn reingelegt hatten, und begann, den Scherz allmählich zu kapieren. Dann trat ich vor, gab ihm die Hand – und griff ihm schließlich noch zwischen die Beine. Rodrigo wich zurück und wandte sich zu Chris. »O Chris«, sagte er mit seinem berüchtigten Ricky-Ricardo-Akzent, »du bist so verrückt.«

In 3300 Meter Höhe saßen wir in einem Sturm fest, in dem dicke nasse Schneeflocken von der Größe von Zehn-Cent-Münzen trieben. Wir verbrachten Stunden in unserem »Megazentrum«, einem Raum von zehn Quadratmetern, den wir gebaut hatten, indem wir ein Loch gegraben, aus Schneeblöcken Mauern errichtet und darüber eine schräge Nylonplane befestigt hatten. Wir tauschten Geschichten aus und ließen eine riesige Tüte mit kleinen glitschigen Würstchen herumgehen. Chris erzählte uns, wie er in die Wildnis von Alaska gezogen war und sich eine Blockhütte in Wasilla gebaut hatte. »Die Stämme habe ich einer Biberfamilie gestohlen«, sagte Chris und lachte dann, »und die Rinde habe ich mit meinen eigenen Zähnen abgezogen.« Im ersten Winter türmten sich die Schneewehen bis zum Dach, und sein Lieblingshusky wurde von einem Rudel Wölfe aufgefressen. Als er uns seine Postanschrift mitteilte und schwor, daß er nicht lüge, lachten wir alle.

Meile 12, Alter Trapperweg 2
Dritter Sandweg rechts
Erstes Blockhaus links
Wasilla, Alaska 99287

Den ganzen Tag über schauten Führer aus Alaska bei uns herein, die Chris seit dem vorigen Jahr während eines ähnlichen Sturms nicht gesehen hatte, und bald war die Freundschaft erneuert, sie lachten und erzählten ganze Epen über Alaska. Ich hörte ihren Geschichten gern zu, die geschickt die Grenze zwischen Folklore und Wahrheit verwischten. »Als ich den Aragatch hinuntertrieb und um eine Biegung fuhr, standen sie da, eine Herde Karibus, tausend nebeneinander, wie ein einziges riesiges Tier.«

»Habt ihr jemals die Geschichte von Hue Glass gehört? Er wurde von einem Grizzlybären zerrissen, und sein Kumpel hielt ihn für tot und ließ ihn liegen, doch er kroch dreißig Meilen und schleifte seine Gedärme hinter sich her, und als er den alten Sack fand, der ihn liegengelassen hatte, nun also ...«

»Habt ihr von diesem Elch gehört, der diesen alten Knaben in der Nähe von Valdez aufspießte? Stampfte ihn platt, und ich soll verdammt sein, wenn er nicht auch noch auf die arme Seele spuckte.«

»Ich war letzten Winter oben bei Fairbanks. Es war so kalt, daß meine Reifen zu Quadraten froren. Habt ihr jemals versucht, mit quadratischen Reifen zu fahren?«

»Mal in der Chugatchkette rumgeschnüffelt? Felsen taugen nicht viel. So weich, daß du mit dem Finger deinen Namen einritzen kannst. Sozusagen Chugatch-Schrott, aber es gibt genug noch nicht bestiegene Gipfel, die einen Burschen 'ne Weile auf Trab halten können.«

Chris hatte die bei weitem besten Alaska-Abenteuer

drauf. Es war aufregend, seinem rauhen Näseln zuzuhören, wenn er erzählte, wie er in der Talkeetnakette immer wieder mit knapper Not riesigen Lawinen entgangen war, wie er den heimtückischen McKinley River durchwatet hatte und mit Rucksack und dem ganzen Gepäck über die wilden Stromschnellen mitgerissen worden war, und von seinen einsamen Floßfahrten jenseits des nördlichen Polarkreises, auf denen er Lachsforellen und Äschen gefangen hatte. Ich stellte mir Chris als überlebensgroßen Pionier vor, direkt aus den Wäldern von Alaska, der mit Daniel Boone auf Karibus über die Tundra ritt, mit ihm zusammen gegen Grizzlybären kämpfte und die Natur bezwang. »Du mußt ein strammer Typ sein«, sagte ich zu Chris.

»Wie stellst du ihn dir vor?« warf Jeff mit einem hinterhältigen Grinsen in der Stimme ein.

»Ungefähr 1 Meter 90 und vielleicht 110 Kilo schwer, mit einem langen struppigen Holzfällerbart und Armen aus Stahl.«

Jeff bekam einen Lachkrampf, rollte sich auf den Rükken und erstickte beinahe an einem der schleimigen Würstchen. »Diesmal, blinder Superman, liegst du mit deiner außersinnlichen Wahrnehmung schwer daneben. 1 Meter 90? 110 Kilo? Arme aus Stahl? Er ist eher 1 Meter 70 und wiegt 68 Kilo, aber nur mit Stiefeln. Mal dir einen Kümmerling mit einem Rattengesicht und einem glänzenden kahlen Schädel aus, und dann hast du Chris Morris genau getroffen.« Ich konnte es nicht glauben. Mein Gehirn konnte Chris' kräftige Stimme und Jeffs Beschreibung nicht in Einklang bringen. Ich kam mir vor wie Dorothy, als Toto den Vorhang zurückzog und der Zauberer von Oz zum Vorschein kam. Chris sprang auf, und seine ohnehin grollende Stimme klang noch tiefer. »Er lügt, Big E! Er ist einfach eifersüchtig. Ich bin 1 Meter 95, wenn nicht größer, und wiege mindestens 125 Kilo. Ich bin ein großer, strammer Sportsfreund, genau wie du mich geschildert hast, und laß dir von niemanden etwas anderes weismachen.« Da ich es auf jeden Fall wissen wollte, sprang ich auf und griff nach Chris. Meine Finger fuhren über seinen kahlen Schädel und umklammerten seinen Bizeps, der, obwohl Chris ihn mit aller Kraft anspannte, alles andere als eindrucksvoll war.

Ebenso regelmäßig steckte jemand seinen Kopf aus unserem Megazentrum hinaus und berichtete: »Jawohl, es schneit noch immer.« Und einmal sagte ein Freund von Chris: »Schaut nicht so aus, als ob wir heute von hier fortkommen. Es ist draußen zero zero.«

»Zero zero?« fragte ich.

»Zero zero ist, was ein Bergsteiger kriegt, wenn er wie hier festsitzt. Der Himmel wird so grau und flach, daß du ihn nicht vom Schnee unterscheiden kannst. Wenn es dich in dieser Situation erwischt, sitzt du schön in der Scheiße. Du hast keinen Hinweis, ob du über den Himmel oder die Erde spazierst. Es wird dir so schwindlig, daß du nicht mehr sagen kannst, welcher Weg nach oben oder unten oder zur Seite führt. Bergsteiger marschieren über die Kante der Felswand und merken gar nicht, daß sie stürzen, bis sie auf dem Boden aufknallen.«

»Das muß man sich mal vorstellen«, sagte Chris, wandte sich zu mir und schlug mir auf die Schulter, »bei dir ist jeden Tag zero zero.«

Nach vier Tagen hörte der Sturm endlich auf, und als wir aufwachten, war der Himmel klar, und es lag mindestens ein Meter Neuschnee. Wir brachen früh auf und stapften den Motorcycle Hill in Richtung des Lagers in 4300 Meter Höhe hinauf. Regelmäßig fragte ich Chris, wie weit es noch sei, und er antwortete immer: »Wir sind schon ziemlich in der Nähe. Nur noch ein Stück.« Nachdem ich das dritte Mal gefragt hatte und Chris mir die gleiche Antwort gegeben hatte, wurde ich mißtrauisch. Schließlich blieb ich stehen, das Seil spannte sich, und Chris wurde mit einem Ruck zum Halten gezwungen. »Lügst du mich an?« fragte ich ärgerlich.

»Yes, Sir!« antwortete er lachend. »Und jetzt moven.« Das Seil zog mich vorwärts. Da mir wenig anderes übrigblieb, folgte ich ihm. An diesem Nachmittag manövrierten wir uns über einen berüchtigten Abschnitt der Windy Corner. Drei Stunden lang blieben wir ständig in Bewegung, während kräftige Winde vom Nordpolarmeer auf die Eiswand und alles, was dumm genug war, sich über sie zu bewegen, einpeitschten. Ein Stück bestand aus einem zwanzig Zentimeter breiten Pfad, der in die gläserne blaue Eiswand eingeschnitten war, die sich 1500 Meter über uns erhob und 1500 Meter zum Ruth-Gletscher abfiel. Ich konzentrierte mich auf das Absuchen mit meinem Teleskopstock, fand die Spur des Stiefels und setzte meinen Fuß darauf. Die Zacken der Steigeisen an meinen Stiefeln gruben sich in den harten Schnee und verhinderten, daß ich abrutschte. Ich stemmte mich gegen die Wand, um das Zwanzig-Kilo-Gewicht meines Schlittens auszugleichen, der über dem Rand hing und mich mit sich zu ziehen drohte. Als wir um die Ecke bogen, legte sich der Wind auf wunderbare Weise, und die Sonne brach hervor. Doch der Tag war noch lange nicht vorüber. Vor uns lag ein riesiges Labyrinth offener Gletscherspalten. Eine Spalte war sechs Meter breit, mit windexblauen Wänden, die in die Finsternis abstürzten. Die einzige Stelle zum Überqueren war eine schmale, fünfundsiebzig Zentimeter breite Firnbrücke. »Haltet euch direkt hinter mir«, schrie Chris. »Jeff, paß auf sie auf.« Ein Stück weiter sagte Chris: »Mach drei Schritte und dann einen ganz großen.« Ich war Chris' häufigen Anweisungen zwei Wochen lang gefolgt, jeden Tag Tausende Schritte über viele Stunden, also hielt ich mich nicht damit auf, über diesen nachzudenken. Als ich den »wirklich großen Schritt« machte und mein Fuß sich senkte, spürte ich nicht die beruhigende Schneedecke, die ihn für gewöhnlich empfing, stürzte vornüber und schwang meinen Eispickel erschrocken nach vorne. Er biß sich in festem Schnee fest. Ich war in der Mitte der Schneebrücke in ein tiefes Loch gesunken. Meine Knie gruben sich in den gegenüberliegenden Rand der Firnbrücke, und meine Füße baumelten ins Leere. Wären nicht die dünnen festen Stäbe gewesen, mit denen der Schlitten an meiner Hüfte befestigt war, wären zwanzig Kilo Ausrüstung auf mich gerutscht. Ächzend zog ich mich vorsichtig heraus und zitterte ein bißchen. Ein Stück weiter schlotterte ich noch stärker, als Sam mir sagte, er habe über den Rand des Lochs gespäht und den Boden des Abgrunds nicht sehen können.

In 4300 Meter Höhe machten wir einen Tag Pause, um uns zu akklimatisieren. Der Tag war sonnig, allerdings hüllten ein paar hundert Meter unter uns Wolken den tiefer gelegenen Kahiltna-Gletscher ein. Sam sagte: »Es ist, als befänden wir uns in einer fremden Welt – wir schauen auf die Wolken hinunter statt zu ihnen hinauf.«

Nach der üblichen Haferflockenmahlzeit ging Chris herum und setzte umsichtig Holzstäbe um die äußere Grenze der gletscherspaltenfreien Zone. Dann holte er einen Stoffsack heraus, aus dem er einen Ball gemacht hatte. »Wählt euren Partner aus«, kommandierte er. Ich erhob mich träge und wählte Jeff. »Dann nehme ich Sam«, sagte Chris. Ich hörte das Zischen von Chris' Skistock, als er ihn vor meiner Nase schwang.

»Was sagst du zu meinem Ausholen?« fragte er sarkastisch.

»Ich wette, daß ein blinder Bursche dich ausmachen wird«, schoß ich zurück. Chris schlug den Ball als erster, während Sam sich auf der »Spielerbank« aufwärmte; Jeff war der Fänger und ich der Pitcher. Jeff hockte sich hinter Chris und wies mir die Richtung meines Pitchs, indem er rief: »He, Schlagmann, he, Schlagmann, hmmmm Schlagmann, Schlagmann.« Ich warf den ersten weit und präzise.

»Wow, junger Sportler!« schrie Chris, und sein Kopf

zuckte zurück, um der Wucht des Balls auszuweichen. »Der hätte mir doch glatt die Haare vom Kopf gefegt.«

»Welche Haare?« rief Jeff hinter ihm. »Ball eins.«

»Ich wollte bloß testen, ob du ausgeschlafen bist«, sagte ich.

Der zweite Pitch war genau plaziert und schoß die Foullinien entlang. »Schlag eins!« schrie Jeff. Ich hatte mein Ziel gefunden. Der zweite flog so hart an Chris vorbei, daß er nicht einmal ausholte. »Schlag zwei!« schrie Jeff, sprang auf und phantasierte bereits über Schlag drei. Beim nächsten Pitch mußte ich meine Konzentration verloren haben, denn ich hörte den Hieb von Chris' Skistock gegen den Ball, und Chris stolzierte um die Male, die von Gefrierbeuteln eingefaßt waren, und sprach sich Glückwünsche aus wie: »Wer ist der Allergrößte? Die Fans toben. Mark McGuire kann mir nicht das Wasser reichen.« Da Chris durch sein Eigenlob abgelenkt war, schoß Jeff aus seiner Fängerposition heraus, schnappte sich den Ball und jagte Chris um die Male, doch Chris hatte zuviel Vorsprung und schaffte es gerade noch, das Heimmal vor Jeff zu erreichen.

Gegen Chris und Sam zu drei Aus zu kommen schien eine Ewigkeit zu dauern, doch schließlich kam ich als Schlagmann wieder zum Zug, holte zum Üben ein paarmal kräftig aus und bemerkte, daß alle versuchten, sich so schnell wie möglich aus meinem Bereich zu entfernen. Chris warf mir ein paar Bälle in leichtem Bogen zu, während Jeff mich dirigierte: »Hol etwas höher aus … zu spät.« Chris, der meine mitreißende Darbietung beim Beeper-Baseball im Fernsehen nicht gesehen hatte, unterschätzte eindeutig mein Können. Beim dritten Bogenwurf spürte ich, wie der Skistock den Ball traf, und hörte Chris murmeln: »Wenn er mir nicht nach der Krone greift, dann zielt er mir auf die Eier.« Als ich zu den Malen lief, hielt Jeff sich vor mir. Als er beim ersten ankam, schrie er: »Hierher. Hierher. Hierher.« Und unmittelbar, bevor ich gegen ihn geprallt wäre, sprang er zur Seite und rannte zum zweiten. »Hierher. Hierher. Hierher.« Dann hörte ich Chris hinter mir, der rasch aufholte. Ich kann mich beim besten Willen nicht an die Reihenfolge dessen erinnern, was als nächstes geschah, aber es muß sich ungefähr so abgespielt haben: Jeff griff Chris an, der mich angriff, und Sam warf sich über uns alle, einfach nur so aus Spaß. Wir wälzten uns in einem knurrenden Knäuel aus mit Gore-Tex bekleideten Knien und Ellbogen durch den Schnee, und schließlich lag jeder auf dem Rücken und rang in der dünnen Atmosphäre in 4300 Meter Höhe nach Luft.

Wir verzehrten unser Mittagessen im neu errichteten Megazentrum. Chris bereitete seine Spezialität zu, die er »Schmalzbombe« nannte und die aus Frühstücksfleisch aus Büchsen und Cheddar zwischen zwei Bagelhälften bestand und in einer Pfanne mit einer unglaublichen Menge Schmalz gebraten wurde. »Meine Geheimzutat ist das Schmalz!« sagte Chris stolz, während er kräftig in sein knuspriges Stück biß. »Ja ... und natürlich das Frühstücksfleisch.« Nach dem Mittagessen erkundigte sich Chris nach der American Foundation for the Blind, der Organisation, die wir mit unserer Besteigung unterstützten. »Über siebzig Prozent der Blinden in erwerbsfähigem Alter sind arbeitslos, und viele blinde Kinder lernen niemals Braille oder wie sie einen Blindenstock benutzen können. Ich gehörte zu den Glücklichen«, sagte ich und erinnerte mich an meine Kämpfe mit Mrs. Mundy.

»Warum haben so viele blinde Leute keine Arbeit?« fragte Chris.

»Ich bin nicht sicher«, sagte ich und dachte eine Weile darüber nach, »aber ich glaube, daß es eine Menge mit den geringen Erwartungen zu tun hat, die in die Fähigkeiten der Blinden gesetzt werden, und daß das auf die Blinden selbst abfärbt.« Ich erzählte ihnen, wie ich auf dem College vergeblich versucht hatte, einen Job als Tellerwäscher zu bekommen. »Ein Typ sagte mir, daß ich mir meine Grenzen klarmachen müsse. Ich denke, daß zu viele Leute herumsitzen und ihre Grenzen erkennen, während sie vielleicht mehr Zeit damit verbringen sollten, ihre Möglichkeiten zu erkennen. Die AFB unternimmt viel, um gegen diese niedrigen Erwartungen anzukämpfen. Im letzten Jahr starteten sie eine Aufklärungskampagne mit einem Poster, das sie in Bibliotheken und Schulen im ganzen Land aufhängten. Das Poster zeigte Fotos von Blinden, die Berufe ausüben, in denen man sie nicht erwartet hätte. Da waren ein blinder Rechtsanwalt einer großen Firma, ein blinder Systemanalytiker, ein blinder Paläontologe, der die verschiedenen Arten Muscheln durch Berührung unterscheiden kann, ein blinder zweiter Kommentator eines Baseballteams der Minor League, der die Hintergrundinformationen mit einem Stoß Braillekarten liefert, und in der Mitte war ein Bild von mir als Ringertrainer. Die Überschrift über den Fotos sollte für eine kleine Schockwirkung sorgen. Sie lautete: ›Blinde – Nicht jeder hat einen Bauchladen!‹«

»Können sie das behaupten?« lachte Chris.

»Sie haben es getan«, erwiderte ich. Ich wußte nicht, daß ich mich mit der Schilderung der schockierenden Überschrift Chris' verquerem Humor ausgesetzt hatte. »Ich habe eine viel bessere«, sagte er aufgeregt. »Blinde – Jeder sollte einen besitzen!« Dann wiederholte er es, diesmal etwas langsamer, und schmeckte den Satz genüßlich nach. »Das wäre wirklich eingängig«, sagte er, begann seine Oberschenkel zu tätscheln und mit gekräuselten Lippen schmatzende Kußgeräusche von sich zu geben. »Komm her, kleiner Kumpel. Hol Chris seine Hausschuhe.«

Später am Nachmittag holten wir das Mobiltelefon heraus, das uns CNN mitgegeben hatte, um regelmäßige Lageberichte vom Berg zu liefern. Bis jetzt hatten wir es nicht benutzt, denn erst ab einer Höhe von 4300 Metern konnten wir auf Empfang gehen. Wir befanden uns nun höher als die meisten anderen Gipfel der Alaskakette, und zwischen uns und dem Satellitenempfänger über Anchorage war nur noch Luft. Am Ende des CNN-Interviews fragte der Reporter: »Könnten Sie es so einrichten, daß Sie den Gipfel am 28. Juni zwischen 7 Uhr 15 und 7 Uhr 30 morgens erreichen, so daß wir ein Live-Interview vom Gipfel bringen können?« Ich erklärte ihm, daß die Sache zwar so nicht laufe, versprach jedoch, daß wir es versuchen würden. Als ich auflegte, dachte ich an einen Anruf, auf den ich mich bereits die ganze Woche gefreut hatte. Es war Vatertag, und ich wollte meinen Vater mit einem Anruf vom Berg überraschen. Ich versuchte, mir den Strahl der Schallwellen vorzustellen, der nach Anchorage flitzte, hinauf in den Weltraum und wieder zurück in das Haus meines Vaters in Connecticut. Ich wußte, daß Ellie inzwischen dort angekommen sein mußte. Sein Haus war die Ausgangsbasis für einen Familienurlaub in Alaska, ein zweiwöchiges Abenteuer im Denali National Park mit Rafting, Fischen und Campen, bevor alle nach Talkeetna fuhren, unserem Treffpunkt nach der Besteigung.

Seit meiner Abreise hatte ich Ellie schrecklich vermißt. Sie hatte mir ein Tonband zusammengestellt, voller Späße, Ermutigungen und Geschichten, und die ersten paar Nächte im Zelt hatte ich ihrer sanften, rhythmischen Stimme gelauscht. Die Auswahl der Lektüre war perfekt auf ihre Persönlichkeit zugeschnitten, an der Oberfläche die reine Unschuld und dahinter ein kleines Teufelchen. Zwischen Ausschnitten aus Walt Disneys *Winnie The Pooh and Tigger* und *The Corniest Jokes You've Ever Heard* hatte sie ein paar Briefe aus dem *Penthouse*-»Forum« eingefügt. Ihrer Stimme zuzuhören hatte mich jedoch mit tiefem Schmerz und einem solchen Gefühl der Einsamkeit erfüllt, daß ich das Tonbandgerät abstellen mußte.

Während ich das Mobiltelefon in der Hand hielt, dachte ich darüber nach, ob ich Ellie vielleicht besser nicht anrufen sollte, doch meine Finger wählten die Nummer wie von selbst. »He, Dad«, sagte ich laut, denn seine Stimme am anderen Ende klang etwas leise. »Alles Gute zum Vatertag.« Wir sprachen kurz, und dann kam Ellie an den Apparat. »Es gibt eine Menge Leute, die dir die Daumen drücken«, sagte sie mit fröhlicher Stimme. »Erst heute habe ich einen Haufen Briefe von einer Klasse aus Ohio bekommen. Ein kleines Mädchen hat der AFB einen Dollar gespendet. Alle sind stolz auf das, was du tust, und ich ebenfalls.«

»Es klingt vielleicht merkwürdig«, sagte ich, »aber die Energie all dieser Menschen hilft eine Menge. Ach übrigens, wir haben uns deine Geschichten angehört. Chris, Sam und Jeff haben sie auch sehr genossen. Sie leihen dein Tonband jede Nacht aus.« Ellie lachte.

Seit ich Ellie das letzte Mal gesehen hatte, hatte sich so viel ereignet, daß ich mich kaum entscheiden konnte, worüber ich sprechen sollte. Ich sagte ihr, daß Ryan aufgeben mußte, zitierte ein paar von Chris' Aussprüchen und beschrieb das Baseballspiel und die Schmalzbomben, die wir heute mittag gegessen hatten. Dann war es Zeit, das Gespräch zu beenden, und ich wußte, daß es keine Worte gab, die ihr diese wilde Gegend wirklich anschaulich machen konnten. Obwohl ich ihre Stimme deutlich hören konnte, hatte ich das Gefühl, daß sie Welten entfernt sei.

Als ich an diesem Abend bereits in den Schlafsack gekrochen war, stand Sam noch draußen und sagte: »He, ihr alle, kommt schnell raus.« Seine Stimme klang so eindringlich, daß ich hastig meinen Parka und die Innenstiefel anzog. Als ich aus meinem Zelt krabbelte und mich aufrichtete, konnte ich das hitzige Summen vieler Stimmen hören, wie Zuschauer bei einem Golfturnier. »Da oben ist ein Typ mit einem Snowboard. Er ist ungefähr 1200 Meter über uns. Er ist bloß als Fleck zu erkennen, aber ein Bursche da drüben hat ein Fernglas.« Der Fleck erwies sich als einer, der auf Nervenkitzel aus war und der erste sein wollte, der auf einem Snowboard den Messner Couloir herunterfuhr, eine steile, lange Schneerinne, die von 6100 Metern bis hinunter zu einer Höhe von etwa 200 Metern über uns verlief. Als er auf dem Couloir schneller wurde, hörten wir ein Grollen. Eine tiefe gezackte Bruchlinie entstand im Schnee über ihm. Dann strauchelte er, als er mitten in einer tosenden Lawine den Couloir hinuntergefegt wurde. Ein gewaltiges Schneebrett von der Größe eines Footballfelds raste den Hang herunter und stürzte über einen 300 Meter hohen Serac, einen riesigen Eisturm. Als es auftraf, erschütterte es den Boden wie Dynamit. Eine hohe Schneefontäne schoß in die Luft. »Werft euch hinter die Zelte«, schrie Chris, und eine Sekunde später fuhr eine Druckwelle über uns hin, die winzige stechende Schneepartikel mit sich führte. Obwohl wir Hunderte Meter von der Rutschbahn entfernt waren, reichte ihre Stärke aus, um uns unter einer dreißig Zentimeter hohen Schneedecke zu begraben. »Wo ist er?« riefen die Leute. »Ich kann ihn nicht sehen. Ach, du heilige Scheiße. Das kann er unmöglich überlebt haben.«

»Was ist das?« schrie Chris. »Der Fleck im Schnee? Ist das ein Felsen?«

»Ich bin nicht sicher. Könnte er sein.« Rasch hatten die Führer ein Rettungskommando organisiert. Es war zehn Uhr abends und unter der arktischen Sonne immer noch hell. Sie waren von der Arbeit eines langen Tages ermüdet und hatten gerade in ihre Zelte abtauchen wollen, doch statt dessen kramten sie in aller Eile Schlafsäcke, Wasser, einen Schlitten und ein Erste-Hilfe-Set zusammen und hetzten zu dem dunklen Fleck im Schnee. Ich bewunderte ihr Pflichtgefühl. Wie töricht das Verhalten eines Bergsteigers auch sein mochte, die anderen riskierten trotzdem ihr Leben, um ihn zu retten. Spät in der Nacht hörte ich sie zurückkommen. Obwohl er 600 Meter mitgerissen, 300 Meter über den Serac gestürzt und eine Stunde bis zum Hals im Schnee einzementiert gewesen war, war der Snowboarder wunderbarerweise noch am Leben. Wenn die Führer nur ein paar Minuten später gekommen wären, wäre er tot gewesen, doch sie hatten ihn gerade noch rechtzeitig gefunden, in Daunensäcke gehüllt und auf dem Schlitten den Hang herunter zum Rangerzelt in 4300 Meter Höhe geschleppt. In einem der Teams hatte sich ein Arzt befunden, der ihm eine lange Nadel in den Brustkorb getrieben hatte, um die Luft aus der Brusthöhle zu saugen und einen seiner Lungenflügel wieder aufzupumpen, der von seinen gesplitterten Rippen gequetscht worden war. Ich konnte die Propeller des Hubschraubers hören, der mit dem Snowboarder an Bord abhob. Er hatte der erste sein wollen, der den Messner Couloir auf einem Snowboard herunterfuhr, doch statt dessen würde er den Rest seines Lebens als Querschnittgelähmter verbringen.

Später fiel ich in einen unruhigen Schlaf. Alle Daunen-, Woll- und Nylonschichten unter mir reichten nicht aus, um mich von dem kilometerdicken Eis des Gletschers zu isolieren. Ich träumte, daß ich der Snowboarder sei, hilflos über den 1500 Meter langen Couloir hinunterraste, auf einem riesigen Schneebrett, das hinter mir abgerissen war. Die Erde grollte unter mir, und graue Felsen und Fetzen des Himmels schossen in wirbelnden Schatten an mir vorbei. Dann stürzte ich über den Serac in ein gigantisches Meer aus Schnee und Eisbrocken, ruderte, ruderte, wie es mir beigebracht worden war, und kämpfte, um meinen Kopf über der Lawine zu halten. Am Morgen wachte ich mit einem hohlen, nervösen Gefühl in der Magengrube auf und kam besonders langsam in Fahrt, weil ich mich vor dem Augenblick fürchtete, in dem ich aus dem Zelt kriechen und mich den Elementen stellen müsste. Als ich in das Megazentrum kam, hörte ich Jeff Chris fragen: »Hast du es gespürt?«

»Ja Wahnsinn, ich habe es gespürt. Es hat mich aus dem

Schlaf geschüttelt. Ihr Jungs habt ein gutes altmodisches Erdbeben nach Alaska-Art verschlafen.«

»Habt ihr euch den Serac angeschaut, über den der Typ gesegelt ist?« fragte Jeff. Alle schauten hinaus.

»Heilige Scheiße«, keuchte Sam, dem es den Atem verschlug. »Er ist verschwunden. Er ist völlig verschwunden.« Der Serac war nur noch ein Haufen Eistrümmer. In den letzten vierundzwanzig Stunden waren wir daran erinnert worden, daß wir uns in einer Umwelt aufhielten, die keine Notiz von unserer Anwesenheit nahm, einem Ort, an dem Lawinen und Erdbeben einen Eisturm von tausend Tonnen und die winzigen Menschlein in seinem Schatten über Nacht auslöschen konnten.

Der erste Tag in einer Höhe von über 4300 Metern schien endlos. Chris sagte uns: »Alles bis zu 4300 Metern ist bloß ein anstrengender Fußmarsch. Darüber beginnt das wirkliche Klettern.« Zur Bestätigung mußten wir es für die nächsten 600 Meter mit dem steilsten Teil des Berges aufnehmen, der Kopfwand einer Bastion, die in einem Winkel von 60 Grad anstieg. Ich hatte das Gefühl, keine Luft mehr zu bekommen. »Zwing dich zu atmen!« sagte Chris. »Du mußt deinen Rhythmus finden.« Aber es schien, als ob ich ihn nicht finden konnte. Mein Rucksack kam mir schwerer vor denn je. Sein Gewicht schien meine Wirbelsäule zusammenzudrücken und meine inneren Organe zu zerquetschen. Der Brustgurt erstickte mein mühsames Atemholen. Der Hüftgurt schnitt mir in die Seite und rutschte ständig, so daß mich die Schulterriemen nach unten drückten und das Hochsteigen noch mehr erschwerten. Vor kurzem hatte ich von einer Frau gehört, die es aus purer Willenskraft bis zum Gipfel des McKinley geschafft und mit dem Erreichen ihres Ziels ihre Grenze überschritten hatte. Unmittelbar unter dem Gipfel kollabierte sie und starb, und ihre gefrorene Leiche wurde allmählich vom fallenden Schnee begraben. Ich fragte mich, wie weit ich mich vorwärtstreiben könnte, bevor ich im Schnee zusammenbrach. Ich befürchtete, daß ich einen furchtbaren Fehler begangen hatte, indem ich hierhergekommen war, und bezweifelte ernsthaft, ob ich die Kraft aufbringen würde, das nächste Lager zu erreichen, geschweige denn den Gipfel. Ich versuchte, mich auf meine Atmung und das Setzen jedes Schritts zu konzentrieren. »Rhythmus«, suggerierte ich mir, »finde deinen Rhythmus.« Während der ganzen fünf Stunden, die wir uns die steile Wand hinaufschleppten, fand ich ihn nicht, und es wurde keinen Augenblick leichter. Andere Tage waren hart gewesen, doch dieser Tag war eindeutig mein härtester, und ich war fast so weit umzukehren. Als er schließlich zu Ende ging und ich in einer feuchten Schneehöhle in 4900 Meter Höhe in mich zusammenfiel, war ich erschöpfter als je zuvor. Der Tag konnte keinesfalls als Vergnügen bezeichnet werden. Tatsächlich war er ein einziges Elend, doch auf eine ganz seltsame Weise auch ein besonderes Privileg gewesen. Alle paar Augenblicke, wenn ich glaubte, daß ich die äußerste Grenze meiner Leistungsfähigkeit erreicht hatte, war ich fähig gewesen, diese Barriere zu überwinden, und hatte kein einziges Mal das Gefühl gehabt, daß ich im Schnee kollabieren würde, wie ich befürchtet hatte. Manche Grenzen waren real, wie etwa die Unmöglichkeit, einen 6000 Meter hohen Gipfel zu erklimmen, bevor man sich nicht an den geringen Sauerstoffgehalt der Luft gewöhnt hatte. Doch viel mehr Barrieren formten sich in meinem Gehirn, und es war von quälender Schönheit, sie zu überwinden.

Der Aufenthalt in der Schneehöhle war trostlos. Die Decke war so niedrig, daß wir nicht aufrecht sitzen konnten. Unsere Körpertemperatur erwärmte die Wände, und die Luft wurde dampfig und klamm. Wir legten unsere Schaumgummimatratzen aus, lagen mit dem Kopf an den Füßen des anderen und zankten ständig.

»Deine stinkende Socke ist in meinem Gesicht.«

»Dein Arsch ist auf meiner Matte, Freundchen. Schieb ihn woanders hin.«

»Ich kann nicht. Dann liege ich auf Sams Matte.«

So lagen wir Stunden da und stritten, wer am schlimmsten rieche und wer der größte Schmutzfink sei. Jeff wies darauf hin, daß er mit eigenen Augen gesehen habe, wie ich auf 4300 Meter Höhe meine Zahnbürste und Zahnpasta in einem Stapel nicht lebensnotwendiger Dinge hatte verschwinden lassen, und aufgrund dessen der Ansicht sei, daß der erste Preis mir zustehe. »Dein Atem«, sagte er im Brustton der Überzeugung, »riecht wie mein Arsch. Hast du dir die Zähne mit Klopapier geputzt?«

»Ich wünschte, daß dein Atem so gut riecht wie mein Arsch«, erwiderte ich. »Das wäre eine echte Verbesserung.«

Ein paar Tage zuvor hatten wir von zwei Burschen gehört, die mit dem Gleitschirm vom Gipfel herunter wollten. Wir hatten lachend all die Dinge aufgezählt, von denen wir wünschten, daß sie sie auf ihrem Weg nach unten über uns abwerfen würden. Jeff kam darauf zurück. »Ich wünsche mir nichts anderes, als daß diese Paraglider hier vorbeifliegen und eine Tube Zahnpasta abwerfen.« Mitten in unserem Austausch von Freundlichkeiten rutschte Sam zum Ausgang. »He, Jungs«, unterbrach er. Keiner reagierte. »Es sieht so aus, als ob sich das Wetter gebessert hat.« Er verschwand nach draußen und tauchte nach ein paar Minuten wieder auf. »Ich würde allen dringend empfehlen, sich sofort nach draußen zu begeben«, sagte er. Obwohl die Höhle erbärmlich war, hatten mich die Kälte und das stundenlange Herumliegen lethargisch gemacht. Schließlich zwängte ich mich mit den anderen nach draußen. Es war elf Uhr abends, doch das erste, was ich spürte, war die Alaskasonne in meinem Nacken. Alle waren still, während sie auf den Mount Foraker hinausblickten, einen Fünftausender, den zweithöchsten Berg in der Alaskakette. »Die Sonne bescheint den Gipfel des

Foraker«, schilderte Sam den Anblick. »Der Mount Foraker ragt aus einer Masse von weißen Quellwolken, die die Sonne rosa färbt.«

»Der Teil über den Wolken sieht wie eine Krone aus«, fügte Jeff hinzu.

An diesem Tag war uns die ganze Skala geboten worden. Entbehrungen und Erschöpfung hatten uns wie die Wolkenschicht eingehüllt, die sich unter dem Gipfel auftürmte, doch aus dem Leiden hatte sich eine besondere schlichte Schönheit entwickelt. Seltsamerweise kam dieser Tag dem Kern dessen, warum ich kletterte, am nächsten. Manche Menschen erklären, daß sie klettern, weil es ihnen Spaß macht, doch meiner Meinung nach ist dieses Wort irreführend. Spaß macht es, an einem warmen Sommertag in einem Schlauchboot einen trägen Fluß hinunterzutreiben, mit einem Sechserpack Bierdosen im Schlepptau, aber in unserer Sprache gibt es einfach kein Wort, um das Erlebnis des Bergsteigens angemessen zu beschreiben. Dieses Gefühl ist eine untrennbare Mischung von Extremen und Widersprüchen, von der Qual, die ein fünfundzwanzig Kilo schwerer Rucksack verursachte, der mir die Wirbelsäule zermahlte, bis zur Ekstase der warmen Sonne in meinem Nacken und einer Beschreibung des abendlichen Himmels über dem Mount Foraker.

Am fünfzehnten Tag erreichten wir endlich nach einem steilen Aufstieg über einen ausgesetzten Grat aus Schnee und zerklüfteten Felsen unser Lager in 5200 Meter Höhe. Ich war so müde, daß ich nur noch halb bei Bewußtsein war. Chris blickte immer wieder zurück und schrie: »Das Felsband ist sehr schmal, also achte darauf, wo du hintrittst.« Ich konnte nur noch so viel Energie aufbringen, um zustimmend zu grunzen, während ich mechanisch seine Warnung beherzigte. Als wir zum Lager kamen, entdeckten wir einen verlassenen Iglu. Drinnen war gerade so viel Platz, daß Chris ihn als unsere Lagerküche benutzen konnte. Wir begannen, eine flache Einbuchtung für die

Zelte zu graben. Chris fing an zu schaufeln, doch in dieser Höhe fiel selbst ihm nach ein paar Minuten das Atmen schwer. Also stellten wir uns hintereinander auf; jeder von uns schaufelte ein paar Minuten, bis der nächste übernahm, während der erste sich hinten anschloß, um wieder zu Kräften zu kommen.

Der nächste Tag war eindeutig kein Gipfeltag. Altokumuluswolken hingen über dem Gipfel, und gewaltige Schneefahnen wehten über den Berg. Das Wetter erlaubte es uns jedoch, zu einem schmalen Vorsprung zu wandern, von dem man auf das Basislager auf dem Kahiltna-Gletscher schaute. Von hier aus, hatte uns ein alter wettergegerbter Alaskan erzählt, könnte man weiter blicken als von jedem anderen Punkt der Erde. Sam beschrieb die riesige Gletscherspalte, die wir überquert hatten und die sich von hier aus nur als dunkler Fleck von der grauweißen Landschaft abhob. Es war schwierig, sich vorzustellen, daß wir uns Schritt für Schritt diese 3000 Meter hochgekämpft hatten. Wir hatten bereits eine lange Strecke zurückgelegt.

Am zweiten Tag im Hochlager besserten sich die Wetterverhältnisse nicht. Über uns, in der Nähe des Gipfels, wehte der Wind mit hundert Meilen pro Stunde. Wir vertrieben uns die Zeit im Iglu mit Versuchen, uns gegenseitig Geschichten aus der Nase zu ziehen, die wir während der letzten siebzehn Tage nicht bereits ein Dutzend Mal gehört hatten. Meine Methode bestand darin, mich vollständig zu entspannen und dann die Ereignisse des Tages möglichst ohne Wertung Revue passieren zu lassen. Hin und wieder schnipste Sam scherzhaft mit seinen Fingern vor meiner Nase und sagte: »Irgend jemand zu Hause?« In solchen Zeiten der Langeweile verblüffte uns Sam mit merkwürdigem kleinem Spielzeug, das er in seinem Rucksack für derartige Gelegenheiten mit sich führte. In 3300 Meter Höhe war es ein Lachsack gewesen, in 4300 Metern ein Stoffball, und in 5200 Meter Höhe war es ein Spezialdrachen, den es bei K-mart für 2 Dollar 99 zu kaufen gab. Er nahm ihn behutsam aus der Hülle, legte ihn auf seinen Schoß, überprüfte die Knoten und fuhr mit den Fingern über die Holzstäbe wie eine Mutter, die ihr Kind vor dem Schulgang inspiziert. Er strahlte, denn alles, was während eines stürmischen Tages in den Bergen für Abwechslung sorgte, war Gold wert. Statt einen weiteren Tag im Iglu zu verbringen und Würstchen aus der Tüte zu essen, würden wir die Weite der Fläche genießen und seinen Drachen an einem Ort steigen lassen, den die meisten Menschen nur per Flugzeug überquerten. Während er aufgeregt seine Stiefel und Handschuhe anzog, wandte er sich uns lächelnd zu und sagte: »Bleibt nicht meinetwegen auf, Jungs.« Ich hörte seine Stiefel davonknirschen und stellte mir vor, wie er sich seinen kleinen Drachen vorsichtig unter den Arm klemmte. Zehn Minuten darauf war er bereits wieder zurück.

»Irgendwas vergessen?« fragte ich.

»Wo ist der Drachen?« fragte Jeff. Chris zog eine Fadenspule aus der Jacke. Das Ende der Schnur baumelte schlaff herunter. »Das hat man davon, wenn man versucht, einen Drachen bei einem Wind mit sechzig Meilen pro Stunde steigen zu lassen«, lachte Sam.

Am dritten Tag hatte sich das schlechte Wetter zu einem richtigen Schneesturm ausgewachsen. Jeff oder ich mußten alle paar Stunden den Schnee wegschaufeln, der sich die Zeltwände hinaufschob. Aus unseren warmen Schlafsäcken zu krabbeln und uns der vollen Wucht des Schneesturms auszusetzen war um einiges besser, als vom aufgehäuften Schnee zerquetscht zu werden. Das schlimmste an diesem scheußlichen Wetter war das Aufsuchen des »Eisthrons«, eines alten Schlittens, der zu einer Latrine umgebaut worden war und sich neunzig Meter weiter unten befand. Jeff hatte versucht, den Aufenthalt dort angenehmer zu machen, indem er das Bild einer Schönen aus den Mittelseiten einer *Penthouse*-Ausgabe an die Seite des Schlittens genagelt hatte. Mitten im Sturm schüttelte ich Sam, der auf dem Bauch lag, sein Gesicht in seiner Daunenjacke vergraben. »Kumpel, ich muß aufs Klo.«

»Kannst du nicht warten?«

»Nein!« drängte ich.

»Muß jemand zufällig auch aufs Scheißhaus und kann Erik begleiten?« schrie Sam und drehte sich einfach auf die andere Seite. Chris reagierte als erster aus seinem Zelt. »Da mach ich nicht mehr mit, Jungs. Ich schlepp ihn hoch, aber ich führ ihn nicht auch noch zum Scheißen.«

Sam lag noch eine Minute ruhig da und setzte sich dann abrupt auf. »Verdammt noch mal«, seufzte er. »Kannst du's nicht hinauszögern? Da muß ich mich wohl opfern.« Wir zogen uns unsere Balaklavamützen übers Gesicht, drei Paar Handschuhe übereinander und schlüpften in unsere Daunenjacken. Dann buddelten wir uns eine Schneise durch den Neuschnee. Sam erledigte als erster sein Geschäft, Stiefel rechts und links vom Schlitten, breitbeinig hingehockt, als sei er ein Schütze, während ich versuchte, ihm Windschutz zu geben.

»Beeil dich«, sagte ich. »Mir ist kalt.« Dann war ich dran. Und in der kurzen Zeit, die ich brauchte, um die Handschuhe auszuziehen, die Klappe meines Gore-Tex-Anzugs aufzureißen, das Klopapier ausfindig zu machen und die betreffende Stelle abzuwischen, wurden meine Hände völlig gefühllos. Ich konnte das Papier in meiner Hand nicht mehr spüren, aber das war eigentlich egal, denn ich konnte meinen entblößten Hintern ebenfalls nicht mehr spüren. Immerhin schaffte ich es mit meinen tauben Händen, die gefütterte Hose hochzuziehen und den Latz wieder zu schließen. Sam hatte sich bereits wieder auf den Weg zurück zum Zelt gemacht, und ich kämpfte mich durch den hüfthohen Schnee und den mörderischen Wind, um ihn einzuholen. Als ich schließlich ins Zelt stolperte, rang ich nach Luft, und mein eiskaltes Gesicht war so gefühllos wie meine Hände. Als ich auf meinen Schlafsack fiel, dachte ich über die Tortur nach und konnte mir nichts vorstellen, was auch nur annähernd ebenso grausig sein konnte. Wenn es schon so gnadenlos war, wieder vom Eisthron zurückzukommen, dachte ich, dann war es schlichtweg unmöglich, es bis zum Gipfel zu schaffen.

An unserem vierten Tag im Hochlager gingen uns allmählich die Lebensmittel und der Spiritus aus. Wir hatten nur noch drei Packungen Makkaroni und Käse und einen kleinen Haufen gefrorener Zuckerstangen, die wir an einer versteckten Stelle im Iglu gefunden hatten. Der Rest der Lebensmittel befand sich unten im Lager auf 4300 Meter Höhe. Während ich neben Sam im Zelt lag, hatte ich das Gefühl, daß unsere einst so grenzenlosen Chancen so rasch dahinschrumpften wie der Stapel alter Zuckerstangen. »Die ganze Arbeit, unser ganzes Training«, sagte ich, »wir waren fast am Ziel und werden es wohl doch nicht bis ganz nach oben schaffen.« Ich konnte über diesen Konflikt zwischen meinem Verlangen, den Gipfel zu stürmen, und der kalten Wirklichkeit der Berge nicht hinwegkommen. Während des letzten Jahres hatten wir so viele Anstrengungen investiert, daß ein Teil von mir fand, daß es unser Recht sei, den Gipfel zu erreichen. All das Langlaufen, das Treppenrennen, das Klettertraining, das Schleppen schwerer Lasten waren ein Test gewesen, den wir bestanden hatten, doch auf dem Denali konnten wir noch so viele Punkte machen und trotzdem zurückgewiesen werden. Wer den Naturgesetzen des Berges seine menschlichen Regeln aufdrängte, hatte wahnsinniges Glück, wenn er am Leben blieb, um es zu bereuen. Während der achtzehn Tage, die wir nun auf dem McKinley waren, waren drei Kletterer bei dem Versuch, den Gipfel zu erreichen, umgekommen. Erst gestern waren zwei Kletterer trotz der Gewitterwolken aufgebrochen und seit vierundzwanzig Stunden vermißt. Kaum jemand überlebte oben auf dem Berg eine Nacht im Freien, und alle im Hochlager waren sich darüber einig, daß sie bestimmt tot waren. Doch am Vormittag hatte Chris sie entdeckt, wie sie den Schneehang über dem Kessel in 5200 Metern herunterschwankten; sie machten ein paar torkelnde Schritte, fielen hin, rutschten ein Stück, quälten sich wieder hoch und machten wieder ein paar Schritte. »Diese zwei Narren sind die glücklichsten lebenden Dummköpfe«, sagte Chris trocken. Wunderbarerweise waren die zwei, als sie sich in einem Whiteout nur ein paar Stunden von unserem Lager entfernt verirrt hatten, auf eine Schneehöhle gestoßen, die von früheren Kletterern gegraben worden war, und hatten während der Nacht darin gehockt. Chris und Jeff halfen ihnen in ihr Zelt. Während Jeff Wasser kochte, zog ihnen Chris Stiefel, Socken und Handschuhe aus und kam rasch zu dem Schluß, daß beide einige Zehen und Finger verlieren würden.

An diesem Abend verstummten wir, als wir Base Camp Annie hörten, unseren einzigen Kontakt zur Außenwelt, die den Wetterbericht für den kommenden Tag durchgab. Die Voraussage war, daß es einen kurzen Wetterumschlag geben würde, bevor der Sturm erneut mit voller Wucht losbrechen würde. Chris wandte sich zu uns und stellte klar: »Nicht du bestimmst, wann du einen Berg erkletterst. Der Berg bestimmt es.«

Am fünften Tag schien sich der Denali doch noch von seiner freundlicheren Seite zu zeigen. Wie durch ein Wunder war der Himmel klarer. Altokumuluswolken schwebten über dem Gipfel des Mount Foraker, doch da wir wußten, daß es vielleicht unsere letzte Chance war, beschlossen wir, bis zum Sattel zwischen dem Nord- und Südgipfel zu steigen, von wo aus wir das Wetter einschätzen konnten. Wir brachen um sechs Uhr morgens auf, in zwei Teams angeseilt, und stapften durch ein Feld knietiefen Schnees. Es war jedesmal ein Kampf, meinen Fuß in die tiefen Löcher zu setzen, die Chris' Stiefel hinterlassen hatten. Oft traf ich sie nicht und begann rechts oder links von der Spur abzukommen. Das war ein furchtbar ineffizienter Einsatz von Energie, und ich wußte, daß mich das ständige Ausbrechen aus der Spur in einer Höhe über 5200 Metern sehr bald erschöpfen würde.

Durch meine gefütterte Mütze, das breite Elastikband der Schutzbrille über meinen Ohren und den ständig vom Sattel brausenden Wind war ich von der Außenwelt abgeschnitten. Die eisige, stechende Luft beeinträchtigte sogar meinen Geruchssinn. Die vielen Schichten von Schafwolle und Gore-Tex, die drei Paar Handschuhe übereinander und die großen Kunststoffstiefel, die mich vor den Temperaturen unter minus vierzig Grad Celsius beschützten, gaben mir das Gefühl, in einem Kokon zu stecken. Diese Umgebung war sowohl ehrfurchtgebietend wie unwirtlich und eindeutig für die unsicher flackernde Wärme des menschlichen Lebens ungeeignet. Obwohl Chris nur zehn Meter vor mir und Sam zehn Meter hinter mir ging, fühlte ich mich so einsam wie ein Astronaut, der die Oberfläche des Mondes erkundet.

Als nächstes erreichten wir die »Autobahn«, eine steile 300 Meter lange Traverse, die zum Sattel führte. Kletterer, die ständig dem Tod ins Auge sehen, entwickeln ein Gefühl für makabren Humor. Die Autobahn verdankt ihren Namen den vielen deutschen Gruppen, die von ihrem Rand in den Tod gestürzt waren. Ein anderer Abschnitt nicht weit davon hieß aus ähnlichen Gründen Orient Express. »Wir müssen die Autobahn in höchstens zwei Stunden schaffen«, sagte Chris, »sonst bedeutet es, daß wir zu langsam vorwärtskommen.« Ich versuchte, meinen Körper zu zwingen, sich schneller vorwärts zu bewegen, damit wir nicht umkehren mußten, und redete mir ständig selbst gut zu. »Benimm dich nicht wie ein kleines Kind. Du bist gar nicht so müde. In vierzig Minuten werden wir eine Pause einlegen.« Nachdem ich das Gefühl hatte, Hunderte von aufmunternden Gesprächen mit mir geführt zu haben, trat ich schließlich von der Traverse auf einen ebeneren Abschnitt, und Chris sagte mir, daß dies der Sattel sei. Wir hatten es in einer Stunde und fünfzig Minuten geschafft.

Da sich das Wetter zu halten schien, beschlossen wir weiterzugehen und traversierten auf einem endlosen steilen Hang, auf dem sich der Schnee zu hartem und vom Wind polierten Gletschereis verfestigt hatte. Als ich keine Fußspuren mehr ertasten konnte, und durch die eintönige Konsequenz, mit der sich die acht Zacken meiner Steigeisen in das glatte, harte Eis gruben und meinen Körper vorwärts trieben, begann ich den Rhythmus eines effektiven Bewegungsablaufs zu empfinden, der ganz aus meinem Inneren kam. Zum erstenmal an diesem Vormittag wagte ich zu glauben, daß wir eine Chance hatten.

Schließlich kamen wir auf dem Football Field an, einem großen, sanften Hang, an dem vor neunzehn Tagen, unserem ersten Tag auf dem Berg, einer der zwei taiwanischen Kletterer gestorben und irgendwo in der Nähe begraben worden war. »Kein Ort, an dem du kleben bleiben möchtest«, warnte Chris. Ich zwang mich vorbeizuhasten und fürchtete bei jedem Schritt, daß ich ahnungslos über sein Grab stapfte und einen Frevel beging.

Als nächstes kam der Pig Hill, eine Kopfwand von 180 Metern, die letzte große Hürde vor dem Gipfelgrat. Als wir hinaufzuklettern begannen, waren Sam, Chris und ich nicht mehr drei einzelne Kletterer, sondern bewegten uns angeseilt wie eine schlitternde, rutschende Schlange den Hang hinauf. Jedes Glied funktionierte, zog oder zerrte nicht und bewegte sich als Ganzes vorwärts. Dann ereignete sich etwas sehr Merkwürdiges, etwas, das ich seither so kurz vor dem Gipfel nie wieder erlebt habe; ich begann, mich stärker zu fühlen. Auf halber Höhe hielt Chris einen Augenblick inne, wandte sich zu mir und sagte: »Normalerweise sage ich das nicht, Big E, weil ich es nicht beschreien will, aber ich glaube, daß wir es schaffen.«

Als wir den Kamm des Pig Hill erreichten, schien der Gipfel sehr nahe, aber ich machte mir nicht bewußt, daß das schwerste Stück noch vor mir lag. Der Pig Hill war mit dem Gipfel durch den Gipfelgrat verbunden, der 400 Meter lang, aber nur 60 Zentimeter breit war, mit Abstürzen von 300 Metern auf der einen Seite und 2700 Metern auf der anderen. Das Gute an dieser trüben Aussicht war, daß es für den Fall, daß ich abstürzen sollte, wirklich keine Rolle spielte, nach welcher Seite. Vor dem Grat versammelte Chris uns alle um sich und sagte mit ungewöhnlich ruhiger Stimme: »Jungs, hört gut zu. Wenn hier einer abstürzt, stürzen alle ab. Er würde uns in die Tiefe reißen. Also, falls ich mich nicht deutlich genug ausgedrückt haben sollte«, er neigte sich zu uns, und seine Stimme wurde eindringlicher, »was ich sagen will, Jungs, ist... FALLT NICHT!« Ich war nervös und machte jeden Schritt langsam und vorsichtig. In meinem Leben außerhalb der Berge konnte ich stolpern und fallen und wieder aufstehen, doch ich wußte, daß der Berg auf dem Grat keinen Fehler verzeihen würde. Dann lehnte ich mich auf meinen Stock und befand mich offenbar zu nahe am Rand. Der Schnee gab unter meinem Gewicht nach, und ich spürte, wie ich vorwärts auf den Abgrund zu schwankte. Ich fing mich rasch und trat zurück. »Verdammt!« schrie Chris, und sein barscher Ton überdeckte seine Nervosität. »Teste die Stelle erst, bevor du sie belastest.«

Ich fand mein Selbstvertrauen wieder und setzte langsam jeden Schritt, prüfte ihn erst, belastete meinen vorderen Fuß nach und nach, während ich die Spannung auf dem hinteren hielt. Nach jedem Schritt orientierte ich mich, indem ich mit meinem Eispickel gegen den linken Rand des Grats schlug, die Haue zehn Zentimeter nach innen zog, bis sie in festen Schnee griff, und sie schließlich hineinstieß. Meine andere Hand benutzte den Stock, um nach Stiefelspuren zu suchen und den rechten Rand zu kontrollieren. Alle meine Vorbereitungen, all mein Können schienen sich in diesem Moment zu vereinen. Der Prozeß des Absuchens, Auftretens und Atmens kostete alle Energie, so daß sich mein Leben darauf reduzierte, daß ich mich langsam und rhythmisch den schmalen Grat hinaufbewegte, als ob es nie mehr gegeben hätte als den Ruck am Seil, mein schweres Atmen und den sorgfältig gesuchten, kräftigen Halt meiner Ausrüstung im festen Schnee. Wie wunderbar empfand ich diese Unerbittlichkeit, als sich mein ganzes Sein auf einen einzigen Zweck richtete. Schritt. Atmen, Atmen, Atmen. Schritt.

Ich war so völlig konzentriert, daß Chris' Stimme, die den Wind überschrie, direkt vor mir an mein Ohr zu dringen schien, als ob ich gerade aus einem Traum erwachte. »Herzlichen Glückwunsch, du stehst auf dem höchsten Punkt von Nordamerika.« Es scheint seltsam, daß sich der letzte Schritt nicht von den Abertausenden früheren unterschied, die ich in den letzten neunzehn Tagen gemacht hatte. Es war einfach ein weiterer Schritt, und dann war ich angekommen.

Ich setzte mich in einem Anfall von gurgelndem Höhenhusten sofort auf den Boden. Dann war Sam neben mir. »Wir sind noch nicht ganz da, Big E«, sagte er.

»Du machst Witze«, bettelte ich. Doch bevor ich protestieren konnte, hatten mich alle gepackt, und ich wurde auf eine kleine Erhöhung geführt. Ich konnte ihren Atem und das Rascheln ihrer Gore-Tex-Anzüge im Wind hören. Wir standen als Team auf einem quadratmetergroßen Schneehügel, der den wirklichen Gipfel des McKinley markierte. Und doch war mir traurig zumute, ich empfand schmerzlich Ryans Abwesenheit, griff in mein Hemd und spürte sein HighSights-Kreuz warm auf meiner Haut. Dann rollten wir die Fahne der American Foundation for the Blind aus und stellten uns für ein paar Siegerfotos in Positur.

Als das letzte Foto geschossen war, hörte ich das leise mechanische Summen einer Cessna, die über uns kreiste. Eine Stunde, bevor wir den Gipfel erreichten, hatten wir Base Camp Annie eine Funkmeldung übermittelt, die sie zur kleinen Piste in Talkeetna funkte, wo meine Familie wartete. Als ich nun auf dem Gipfel stand, kreisten mein Vater, meine zwei Brüder und Ellie über mir und nahmen an diesem erhebenden Augenblick teil. Es war ein seltsames Gefühl, daß sie nur ein paar hundert Meter von mir entfernt waren und daß ich sie dennoch nicht berühren oder ihre Stimmen hören konnte. Später erfuhr ich, daß Mark uns als erster entdeckt hatte, winzige rote Punkte, die sich langsam in unendlichem Weiß bewegten. Er hob einen Augenblick seine Sauerstoffmaske und tippte Ellie an. »Dort sind sie!« sagte er, und seine Stimme zitterte vor Erregung und vibrierte mit dem Motor der Maschine. »Dort sind sie, Ellie!« Ellie hatte so viel Angst um uns, daß sie nur nicken konnte, während ihr die Tränen über das Gesicht liefen, als sie aus dem Fenster spähte.

Wir trugen alle die gleichen Gore-Tex-Anzüge. Und mit unseren Mützen und Schutzbrillen, die unser Gesicht bedeckten, waren wir nicht auseinanderzuhalten. Als das Flugzeug tiefer ging, winkten wir alle mit den Skistöcken und brachen in Jubelrufe aus. Dann fragte ich Sam, ob er glaube, daß meine Familie wisse, welcher ich sei. »Da bin ich ziemlich sicher«, lachte er. »Du warst der einzige, der mit dem Skistock in die verkehrte Richtung gewinkt hat.«

Chris' Stimme war immer noch schneidend, als er sich in unsere Feierstimmung einschaltete. »Das ist nicht der Ort, um die Sau rauszulassen. Das Wetter schlägt um, Jungs, und wir müssen weiter. Der Gipfel ist nur die halbe Strecke.« Die dreißig Sekunden sorglosen Hochgefühls, das ich empfunden hatte, waren vorbei. Die anderen umarmten einander noch immer, schrien ausgelassen und reckten ihre Eispickel in den Himmel. Ich stand abseits von der Feier, und Panik durchzuckte mich wie ein Blitzstrahl. Herauf hast du es geschafft. Großartig. Aber was zum Teufel machst du jetzt, dachte ich. Wie kommst du wieder hinunter? Wie willst du es über den Grat schaffen? Wenn ich beim Aufstieg auf einen Riemen meiner Steigeisen getreten wäre oder das Gleichgewicht verloren hätte, wäre ich vielleicht nur in den Abhang gefallen, doch ein Straucheln beim Abstieg würde unweigerlich bedeuten, daß ich kopfüber 2700 Meter hinunterstürzte und meine ganze Seilschaft mit mir riß. Als ich mir dieses schaurige Szenario ausmalte, traten mir Tränen in die Augen und froren sofort an meinen Wimpern fest. Schließlich fiel Chris auf, wie still ich war, und er fragte mich, ob etwas nicht in Ordnung sei. »Ich mache mir Sorgen, wie ich den Grat wieder hinunterkomme«, sagte ich. »Ich mache mir Sorgen, daß ich irgendeine Dummheit mache.« Darauf versammelten sich alle um mich und legten mir ihre Hände auf die Schultern. »Wir kommen hinunter«, sagte Chris, und irgend etwas in seiner Stimme ließ mich ihm sofort glauben. Das Konzentrationsspiel begann von neuem, und ich setzte vorsichtig Fuß für Fuß in die gefrorenen Stiefelspuren vor mir, in dem Bewußtsein, daß unser aller Leben von einer scheinbar so simplen Aktion abhängig war. Das Terrain begann flacher zu werden, und ich erwachte allmählich aus meiner Trance. »Wie weit ist es noch bis zum Ende des Grats?« fragte ich Chris. »Junge, du hast den Grat seit zwanzig Minuten hinter dir«, antwortete er.

Sechs Stunden später stolperten wir durch den Kessel unter der Autobahn in 5200 Meter Höhe. Ich strauchelte in einem der tiefen Stiefellöcher und fiel mit dem Gesicht voran in den Schnee. Da ich wußte, daß wir ganz nahe beim Lager waren, blieb ich einfach liegen und stöhnte und lachte. Jeff und Sam folgten meinem Beispiel und brachen ebenfalls im Schnee zusammen. Wir stöhnten alle und riefen pathetisch: »Chris, hilf uns auf. Wir können keinen Schritt weiter. Chris, du bist mein Held.« Da wir außer Gefahr waren, fühlte sich Chris von seiner Verantwortung als Führer irgendwie erlöst, machte sich vom Seil los und rannte energiegeladen in Richtung Lager, als ob er die fünfzehn Stunden ununterbrochenen körperlichen Einsatzes vergessen hätte. »Ihr Jungs seid die traurigste Entschuldigung fürs Bergsteigen, die ich jemals erlebt habe«, schrie er, während er davondüste. Zwanzig Minuten darauf schwankten wir ins Lager. Ich lag auf dem Bauch im Schnee, mein ganzer Körper war so völlig erschöpft, daß ich nicht einmal spürte, daß die Temperatur während der letzten Stunde um über zwanzig Grad gefallen war.

Später saßen wir um einen Topf tiefgefrorener Spaghetti, und Chris füllte unsere Schalen. »Ihr müßt essen«, sagte er. »Morgen früh liegt ein Todesmarsch vor uns.« Als ich den letzten Löffel in meinen Mund schob, verweigerte mein ausgezehrter Körper die Nahrungsaufnahme, und ich opferte die ganze Mahlzeit den Berggöttern. Sie lag in einem Haufen direkt vor dem Ausgang und fror im Schnee sofort zu einem steinharten Hügel. Sam war so müde, daß er lediglich sagte: »Wow, schaut euch die prachtvollen Farben an.« Wegen der ungünstigen Lage des Hügels mußte jeder darüberkriechen, um aus dem Iglu zu kommen. Jeff war der mutigste, oder vielleicht war auch nur seine Erschöpfung größer als sein Ekel. Er kroch schlapp drüber und verschwand. Sam war der nächste, holte tief Atem und huschte schnell darüber hinweg. Nun waren nur noch Chris und ich übrig. »Tut mir leid«, sagte ich. »Erst schleppst du mich zum Gipfel, und dann kotze ich dir in deinen Iglu.« Chris, der nur einen Meter von mir entfernt saß, war still. Dann sprach er, als ob er mich nicht gehört hätte. »Du bist schwer in Ordnung, Big E.«

»Trotzdem«, erwiderte ich und stieß mit meinem Stiefel gegen den harten Hügel im Eingang. Chris streckte seinen Arm aus und schlug mir mit seinem Handschuh auf die Schulter. »Wenn jemand«, sagte er, »auf der Spitze von Nordamerika steht, krieche ich jederzeit gerne über seine Kotze.« Darauf zwängte er sich durch den Ausgang und war verschwunden. Dann war ich allein, und die Ereignisse des Tages überschwemmten mein müdes Gehirn. Die Wände des Iglus umhüllten mich mit gedämpftem Schweigen, und ein derart intensives Gefühl übermannte mich, daß ich spürte, wie mein Körper erschauderte. Ich hatte nur wenige Minuten auf dem Gipfel gestanden, doch dieses Erlebnis hatte sich mir intensiver als jedes andere eingeprägt und war so eins mit mir geworden, daß es unmöglich war, mein Ich davon zu trennen. Ich konnte noch immer das Zerren des Windes spüren, die Stürme und die unglaublich langen Tage. Ich konnte alles spüren, vom Rumpeln des Flugzeugs beim Hinflug bis zur ungeheuren Offenheit des Gipfels, und es war alles in mir, veränderte mein Leben für immer, war nicht länger ein Traum, sondern Fleisch und Knochen und Blut. Ich hatte nie gewußt, niemals wirklich gewußt, daß dieser überwältigende Ort sich in mir selbst befinden könnte.

Wir hatten neunzehn Tage gebraucht, um den Denali zu besteigen, und nun nur zwei Tage, um wieder herunterzukommen. Chris hatte recht; es war ein Todesmarsch. Wir stiegen den ganzen nächsten Tag ab, die Nacht hindurch und auch noch den folgenden Tag, überquerten den schmalen Grat unter unserem Lager in 5200 Meter Höhe, rutschten über die fixierten Spuren auf der steilen Schneewand der Bastion und stiegen durch die Gletscherspaltenfelder unter 4300 Metern um die Windy Corner, den Motorcycle und Ski Hill hinunter und schließlich über die endlosen Flächen unter dem Basislager. Das Angenehme am Anfang einer Denalibesteigung ist, daß man sofort mit einem Abstieg von 300 Metern auf dem sogenannten Heartbreak Hill beginnt. Er trägt den Namen nicht umsonst, denn das Elend am Ende einer Denalibesteigung ist, daß man denselben Hügel in umgekehrter Richtung wieder nehmen muß. »Das hier kommt mir gar nicht wie ein Berg vor«, hatte ich auf dem Weg nach unten zu Chris gesagt. Er hatte nur mit einem Lachen reagiert, als ob die Pointe viel zu witzig sei, als daß man sie vorab einem Greenhorn wie mir verraten sollte.

Am Fuß des Heartbreak Hill mit einem fünfundzwanzig Kilo schweren Rucksack, der mir die Milz zerquetschte, und weiteren zwanzig Kilo Müll, die ich auf meinem Schlitten hinter mir herschleppte, verstand ich endlich Chris' geheimen und hoffnungslos tragischen Witz. Um unsere Cessna, unsere himmlische Verbindung zur Zivilisation, zu erreichen, um eine Peperonipizza zu essen und Bier zu trinken, um ein heißes Bad zu nehmen und unter sauberen Laken zu schlafen, mußten wir erst diesen verdammten Hügel erklimmen. Das ganze Team war ausgelaugt und kroch quälend langsam hinauf, außer natürlich Chris. »Bewegt euren Arsch, Jungs, das letzte Flugzeug geht um acht, und wir werden an Bord sein. Wir haben noch 'ne halbe Stunde, um das Scheißding hinter uns zu bringen, also ein bißchen dalli!« Während wir weiterschlurften, hörten wir einen undeutlichen Schall, der aus 300 Meter Höhe zu uns herunterwehte. Die letzten drei Wochen hatten mich für alle Arten bizarrer Klänge trainiert: ferne Lawinen, den Wind, der oben auf dem Berg pfiff, sogar Erdbeben, doch dieser glich keinem davon. Tatsächlich klang er menschlich, und nicht nur wie von einem oder zwei Menschen, sondern wie von einem ganzen Chor. Es klang nicht wie Sprechen oder Schreien oder Trällern, nein, sie sangen aus voller Brust. Ich war so neugierig, die rätselhaften menschlichen Klänge zu orten, daß ich meinen schwer gezeichneten Körper den Hügel etwas rascher hinaufzwang. Auf halber Höhe wurden die Stimmen lauter und deutlicher. Ein Chor skandierte:

»Hip hip hurray! Hip hip hurray!« Allmählich klangen auch die Stimmen vertraut. Sie erinnerten mich an meine Zeit als Ringer, als mein Vater einen früheren Zug aus New York genommen hatte und nur wenige Augenblicke vor dem Kampf in der Turnhalle angekommen war. Wenn ich auf die Matte ging, um meinem Gegner gegenüberzutreten, hörte ich seine tiefe Ex-Marine-Stimme, die den Rest der Fans übertönte: »Viel Glück! Zeig's ihm!«

Die Stimmen, die von der Spitze des Heartbreak Hill herunterwehten, waren die meiner Familie. Ich konnte keine einzelne Stimme heraushören, doch selbst zusammen waren sie ebenso unverwechselbar wie der große metallene Eispickel, den ich die letzten drei Wochen in der Hand gehalten hatte. Sie mußten todesmutig den Flug über die Alaskakette auf sich genommen haben, um mich im Basislager zu treffen. Jetzt lächelte ich, trieb mich noch rascher vorwärts, ignorierte den mahlenden Schmerz in Rücken und Oberschenkeln und daß ich bis zu den Knien in weichem Schnee versank. Dann hörte ich Marks Stimme über mir: »Wer zum Teufel ist das?« Er blickte auf einen Einundzwanzig-Tage-Bart und den entsprechenden Schmutz. Und Eddi erwiderte: »Ich glaube, es ist der Alaska-Yeti.«

»Gut gemacht, kleiner Bruder«, sagte Mark.

»Ja, irre gut gemacht, Brüderchen«, schloß Eddi sich an. Dann waren sie rechts und links neben mir, und Mark sagte: »Faß seinen Rucksack an. Ich übernehme die andere Seite.« Plötzlich waren mein Rucksack und der Schlitten gewichtslos; selbst meine Füße streiften kaum die Schneedecke, weil meine beiden Bodybuilding-Brüder mich, als wir uns wieder in Bewegung setzten, am Hüftgurt hochhoben.

Im Basislager feierten wir alle das Fest unseres Lebens. Jeder bekam schales Bier, das Chris aus seinem Geheimlager gebuddelt hatte. Mark öffnete eine Flasche Champagner und bespritzte mich von oben bis unten, und die klebrige Flüssigkeit bildete eine weitere Schicht über all dem Schweiß und Dreck. Base Camp Annie teilte mit uns ihren begehrten Geheimvorrat von Kool-Aid-Schaumwein. Der schönste Augenblick war der gewesen, als ich Ellies leise Schritte durch den Schnee und ihre stockende Stimme hörte und nach ihren schmalen Händen griff, die in Schafwollhandschuhen steckten. Sie hatte Oreokekse und Kakao mitgebracht, die besser als alles schmeckten, was ich jemals gegessen hatte. Als wir nach Hause kamen, erzählte uns Liz Greco von der American Foundation for the Blind von einer ganz merkwürdigen Koinzidenz: Unsere Gipfelbesteigung am 27. Juni war zufällig auch der Geburtstag Helen Kellers, der Frau, die so viel Gutes für Blinde bewirkt hatte.

KAPITEL DREIZEHN

»*Große*« *Veränderungen*

ALS ICH NACH PHOENIX ZURÜCKKAM, BEGLEITETE MICH mein neuer Fidelco-Blindenhund Seigo. Er war zwölf Kilo schwerer als Wizard, mit einem mächtigen Kopf wie der eines kleinen Bären, riesigen Pfoten und dem mächtigen Brustkorb eines Huskys. Als Ellie ihn zum erstenmal sah, wie er den Flugsteig im Flughafen entlangtrabte, fragte sie: »Bist du sicher, daß sie dir kein Blindenpony mitgegeben haben?«

John Byfield, der Leiter des Ausbildungsprogramms bei Fidelco, sagte mir, daß Seigo seinen Namen von einem berühmten deutschen Champion habe, den er auf einer Reise nach Deutschland gesehen hatte, wo Fidelco Hundezüchter besuchte. Seigo, der Champion, war riesig, stolz und edel und in jeder Hinsicht perfekt, und mein Seigo war praktisch auch perfekt, bis auf einen kleinen physischen Makel, ein Schlappohr, das umknickte, wenn er aufgeregt war. Seigos kleiner Schönheitsfehler störte mich nicht im geringsten; im Gegenteil, ich fand, daß er zu seiner Persönlichkeit beitrug.

Seigo war wie ein Bodybuilder, der sich seiner Kraft nicht bewußt ist. Als er ein Welpe war, wollte keines der Hundemädchen mit ihm zu tun haben, weil er in seiner unbekümmerten Verspieltheit durch den Zwinger sprang und die anderen Hunde mit einem Schultertackling Purzelbäume schlagen ließ, so daß sie wie Bowlingkegel gegen die Wand knallten. Es hatte sich eher durch Zufall ergeben, daß ich Seigo bekam. Als ich ein Jahr vorher beschlossen hatte, daß es Zeit sei, Wizard zu pensionieren, hatte ich mir bei Fidelco die neue Hündin angeschaut, die John für mich ausgesucht hatte. Sie war eine wunderschöne Schäferhündin mit kurzem Haar namens Whitney, aber sie war klein und zierlich und wog nur zwanzig Kilo. Nachdem ich elf Jahre lang einen Büffel wie Wizard gebändigt hatte, teilte ich John durch die Blume mit, daß ich lieber noch ein Jahr warten wolle. Dazu kam noch, daß Wizard zwar abbaute, aber immer noch jeden Morgen mit dem Schwanz wedelte und an der Tür winselte, um zu zeigen, daß nach wie vor ein wenig Vitalität in ihm steckte.

»Voriges Jahr«, sagte John, »fanden Sie Whitney zu klein. Also bekommen Sie diesmal den größten, unbändigsten Hund, den wir jemals abgerichtet haben. Aber da Sie auf Berge klettern, sollten Sie dieser Aufgabe gewachsen sein.«

Das erste Mal, als ich mit Seigo ging, riß er mir beinahe meinen Arm aus dem Gelenk. Plötzlich war mein Zutrauen in mich nicht mehr so groß wie das von John.

Wenn wir in unserem ersten gemeinsamen Monat über den Campus der Phoenix Country Day School gingen, bockte Seigo und brach wie ein wilder Hengst aus, und ich kam mir wie ein verwegener junger Cowboy vor, der versuchte, ihn zuzureiten. Die Schüler schrien vergnügt: »Hallo Seigo!« und flüchteten an den Rand des Fußwegs, wenn sein gewaltiger Körper um die Ecke bog, ich hinterher, von ihm mitgezogen, den linken Arm ausgestreckt und das Geschirr umklammernd, praktisch im Laufschritt, um mit ihm mitzuhalten. Ich fand allmählich, daß Seigos Kraft besser geeignet gewesen wäre, ein Ein-Hund-Schlittenteam in Alaska anzuführen.

Bevor Seigo in der Schulkantine einen leeren Stuhl für mich fand, blieb er vor allen Stühlen stehen, auf denen Lehrer saßen, hechelte, wedelte und schnüffelte an ihren

Tabletts. Seigo war so freundlich, wie Wizard eifrig gewesen war, aber er hatte sich noch nicht mit den Regeln abgefunden, an die sich ein Blindenhund nun einmal halten muß. Einmal, als ich mit meinem Tablett zu meinem Tisch ging, fing ein kleiner Junge an zu lachen. »Mr. Weihenmayer, Seigo hat sich gerade einen Happen von Bobbys Bagel geschnappt.« Wenn er es mir nicht gesagt hätte, wäre es mir entgangen, denn Seigo war kaum aus seinem Rhythmus gekommen, als er nonchalant seinen Kopf vorneigte und sich einen großen Happen von einer Seite des Bagels schnappte, als Bobby gerade ein kleines Stück von der anderen Seite abbiß. Jetzt reicht's, dachte ich. Seigo stand erst am Anfang seiner Erziehung. Wenn ich die Rolle eines Rodeo-Cowboys übernehmen mußte, um Seigos liebenswerte, aber nicht angemessene Neigungen zu zügeln, dann mußte es eben sein. Vor den neugierigen Augen der Kinder ließ ich Seigo sitz machen, öffnete mit Gewalt seinen mächtigen Fang und stocherte mit meinen Fingern auf der Suche nach dem Bagel darin herum. Er hatte ihn noch nicht ganz verschlungen, und nach einer Weile holte ich ein paar matschige Reste heraus. Alle Jungen an Bobbys Tisch stießen ein kollektives »Bääh!« aus, als ich den schmierigen Klumpen auf meiner Handfläche präsentierte. »Bobby, Seigo bittet dich aufrichtig um Entschuldigung und möchte dir deinen Bagel wieder zurückgeben.«

»Bloß nicht, Mr. Weihenmayer, vielen Dank. Seigo kann ihn ruhig haben.«

Das ganze Schuljahr über riefen Leute an, die die Besteigung des McKinley im Fernsehen gesehen hatten, und baten mich, mit ihren verschiedenen Gruppen zu sprechen. Ein Anruf kam vom Texas Lions Camp, eine Stunde südlich von San Antonio, mit dem Ersuchen, ein paar Tage mit zweihundertfünfzig behinderten Campern zu verbringen. Das Camp war für alle Kinder, die dort aufgenommen wurden, kostenlos, und bei jedem Treffen schwammen, zelteten und kletterten sie. Zum Klettern gab es eine künstliche Felswand. Ich war dort, um bei einem Anseilkurs zu helfen, der so angelegt war, daß ihn auch Kinder im Rollstuhl absolvieren konnten.

Beim Lagerfeuerfest zur Eröffnung lernte ich die Familie Dane kennen. Alle drei Söhne waren blind und geistig behindert geboren worden. Nathan, der Jüngste und am schwersten Behinderte, war ständig an eine Reihe von hochkomplizierten Apparaten angeschlossen, die ihn am Leben hielten. Er trug Herzmonitore, die seinen unregelmäßigen Herzschlag kontrollierten, und um den Hals eine Vernebelungsmanschette, die dafür sorgte, daß seine Haut nicht austrocknete. Er mußte über eine Magensonde ernährt werden, und nachts mußte eine Krankenschwester jede halbe Stunde einen Schlauch in seine Luftröhre einführen und den Schleim absaugen, damit er nicht erstickte. Als ich ihn fragte, was er werden wolle, wenn er erwachsen sei, erwiderte er kühn: Astronaut. Ich stellte ihn mir vor, wie er an seinen Magen- und Luftröhrenschläuchen, den Herzmonitoren und der Halsmanschette hängend in den Weltraum geschossen wurde. Ziemlich unwahrscheinlich, fand ich offen gesagt, aber dann überdachte ich den Fall. Wer konnte das sagen, entschied ich, außer ihm selbst. Nathans Mutter, die etwas abseits stand, erzählte mir: »Eine Sozialarbeiterin schaute einmal nach meinen Kindern, sagte mir, daß sie der Gesellschaft nur zur Last fallen würden, und fragte mich, warum ich sie nicht habe abtreiben lassen, als dafür noch Zeit gewesen wäre. Ich sagte ihr: ›Kommen Sie zu uns nach Hause. Verbringen Sie etwas Zeit mit den Kindern; wenn Sie sehen würden, wieviel Liebe sie zu geben haben, würden Sie begreifen.‹«

Während der Eröffnungsfeier unter dem klaren Sternenhimmel von Texas forderte der Leiter jeden Camper auf, einen Ast zu suchen. »Nun«, fuhr er fort, »wünscht euch etwas, das ihr in dieser Woche schaffen wollt. Vielleicht eine neue Freundschaft schließen oder die Angst vor etwas überwinden oder etwas Neues ausprobieren. Euer Ast stellt euren Wunsch dar. Haltet ihn fest und spürt, daß euer Wunsch Gestalt annimmt.« Darauf wurden alle Kinder aufgefordert, sich in einer Reihe aufzustellen, am Lagerfeuer vorbeizuziehen und ihre Äste in die Flammen zu werfen. Ich saß auf einem Baumstamm und lauschte der langen Schlange von Kindern, die sich langsam vorwärtsbewegten. Die Lichtung war für eine gerade Reihe von zweihundertfünfzig Campern und hundert Betreuern zu klein, so daß sie eine riesige Spirale beschrieben. Die Kinder hatten fast alle Arten von Behinderung: Paralyse und Quadriplegie, Blindheit und Taubheit, Geburtsschäden und mentale Retardation, Spaltwirbel und Legionärskrankheit, zerebrale Kinderlähmung und Autismus. Jedes Kind hielt seine größten Hoffnungen und Träume in der Hand und warf sie ins Feuer. Der Berg aus kleinen Ästen nährte die Flammen, und die Hitze wurde stärker. »Nun sind eure Wünsche zu Feuer geworden«, sagte der Campleiter. »Die großen Möglichkeiten in eurem Leben sind frei geworden und steigen hinauf zum Himmel von Texas, um in Erfüllung zu gehen.« An diesem Abend mogelte ich und warf zwei Äste ins Feuer. Ich wollte nicht akzeptieren, daß das Leben ein Entweder-Oder sei, daß man, wenn man sich für eine Sache entschied, auf die andere verzichten müßte. Dann lehnte ich mich zurück, lauschte dem Prasseln des Feuers und stellte mir vor, daß der Himmel mit Wünschen überfüllt sei, die sich wie Nathans Rakete von der Erde erhoben.

Mein erster Wunsch war, weitere Berge zu besteigen. Tatsächlich hatte ich eine Wunschliste von Bergen, die mindestens eine Meile lang war. Der Kilimandscharo, der höchste Berg Afrikas, würde für Ellie und meinen Vater eine ideale Besteigung sein, um die Schönheit der Berge in der Weise zu erleben, wie es mir auf dem McKinley vergönnt gewesen war. Ich dachte, der Kilimandscharo würde besonders Ellies Entdeckerdrang ansprechen, denn vom Fuß bis zum Gipfel ist er der einzige Ort auf der Welt, an dem man so rasch durch alle fünf Vegetationszonen der Erde kommt: bebautes Land an den unteren Abhängen, Wald, Heide und Hochmoor, Hochgebirge und schließlich ewiger Schnee. Außerdem konnte ich Ellie vielleicht mit einer anschließenden Safari in die Serengeti bestechen.

Ich wollte es auch mit technischem Klettern versuchen. Auf dem McKinley hatten Sam und ich die Idee diskutiert, El Capitan zu erklettern, eine 1000 Meter hohe Felswand im Yosemite Valley in Kalifornien, den höchsten freiliegenden Granitmonolithen der Erde. El Cap war der Traum jedes Kletterers. Wie herrlich würde es sein, den Sommer im Yosemite Valley zu verbringen, einem Mekka für Kletterer.

In weiterer Zukunft wollte ich den Aconcagua besteigen, den höchsten Gipfel Südamerikas. Der Aconcagua liegt halb auf chilenischem und halb auf argentinischem Gebiet an der Südspitze der Anden. Mit 6959 Meter Höhe ist er fast 800 Meter höher als der McKinley und somit der perfekte nächste Schritt. Das einzige Problem war, daß der Aconcagua nur im südamerikanischen Sommer, dem nordamerikanischen Winter, bestiegen werden kann. Da das mitten in das Schuljahr fiel, würde es meinen Schülern gegenüber unfair sein, einen vollen Monat Urlaub zu nehmen. Allerdings waren bereits etliche Ausrüster für Outdoor-Sportarten auf mich aufmerksam geworden, und ich konnte mir vorstellen, daß ich mit ein paar Sponsoren und dem Geld, das ich mit Diavorträgen verdiente, für meinen Lebensunterhalt würde sorgen können.

Ich träumte sogar von einer größeren Herausforderung, die so ungeheuer war, daß ich sie aus Angst, mich lächerlich zu machen, nicht auszusprechen wagte. Vor kurzem hatte ich das Buch *Seven Summits* von Dick Bass gelesen. Bereits über fünfzig und mit relativ wenig Klettererfahrung, war Bass der erste Mensch gewesen, der die höchsten Gipfel auf jedem der sieben Kontinente bestiegen hatte. Vermutlich war der McKinley der zweitschwerste, aber natürlich mit großem Abstand nach dem Mount Everest. Ich fragte mich, ob ich wirklich die Fähigkeit besaß, sie alle zu besteigen. Die rationale Seite in mir warnte: »Mach halblang, du Kämpfernatur. Du hast einen hohen Berg bestiegen. Übertreib's nicht.« Doch wenn ich mir vorstellte, Berge auf der ganzen Welt zu besteigen, neue Menschen kennenzulernen und neue Kulturen zu erleben – mein Leben ein einziges großes Abenteuer –, war es mir unmöglich, mich nicht davon hinreißen zu lassen. Nach dem Kilimandscharo und dem Aconcagua waren es der Elbrus, der höchste Berg in Europa, die Carstenz Pyramid, der höchste in Australien und dem südwestlichen Pazifik, der Mount Vinson, der höchste in der Antarktis, und schließlich der Everest, ein Wort, das mich nervös machte, wenn ich nur daran dachte. Ich würde eine ganze Menge mehr Erfahrung in den Bergen sammeln müssen.

Doch ich fragte mich immer wieder: »Was ist, wenn du scheiterst?« Was, wenn ich den Gipfel aller sechs anderen erreichte, sich aber herausstellte, daß der Gipfel des Everest einfach jenseits meiner Möglichkeiten lag? Bei einem Scheitern würde die sehende Welt sofort die Blindheit als Übeltäter ausmachen. »Tja, natürlich hat er nicht alle sieben geschafft. Der Bursche kann nicht sehen.« Obwohl sich das Scheitern aus einem Dutzend anderer, relevanterer Gründe ergeben konnte: Krankheit, Verletzung oder einfach aus meinen Grenzen in großer Höhe oder als Sportler im allgemeinen. Ich schob die Annahmen anderer Leute über Blinde beiseite und war fest entschlossen, das Maximum aus meinen Möglichkeiten herauszuholen, und wenn meine Fähigkeiten nicht für alle sieben ausreichten, dann war es zumindest ein ehrlicher Versuch gewesen.

Und wenn ich Berge erklettern wollte, warum dann nicht in den Bergen leben? In den großartigsten Bergen der Vereinigten Staaten, den Rocky Mountains. Colorado war der perfekte Schauplatz mit steilen Felsspitzen, gewaltigen Eistürmen und Becken mit Pulverschnee und der einzige Bundesstaat, der vierundfünfzig Gipfel über 4000 Meter für sich in Anspruch nehmen konnte. In einer wirklichen Hochgebirgslandschaft zu leben und zu trainieren würde eine unschätzbare Grundlage dafür sein, hohe Berge in der ganzen Welt anzugehen.

Mein erster Wunsch, auf Berge zu klettern, wäre ohne den zweiten jedoch irrelevant gewesen. Ich beschloß, Ellen einen Heiratsantrag zu machen. Ich hatte nie zuvor das Glücksgefühl gekannt, wie ich es mit Ellen empfand. Ich hatte die Neigung, in der Zukunft zu leben, eine lange Liste von Zielen aufzustellen und dann Pläne zu schmieden, wie ich so weit kommen könnte, doch mit Ellen lebte ich völlig in der Gegenwart. Mit ihr schienen Vergangenheit und Zukunft ferne Abstraktionen. Wenn wir es uns an einem Samstagabend auf der Couch gemütlich machten oder auf dem Gipfel eines Berges standen, war ich von diesem Augenblick völlig erfüllt und konnte mir nicht vorstellen, irgendwo anders außer bei ihr zu sein. An einem herrlichen sonnigen Tag in Arizona oben auf dem Praying Monk, einer 60 Meter hohen Gesteinsformation, die über Phoenix aufragte, bat ich sie, meine Frau zu werden. Seit Monaten hatte Ellen in ihrer unaufdringlichen Art durchblicken lassen, daß sie heiraten wollte. Als wir auf einer großen Wanderung durch den Grand Canyon waren, fiel mir plötzlich auf, daß Ellen seit einer Stunde sehr still gewesen war. Es war offensichtlich, daß etwas nicht stimmte, obwohl Ellen es hartnäckig abstritt. Nach einer Stunde Detektivarbeit – Fehlstarts, Sackgassen und endlosem Nachhaken – kamen wir endlich zum Kern der Sache: Während der langen Periode des Schweigens hatte Ellen in ihrem Kopf Hochzeitsglocken läuten hören. Dann begann sie eines Tages über einen besonderen Ring zu sprechen, den sie in Santa Fe gesehen hatte.

»Er gefällt mir wirklich ganz besonders«, sagte sie. »Damit meine ich nicht, daß du ihn mir kaufen sollst, es gefällt mir einfach, wie er aussieht.«

Es schien passend, daß wir mit unseren Heiratsplänen auf dem Praying Monk begannen. Ellen hatte aus dem Fenster ihres Klassenzimmers einen wunderbaren Ausblick auf die Formation, die offenbar wie ein kniender Mönch in Kutte aussieht, der vor einem größeren Berg betet. Ich wußte, daß Ellen immer hatte hinaufklettern wollen, und wollte derjenige sein, der sie hinaufbrachte. In meinem Rucksack befanden sich unter der Kletterausrüstung zwei Champagnergläser mit ausklappbarem Stiel, eine kleine Flasche gekühlter Mumm Cuvée Napa-Valley-Sekt, ein Candy-Ring und zwei Fahrkarten nach Santa Fe für den Kauf des Ringes.

Wer als Seilerster auf den Praying Monk klettert, muß das Seil an Bohrhaken festmachen, die etwa alle drei Meter im Fels stecken. Die Route beginnt mit einem leichten Überhang, führt dann über den Rand zu einer ausgesetzten Wand, an deren Fuß man den Boden nicht mehr sehen kann und sich plötzlich einige hundert Meter über Phoenix und der offenen Wüste befindet.

Ich wollte uns die Route hinaufführen, doch Ellie, die mir die Bohrhaken anweisen mußte, konnte nur die ersten drei sehen, denn der Rest befand sich über der Kante. Besorgt, daß meine Pläne an diesem denkwürdigen Tag scheitern könnten und daß unser Sekt warm werden würde, ermunterte ich Ellie, sich einen Ruck zu geben. »Ich werde uns über die schwierige Stelle bringen, das Seil einklicken, und dann kannst du den Rest der Route führen«, sagte ich. Ellie und ich waren bereits ein Jahr zusammen geklettert, doch sie war nie als Seilerste gegangen. Ich wußte, daß dieser erste Versuch sie ein wenig einschüchterte. Ich konnte es ihr nicht verdenken, wenn sie nicht mitmachte.

Doch Ellie übernahm, bewegte sich sicher, und es dauerte nicht lange, bis sie zuversichtlich rief: »Seil gesichert! Du kannst raufkommen.« Ich kletterte die ganze Route mit einem stolzen Lächeln der Erwartung.

Dann war es an mir, nervös zu sein, als es an der Zeit war, den Heiratsantrag zu machen. Die Oberfläche des Mönchs war an der Spitze, am Kopf, an den Schultern und am oberen Teil des Rückens mit der Zeit und durch den Wind geglättet worden. Im Sandstein hatten sich kleine Vertiefungen und ebene Plateaus gebildet, die perfekt zum Sitzen und Entspannen geeignet sind. Wärmerer Wind wehte von einem höheren Berg herunter und dämpfte die Geräusche der Stadt unter uns. Ellen wollte mit dem Abstieg beginnen, doch ich ermunterte sie, noch etwas mit mir sitzen zu bleiben. Ich glaube, sie spürte, daß ich etwas im Schilde führte, denn meine Stimme wurde brüchig. Schließlich zog ich sie an mich und sagte ihr, wieviel sie mir bedeutete. »Ellen«, sagte ich, und meine Stimme wurde wieder kräftig und sicher. »Du bist das Größte in meinem Leben, größer als jeder Berg. Ich erinnere mich an all den Spaß, den wir miteinander hatten, und kann mir ein Leben ohne dich nicht vorstellen. Ich glaube, daß ich dich vom ersten Moment an, als wir einander begegneten, geliebt habe. Ich hoffe, du hast nicht zu lange warten müssen, um von mir zu hören, daß ich nicht ohne dich sein kann. Ich möchte, daß wir für immer zusammenbleiben.« Ich hatte den ganzen Morgen über geübt, was ich ihr sagen wollte. Sobald ich angefangen hatte, kamen die Worte flüssig. »Ich möchte, daß du meine Frau wirst«, sagte ich. »Willst du mich heiraten?«

Es kommt nicht darauf an, wieviel reale Zeit zwischen einer solchen Frage und der Antwort vergeht. Mir schien es eine Ewigkeit. »Ja«, sagte sie sanft, und ich berührte ihr Gesicht, so wie ich es manchmal tat, wenn ich glaubte, daß sie weinte. Ihre Wangen waren feucht. Dann holte ich den Sekt und die Gläser heraus. Ellen ließ den Korken knallen, und er segelte auf Nimmerwiedersehen nach unten. »Pfeif auf die Tradition, den Korken aufzuheben«, sagte sie, während sie uns beiden ein Glas vollschenkte.

Eine Stunde saßen Ellie und ich zurückgelehnt da, wärmten uns in der Vormittagssonne und lauschten den Geräuschen der Stadt weit unter uns. Im Lions Camp hatte ich mir gewünscht, Ellen zu heiraten und auf Berge zu steigen, doch ich hatte Sorge, mich damit zu übernehmen. Vielleicht war es gierig, so viel von meinem Leben zu erwarten. Mir brummte der Schädel von dem Ausmaß der Veränderungen. Ich beugte mich zurück, streckte den Arm aus und ergriff Ellies Hand. Ich wollte nicht, daß mein Leben eine einzige Eroberung sei. Ziele schienen falsche Gipfel; du erreichst einen Punkt, von dem du glaubst, daß er die Spitze sei, und mußt feststellen, daß es einen höheren Gipfel gibt. Also kletterst du höher und höher und findest immer einen weiteren etwas höheren Gipfel und nie das, wonach du gesucht hast. Der Zauber des Lebens mußte jenseits einer unendlichen Reihe von Gipfeln zu finden sein. Wie konnte ich meinen Lebenshorizont in einem anderen Bereich als den Spitzen der Berge erweitern? Ich dachte darüber nach, was unser Balti-Führer gesagt hatte, als wir über die Karakorumkette in Pakistan gewandert waren. Eines Tages marschierten wir zur Spitze eines 5200 Meter hohen Gipfels, der für unsere Maßstäbe hoch war, aber im Karakorum so unerheblich, daß er nicht einmal einen Namen hatte. Es gab nichts als Höcker in dieser gewaltigen Landschaft, und als wir das wellige Gelände hinaufstiegen, fragte mein Bruder Eddi, der die Spitze nicht sah: »Wann werden wir auf dem Berg sein?«

»Wir sind auf dem Berg!« erwiderte der Balti ein wenig ratlos. »Wir sind schon die ganze Zeit auf dem Berg.« Warum stellen sich Menschen, einschließlich meiner Person, einen Berg immer nur als Gipfel vor? Es war so, als schaute man auf einen Eisberg und sähe nur den Teil über dem Wasser. Ich dachte an all die wundervollen Augenblicke, die ich auf Bergen erlebt hatte: das Wandern mit meinem Bruder Mark durch den hohen Regenwald, das Baseballspiel mit Skistöcken und Schneebällen auf dem Denali, und daß ich nun mit Ellie oben auf dem Praying Monk saß und vom Sekt ein leises Schwirren im Kopf empfand. Diese Augenblicke schienen in der Zeit eingefroren, und ich konnte sie an die Oberfläche bringen, wann immer ich wollte. Sie waren wie Schnappschüsse, die genau definierten, wer ich war, was ich mir wünschte, wen ich liebte. Vielleicht ereignete sich die wirkliche Schönheit des Lebens an der Flanke des Berges, nicht an der Spitze.

In einem Philosophieseminar auf dem College hatte ich das Werk des großen Mythenforschers Joseph Campbell studiert, der den Rat gegeben hatte: »Folge deinem Glück.« Waren diese enormen Veränderungen in meinem Leben, die mich gleichsam überrollten, das Streben, meinem Glück zu folgen – oder handelte es sich nur um ein aufgeblasenes, übertriebenes Hirngespinst wie die Träumereien von James Thurbers Romanfigur Walter Mitty? Ehrlich gesagt, ich wußte es nicht. Also würde ich mich, statt die Zukunft vorauszusagen, auf zwei Prinzipien verlassen, die mich bis zu diesem Punkt gebracht hatten: Ich würde weiterstreben, an meine Vision glauben und nie die kostbaren Augenblicke von Glück aus den Augen verlieren, die meinen Weg säumten.

Ein paar Wochen danach war meine Klasse mit einem trockenen Kapitel in unserem Buch über englische Grammatik und Stil beschäftigt, als Sarah schrie: »Ich weiß die Antwort auf Frage sieben.«

»Schieß los, Sarah«, erwiderte ich.

»Darf ich erst etwas fragen?« sagte sie und platzte, ohne meine Antwort abzuwarten, heraus: »Ist das Gerücht wahr, daß Sie Miss Reeve lieben und ihr oben auf einem Berg einen Heiratsantrag gemacht haben und daß sie ja gesagt hat und daß Sie heiraten und in den Bergen leben werden?«

Ich brauchte einen Moment, um ihre Fragen durchzugehen, und antwortete dann amüsiert: »Jawohl, das stimmt alles... Hast du vielleicht irgendeinen Vorschlag, wo wir heiraten sollten?«

»Auf einem Berg«, erwiderte sie wie aus der Pistole geschossen, als ob ich ihr die nächstliegendste Frage der Welt gestellt hätte.

Ellen und ich hatten bereits mit diesem Gedanken gespielt. Wir wollten auf keinen Fall eine große Hochzeit in Weiß voller Regeln über die Art und Weise, wie das Strumpfband geworfen werden mußte oder wie wir einander mit der Hochzeitstorte zu füttern hatten. Schönheit liegt in der Einfachheit, also zerbrachen wir uns den Kopf über einen großen und unvergeßlichen Rahmen. Da als meine nächste Besteigung auf einem anderen Kontinent der Kilimandscharo auf dem Programm stand, könnten wir vielleicht dort heiraten. Doch wir fragten uns, wer uns dort trauen würde. Zu unserer Überraschung stellte sich heraus, daß unser tansanischer Führer Daniel Fundi Laienprediger seiner Kirche war und sein Bruder, der uns ebenfalls begleiten würde, der Leiter des Kirchenchors. »Laß uns auf dem Gipfel heiraten«, schlug ich vor, doch dann dachten wir daran, in welchem Zustand sich Bergsteiger gewöhnlich auf der Spitze eines Berges befinden. Es war eine grandiose Idee, aber ich wollte mich am wichtigsten Tag meines Lebens nicht übergeben und nach Luft schnappen. »Vielleicht auf halber Höhe«, schlug Ellen vor.

KAPITEL VIERZEHN

Uhuru

ELLEN UND ICH WURDEN IN 4000 METER HÖHE AUF DEM Shiraplateau des Kilimandscharo getraut. Das Plateau war eine riesige felsige Fläche mit kleinen Bergsträuchern und ständigem Wind unter brennender Sonne. Ellen schilderte, daß sie auf das feuchte tiefe Grün der Bergwälder und dahinter auf die fette rote Erde des Tieflands blicken könne.

Wir waren drei Tage aufgestiegen, bis wir zu dieser Stelle gelangten. Am ersten Tag führte ein schmaler Pfad über schlüpfrige freiliegende Wurzeln durch den hohen Regenwald. Moossträhnen baumelten von den Ästen und streiften mir über das Gesicht, und ich konnte in der dichten Vegetation über mir Affen kreischen hören. Am zweiten Tag hatten wir den Wald hinter uns gelassen und waren in Haine mit riesigen Heidebäumen gekommen, die kleine Blätter und zarte Blüten trugen. Auf diesen unteren Abhängen waren Elefanten, Leoparden, Büffel und Elenantilopen, ein Tier, das einem kleinen Hirsch ähnelt, gesichtet worden. Dann wanderten wir durch Heidekraut, das bis zur Brust reichte. Die Luft, die im dichten Wald drückend gewesen war, wurde nun kühl und dunstig. Dann öffnete sich die Heide zu einer felsigen Moräne mit vereinzelten Sträuchern und Gruppen von außergewöhnlich großen Hochgebirgspflanzen. Über uns waren Bussarde und Raben zu hören, und Daniel, unser Führer, entdeckte direkt neben unserem Pfad das ausgebleichte

Skelett einer Elenantilope. Die Antilope war vielleicht in einem plötzlich aufkommenden Sturm verendet, während sie nach moosartigen Flechten suchte, die auf den Felsen wachsen. Große Säugetiere können in dieser Höhe von fast 4500 Metern nicht leben, allerdings war 1926 in der Nähe des Gipfels merkwürdigerweise der gefrorene Kadaver eines Leoparden gefunden worden. Ich genoß die Offenheit der Moräne. Ich hatte das Gefühl, die Masse des Berges und den Himmel um ihn hören zu können, und irgendwie war ich Teil von alledem, wenn auch nur in sehr bescheidenem Ausmaß.

Wir beschlossen, die Kletterroute den Kili hinauf zu nehmen, die von der Bevölkerung Whisky-Route genannt wird, und nicht die leichtere Seite des Berges, die als Coca-Cola-Route bezeichnet wird. Ich wußte, daß der Tag des Aufstiegs zum Gipfel lang und steil werden würde, mit einigen Kletterabschnitten mit Schwierigkeitsgrad vier. Trotzdem gelang es mir, Ellen und meinen Vater zum Mitkommen zu überreden. Mein Vater war ein guter Sportler, und ich wußte, daß er an der Aufgabe wachsen würde. Ich erinnerte mich, daß mein Vater, als meine Familie mich nach der Besteigung des McKinley auf dem Gletscher des Basislagers empfangen hatte, seine Hand auf meine Schulter legte und sagte: »Was für eine Leistung. Phantastisch! Was für eine Leistung!« Und der verträumte Klang seiner Stimme hatte mir den Eindruck vermittelt, daß er, wenn er ein paar Jahre jünger gewesen wäre, nichts lieber getan hätte, als mit uns dort oben zu stehen. Ich hatte das nicht vergessen. Der Kilimandscharo gilt als wesentlich gemäßigter als der McKinley; man braucht für Besteigung und Abstieg nur sechs Tage statt einundzwanzig, und der größte Teil unserer Ausrüstung wurde von Trägern hochgeschleppt. Und dennoch ist er ein großer Berg, der sich 5895 Meter über der afrikanischen Ebene erhebt. Seine Besteigung ist für jeden eine beachtliche Leistung.

Ellens Gründe lagen ein wenig anders. Sie macht gerne

neue Erfahrungen, lernt gerne neue Menschen kennen, doch ich glaube nicht, daß Ellen ein ausgesprochenes Faible für die Berge hat. Manchmal hatte ich das Gefühl, daß sie mehr aus Liebe zu mir als aus Liebe zu den Bergen mit mir kletterte. Doch wenn sie davon überzeugt war, daß der physische Einsatz das große Opfer lohnte, konnte sie sich zu einer erstaunlichen Leistung anspornen.

Anfang des Frühjahrs hatten wir zusammen den Mount Rainier bestiegen. Am Gipfeltag brachen wir um zwei Uhr morgens auf. Es war sehr kalt. Wir waren von Eis und Kälte umgeben; von Wärme keine Spur. Wir mußten über Gletscherspalten springen, die sich wie aufgesperrte schwarze Rachen öffneten. Nach ein paar Stunden Aufstieg war mir immer noch nicht warm geworden. Jedesmal, wenn wir stehenblieben, begann ich zu frösteln, kein gutes Zeichen so weit von der Wärme eines Zeltes entfernt. Doch Ellen schien es gutzugehen. Ich wartete immer darauf, daß sie sagte: »Mir reicht's. Laß uns umkehren.« Doch jedesmal, wenn ich sie fragte, wie es ihr gehe, erwiderte sie: »O.k. Und du?« Worauf das Testosteron in mir zur Antwort gab: »O.k.« Ich hatte für den Fall, daß sie aufgeben würde, ein paar Sätze vorbereitet. Ich würde ihre Schultern massieren und sagen: »Mach dir keine Gedanken. Wir werden es nächstes Jahr versuchen. Es war nicht deine Schuld.« Doch Ellen war den Hang langsam und bedächtig weiter noch oben geklettert, als ob alles in ihr sich auf den folgenden Schritt konzentrierte. Also hatte mich der Stolz in Bewegung gehalten, was auf einem Berg nicht unbedingt die beste Motivation ist, doch er zwang meinen Körper vorwärts, und ich erreichte zusammen mit Ellen den Gipfel.

Manchmal jedoch konnte sie keinen Sinn dahinter erkennen. Als wir vom Gipfel des Rainier herunterkamen, nach zwanzig Stunden in ständiger Bewegung, sagte uns unser Führer Craig, daß der Parkplatz nur noch eine halbe Stunde entfernt sei. Ellen war weit zurückgeblieben, also ging ich langsamer, um herauszufinden, was nicht stimmte. Kaum war ich in Hörweite, bemerkte sie emphatisch: »Klettern ist ein endloser Alptraum.« Ihr knapper, aber eindeutig formulierter Kommentar war lediglich für mich bestimmt. Ich begann unbeherrscht zu lachen, wie man eben lacht, wenn die Sensibilität von der Erschöpfung verdrängt wird. Ich glaube, sie lachte auch, aber nur eine Sekunde lang. Der Weg schien Ellen endlos. Sie war stolz, daß sie den Gipfel des Mount Rainier geschafft hatte, aber es war nicht, was sie wirklich brauchte. Ellen erklomm den Rainier, um mit mir zusammen zu sein und meine Gesellschaft zu genießen, während sie sich physisch forderte. Das ist einer der Gründe, warum ich sie liebe. »Die Menschen lieben dich nicht für das, was du tust, sondern für das, was du bist, und für deine Liebenswürdigkeit«, sagte sie, und ich wußte, daß das eine Botschaft war, die ich sehr nötig hatte.

Nun also standen Ellen und ich in der kalt brennenden Sonne auf dem Shira-Plateau vor Daniel, der das Vaterunser auf Swahili las. Die anderen Mitglieder des Teams hatten einen Altar aus Felsbrocken errichtet, Hochgebirgsblumen gesammelt und sie zu einem Strauß gebunden. Ellen hatte ihre schmuddelige Bergsteigerjacke betrachtet und das Gesicht verzogen. »So geht das nicht.« Dann fiel ihr Blick auf das orange-violett-grüne tansanische Tuch, das wir als Tischdecke benutzt hatten. Sie wickelte es um sich wie einen indischen Sari, und obwohl ich sie nicht sehen konnte, war sie für mich die schönste Braut der Welt. Daniel nahm ein Stück des Tuchs und schlang es um unsere Handgelenke. »Was Gott verbunden hat«, sagte er mit fester Stimme, »soll der Mensch nicht trennen.« Da unsere Handgelenke wie zu einem zusammengebunden waren, konnte ich seine Worte um so stärker nachempfinden. Wir hatten unsere Ringe aus Angst, sie zu verlieren, nicht auf den Berg mitgebracht, also nahm Baltazar zwei Halme Rispengras und band sie um unsere

Finger. Ich wiederholte Daniels Worte, deren Kraft auch in seinem gebrochenen Englisch ihre Wirkung behielt. »Ich werde Ellen als meine Frau in guten wie in schlechten Zeiten lieben, bis daß der Tod uns scheidet. So wahr mir Gott helfe. Nimm diesen Ring als Zeichen meiner Liebe und meines Vertrauens auf Lebenszeit.« Nachdem Ellen ihr Gelöbnis gesprochen hatte, hakte sie sich bei mir unter, und wir gingen durch das Spalier von Freunden, Führern und Trägern über das Plateau. Während wir an ihnen vorbeischritten, sangen die Tansanier ein traditionelles Hochzeitslied auf Swahili. Elli und ich konnten kein Wort davon verstehen, außer unseren Namen, die an verschiedenen Stellen eingefügt waren.

Nachher baten wir Daniel, uns das Lied zu übersetzen. Er dachte lange nach und begann dann gewissenhaft in seinem langsamen Englisch: »Erik ist ein guter Mann. Ellen sah ihn und Ellen liebte ihn. Ellen ist ein guter Mann. Erik sah ihn und Erik liebte ihn.« Unsere Freunde, die sich um uns geschart hatten, lachten von Herzen, doch ein paar falsch verwendete Pronomen taten der Kraft und der Hoffnung, die von der Musik ausgingen, keinen Abbruch. Während die Feier in vollem Gange war, schien es mir jedoch unmöglich, mich völlig treiben zu lassen. Ich spürte ein vages Verlangen, mich am Rande zu halten, als ob all das, die Musik und der Gesang, die außergewöhnliche Gebirgskulisse und selbst das Ausmaß von Ellens Liebe nicht eine kleine brennende Wunde in meiner Seele heilen könnten. Meine Mutter hätte es verdient zu leben, diesen Meilenstein im Leben ihres Sohnes mitzuerleben, zu wissen, daß sie Großartiges geleistet hatte und daß ich glücklich war. Allerdings konnte ich mir nicht vorstellen, wie meine Mutter mit ihrem zarten Körper all die steilen Hänge des Kilimandscharo hätte besteigen können, um an diesem Ort zu stehen, also versuchte ich, mich mit dem Gedanken zufriedenzugeben, daß ihr lachender Geist sich hinter einem Felsen in der Nähe oder im Blumenstrauß verberge.

Die Zeremonie endete damit, daß ein Freund meines Vaters Ellie und mir einige Ratschläge für die Ehe auf den Weg gab. Er benutzte die Metapher des Rads. »Was geschieht, wenn die Speichen eines Rads nicht dieselbe Länge haben?« fragte er. »Jede Speiche des Rads stellt einen Aspekt eures gemeinsamen Lebens dar. Den intellektuellen, den emotionalen, den gesellschaftlichen und den physischen. Sie müssen alle aufeinander abgestimmt sein, sonst kommt das Rad ins Schleudern.« Ich weiß nicht, wie es ihm gelungen war, mein Leben so präzise zu ergründen. Ich konnte meine Kletterziele in aller Deutlichkeit vor mir sehen, doch manchmal schwebten wichtigere Aspekte meines Lebens verschwommen an der Peripherie. Ich wollte nicht, daß mein Leben mit Ellen in irgendeiner Weise verschwommen war; ich wollte, daß es heller strahlte als alles, das ich jemals gekannt hatte. Ich erinnere mich, daß ich durch unsere miteinander verbundenen Handgelenke das Empfinden hatte, als ob wir eins geworden seien. Ich hoffte, daß ein Teil von Ellens innerer Ruhe auf mich überging und mir das tiefe Bewußtsein einflößte, daß es mehr im Leben gibt als das Bezwingen von Gipfeln.

Zwei Tage darauf genossen Ellen und ich unsere Flitterwochen während eines vierundzwanzigstündigen Gipfeltages. Nach einem nahrhaften Frühstück aus trockenen englischen Keksen und koffeinhaltigem Tee brachen wir um ein Uhr morgens vom Lava Tower auf. Bisher hatten wir die Möglichkeit gehabt, daß die Träger unsere Ausrüstung schleppten, aber ich hatte es vorgezogen, meine selbst zu tragen, um unabhängig zu bleiben. An diesem Tag jedoch, weil wir den Gipfel von der Machame-Seite angingen und dann über die Marangu-Route absteigen wollten, hatte ich mich gefügt und die Träger meine Ausrüstung mit denen der anderen aus unserem Lager unter dem Gipfel zu einem Lager in 3600 Meter Höhe auf der anderen Seite transportieren lassen. Die 1500 Meter Gipfelbesteigung aus einer Höhe von 4400 Metern waren auch ohne meinen zwanzig Kilo schweren Rucksack Herausforderung genug. Ich trug nur normale Gipfelverpflegung und einiges Zusätzliche: eine Daunenjacke, einen kompletten Daunenanzug für den Notfall, zusätzliche Wolldecken, Schokolade, eine Büchse Thunfisch, Yoo-Hoo für die Gipfelfeier mit Ellen, vier Wasserflaschen, ein Seil und eine Sonnencreme mit einem starken Lichtschutzfaktor. Mein Rucksack war im Verhältnis zu anderen Tagen viel leichter, und ich begann dynamisch, als ob ich durch den Anstieg von selbst angehoben würde. Doch nach einigen hundert Metern wurde mir der Schneid allmählich abgekauft. Auf dem Kilimandscharo hatten wir nur fünf Tage Zeit gehabt, uns zu akklimatisieren, am Denali waren es neunzehn gewesen. »Viel Sauerstoff auf dem Gipfel, weil viele Bäume unten am Berg«, versicherte uns Daniel. Vielleicht für ihn, dachte ich. Am Denali hatte ich außerdem ein gleichbleibendes Tempo halten können, als ich meine Schritte auf dem schneebedeckten Abhang machte; der Kilimandscharo dagegen bestand zum Großteil aus lockeren Felsbrocken und Geröll mit vereinzelten Eisfeldern, die über Abstürzen von 300 Metern lauerten. Es war für mich außerordentlich schwierig, einen Rhythmus zu finden, während wir uns durch schmale, lockere Rinnen und um Felsbrocken wanden und ausgesetzte Felswände hinaufkletterten.

Während ich in der Dunkelheit vor dem Morgengrauen eine steile Felsrampe erkletterte, trat einer der Kletterer über uns einen großen Felsbrocken los. Die Finsternis machte die Bedingungen für alle gleich, und wir warfen uns blindlings in verschiedene Richtungen. Ich warf mich nach links und schätzte die Bahn des Steins nach dem Klang ein. In der nächsten Sekunde hörte ich den Felsbrocken einen Meter rechts von mir vorbeispringen, weg von der ganzen Gruppe, und dann 300 Meter nach unten fallen. Glück gehabt, dachte ich.

Gegen fünf Uhr morgens hörte ich einen Ruf von weit oben. Es war Greg, ein Mitglied unseres Teams, dessen Gruppe schneller als Ellen, mein Vater und ich aufgestiegen war. »Mein Höhenmesser gibt 5200 Meter an«, schrie er, und ich spürte, wie mein Elan einer bleischweren Müdigkeit wich. Greg war in 5200 Meter Höhe zwar weit über mir, aber noch weit unter dem Gipfel. Die Nacht war kälter, als ich erwartet hatte, also war ich dankbar, als die Äquatorsonne um sieben Uhr morgens über den Berg lugte. Ich fragte Ellen, wie sie sich fühle. »Prima«, sagte sie ungeduldig. »Sehen wir einfach zu, daß wir hinkommen.« Ich konnte die Frustration in ihrer Stimme hören.

Als ich höher stieg, kam ich mir allmählich wie in Trance versetzt vor. Meine Muskeln und Gedanken bewegten sich wie durch Sirup. Ich konnte eine deutliche Verzögerung zwischen den Kommandos meines Gehirns und der Reaktion meines Körpers feststellen. Ich verlor den Kontakt zu Ellen und meinem Vater, die direkt hinter mir kletterten, und konzentrierte mich darauf, meinen trägen Körper vorwärts und aufwärts zu treiben. Baltazar sagte immer wieder: »Nahe jetzt, sehr nahe.«

»Wie lang ist nahe?« fragte ich.

»Eine Stunde«, antwortete er.

Eine Stunde ging vorbei, und irgend jemand fragte abermals: »Wie weit ist es noch?«

»Eine Stunde«, sagte er.

Ich fragte mich allmählich, ob afrikanische Führer, die nicht wie die Abendländer mit der Uhr am Handgelenk aufgewachsen waren, vielleicht nie ein präzises Zeitgefühl entwickelt hatten. Wie schätzt du eine Stunde ein, wenn du nie gesehen hast, wie sie vergeht? Ich stapfte weiter über das steile, schlüpfrige Geröll. Zum Glück hatte ich bereits bei anderen Besteigungen gelernt, daß du so lange gehst, bis du da bist. Wenn Führer sagen, daß es noch eine Stunde dauert, multipliziere ich die Zeit einfach mit zwei, also bin ich angenehm überrascht, wenn wir unser Ziel in anderthalb Stunden erreichen, und nicht niedergeschmettert, wenn wir zweieinhalb brauchen.

Schließlich hastete ich eine lange, gewundene Rinne hinauf und spürte plötzlich, wie sich der Berg vor mir öffnete. Es war ein Gefühl von Weite und Ebenheit, eine ungeheure Offenheit, wie ich sie ganz selten erlebt hatte. Ich stieg auf das Plateau. Baltazar berührte meinen Arm. »Welcome auf dem Gipfel von Afrika«, sagte er leise. Wir befanden uns auf der riesigen Caldera, dem durch Einsturz und Erosion erweiterten Krater eines erloschenen Vulkans. Das Terrain senkte sich weiter und hatte die Form einer gewaltigen flachen Schüssel. Ich spürte ein Kribbeln der Erregung in meinem Körper, doch dann wurde die Erschöpfung übermächtig, und ich mußte mich hinsetzen und an einen Haufen Felsbrocken lehnen. An dieser windgeschützten Stelle war die Wärme wundervoll. Ich konnte das Sonnenlicht spüren, das in der kühlen Luft mein Gesicht wärmte. Es war so angenehm, daß ich für ein paar Minuten einnickte. Als ich wieder aufwachte, zwang ich mich, einen Schokoladenriegel zu essen, doch bei jedem Bissen versuchte mein Körper, die Nahrung zu verweigern.

Es gab nur noch ein Hindernis zwischen dem Gipfel und unserer Gruppe: einen 300 Meter hohen Geröllhang namens Uhuru Peak. Es war ein weiterer kleiner Gipfel über dem, den wir gerade erstiegen hatten. Viele Kletterer bezeichnen die Caldera als Gipfel, doch mein Gehirn war für eine solche großzügige Auslegung zu unflexibel. Schließlich war es Zeit, sich abermals auf den Weg zu machen. Ich stand benommen auf und war froh, daß der nächste Abschnitt kein technisches Klettern erforderte, sondern ein Fußmarsch auf lockerem Geröll war, das an manchen Stellen fast zu Pulver gemahlen war. Hier am Fuß des Uhuru war ich in meiner eigenen Welt, und deshalb fühlte ich mich von Ellens Stimme fast wie überfallen. »Ich gehe hinunter«, sagte sie entschlossen. »Mir reicht's.« Ich war schockiert und wollte sie überreden durchzuhalten, doch ihre Erklärung hatte deutlich und definitiv geklungen. Ihrer Stimme nach zu urteilen schien sie nicht übermäßig erschöpft. Sie klang einfach so, als ob sie die Nase voll habe.

»Endloser Alptraum?« fragte ich.

»Endloser Alptraum!« wiederholte sie mit Nachdruck. Ich wußte, daß nichts, was ich auch hätte sagen können, sie umgestimmt hätte. Dies war der Punkt, an dem sich unsere Wege trennten und immer trennen würden. Ellie hatte ihr Gipfelerlebnis während unseres seltsamen und wunderbaren Abenteuers in seiner Gesamtheit bereits hinter sich, aber meines stand noch bevor. Mein Vater, der hinter ihr stand, schloß sich an: »Ich gehe ebenfalls hinunter, mir ist ziemlich schwindlig, und ich muß noch ein bißchen Energie für die sieben Stunden Abstieg übrigbehalten.« Einen Augenblick überlegte ich, ob ich mich ihnen anschließen, die vernebelnde Traumwelt in dieser Höhe verlassen und in die Welt des Sauerstoffs, die Welt der Menschen zurückkehren sollte, doch die Furcht, am nächsten Morgen in meinem Zelt mit dem Gefühl tiefster Reue aufzuwachen, war stärker als meine Erschöpfung. Also beschloß ich weiterzumachen, einfach, weil ich wußte, daß ich es konnte. Als George Mallory in den zwanziger Jahren gefragt wurde: »Warum besteigen Sie den Mount Everest?«, sagte er lakonisch: »Weil er da ist.« Doch er lieferte damit nur die weniger wichtige Hälfte der Gleichung. Die unausgesprochene andere Hälfte ist, daß *wir* da sind. Zu kämpfen und ein Ziel zu erreichen gehört zu unserer Natur, ist in unseren genetischen Kode eingebaut. Der Beweis für diese Beschaffenheit des Menschen manifestiert sich in Flügen zum Mond, Wolkenkratzern mit Hunderten von Etagen und Flaggen, die auf den Gipfeln auf der ganzen Welt aufgepflanzt sind. Mir war klar, daß diese Eigenschaft in gewisser Hinsicht falsch eingesetzt wurde und unter Kontrolle gehalten werden mußte, und ich achtete Ellie dafür, daß sie Hunderttausenden Jahren genetischer Prägung trotzte. Was mich anging, wäre eine Umkehr bei diesem herrlichen strahlenden Himmel und genug Reserven, um nichts zu riskieren, gegen meine menschliche Natur gewesen. Wie um meine Unverwüstlichkeit Lügen zu strafen, drehte sich mein Magen um, ich kniete mich hin und übergab mich über die Felsen. Ich sprang auf, um zu zeigen, daß ich o.k. war. »Ich fühle mich phantastisch. Es geht doch nichts über ein kurzes, heftiges Höhenkotzen.«

Als ich mich den letzten Abhang hinaufschleppte, hatte ich das Gefühl, als ob sich die Anziehungskraft der Erde verzehnfacht habe. Baltazar und ich hielten alle zwanzig Minuten an, so daß ich ein paarmal tief Atem holen konnte, doch ich hatte eher den Eindruck, daß die Luft aus meiner Lunge gesogen statt in sie hineingepumpt wurde. Die Atmosphäre um mich herum schien sie mir zu stehlen. »Sag mir, daß wir bald oben sind«, sagte ich zu Baltazar. »Auch wenn es nicht wahr ist, gib mir eine deiner optimistischen Zeiteinschätzungen.«

»*Hakuna matata*. Kein Problem. Schon sehr nahe.« Er grinste.

Nach anderthalb Stunden legten wir wieder eine Pause ein. »Sehr nahe jetzt«, versprach er. »Ich kann die Spitze sehen.« Und weil ich ihm glauben wollte, bewegte ich mich weiter vorwärts. Das verwandelt sich in einen endlosen Alptraum, dachte ich. Schritt, Atmen, Atmen, Atmen. Schritt, Atmen, Atmen, Atmen, Schritt, Rast, Atmen. Schließlich wurde das Terrain flacher, und wir überquerten ein unebenes Schneefeld, dessen Oberfläche brüchig war und Risse wie altes Fleisch hatte. Meine Stiefel stolperten in kleine Kuhlen und strauchelten über unerwartete Brocken. »Wo ist er?« fragte ich, während der letzte Rest meiner Motivation dahinging.

»Da!« erwiderte Baltazar, hob meine Hand, so daß mein Finger auf eine Stelle zeigte, die nur ein paar Meter über uns lag. »Ich sehe das Schild.« Ein paar Minuten darauf ging es nicht mehr weiter. Der Boden fiel an drei Seiten ab. 300 Meter unter uns, wußte ich, erstreckte sich die Caldera über mehr als drei Kilometer und fiel dann abermals ab, hinunter zu den Wäldern und darauf zu den Ebenen und schließlich in Hunderten Kilometern Entfernung zum Indischen Ozean. »Du kannst sehen, wie es sich krümmt. Ich weiß das Wort nicht auf Englisch«, sagte Baltazar, und ich wußte, daß er den Horizont meinte. Ich hatte schon früher gehört, daß man von der Spitze des Kilimandscharo die Krümmung der Erde erkennen kann. Dann legte ich meinen Arm um Baltazars schmale Schultern. »Danke«, sagte ich.

»Nein, mir ist es Ehre«, erwiderte er. »Mein Vater, nach der Tradition der Swahili, er ist mit sieben Frauen verheiratet. Also, mein Freund, du kommst zum Berg zurück nächstes Jahr und du heiratest wieder.« Auf dem Schild auf dem Gipfel stand: YOU ARE NOW AT THE UHURU PEAK. THE HIGHEST POINT IN AFRICA – ALTITUDE 5859 METERS. Als ich auf dem Gipfel saß, den Kopf auf die Knie gelegt, fragte ich Baltazar: »Was heißt Uhuru?« Er dachte eine Minute nach. »Freiheit«, sagte er schließlich.

Freiheit. Es war ein Wort, das ich nicht begriff. Freiheit von was? Freiheit von den Einschränkungen, die mir mein Körper auferlegte? Von Schmerzen? Von Enttäuschung? Was bedeutete es? Ich wollte so gerne glauben, daß ich, wenn ich auf den Gipfeln von Bergen auf der ganzen Welt stand, diese Art Freiheit für mich erlangt hätte oder ihr zumindest sehr nahe käme. Aber ich empfand eher das Gegenteil. Die ungeheure Wucht der Berge machte mir meine Gebrechlichkeit, mein menschliches Bedürfnis nach Nahrung, nach Sauerstoff, die Hilfe meines Teams und die Wärme ihrer Körper nur um so deutlicher.

Dann dämmerte es mir allmählich, der Gedanke gewann an Leben und lud mein nach Sauerstoff hungerndes Gehirn auf. Vielleicht war es die Freiheit, mein Leben so zu gestalten, wie ich es mir wünschte, oder zumindest die Freiheit, es zu versuchen oder bei dem Versuch zu scheitern. Vielleicht war Freiheit an sich nicht zu bekommen und das Ziel nur dazu da, um danach zu greifen, darum zu kämpfen, obwohl ich die ganze Zeit über wußte, daß ich es nicht erreichen würde. Vielleicht lag die Wichtigkeit in dem bloßen Versuch und der Unmöglichkeit des Gelingens, weil mein Körper zwar erdenschwer war, aber mein Geist sich erhob und seinem Ziel unheimlich nahe kam. Ich stand auf der Spitze des Kilimandscharo, umarmte Baltazar, streckte meine Hand aus und berührte das Schild. Ich wußte immer noch nicht, ob es möglich sein würde, alles, was ich mir vom Leben erwartete, einzuatmen, aber ich wußte, daß ich es versuchen würde.

Zwei Stunden nachdem wir den Abstieg vom Gipfel begonnen hatten, hielten Baltazar und ich oben auf dem Gilman's Point an, der – wie ich wußte – die Aussicht auf die Kibo-Hut 1000 Meter unter uns bot. Baltazar nahm eine Handvoll Sand auf und drückte sie mir in die Hand. Ich spürte, wie das feine Pulver durch meine Finger rieselte. »Keine Steine«, sagte er erregt. Wir standen über der längsten Höhendüne der Welt. »Vertraust du mir?« fragte er.

»Ich verstehe nicht«, erwiderte ich.

Er machte eine kleine Pause und fragte dann wieder: »Vertraust du mir?«

»Aber gewiß!« Ich hatte mich fünfzehn Stunden auf den Klang seiner Schritte und seine Anweisungen verlassen.

»Nimm meinen Arm«, sagte er, und ich hakte mich bei ihm ein. Er war mindestens dreißig Zentimeter kleiner und zwanzig Kilo leichter als ich, doch ich konnte die Kraft in seinem schmalen Körper spüren. Dann begann er zu laufen, ich neben ihm, während unsere Körper einander festhielten und unsere Bewegungen immer perfekter synchron liefen. Wir begannen langsam, doch bald wurden wir schneller, jeder Schritt brachte uns anderthalb Meter tiefer, und dann rutschten wir noch sechzig Zentimeter. Wir traversierten leicht, und unsere Füße führten im weichen Sand Skischwünge aus. Ab und zu trat ich auf einen vereinzelten lockeren Stein, und das brachte uns aus dem Rhythmus und gab uns Anlaß zu unbändiger Heiterkeit. Wir taumelten weiter und versuchten, wieder in Schwung zu kommen und unser Gleichgewicht zu finden. Dann rannten wir wieder, unsere Füße stürmten in gewaltigen Schritten den Abhang hinunter, schneller, als ich es je auf einem Berg getan hatte. Auf halber Höhe machten wir eine Pause, um wieder zu Atem zu kommen. »Willst du mehr schnell oder mehr langsam?« fragte er.

»Schneller«, keuchte ich in einem Hochgefühl, als ob mein Körper unter Strom stünde. »Viel, viel schneller.«

KAPITEL FÜNFZEHN

Der Weg durch die Finsternis

EINE WOCHE, NACHDEM WIR AUS AFRIKA ZURÜCKGEKOMMEN waren, fuhren Sam, Jeff und ich in das Yosemite Valley. Wir hielten an den El Cap Meadows, einem großen Gelände am Fuß der ungeheuren Felswand des El Capitan. Ich konnte die Präsenz der Granitplatte regelrecht hören. Ihre massive Form versperrte uns den offenen Klang des Himmels. Hans, unser Bergführer und der schnellste Kletterer der Welt, führte meinen Finger langsam über die Route der Nose, 1065 Meter lang und der stolzeste Kurs den El Cap hinauf. »Der Fuß ist wie ein Bug, der wie ein Nasenrücken geschwungen ist. Wenn du hinaufkletterst, scheint er vertikal zu sein, doch er hat nur einen Winkel von siebzig bis achtzig Grad. Dann kommt ein prächtiger Riß, der ungefähr 100 Meter nach oben läuft. Das sind die Stove Legs. Perfekter Riß für dich, um als Seilerster zu gehen. Greif einfach nach oben, spür den Riß und zieh dich nach oben. Die ultimative Erfahrung. Von dort müssen wir um eine Ecke traversieren. Du wirst es toll finden. Dort werde ich natürlich der Seilerste sein, ich klettere hinauf und setze die Verankerung. Dann klettere ich wieder herunter und schwinge mich um die Ecke zu der Stelle, an der die Route weitergeht. Das ist eines der Privilegien des Seilersten; ich mache das mit dem King-Swing. Auf halber Höhe ist das Great Roof, ein 30 Meter vorspringender Saillant. Er ist von hier aus kaum zu erkennen, aber wenn du darunter hängst, wirst du's schon merken. Dann kommen die Boot Flake, die Texas Flake und schließlich die Pancake Flake. Von dort aus ist der Rest bis zur Spitze ein Überhang.« Die letzten fünfzehn Minuten hatte Hans meinen Arm hochgehalten und mit seiner kräftigen Hand meinen Zeigefinger hin und her bewegt und die 1065 Meter hohe Wand hinaufgeführt. Als ich meinen Arm wieder hängen lassen durfte, schüttelte ich ihn heimlich und wartete, daß das Brennen in meinen Schultermuskeln abklang.

Vor einigen Monaten hatte Hans' New-Wave-Kletterpartner Steve Schneider in Phoenix einen Diavortrag über Hans und seine Geschwindigkeitsrekorde beim Erklettern der Klassiker des Valley gehalten. Ihre Spitzenleistung waren drei Geschwindigkeitsrekorde auf verschiedenen Routen des El Cap hintereinander, 2400 Meter senkrechten Kletterns in siebenundzwanzig Stunden. Ich hatte Steve nach dem Vortrag angesprochen. »Ich habe von dir gehört«, sagte er mit prononciertem lokalem Akzent. »Nenn mich Shipoopi. Ich war einen Monat vor dir auf dem Denali. Als ich erfuhr, daß sich ein blinder Bursche die gleichen Strapazen aufgehalst hat, habe ich mich geschämt. Nun muß ich was Krasseres angehen.« Ich bat ihn um einen Tip für einen vertrauenswürdigen Kletterer, der vielleicht interessiert wäre, uns beim zweiten Bergsteigerprojekt der American Foundation of the Blind The Nose hinaufzuführen. Wir dachten, daß er sich selbst anbieten würde, doch statt dessen schlug er ohne Zögern seinen Kameraden Hans vor.

Als ich nun unter El Capitan stand, fühlte ich mich leicht benommen bei dem Gedanken, daß Sam, Jeff, Hans und ich uns in einem Monat in Hunderten Metern Höhe befinden würden, hängend an Metallsicherungen, die in winzigen Rissen verkeilt waren. Ich hatte mich auf diese Kletterei eingelassen, als es dafür allenfalls den Hauch einer Chance zu geben schien. Ich hatte 150 Meter hohe Felswände an einem Tag erklettert, doch El Capitan, der

Maßstab, an dem alle anderen Kletterpartien gemessen werden, war ein gewaltiger Brocken. Meine innere Stimme sagte mir, daß es zu schaffen war, doch wie konnte ich sicher sein, daß diese Stimme mich wirklich meiner Bestimmung entgegen und nicht in eine Katastrophe führte? Ich hatte mir gerade ein Hörbuch über die Besteigungen im Himalaja angehört, in dem auch ein Mann vorkam, der in den zwanziger Jahren eine Vision gehabt hatte, in der Gott ihm befahl, den Mount Everest zu besteigen. Um die Kraft seines Glaubens zu demonstrieren, beschloß der Mann, den Everest in seinen Slippers zu bezwingen. Bereits kurz über dem Basislager erlitt er Erfrierungen und mußte vom Berg gerettet werden. Ich wußte, daß es Leute gab, die den Versuch eines Blinden, El Capitan zu erklettern, für ebenso verrückt hielten wie den Versuch, den Everest in Slippers zu besteigen. Vielleicht setzte ich mir ja wirklich etwas in den Kopf, das meine Fähigkeiten weit überstieg. Manchmal war ich von Zweifeln erfüllt, aber inmitten dieser Gefühle wallte eine mächtige Woge von Hoffnung auf, strömte bis in meine Fingerspitzen und hatte mich bis zu diesem Ort geleitet, zu den zerklüfteten Geröllfeldern und den von der Sonne gebleichten Granitwänden. Hier, das wußte ich, würde meine Hoffnung mit der nackten Realität konfrontiert werden. Es war mir klar, daß ich einen langen Weg zu gehen haben würde, doch falls es diesen Weg gab, würde ich ihn finden.

An diesem Nachmittag veranstalteten wir eine Party, um unser bevorstehendes Abenteuer zu begießen. Hans hatte einige seiner Kletterfreunde eingeladen, darunter Warren Harding, eine lebende Legende in der Klettergeschichte des Yosemite Valley. Vor einunddreißig Jahren war Harding ein drahtiger, energischer Landvermesser mit so extremen Träumen gewesen, daß er sich genierte, sie irgend jemandem zu gestehen. Im Goldenen Zeitalter des Yosemite-Kletterns war er die schwersten Routen angegangen: The Leaning Tower, Dawn Wall und schließlich als Krönung seiner Kletterkarriere The Nose auf El Capitan. Es hatte ihn ein ganzes Jahr gekostet, um diese Route ganz zu bewältigen, und das Ergebnis hatte etliche Seiten des *Life*-Magazins gefüllt.

Sam und ich holten ihn an einem Parkplatz im Tal ab, um ihn zu unserer Hütte zu bringen. »Laßt mich erst parken, ich bin sofort wieder da«, und seine Stimme klang wie die des Großvaters aus dem Bilderbuch.

»Also, wie sieht er aus?« fragte ich Sam, sobald wir allein waren. »Ist er ein beinharter Typ? Hat er Unterarme aus Stahl?«

Sam zögerte: »Laß es mich mal so sagen: Er ist in diesen einunddreißig Jahren etwas gealtert, doch ich bin sicher, daß unter seinem Bierbauch immer noch ein Tiger tobt.«

Später auf der Veranda unserer Hütte versammelten sich alle um ihn, ein Bier in der Hand, und lauschten, während er Bergsteigergarn über seine Bravourleistungen rund um das Tal sponn. Für einen Kletterer war es interessanter, als Neil Armstrong bei der Schilderung seines Apollo-Flugs zuzuhören. Mir gefiel, wie Warren seine Taten herunterspielte. »Konnte nie mehr als die Schwierigkeitsgrade 5 bis 8 frei klettern«, sagte er selbstbewußt, »aber wenn man mich an die Longe hängte, dann konnte ich es schaffen. Auf dem Leaning Tower schoß ein *bashy*« – ein dünnes Sicherungsgerät – »aus dem Riß, mit mir dran. Beim Sturz brach ich mir die Nase und knackste mir ein paar Rippen an. War eine fabelhafte Ausrede, um aufzugeben und einen trinken zu gehen. Problem war, daß mir der Barkeeper nichts servieren wollte. Starrte ständig auf mein geschwollenes Gesicht und erzählte mir, daß ich ins Krankenhaus gehörte. Auf der Dawn Wall beschwerten sich manche, daß ich zu viele Bohrhaken eindrehe. Gibt dafür einen ziemlich naheliegenden Grund«, sagte er, stand auf und legte meine Hand auf seinen Kopf. »Ich bin bloß ein kleiner Bursche mit kurzen, dicken Armen. Die einzige Stelle, an der ich einen zusätzlichen Haken hineingebohrt habe, war unter dem Great Roof. Ich hing an einem, den ich gerade eingedreht hatte. Ich war 450 Meter über dem Talboden, sah die ganze Luft unter mir und bohrte zur Sicherheit sofort einen weiteren hinein. Erik, Sie werden diesen Haken fühlen, wenn Sie zu der Stelle kommen. Ist jetzt wahrscheinlich etwas rostig, aber das bin ich auch.« Er lachte dröhnend.

»Was ist mit dem Stove-Legs-Riß?« fragte ich. »Wie ist er zu seinem Namen gekommen?«

»Nun ja, damals«, sagte er, »hatten wir noch nicht diese neumodische Ausrüstung. Wir hatten diese kleinen Pitons zur Sicherung, doch der Stove-Legs-Riß war so breit, daß er uns eine Weile lang immer wieder austrickste. Wir standen vor einem scheinbar unlösbaren Problem. Eines Tages ging ich über einen Schrottplatz, und mein Blick fiel auf diesen alten dickbauchigen Ofen. Brachte mich auf eine Idee. Ich sägte die Beine ab und bohrte Löcher in die Enden. Diese Beine paßten besser in diesen Riß, als wir jemals gehofft hatten.«

»Wieso haben Sie sich fürs Klettern interessiert?« fragte Jeff.

»Ist das nicht klar, wenn Sie dieses diabolische Gesicht betrachten?« entgegnete er. »Ruhm, Vermögen, Ehre und Frauen. Hab allerdings von den letztgenannten nicht viel mitgekriegt.«

»Und warum nicht?« fragte Jeff, der an jedem Thema interessiert war, das mit einem Mangel an Frauen zu tun hatte.

»Zu sehr mit Klettern beschäftigt«, antwortete er.

Als wir ihn zu seinem Auto zurückbrachten, sagte Warren zu mir: »Das muß man Ihnen lassen, auf dieses Monster klettern, ohne zu sehen, was Sie tun. Wissen Sie, was ich täte, wenn ich blind würde?«

»Was?« fragte ich.

»Nichts!« kicherte er. »Absolut nichts. Hätte dann endlich die Ausrede, die ich immer gesucht habe, könnte dann endlich eine echt schwache Leistung bringen, so wie es immer von mir erwartet wurde.« Darauf brach er in brüllend lautes Gelächter aus, das tief unten in seinem Bauch begann und sich von dort aus ausbreitete. Es hielt eine gute Minute an, und Sam und ich mußten einfach einstimmen.

An unserem zweiten Tag im Valley stürzten wir uns sofort ins Training. »Es gibt nichts Besseres für einen Hangover als einen Überhang«, sagte Sam, während er mit beiden Händen seinen Kopf hielt. Wir starteten mit einem Aufstieg von zwei Seillängen, wobei ein Abschnitt ungefähr 45 Meter war, was etwa der Länge eines Kletterseils entspricht. Der erste bestand aus einem langen fingerbreiten Riß, der wie die meisten Partien im Valley von einer glatten Felswand ohne besondere Merkmale umgeben war. Die Technik besteht darin, zwei Hände und einen Fuß in dem Riß zu verklemmen und sie aufzukanten, so daß sie feststecken. Dann richtet man sich auf dem verdrehten Fuß auf und klemmt den anderen Fuß ein Stück höher in den Riß. Mit dem größten Teil des Gewichts hängt man an den Fäusten, die in die Spalte gestopft sind, oder an den Verdickungen der Fingerknöchel, die man in Granitgriffe verkeilt. Auf seltsame Weise ist das Klettern an Rissen für einen Blinden der perfekte Sport; ich konnte meinen Weg spüren, indem ich einfach den Riß hinauffuhr, bis ich die richtige Stelle fand. Keine versteckten Griffe, die unmittelbar außerhalb meiner Reichweite lauerten. Keine Tritte von wenigen Zentimetern, die meine Zehen gerade nicht treffen konnten.

Die nächste Seillänge erforderte Piaztechnik. Ich mußte mich mit langen Armen aus dem Seil hängen, mit beiden Händen die Rißkante im Granit greifen, meine Füße flach gegen den Fels stemmen und die Hebelkräfte nutzen, um mich den Fels hinaufzuarbeiten. Durch den Gegendruck meines zurückgelehnten Körpers bekamen meine Fußsohlen Halt an der Wand. Manchmal zog ich mit den

Armen meinen Oberkörper zu weit nach oben, so daß meine Füße nach unten wegrutschten und mein Körper gegen den Fels knallte. »Aufgeschlagene Ellbogen und Knie sind der Beweis dafür, daß du dir wirklich Mühe gibst«, sagte Hans.

»Es sind Kriegsverletzungen«, fügte Jeff hinzu.

Die nächste Route war ein Aufstieg von 100 Metern namens Bishop's Terrace. Wir fanden es so aufregend, einen der berühmtesten Kletterfelsen der Welt zu erklimmen, daß ich schnell zu klettern begann und mit Armen und Beinen meinen Körper in rascher Bewegungsabfolge nach oben katapultierte. »Dieses Geschwindigkeitsklettern ist ein Klacks«, prahlte ich, während Hans mich von oben am Seil hielt, »ich werde deinen El-Cap-Rekord brechen.« Meine anmaßende Bemerkung mußte die Klettergötter erzürnt haben, denn als ich mich Sekunden später auf eine schmale Felsleiste hochhievte und mich kerzengerade aufrichtete, knallte ich mit dem Gesicht gegen ein herausragendes Felsstück. Meine Nase war aufgeplatzt und blutete und fühlte sich an, als ob sie völlig platt wäre. Ich betete, daß Hans den Höhepunkt meines kurzen Versuchs im Geschwindigkeitsklettern nicht gesehen hatte. Ich hielt den Mund, bis wir oben waren, bemühte mich nur noch, imaginären Vorsprüngen auszuweichen, die über mir lauerten, und versuchte, meine gequetschte Nase zu ignorieren, die regelmäßige Schübe von Schmerz durch meinen Kopf jagte. Als ich bei Hans ankam, nahm er mich vom Seil, während ich mich sicherte. »Der nächste Abschnitt ist eine lange, schmale Traverse über einen schiefen Vorsprung«, erklärte Hans. »Wenn du fällst, wirst du ziemlich ins Schwingen geraten, also gehst du sie vielleicht langsam an und schützt das, was von deiner Nase noch übriggeblieben ist, du Geschwindigkeitskletterer.«

Am Ende meines ersten vollen Klettertages im Valley fühlten sich meine Arme und Beine schlaff an wie ein altes ausgeleiertes Gummiband. Die Haut meiner Hände erinnerte an rohes Hackfleisch, und meine Füße schienen unter ein heißes Bügeleisen geraten zu sein. Meine Lippen waren gesprungen, die Zähne blutverschmiert, und Schorf von der Größe eines Vierteldollars prangte auf meiner Stirn. Ganz zu schweigen von der geschwollenen Nase, den aufgeschlagenen Ellbogen und Knien und den verschrammten Schienbeinen. Es war ein herrlicher Klettertag gewesen.

Am nächsten Tag nahm mich Hans zu einem Übungsgelände mit, das Cookie Cliff hieß, um mir das Klettern mit Sicherungsgeräten beizubringen. Die Felswände des Yosemite waren von wandernden Gletschern gemeißelt worden, die zwar perfekte durchlaufende vertikale Risse hinterließen, jedoch keinerlei weitere Merkmale, so daß selbst außergewöhnliche Kletterer es nicht schaffen, lediglich mit Hilfe der Kraft ihrer Arme und Beine auf dem Felsen voranzukommen. Es gibt einfach keine Tritte, auf denen man stehen, und keine Griffe, an denen man hängen kann, also hilft sich ein Kletterer mit Sicherungsgeräten, indem er kleine kompliziert konstruierte Metallstücke – Rocks oder Friends – in einen senkrechten Riß verkeilt, daran eine ein Meter lange Bandleiter aus Nylon befestigt, sich dann auf ihrer obersten Schlinge aufrichtet und die nächste Sicherung ein Stück höher anbringt. Sobald diese Sicherung verkeilt ist, befestigt er seine zweite Leiter daran, steigt vorsichtig in die unterste Schlinge und arbeitet sich nach oben. Das ist eine langsame und ermüdende Prozedur, doch sie brachte uns über Abschnitte, auf denen man nicht »frei klettern« konnte.

Der Anmarsch zum Cookie Cliff führte über eine alte Forstwirtschaftsstraße, die durch einen Erdrutsch zerstört und nie repariert worden war. Sie war nun ein kunterbuntes Durcheinander von Felsbrocken; ich saß häufiger auf dem Hintern, als daß ich auf den Füßen stand. Der Weltmeister im Geschwindigkeitsklettern hatte besonderen Spaß daran, mich schneller zum Fuß der Wand zu führen als jemals jemand zuvor. Er nannte es Eilmarsch für Blinde. »Ich bin für meine Effizienz bekannt«, warnte er. »Also, auf den Hintern und rutschen. Am Ende ein Meter Abfall«, sagte er etwa. »Linke Hand am Teleskopstock, rechte Hand gegen diesen Felsbrocken. O.k., Abstieg, breite Bank dreißig Zentimeter unter deiner linken Hand, Vorsprung fünfundsiebzig Zentimeter unter dem rechten Fuß.« Als der Pfad ebener wurde, ging Hans vor mir und schlug zwei Karabiner gegeneinander oder zwei Äste oder Steine – was immer gerade greifbar war. Ich folgte dem Klang. Nachdem wir das Geröllfeld hinter uns gebracht hatten, sagte er: »Faß das an.« Er legte einen glatten metallenen Gegenstand in meine Hand, und ich ertastete eine Reihe von winzigen quadratischen Löchern. »Beinahe nicht dran gedacht. Ist besser, als Karabiner gegeneinander zu schlagen.« Es war eine Mundharmonika. Hans hatte sie am Morgen in einem alten Schrank gefunden, versteckt hinter altem Spielzeug aus seiner Kindheit, und den Rest des Tages holperte er durch die alten Songs: »Row, Row, Row Your Boat«, »The Farmer in the Dell« und als großes Finale eine Darbietung von »Three Blind Mice«. Hans fand offenbar, daß dieser letzte Song ein Einfall von genialer Komik sei, denn er unterbrach immer wieder, sang ein paar Zeilen und kicherte. Unwillkürlich mußte ich auch kichern.

Am Fuß des Cookie Cliff standen wir vor einem perfekten, ununterbrochen senkrecht nach oben führenden überhängenden Riß. Bevor ich zu klettern begann, sagte Hans: »Während du dich hinaufschindest, bin ich neben dir.« An einem fixierten Seil, das an der Kette am oberen Rand befestigt war, schnellte Hans mit seinen Steigklemmen um mich herum und überprüfte jede Sicherung, die ich legte. Ich griff hinauf, spürte die Breite des Risses und maß die Spalte mit meinem Finger aus. Ich mußte Sicherungsgeräte von entsprechender Größe einpassen, die an meinem Klettergurt hingen. Ich hatte gelernt, die vielen

Arten von Metallsicherungen zu sortieren, die Kletterer zu ihrem Schutz mit sich führen: Rocks, vom kleinsten bis zum größten rechts an meiner Materialschlinge, Friends, vom kleinsten bis zum größten links, und Hexentrics und Tricams hinten. Anfangs hatte ich mich verausgabt, indem ich mich ständig durch die Reihe der Sicherungsgeräte tastete und so lange unbeholfen schwere Metallstücke in den Riß einführte, bis ich die passende Größe gefunden hatte. »Effizienz ist alles«, dozierte Hans. »Besonders für dich.« Er meinte damit, daß das Klettern von mir als Blindem ein Stück zusätzliche Arbeit erforderte. Obwohl ich versuchte, nicht immer wieder über meine Schwierigkeiten zu reden, mußte ich dennoch zugeben, daß er recht hatte. Wenn ein Sehender an einer Sicherung hing, konnte er den Riß hinaufschauen und mußte nur seine Augäpfel bewegen, um die nächste geeignete Plazierung zu erkennen, das richtige Klemmgerät wählen, sich aufrichten und es in den Riß einführen. Da ich nicht hinaufgucken konnte, mußte ich mich auf der Bandleiter aufrichten, den Riß mit meiner Hand abtasten, mich wieder zurücksinken lassen, um das richtige Stück zu finden, mich abermals aufrichten, um es zu plazieren, und hoffen, daß es die richtige Größe hatte. Auf der obersten Schlaufe einer dünnen Bandleiter zu stehen, während ein überhängender Fels sich gegen mein Gesicht preßte und der Wind und meine zitternden Beine die Leiter hin und her schaukeln ließen, war erheblich anstrengender, als eine Sprossenleiter zu besteigen. Bevor ich mich aufrichtete, klinkte ich ein Stück meines Gurts in die Sicherung im Riß ein, so daß ich mein Bein strecken und mich zurücklegen konnte und damit die Hände frei hatte, um das nächste Klemmgerät zu plazieren. Sich einmal mehr aufzurichten scheint keine große Sache zu sein, doch auf einer Wand von 60 Metern bedeutet das über sechzig zusätzliche Kraftanstrengungen und auf dem 1000 Meter hohen El Cap mehr, als ich ausrechnen wollte.

Als ich mich den Riß hinaufarbeitete, gab mir Hans Informationen: »Zu groß. Probier eine Nummer zwei«, oder: »Die hält nicht. Spürst du, daß zuviel Spannung draufliegt«, oder meinen Lieblingsausspruch: »Der Oberhammer! Schenk dir die Überprüfung, ich hätte sie nicht besser plazieren können.« Erst kontrollierte ich die kleine Metallsicherung immer und immer wieder und ließ sie im Riß hinauf und hinunter, vor und zurück gleiten. Dann belastete ich zögernd die Leiter, als würde ich einen Schritt in ein Minenfeld machen. »Greif hinein«, sagte Hans, und seine gelassene Stimme hatte eine beruhigende Wirkung. »Spür, wie die Zähne im Fels greifen. Du könntest einen Lastwagen dranhängen. Jetzt richte dich auf. Sie wird halten.« Meine Finger glaubten ihm, doch falls er sich irrte und sie nicht halten würde, wußte ich, daß die Konsequenzen ernst sein würden.

Monate vorher, als ich Klettern mit Sicherungen an 30 Meter langen Basaltrissen draußen vor Flagstaff lernte, waren mir diese Konsequenzen ein für allemal eingedrillt worden. Sam ging als Seilerster den Riß hinauf und ließ die Klemmgeräte für mich drinnen. »Das ist eine gute Übung«, sagte er. »Geh einfach hinauf und klink dich dran ein. Übe, die Leiter zu befestigen und dich aufzurichten.« Also arbeitete ich mich den Riß hinauf, klinkte mich ein, richtete mich auf und griff nach oben. In einer Höhe von etwa 15 Metern klinkte ich die Leiter ein und richtete mich auf. Als ich mich zurücklegte, hörte ich ein kurzes, knallendes Geräusch, als das Klemmgerät sich aus dem Riß löste. Dann fiel ich ins Leere, stürzte rückwärts nach unten, und mein geschocktes Gehirn registrierte kaum, was geschah. Die nächste Sicherung riß aus dem Fels und danach die dritte. Dann schlugen meine Füße auf dem Boden auf, doch der Aufprall war überraschend sanft, als ob ich nur einen Meter tief gefallen sei. Sofort schnellte ich wegen der Elastizität des Seils wieder nach oben. Die letzte Sicherung hatte gehalten. Gott sei Dank.

Nun, auf halber Höhe des Cookie Cliff, hörte ich Hans sagen: »Keine Sorge, die hält.« Doch obwohl mein Gehirn das akzeptierte, pochte mein Herz trotzdem bei der Erinnerung an den plötzlichen metallischen Knall und das Gefühl der Schwerelosigkeit, als ich die Haftung am Fels verloren hatte. Dennoch kam mir nie das nüchterne Gefühl abhanden, daß mein Leben von meinem Können abhing; davon, wie geschickt meine Finger ein kleines Klemmgerät in einen Riß legten. Ich vergaß nie, daß mein Leben in meinen eigenen Händen lag. Dieses Gefühl ist ebenso erhebend wie erschreckend.

Mit einem der besten Kletterer der Welt an meiner Seite, einem Kletterer, der die gefährlichsten Aufstiege des Valley überlebt hatte, zwang ich mich dazu, Vertrauen zu haben. »Wahnsinnsplazierung. Weiter so«, drängte er mich. Als ich oben ankam und mich in die Verankerungskette einklinkte, schaute Hans auf seine Uhr. »Nicht schlecht, siebenundfünfzig Minuten«, sagte er. »Das nächste Mal schaffen wir es in fünfzig.«

Die nächste Trainingsstufe war, daß wir es allein versuchen mußten, also begaben Jeff und ich uns zum Fuß der Salathe' Wall, einer klassischen Route, die The Nose in Länge und Schwierigkeitsgrad nicht nachsteht. Die ersten 45 Meter sind eine der klassischen Kletterstrecken mit Sicherungsgeräten im Valley, ein Zickzack von Rissen unterschiedlicher Größe, die die glatte Granitwand hinauflaufen. Unglücklicherweise begann es bereits dunkel zu werden, als ich als Seilerster an der Reihe war, doch Jeff sagte: »Dunkelheit ist für mich kein Problem, und ich weiß, daß sie dich auch nicht stört.« Auf der Salathe' Wall als Seilerster zu gehen war verzwickt, denn um zur Basis des Abschnitts zu gelangen, an dem das Sicherungsklettern begann, mußten wir einen Hang mit einer Steigung von fünfzig Grad zu einem schmalen Band hochklettern und dann weit nach rechts traversieren, bis sich das Band zu einem Tritt verengte. An dieser Stelle lief der

Riß nach oben. Wenn also mein erstes Klemmgerät herausknallte, sobald ich mich auf der Leiter aufrichtete, stand mir ein Sturz von zwölf Metern bevor oder, wie es im Kletterjargon heißt, ein Zwölf-Meter-Krater. Ich legte das erste Stück Friend ein, verklemmte mit aller Kraft einen Fuß im Riß und testete mit dem anderen die Leiter. Als mein Bein die Leiter belastete, fühlte es sich an, als ob es mit flüssigem Blei gefüllt sei und beim Aufrichten das fragile Metallband wie ein Streichholz zerbrechen, vielleicht sogar das dünne Gewebe der Schlaufe zerreißen werde. Ich hatte die fixe Idee, daß ich sofort den scharfen Knall von Metall hören würde, während mein bleischwerer Körper nach unten trudelte. »Wie werde ich als Seilerster auf der Nose gehen können, wenn es soweit ist? Wird es da einen Unterschied geben?« fragte ich mich. »Ich kann nicht zurück. Ich kann nur vorwärts«, sagte ich mir immer wieder, und nach ein paar Minuten schien die ständige Wiederholung mein Gehirn zu beruhigen. Schließlich unterstützte ich das eine Klemmgerät mit zwei weiteren und befestigte die Leiter an allen dreien. Wenigstens ein Stück würde halten. Ich hatte zwar viel für das Wahrscheinlichkeitsgesetz übrig, aber trotzdem war der erste, alles entscheidende Schritt qualvoll. Als ich in den Schlaufen höher stieg, um die nächsthöhere Sicherung zu legen, hielt ich meine Hände als vierte und fünfte Verankerung in den Riß gesteckt. Ich stieß ein paar flache Atemzüge aus. An der Peripherie meiner Konzentration hörte ich Jeffs Stimme, die mich mit kleinen spöttischen Schreien imitierte.

Als ich höher kam und mehr und mehr Sicherungen das Seil unter mir hielten, gewann ich mehr Zutrauen. Etwa 25 Meter weiter oben verlor sich der Riß, ich beugte mich nach links und rechts und suchte die Wand nach einem anderen Halt ab. Dann fand ich ihn, eine Spalte so breit wie eine Büroklammer, ungefähr einen halben Meter über mir und 1 Meter 20 zu meiner Linken. Ich mußte meinen Körper akrobatisch vorbeugen und strecken, um sie überhaupt zu erreichen. Mit einem Fuß in der obersten Schlaufe der Leiter schob ich den anderen weit in die Wand und zwängte einen Finger in den flachen Griff. Mit der freien Hand griff ich nach hinten und fand die Stelle der Materialleiste mit den kleinen Rocks. Mein Körper hing fast horizontal, während ich verschiedene Größen gegen die Oberfläche der Spalte drückte, doch keine paßte. Schließlich wählte ich die kleinste. Sie ließ sich mühelos einführen und griff am unteren Ende der Spalte. Als ich mich hinüberschwang und daran aufrichtete, versuchte ich alles von mir abzublocken, was mich ablenken konnte, vor allem, daß ich mich auf der Wand in 30 Meter Höhe befand und mein Körpergewicht an einem Stück Metall hing, das nicht länger als die Spitze meines kleinen Fingers und nicht breiter als eine Kreditkarte war. Drei Meter höher wurde der Riß breiter, und ich legte einen Friend der Größe zwei, ein Stück, das halb so groß wie meine Faust war. Als ich hineinfaßte, stellte ich fest, daß die Zähne griffen, und versuchte, ihn herauszuziehen, doch er steckte fest. Also sagte ich mir, daß er, wenn er nicht nachgab, wenn ich daran riß, auch nicht nachgeben würde, wenn ich mich daran aufrichtete. Also erhob ich mich. Murphys Law trat voll in Kraft, denn das Klemmgerät schoß auf der Stelle heraus. Ich stieß eine Reihe von erstickten Grunzern aus, während ich mich gefährlich weit nach links neigte und meine Arme wild gegen den Fels schlugen. Ich bemerkte nicht einmal, daß das schwere kleine Metallstück direkt auf meinen linken Augapfel geknallt war. Zum Glück steckte mein linker Fuß noch immer in der untersten Schlaufe der Leiter, und ich fand mein Gleichgewicht wieder. Später ulkte ich Sam und Jeff gegenüber, daß ich, wenn ich nicht schon ein Kunstauge hätte, wahrscheinlich jetzt eines brauchen würde.

Ich rastete auf einem Vorsprung von einem Zoll, der mir in diesem Moment so breit wie ein Gehsteig erschien, und wischte das Blut von meinem tauben Lid. Ich fuhr mit den Fingern über die harte gläserne Oberfläche des Augapfels und untersuchte, ob er einen Sprung bekommen hatte. Mein Schädel bebte noch immer von dem Aufprall. Als ich mir meiner Umgebung wieder bewußt wurde, schätzte ich, daß ich noch drei bis fünf Meter vor mir hatte. »Greif nach rechts.« Jeffs Ruf drang von unten leise zu mir. Ich griff nach rechts, und meine Hand fuhr über Cliffhänger, metallene Ringe, die in den Fels gebohrt waren. Ich klinkte meinen Gurt ein, und das Gefühl der Schwere wich augenblicklich dem der Erleichterung. Ich war 45 Meter als Seilerster in weniger als vier Stunden gegangen. Das war eine verdammt schlechte Zeit, eine miserable Zeit, aber es war wenigstens ein Anfang.

Als ich um elf Uhr abends oben wieder festen Boden unter mir hatte, machte mir Jeff eine schlimme Mitteilung. Es brach aus ihm heraus, als ob er schon lange daran herumgekaut hätte. »Es ist stockdunkel. Der Mond scheint nicht, und ich habe meine Stirnlampe vergessen.« Der Abstieg dauerte nur fünfundzwanzig Minuten – falls man auf dem Pfad ging, der 400 Meter weiter unten hinter einem Gewirr von Felsbrocken begann.

»Also, welche Möglichkeiten haben wir?« fragte ich. »Die ganze Nacht im Freien zu nächtigen, was nicht in Frage kommt, oder in dem Labyrinth vor uns von einem zehn Meter hohen Felsbrocken zu stürzen?«

»Ich bin fürs Stürzen«, erwiderte Jeff verbissen. Er schlurfte voraus, hielt an und suchte immer wieder nach einem neuen Weg, wenn der, auf dem er sich befand, wieder in einer Sackgasse endete. Jedesmal, wenn er über Steine oder gefallene Äste stolperte, mußte ich einfach in mich hinein lachen. Die dauernden Unterbrechungen, begleitet von seinem ängstlichen Keuchen und unterdrückten Flüchen, gaben mir insgeheim einen Kick. Abrupt blieb Jeff vor mir stehen und stieß hervor: »Ich glaube, vor uns ist ein großer Absturz.«

»Wie tief?« fragte ich.

»Vielleicht zehn Meter«, schätzte er. »Ich kann die Baumwipfel erkennen, die sich auf unserer Höhe befinden.« Ich kniete mich hin und untersuchte den Absturz. Er fiel in einem gemäßigten Winkel ab und schien breite Tritte und Spalten zu haben. »Ich glaube, ich kann dort drüben eine Lichtung sehen. Das kann ein Pfad sein, aber es ist nicht dran zu denken, daß wir dieses Ding in der Dunkelheit hinunterklettern.« Bei Tag war mir Jeff technisch weit überlegen, doch in der Finsternis waren die Rollen vertauscht. »Ich werde unter dir klettern«, sagte ich, »und dir helfen, deine Schritte zu setzen.« Mit zögerndem Grunzen erklärte Jeff sich schließlich einverstanden. Ich stieg unter Jeff ab, hing mit einer Hand mit langem Arm an einem Griff, während ich den Körper zusammenkrümmte und mit der anderen Hand weit unter mich griff. Wenn ich schließlich einen Halt gefunden hatte, senkte ich vorsichtig meine Füße darauf. Sobald ich sicheren Tritt gefaßt hatte, ergriff ich Jeffs Fußgelenk und führte seinen zitternden Fuß hinunter auf einen Vorsprung. Bei jedem Schritt nach unten gab Jeff leise wimmernde Geräusche von sich, und ich imitierte seine Stimme schadenfroh von unten. Langsam und vorsichtig arbeiteten wir uns Zoll für Zoll nach unten, und als wir am Fuß des Felsbrockens standen, sagte ich: »Du würdest einen lahmarschigen Blinden abgeben.«

Jeff übernahm wieder die Führung, und nachdem wir uns eine halbe Stunde stolpernd durch eine schier undurchdringliche Mauer von Sträuchern und Ästen gekämpft hatten, wartete ich, daß er selbst draufkommen werde, daß diese Festung von Ranken und Zweigen nicht unbedingt verdiente, als Pfad bezeichnet zu werden.

Halb im Scherz platzte ich schließlich heraus: »Jeff, warum läßt du nicht mich die Führung übernehmen?«

»Tu dir keinen Zwang an«, antwortete er erleichtert. Also ging ich wieder voran und zwängte mich durch das nächste Gewirr von Büschen. Es war purer Zufall, daß ich nach weiteren sechs Metern aus dem Dickicht auf den ebenen Boden eines Pfads trat, doch ich brachte Jeff die leicht aufgebauschte Geschichte des heldenhaften Blinden, der seinen hoffnungslos verirrten Bergkameraden aus der Wildnis führte, immer wieder in Erinnerung.

Während ich vor Jeff ging, hielt ich uns auf dem Pfad, in dem ich die festgetretene Erde unter meinen Füßen ertastete, die sich deutlich von der lockeren Erde und den kleinen Sträuchern am Rand unterschied. Manchmal gab die feste Krume plötzlich nach, und ich trat auf abgefallenes Laub und dünne Zweige. Daran erkannte ich, daß ich vom Weg abgekommen war, ging ein paar Schritte zurück, hielt immer wieder an, klopfte mit der Ferse die Spur ab und fuhr mit dem Teleskopstock von einem Rand zum anderen, bis ich spürte, daß die Spur breiter wurde und sich in die Richtung wandte, von der ich annahm, daß sie die richtige war. Ich lachte nervös bei dem Gedanken, daß ich Jeff, den besseren Bergsteiger, führte, doch ich wußte, daß ich in der stockdunklen Nacht der Beste für diesen Job war, und weiter hinter ihm herzutrotten hätte bedeutet, daß ich mich um meine Verantwortung als Partner gedrückt hätte. Während ich zaghaft weiterging, versuchte ich, mich zuversichtlich zu fühlen, doch diese Zuversicht war nicht echt. Ich war unsicher, zweifelte an jedem Schritt. Ich war immer davon ausgegangen, daß die Führung lediglich einigen Auserwählten wie Jeff zustünde, daß Menschen wie er dazu geboren seien, das Kommando zu übernehmen, doch nun fragte ich mich, ob diese Annahme lediglich eine bequeme Ausrede meinerseits gewesen sei. Vielleicht war Jeff, wenn er mich bei Tag führte, ebenso unsicher wie ich bei meinem nächtlichen Führen. Vielleicht waren Führereigenschaften nicht so sehr eine Frage von purem Talent, sondern von purem Mut. Führen war die Fähigkeit, sich durch das Dunkel auf unendlich viele Möglichkeiten zuzubewegen, die nicht zu sehen, aber zu erspüren waren, während andere sich vom Dunkel lähmen ließen.

Bald darauf hörten wir in der Ferne Verkehrsgeräusche, und ich wußte, daß wir uns der Straße näherten. Außerdem hörte ich ein Stück vor uns auf dem Pfad emsige Schritte. »Da vorne sehe ich ein paar Stirnlampen«, sagte Jeff, und gleich darauf kamen zwei Kletterer auf uns zu. Vielleicht wollten sie am Fuß der Wand nächtigen, um früh aufbrechen zu können. Der erste Bergsteiger war offenbar verblüfft, als er sah, wie wir uns langsam durch die dichte Dunkelheit vorwärtsbewegten, und bemerkte, als er an uns vorbeikam, fasziniert: »Ihr Burschen müßt verdammt gute Augen haben.«

»Hundertprozentig!« erwiderte ich.

Am nächsten Tag wollten wir üben, einen Transportsack die Wand hinaufzuziehen. Auf El Cap mußten wir fünfundvierzig Liter Wasser, ein Arsenal von Sicherungsgeräten, Regenkleidung und wärmere Kleidung, Essen und Schlafsäcke hinaufschaffen. Das ganze Sortiment mußte in einen tiefen Gummischlauch gestopft werden und würde fast 70 Kilo wiegen. An diesem Tag hatten Jeff, Sam und ich vor, drei Seillängen des Serenity Crack zu schaffen, das Einholen des »Vielfraßes« zu üben, während der Nacht auf einem Felsband zu biwakieren, und am nächsten Morgen die letzten drei Seillängen zu erklettern und den Sack bis nach oben zu ziehen. Die Luft war bereits drückend, als wir zum Fuß hinaufwanderten. Die Route lag nach Süden, und als ich den Fels mit dem Finger berührte, fühlte er sich wie eine Ofenplatte an. Als wir uns nach oben bewegten, verfing sich die Einholleine immer wieder im Kletterseil. Unsere Hilfsmittel verwandelten sich in ein Durcheinander von Seilen, Karabinern, Knoten, Schlaufen, Materialschlingen, Steigklemmen und Seilrollen. Das alles unter der drückenden Sonne wieder zu entwirren erwies sich als äußerst frustrierend.

Bei der ersten Rast sicherten wir uns an ein paar alten Pitons. Da es keinen Vorsprung gab, auf dem wir uns niederlassen konnten, baumelten unsere Beine, und die Gurte schnitten uns in die Seite. Ich hing eine Stunde bewegungslos, während ich Sam mit dem Seil sicherte, und meine Füße waren völlig taub, weil das Blut kaum noch zirkulieren konnte. Meine schwarzen Gummikletterschuhe schienen die Sonnenstrahlen anzuziehen und die Hitze in meine brennenden Füße zu leiten. Zum Glück hatten wir jede Menge Wasser mitgebracht. Jeff knüpfte den Transportsack auf und verschwand kopfüber darin, während seine Füße in der Luft zappelten. Minuten später tauchte er mit leeren Händen wieder auf. »Die Wasserflaschen sind unter der ganzen Ausrüstung vergraben«, sagte er enttäuscht. Ich versuchte es als nächster, stand jedoch vor demselben Problem. Unsere einen Meter langen Sicherheitsgurte, die uns am Fels festhielten, erlaubten es nicht, den Boden des Sacks zu erreichen. Widerwillig gaben wir auf und hingen schweigend in der Verankerung.

Als die Sonne höher stieg, wurde das Wetter noch drükkender. Als wir weiter aufstiegen, wurden meine Hände so schweißnaß, daß sie dauernd vom Riß abrutschten und mich fast mit einem »Whipper«, einem schweren Sturz, bei dem man sich um die eigene Achse dreht, durch die Luft sausen ließen. Als ich mich endlich bis zum Ende der nächsten Seillänge hochgekämpft hatte, begann ich mich miserabel zu fühlen. Alles drehte sich in meinem Kopf, und mir war speiübel. Ich schrie zu Jeff hinunter: »Laß dich durch diese Information nicht vom Klettern abhalten, aber es besteht die Möglichkeit, daß ich auf dich kotze.« Meine Warnung war genau die richtige Entschuldigung, um aufzugeben. Wir traten dehydriert und niedergeschlagen den Rückzug an. Später hörten wir, daß dies der heißeste Tag des Jahres gewesen sei – um die vierzig Grad Celsius –, und Hans sagte uns: »Ihr hättet mich fragen sollen. Der Serenity Crack ist eine Winterroute. Keiner geht ihn im Sommer, außer es handelt sich um ausgesprochene Saunaliebhaber.« Als wir unten waren, riß ich mir die Schuhe von den Füßen. Sie glänzten rosa, als wären sie in meinem Schweiß gekocht worden. Auf meinen Fingerspitzen bildeten sich Blasen. Sam ließ den Transportsack herunter, und sobald er den Fuß der Wand berührte, fielen Jeff und ich über ihn her, schleuderten die ganze Ausrüstung heraus und kamen endlich zu den Wasserflaschen. Wir schütteten uns das Wasser über das Gesicht. Es floß mir über das Kinn ins Hemd. »He, laßt noch was für mich übrig«, rief Sam von oben. Als alle unten waren, kippte sich jeder seine Flasche über den Kopf, und wir waren uns wortlos einig, daß Wasser noch nie so herrlich geschmeckt hatte.

Während des Abstiegs ins Tal sagte ich mir immer wieder, daß jeder dumme Fehler, den wir machten, sich immerhin nicht wiederholen würde. Ich hoffte, daß das auch stimmte. Um The Nose zu schaffen, mußten wir stärker, cleverer und effizienter werden.

Den ganzen Monat über, wenn Hans bei uns vorbeischaute, nachdem er einen weiteren Geschwindigkeitsrekord auf einer Route im Valley aufgestellt hatte, schlug Jeff hartnäckig vor, gemeinsam eine große Wand zu erklettern, bevor wir The Nose angingen. Als große Wand gilt ein Felsen, dessen Besteigung eine Übernachtung im Freien erfordert. Hans empfahl den Leaning Tower, weil er nur zwei Tage erforderte und eine gute Übung für das Hochrobben auf dem Seil, das Hochziehen der Last und das Entfernen der Sicherungen hinter dem Seilersten war. Jeff sagte, er habe irgendwo gelesen, wenn dir vor dem Absolvieren deiner ersten großen Wand nicht ein bißchen mulmig sei, dann sei mit dir etwas ganz und gar nicht in Ordnung. Ich war erleichtert, daß ich normal war.

Nachdem wir zwei Stunden über eine Schuttkegelhalde gekraxelt waren und über ein mit Seilen gesichertes schmales Band aus lockerer Erde und Geröll traversiert hatten, ordneten wir am Fuß des Leaning Tower unsere Ausrüstung. Als ich meine Hand auf den Fels legte, begriff ich sofort, warum die Route den Namen Leaning Tower bekommen hatte: Er schiebt sich vom Boden in einem Winkel von dreißig Grad vor. Wir konnten die fernen Rufe von Kletterern hören, die sich die Wand hinaufbewegten und einander Kommandos zuriefen. Dann hörten wir das heisere Echo eines Kletterers kurz vor der Spitze 450 Meter über uns, der schrie: »STEINSCHLAG!« Der Ruf durchschnitt die Stille wie eine scharfe Klinge. Wir kauerten uns alle augenblicklich zusammen und versuchten, uns so klein wie möglich zu machen. Der Brocken von der Größe eines Basketballs klang wie ein Geschoß, als er die 450 Meter herunterschoß und in die Schuttkegelhalde direkt unter uns einschlug. An der Einschlagstelle stieg eine Staubfahne auf. Nun wußte ich, wie die Halde entstanden war, und war froh, daß ich diese Erkenntnis erst nach der Überquerung hatte. »An dieser Stelle sind wir relativ geschützt«, beruhigte uns Hans. »Durch den Überhang sind die Leute an der Spitze in der Horizontalen mindestens hundert Meter von uns entfernt.«

Nachdem Jeff die erste Seillänge als Seilerster gegangen war, machte er das Seil an einem Fixpunkt fest. Das Seil hing unter ihm herab und war mit der überhängenden Wand durch Sicherungen verbunden, die er in den Riß gelegt hatte. Am Fuß klinkte ich mich in das Seil mit zwei mechanischen Geräten ein, die man Steigklemmen nennt. Die Geräte gleiten das Seil hinauf, aber glücklicherweise nicht hinunter. Auf dem Boden stehend schob ich die Steigklemmen so hoch hinauf, wie mein Arm reichte, klinkte meine Bandleitern ein, zog mich hoch und richtete mich auf. Durch die Elastizität des Seils berührte ich wieder den Boden. Während ich jede Leiter be- und entlastete, schob ich mit den Händen die Steigklemmen das Seil hinauf, eine nach der anderen, und ließ meinen Körper folgen. Als ich meinen Rhythmus gefunden hatte, machte es Spaß, das Seil hinaufzurobben, meinen sich bewegenden Körper zu spüren und mich in einem perfekten Rhythmus die Wand nach oben zu arbeiten. Ich konnte meinen Atem und das Zischen der Steigklemmen hören, wie sie das Seil hinaufglitten, und den geschmeidigen Bewegungsablauf meiner Muskeln spüren.

Hoch oben auf der siebten Seillänge sprang die Wand zu einem Dach von zwölf Metern vor. Als Seilzweiter war ich für das »Ausputzen« der Seillänge verantwortlich. Das Seil, an dem ich mich hochrobbte, war in regelmäßigen Abständen durch Snaplinks geführt, die mit den Klemmgeräten im Riß verbunden waren. Meine Aufgabe war es, sie zu entfernen. Das war leichter gesagt als getan, denn durch mein Körpergewicht, das mich vom Fels wegdrückte, blieben die Stücke fest verkeilt. Also mußte ich jedesmal eine Hand in den Riß zwängen und einen schnellen Klimmzug machen. Diese paar Sekunden der Schwerelosigkeit reichten gewöhnlich aus, um mit meiner anderen Hand die Klemmgeräte mit einem leichten Ruck nach oben aus dem Halt zu ziehen. Direkt unter dem Dach lief das Seil durch eine Sicherung, die es am Fels festhielt. Darüber lief es im Bogen über den überhängenden Fels. Ich hing einige Minuten unter der Sicherung, um mir Mut zu machen, die Sache durchzuziehen. »Was ist los?« rief Hans von oben. Er konnte mich unter dem Rand nicht sehen, stellte jedoch fest, daß das Seil nicht wie erwartet hüpfte und ruckte. Ich holte so tief Atem, wie ich konnte, zwängte meine Finger in den Riß und zog mich gegen den Fels gedrückt hoch. Meine andere Hand wand das Sicherungsgerät heraus, bis es frei in meinen Fingern hing. Die Finger im Riß begannen abzurutschen, also fügte ich mich in das Unvermeidliche. Ich lehnte mich erst zurück, bis das Seil straff war, und ließ mich dann daran schwingen wie ein Kind an einem Tarzan-Seil – mit dem Unterschied, daß mein Seil nur neun Millimeter dick war und ich mich in 360 Meter Höhe und zehn Meter von der Wand entfernt befand. Das Echo meines Schreis muß für die Camper im ganzen Tal zu hören gewesen sein. Noch bevor ich zu schwingen aufhörte, robbte ich mit raschen Bewegungen nach oben, um zur Wand zurückzugelangen. Obwohl die Wand überhing, mußte ich etwas berühren, irgend etwas, das entfernt der Definition von fester Materie entsprach. Außerdem drehte sich das Seil schnell im Kreis, und obwohl ich den Fels nicht sehen konnte, erschreckte mich der Gedanke, daß sich vor mir der weite offene Himmel befinden könnte. Als ich mich weiter hochrobbte, wiederholte ich flüsternd: »Vor mir ist die Wand. Vor mir ist die Wand.« Ich hatte immer gedacht, daß ich immun gegen Schwindel sei, daß das eine visuelle Angelegenheit sei; ich hatte hundertprozentig danebengelegen.

Kurz vor der Spitze machte ich einen schweren Fehler. Mein müder Arm fegte über die Wand und stieß versehentlich gegen einen großen Stein, der lose am Rand eines schmalen Vorsprungs lag. »Paß auf!« warnte Hans, aber es war bereits zu spät. Der Stein rollte herunter und streifte, während er schneller wurde, mein Bein. Meine Hände schossen instinktiv vor und versuchten ihn zu fassen. Ich erwischte für einen Augenblick eine Kante, doch durch sein Gewicht entglitt er mir und stürzte hinunter. Ich kam mir vor wie ein Footballspieler, der unabsichtlich kurz vor der Endzone den Ball fallengelassen hat, doch was ich vermasselt hatte, konnte ernstere Konsequenzen als ein verlorenes Spiel haben; es konnte Menschenleben kosten. »Steinschlag!« schrie ich, und meine Stimme wurde durchdringender, als mir klarwurde, was sich da abspielte. Über und unter mir schrien Hans, Sam und Jeff: »Steinschlag! Steinschlag!« Alle unsere Stimmen erschallten wie ein Chor des Todes durch das Tal. »Steinschlag! Steinschlag!« Drei Kletterer, die die Schuttkegelhalde 430 Meter unter uns überquerten, stoben auseinander. Einer blickte hoch, rannte in eine Richtung, dann in eine andere und darauf in eine dritte. Der riesige Stein schlug zweieinhalb Meter neben seinem zusammengerollten Körper ein.

Der Rest der Seillänge führte über lockere Steine. Bei jeder Bewegung spürte ich, wie mir das Herz bis zum Hals schlug. Als ich bei Hans ankam, muß ich schrecklich schuldbewußt ausgesehen haben, denn er sagte in erstaunlich ruhigem Ton: »Steinschlag gehört nun mal zum Klettern. Das ist das Risiko, das du eingehst. Es ist uns allen schon mal passiert.«

Bei der letzten Seillänge überredete mich Jeff, als Seilerster zu gehen. Ich hatte meine Fassung noch nicht wieder zurückgewonnen, aber ich konnte nicht ablehnen. Nein zu sagen wäre ein Verstoß gegen die ungeschriebenen Gesetze des Kletterns gewesen und gegen die Teamarbeit, die entscheidend für das Erreichen der Spitze ist. Ich trug mein Teil bei, indem ich es viereinhalb Meter einen gewölbten Überhang hinaufschaffte, wonach ich, wie Hans ankündigte, frei klettern mußte. »Es gibt keinen Riß, in dem du eine Sicherung anbringen könntest, also mußt du schauen, wie du über den Buckel kommst; ein paar Zoll höher setzt sich der Riß fort.« Ich bewegte mich ein paar Zoll über die letzte Sicherung, die ich gelegt hatte, nach oben, doch der Buckel fühlte sich unter meinen Fingerspitzen blank an. Ich griff ein paarmal in alle Richtungen, erkannte jedoch, daß es keine Möglichkeit gab darüberzukommen, also zog ich mich wieder zurück und hing niedergeschlagen in meiner Leiter. Es waren nicht die 450 Meter Luft unter mir, die mich beunruhigten, sondern der 1 Meter 20 breite Vorsprung nur viereinhalb Meter unter mir, von dem ich bei einem Sturz als erstes abprallen würde. »Komm schon runter«, drängte Sam. »Laß es mich versuchen.« Ich zog mich auf das Band zurück, und eine dunkle Wolke der Demütigung hüllte mich ein.

Jeff sagte: »Mach dir bloß keine Gedanken. Keiner von uns würde an dieser Stelle mit geschlossenen Augen den Seilersten machen.«

Als ich darauf das fixierte Seil hinaufrobbte, das Sam bis zur Spitze geführt hatte, fühlte ich mich noch mieser. Ich wollte keine billige Ausrede für meinen Rückzieher. Wenn ich eine Seillänge als Seilerster abgeschlossen hatte, wollte ich, daß die Leute sagten: »Ich hätte das nicht einmal mit offenen Augen geschafft.« Es war nicht so, daß ich Eindruck schinden wollte. Ich kletterte, weil es jedesmal, wenn ich in der Lage war, einen Schritt weiterzugehen, hieß, einen Schritt weiter, als ich es für möglich gehalten hatte. Und an jeder Stelle, an der ich führte, befand ich mich unversehens an einem Ort, der bisher nur in meiner Phantasie existiert hatte.

Auf The Nose würde ich nicht die Möglichkeit haben, einen Rückzieher zu machen. Ich werde es schaffen, dachte ich, vielleicht einfach deshalb, weil ich es schaffen muß. Auf diese Art und Weise war es in meinem Leben immer gegangen, ob ich nun als Junge vor der Herausforderung der Blindheit oder als Erwachsener vor einer 1000 Meter hohen Granitwand stand. Ich konnte mich der Herausforderung stellen, doch erst mußte ich noch etwas weiter durch die Finsternis stolpern und nach den richtigen Griffen tasten, die mich dahin bringen sollten, wo ich hinwollte.

Ein paar Tage vor der großen Besteigung fanden Jeff, Sam und ich, daß wir einen letzten Marathontag in den Felsen brauchten. Es mußte ein ehrlicher Test sein, mit dem wir beweisen konnten, daß wir wirklich soweit waren. Die Ostbastion der Middle Cathedral ist einer der Klassiker des Valley, bekannt für seine zwölf langen Seillängen und seine schwierigen Routen. Routen führen eine Felswand niemals gerade hinauf, sondern verlaufen in extremem Zickzack, der dem natürlichen Weg des geringsten Widerstands folgt. Risse und Stufen verlieren sich oder schießen an einem unmöglich zu erreichenden Überhang hervor. Wenn das der Fall ist, müssen Kletterer manchmal 100 Meter oder mehr traversieren, um die Fortsetzung der Route zu finden. Die Felswände des Yosemite sind als vertikale Wüsten beschrieben worden, und sich auf einer zu verirren ist sowohl furchterregend wie gefährlich. Als wir Hans sagten, daß wir die Ostbastion angehen wollten, gab er uns den wichtigen Rat: »Nehmt Stirnlampen und eine Biwakausrüstung mit.«

Es stellte sich heraus, daß er recht gehabt hatte. Als die Dunkelheit über dem Tal hereinbrach, waren wir immer noch in der Wand. Wir hatten die Seillängen gezählt und am Ende der zwölften gedacht, daß wir nun die Spitze erreichen würden. Das war ein Irrtum. Obwohl der Felsen etwas weniger steil wurde, stieg er höher an, als Jeff und Sam erkennen konnten. Schließlich lief er in einem Hang von vierzig Grad über lockeren Boden und Gruppen verkümmerter Eichen aus, die auf flachen Vorsprüngen wuchsen. Im Führer stand, daß Kletterer kurz vor der Spitze nach links traversieren müßten, doch es gab keine Steinpyramiden, die den Pfad markierten. Wir beschlossen, weiter nach oben zu gehen, obwohl der Weg mehr und mehr von buschigem Unterholz blockiert wurde. Ein Stück weiter oben verbrachte ich eine nervenaufreibende Stunde, während Jeff und Sam weit vor mir hektisch nach rechts und links schossen, um den Pfad zu finden, und ich auf allen vieren den Granit hinaufkrabbelte und mir die größte Mühe gab, nicht den Anschluß zu verlieren. Doch für welche Richtung sie sich auch entschieden, sie standen immer wieder vor einem Abgrund. Sie brachen durch Büsche, in der Hoffnung, dahinter den Pfad zu entdecken, doch statt dessen sahen sie nur die Lichter des Siouxstammes der Winnebagos 300 Meter unter uns aufblitzen. Während es rasch Nacht wurde, holte ich Jeff und Sam ein, die sich hingesetzt hatten und über die Situation nachdachten. »Hört euch das an«, sagte Sam, der die Routenbeschreibung im Führer ein letztes Mal durchlas. »Auf keinen Fall den Abstieg nachts riskieren.« Zu meiner Information fügte er hinzu: »Es steht fettgedruckt oben auf der Seite.« Im Text stand weiter, daß viele Kletterteams beim Versuch, nachts abzusteigen, tödlich verunglückt waren. Worauf Jeff in seinem Rucksack wühlte und die Stirnlampe herauszog. Er knipste sie an und erklärte gelassen: »Big E, ich habe eine gute Nachricht für dich. Diesmal habe ich die Stirnlampe nicht vergessen.«

»Tolle Leistung«, sagte ich, und es wurde mir etwas leichter ums Herz. »Aber die Batterien sind leer«, teilte er mit. Die Warnung im Führer in Kombination mit den leeren Batterien reichte aus, um mich zu überzeugen, und ich bereitete mich seelisch auf ein nächtliches Biwakieren auf der Spitze vor. Jeff und Sam waren jedoch noch nicht bereit aufzugeben. »Wir haben noch fünfzehn Minuten ein wenig Licht«, sagte Jeff. »Wenn wir den Pfad bis dahin nicht gefunden haben, sitzen wir in der Scheiße.« Er sprang auf und machte sich erneut auf die Suche, während Sam zurückblieb und sich meinem Tempo anpaßte. Als die letzte Spur von Licht verschwand, klang es einfach zu gut, um wahr zu sein, als Jeff herunterrief: »Ich sehe ein paar Steinpyramiden. Das muß der Pfad sein.«

Als wir den angeblichen Pfad erreichten, bezweifelte ich, ob es überhaupt ein Pfad war. Wir mußten uns unseren Weg ständig durch Gebüsch und um Bäume und Felsbrocken bahnen. Meine Beine waren zerkratzt und blutig. Doch das war alles zweitrangig, denn nur ein paar Zoll vom linken Fuß entfernt fiel der Fels in einem ununterbrochenen Absturz zur Talsohle ab. »Der Weg ist steil und schmal«, warnte Sam. »Es gibt eine Menge lockere Erde, also achte auf jeden Schritt, und wenn du fällst, dann fall um Gotteswillen nach rechts.« Da ich nicht sehen konnte, war es für mich leichter, den Absturz auszublenden und mich lediglich darauf zu konzentrieren, daß jeder Schritt, den ich setzte, auch wirklich sicher war. »Wie auf dem Gipfelgrat des Denali«, lachte Jeff verbissen. »Mit den Worten von Chris Morris: Das ist nicht der Ort, um die Sau rauszulassen.«

Sam schaute hinunter, schauderte und sagte: »Das ist eine der seltenen Situationen, in denen du dafür dankbar sein müßtest, daß du nicht siehst, was du tust.«

»Dann müßten du und ich ebenfalls dankbar sein«, fügte Jeff hinzu.

Dann öffnete sich der Pfad zu einer Rampe mit einer Neigung von dreißig bis vierzig Grad, die an manchen Stellen glatt, an anderen uneben war. Der Winkel war gerade flach genug, um nach unten zu gehen, indem ich meine Füße platt auf den Granit setzte und mein Gewicht direkt darüber plazierte. Ein paarmal wurde es abschüssiger, und ich mußte auf allen vieren nach unten krabbeln, und manchmal fiel der Hang so schroff ab, daß wir eine Strecke traversieren mußten, bevor wir weiter absteigen konnten. Jeff ging mit mir, als Sam die Führung übernahm. Der Mond ging langsam auf und lieferte ihnen ein wenig Licht. »Leg deine Hand auf meine Schulter«, sagte Jeff. »Vielleicht kommen wir so rascher vorwärts und endlich von diesem Ding herunter.« Während meine Hand auf seiner Schulter lag, war ich jedesmal beunruhigt, wenn er stöhnte und bekannte, daß er kaum die Hand vor den Augen sehen könne. Ich erinnerte mich an unser letztes nächtliches Abenteuer und fragte mich, ob es nicht besser wäre, wenn ich ihn führte, aber ich hielt mich weiter an ihm fest.

Während wir uns rasch einen steilen Abschnitt der Rampe hinunterbewegten, trat ich in eine tiefe Rinne im Fels, stolperte und fand mein Gleichgewicht wieder, indem ich mich etwas fester an Jeffs Schulter klammerte. »Alles mit der Ruhe, Freundchen«, sagte Jeff und färbte darauf seine Stimme kräftig zu einer perfekten Chris-Morris-Imitation: »Wenn du stürzt, stürzen wir alle.« Jeff und ich wußten, daß es für den Fall, daß ich stürzen sollte, nur zwei mögliche Szenarios gab: erstens, daß er mich mit der Kraft seines Körpers hielt, oder zweitens, daß ich uns beide den Felsen hinunterriß. Von Zeit zu Zeit war ich auch mit Sam auf diese Weise gegangen. Doch es hatte auch Leute gegeben, die sich nicht auf mich einlassen wollten. Vielleicht befürchteten sie, daß eine Bergkameradschaft mit einem Blinden zuviel Arbeit, zuviel Anpassungsfähigkeit und vielleicht sogar zuviel Risiko bedeutete. Ich weiß nicht, ob Sam oder Jeff jemals diese Vorbehalte gehabt hatten. Wahrscheinlich hatten sie ursprünglich ihre Bedenken gehabt, aber da waren sie, bestiegen mit einem Blinden Berge und kletterten mit ihm, ein Gedanke, der mir plötzlich so haarsträubend erschien, daß ich fast laut aufgelacht hätte. Die letzten paar Jahre hatten Sam und Jeff mit großem Stolz ihre Hoffnungen, ihren Ehrgeiz und ihren Erfolg als Bergsteiger mit meinem Erfolg verbunden und darüber hinaus niemals gezögert, ihr nacktes Leben mit dem meinen zu verknüpfen. Ich konnte mir nur vorstellen, daß meine Brüder und mein Vater auf diese Weise ihr Leben mit dem meinen verbanden, doch Jeff und Sam waren mehr als Freunde; sie waren für mich Brüder geworden.

Eine Stunde später verblüffte mich Sams Fähigkeit, den Weg zu finden, als er in fast völliger Dunkelheit schrie: »Ich kann die Seilsicherungen sehen.« Zumindest wußten wir, daß wir nun auf dem richtigen Pfad waren. Nachdem wir fünf Seillängen absolviert hatten, standen wir am Kopf einer langen, steilen Schuttkegelhalde. Felsbrocken von der Größe eines Baseballs bis zu der eines Busses lagen kunterbunt übereinander, und die meisten wackelten, wenn man auf sie trat. Es ist nicht leicht zu beschreiben, was für ein Elend eine Schuttkegelhalde bedeutet, außer man schließt die Augen und kämpft sich drei Stunden durch sie durch. Diese drei Stunden sprang ich entweder vorsichtig von Felsen zu Felsen, kletterte steile Felsbrocken hinunter oder bewegte mich auf meinem Hintern zentimeterweise über lockeres Geröll nach unten. Sam und Jeff riefen mir die üblichen Anweisungen zu: »Lokkere Steine links.« »Drei Meter Hinternrutschen.« »Ast an Baum, Kopfknaller.« Bei jedem Schritt setzte ich den oberen Fuß sicher auf einen Stein und senkte langsam das andere Bein, bis der Fuß den nächsten Stein berührte. Oft war der Abstand so groß, daß ich auf meiner Ferse kauerte, bis meine Zehen festen Boden fanden. Darauf lehnte ich mich schwer auf einen Teleskopstab, den ich in den Boden gerammt hatte, und belastete vorsichtig den unteren Fuß. Die Knochen in meinen Knien und Fußgelenken scheuerten gegeneinander wie Kreide auf einer Tafel, und ich hörte mich mehr als einmal das feierliche Gelöbnis ablegen: »So etwas werde ich niemals wieder tun.« Doch es besteht nur eine feine Trennungslinie zwischen Elend und Spaß, und kurz vor ein Uhr nachts – achtzehn Stunden, nachdem wir begonnen hatten –, als ich zusammengesunken hinten in Sams Auto saß, verwehten die Unannehmlichkeiten bereits wie Morgennebel. »He, laßt uns die Nummer morgen noch mal abziehen«, ulkte ich.

»Vielleicht hätten wir dich oben lassen sollen. Dann wärst du morgen noch dort«, witzelte Sam.

»Von mir aus kann er dort für immer leben«, fügte Jeff hinzu.

»Jawohl«, mischte ich mich ein. »Yosemite-Legenden würden von mir berichten. Sie würden es ›Die Legende vom blinden Zuchthengst‹ nennen.«

»Wenn du genau hinhorchst«, sagte Jeff, hielt den Kopf schräg und sprach mit gespensterhafter Stimme, »kannst du ihn noch immer heulen und wimmern hören, wie er ziellos über die Schuttkegelhalde stolpert.«

KAPITEL SECHZEHN

The Nose

SCHLIESSLICH KAM DER 6. AUGUST, UND ICH STAND ENDlich in der feuchten Kühle vor dem Morgengrauen am Fuß von The Nose. Bei den Kletterabenteuern des letzten Monats hatte alles auf dem Programm gestanden: vom Einholen der Transportsäcke bis zum Finden unserer Route in den vertikalen Wüsteneien. El Capitan zu besteigen würde schlicht und einfach länger und mühsamer sein als alles, was wir bisher unternommen hatten. Meine Hände waren mit Schwielen bedeckt; ich hatte sieben Kilo abgenommen. Obwohl ich fand, daß ich für diese Aufgabe noch nicht hundertprozentig fit war, war ich doch hundertfünfzigprozentig motiviert.

Jeder von uns trug Ausrüstung zum Einstieg, aber als alles zu einem Haufen gestapelt war, fragte Hans in scharfem Ton: »Wo ist der kleine Transportsack?«

»Ich dachte, er war in deinem Auto«, bellte Jeff Sam an.

»Wieso in meinem?« entgegnete Sam. »Ich habe den grünen Rucksack und die drei Seile mitgenommen.«

»Und wo ist er?« mischte sich Hans' Freund Shipoopi ein, der uns bis hierher Geleit gegeben hatte.

»Auf der Veranda, rechts neben der Tür«, erwiderte Hans mürrisch. Also rannte Shipoopi den Pfad zu seinem Auto zurück, um ihn zu holen.

Hans hatte den gestrigen Tag mit der sorgfältigen Ausarbeitung des Zeitplans verbracht. Er war ein Musterbeispiel von Effizienz:

4 Uhr 15: Verlassen der Hütte
5 Uhr 32: Parken und Aufstieg
5 Uhr 56: Ankunft am Fuß
6 Uhr 07: Ordnen der Ausrüstung beendet
6 Uhr 22: Der letzte geht in die Wand
10 Uhr 37: Sickle Ledge erreicht…

»Schaut euch das an«, sagte Hans, zog brüsk den Zeitplan aus der Jackentasche und wedelte damit Sam und Jeff vor der Nase herum. »Ihr habt meine ganze Planung durcheinandergebracht. Nun müssen wir doppelt so schnell aufsteigen, um die verlorene Zeit aufzuholen.«

Der Plan für diesen Tag war es, 150 Meter Seil bis zum Sickle Ledge zu setzen und uns dann wieder abzuseilen, um unten am Fuß zu schlafen. »Eine Übernachtung auf einem Felsband ist nicht gerade ein Traum. Also niemals eine Nacht drangeben, in der man auch auf sicherem Boden schlafen kann«, sagte Hans. Morgen würden wir dank unserer Vorarbeit das Fixseil in raschem Tempo hintereinander begehen können.

Als der letzte in der Wand war, waren wir, wie Hans uns mitteilte, bereits »32 Minuten und 20 Sekunden hinter dem Zeitplan«. Dennoch fühlte sich jeder stark, und wir machten den Zeitverlust wett. Jeder ging eine Seillänge als Seilerster. Wir kamen rasch vorwärts. Jeffs Seillänge war eine schwierige Wand – kein Riß, nur winzige Ausbuchtungen, um sich daran zu krallen, und gelegentlich ein kleiner Griff, in den man gerade einen Finger einfädeln konnte. Er stürzte an der kniffligsten Stelle, doch die zuletzt gelegte Sicherung hielt ihn, und er fiel nur etwa zweieinhalb Meter. Das machte den Tag noch spannender. Als ich als Seilerster ging, lieferte ich einen Beitrag von zwölf Metern über einen schmalen, weit auslaufenden Riß bis zu einem alten Piton, der in eine Spalte geschlagen war. Ich klinkte mein Seil ein und ließ mich dann wieder drei Meter hinunter. Hans rief von unten:

»O.k., jetzt schwing deinen Körper nach rechts. Du mußt ziemlich viel Schwung nehmen. Wenn du weit genug nach rechts schwingst und dabei deine rechte Hand ausstreckst, kriegst du eine Felskante zu fassen.« Ich tat, was Hans gesagt hatte, und manövrierte meinen Körper zaghaft nach rechts, doch das Seil zog mich immer wieder zurück. »Mehr Mumm«, schrie Hans. »Wenn du einen Spitzentanz aufführst, schaffst du es nicht.« Also nahm ich diesmal erst Anlauf nach links, beugte mich wieder nach rechts und begann zu laufen. Meinen Beinen blieb nichts anderes übrig, als mit meinem Oberkörper mitzuhalten. Als ich mich nach rechts schwang, trug mich das Seil nach oben. »Jetzt!« brüllte Hans, meine Hand schnellte nach vorne, und meine Finger streiften die scharfe Felskante. Dann fiel ich zurück und baumelte einmal mehr an der Wand. Ich dachte an diesen einzelnen rostigen Piton und das unheimliche, hohle, knirschende Geräusch, das er von sich gegeben hatte, als ich an ihm hin- und hergeschwungen war. Er steckte da sicher seit zehn Jahren, den Kräften des tobenden Windes, des strömenden Regens und der brennenden Sonne ausgesetzt. Die letzten zehn Minuten hatte der Schwung meines Körpers aus jedem nur denkbaren Winkel an ihm gezerrt. Hundert Kletterer kommen jedes Jahr an dieser Stelle vorbei, dachte ich, und jeder verläßt sich auf diesen Piton. Wie stehen die Chancen, daß sich das Schicksal diesen Moment aussuchen wird, um seine glorreiche Karriere zu beenden? Mit diesen Gedanken und mit dem Bewußtsein, daß alle mir von unten zuschauten, verlangte ich meinem Körper ein weiteres Schwingen ab. Falls der Piton herausschoß, würde dies eine deutliche Botschaft sein, daß die Besteigung mir nicht vergönnt war; doch meine Hand holte gerade im richtigen Moment aus, und ich bekam die Kante zu fassen. Darüber befand sich der Anfang eines schmalen Bandes, das aufwärts lief und sich zum Sickle Ledge verbreiterte.

Als wir wieder auf festem Boden waren, strebten wir zum erfrischenden Wasser des Merced River. Vor uns ging ein englisches Pärchen, das The Nose im Urlaub hatte erklettern wollen. Doch sie schienen sich nicht gerade zu amüsieren. Sie hatten es ein paar Seillängen über das Sickle Ledge hinaus geschafft, doch dann einen Rückzieher gemacht, weil sie schwer in die Klemme geraten waren. Der junge Mann stürmte seiner Freundin zehn Meter voraus. Alle paar Minuten brach sie mit ihrem schweren Cockney-Akzent das Schweigen: »Also ick bin nich schuld. Was willste auch mit alle die komischen Geräte? Haste mir nichts von jesagt. Schöner Urlaub, ey. Kannste ohne mich machen. Is doch völlig bestußt, wennde mir fragst.« Ich marschierte hinter ihnen und lauschte der einseitig geführten Konversation. Zumindest für uns, dachte ich, hatte die Besteigung mit einem guten Omen der Berggötter begonnen.

Am nächsten Morgen sagte Hans: »Wartet nur ab, der Berg wird's uns schon noch zeigen.« Während er am Fixseil hochrobbte, befestigte Hans eine Seilrolle, einen sogenannten Wandspediteur, am Fels, und wir führten das Seil durch, an dem die Transportsäcke hingen. »Es macht zuviel Mühe, wenn wir versuchen, beide Säcke hochzuhieven«, sagte Hans nach einer zwanzigminütigen Diskussion über die Gesetze der Schwerkraft. »Der kleine kann nicht mehr als zwanzig Kilo wiegen«, bemerkte er. Ich spürte, wie eine schwere Last hinten in meinen Klettergurt eingeklinkt wurde, und hörte Hans unter mir kichern. Mir wurde klar, daß mir die Ehre widerfuhr, mit dem einen Transportsack zum Sickle hinaufzurobben, während Hans den anderen mit dem Wandspediteur beförderte. Während ich mich ein kleines Stück Seil hinaufkämpfte, muß ich wohl gemurrt haben, denn ich hörte, wie Hans beschwichtigte: »O.k., o.k. Vielleicht ist er zu schwer. Laß mich ein paar Sachen herausnehmen, dann tust du dich leichter.« Als ich das hörte, robbte ich jedoch fast automatisch so schnell nach oben, wie ich konnte, um aus seiner Reichweite zu kommen. Das letzte, was ich wollte, war, daß Hans für mich eine Extrawurst briet. Während ich mich Zoll um Zoll hochkämpfte, jaulten mein Rücken und meine Waden unter dem unanständigen Gewicht. Dann hörte ich, wie Hans leise, aber für meine Ohren bestimmt, sagte: »Jetzt zeigt sich der Killerinstinkt! Er hat angebissen.«

Als ich mit dem Sack zu robben begann, hing ich nach jedem Schritt ausgepowert an meinen Steigklemmen, doch bald entwickelte ich einen Rhythmus. Aufrichten und das linke Bein lösen, die rechte Steigklemme hochschieben, aufrichten und das rechte Bein lösen, linke Steigklemme hochschieben, ausrasten. Es wurde zum Spiel. Als ich Hans diese Mitteilung nach unten zurief, hielt er einen Augenblick mit dem Einholen des großen Sacks durch den Wandspediteur inne und grunzte sarkastisch: »Ja, ja, das macht tierischen Spaß.« Als ich, nachdem ich 120 Meter mit einer beachtlichen Last hochgerobbt war, das Sickle erreichte, war ich von stolzer Erregung erfüllt. Ich wollte einfach nicht, daß mein Blindsein als Alibi diente. Ein Berg war im Vergleich zur winzigen menschlichen Existenz eine so riesige und überwältigende Kraft, daß wir zum Erreichen des Gipfels alle unsere Kräfte und Talente bündeln mußten, um stärker und effizienter zu werden, als es ein einzelner jemals sein konnte. Jeder von uns mußte einen echten Beitrag liefern, ob wir nun als Seilerster gingen, sicherten, die Seile handhabten oder Lasten hochhievten.

Nachdem alle das Band erreicht hatten, führte Sam über einen Abschnitt, der mit unzähligen lockeren Felsbrokken übersät war, die uns, wenn er sie losgetreten hätte, direkt auf den Kopf gefallen wären. Ich setzte meinen Helm auf, im Grunde nur, um meine erregten Sinne zu beschwichtigen. Mich beunruhigte nicht, ob der Helm einen fallenden Felsbrocken überleben würde; es war die

Software, die in ihm steckte, um die ich mir Sorgen machte. Jeff ging einen Abschnitt als Seilerster und mußte oben eine »hängende Selbstsicherung« legen. Das hieß, daß sich an der Stelle kein Vorsprung befand, an dem wir rasten konnten, also mußten wir alle vier mit den Transportsäcken von fast 450 Kilo an den sechs Sicherungen, die er in den Riß gelegt hatte, frei in der Luft hängen. Als wir bei ihm angekommen waren, klang seine Stimme nervös, und er teilte uns den Grund mit, warum er so lange gebraucht hatte. »Ich mußte ständig daran denken, daß das Leben von uns allen an meinen Sicherungen hängt. Obwohl mein Verstand mir sagte, daß ich sie einwandfrei gelegt hatte, überprüfte ich sie wieder und wieder und dann noch einmal.«

Dann war ich als Seilerster an der Reihe. Es war der Lieblingsabschnitt von Hans auf The Nose, der 90 Meter lange vertikale Riß, der The Stove Legs genannt wird. »Er hat bis ganz oben dieselbe Breite«, sagte Hans, »du brauchst dazu Friends Größe zwei. Schluckt sie wie Bonbons.« Ein Dutzend dieser Sicherungen hing an meiner Materialschlinge. Jedes Klemmgerät war am anderen Ende mit einer Kunststoffschlaufe versehen. »Und vergiß nicht, was für ein Opfer ich bringe, daß ich diesen Abschnitt nicht als Seilerster gehe«, schloß Hans. Ich hing an meinen Armen und Beinen frei im glatten durchlaufenden Riß und versuchte so schnell wie möglich, mich viereinhalb Meter höher zu arbeiten, bis mein Bizeps brannte und meine schweißnassen Hände aus dem Riß zu rutschen drohten, wie wenn einem ein weichgekochtes Ei aus den Fingern gleitet. Darauf griff ich nach einem der Friends Größe zwei an meiner Materialschlinge, legte ihn in den Riß ein und betete, daß er das Gewicht meines Körpers tragen würde. Auf halber Strecke der Seillänge hing ich mit einem Arm an einem Friend, während der andere hektisch hinten am Klettergurt nach der Leiter suchte. Nach dem Einklinken der Leiter in das Klemmgerät würde ich endlich eine Rast einlegen können, und die hatte ich jetzt nötig. Ich wußte, daß die Leiter da sein mußte, irgendwo, doch meine Hände angelten vergeblich durch das Gewirr von Metall und Nylon. Die Hand, die sich an der Sicherung festhielt, begann zu kribbeln und wurde taub. Ich konnte die Kunststoffschlinge, an der ich mich festhielt, nicht mehr spüren und wußte, daß ich abrutschte. Meine Arme und Beine begannen vor Erschöpfung zu zittern, und noch immer keine Leiter. Das Seil, das unter mir hinabhing, lief viereinhalb Meter weiter unten durch eine Sicherung, also würde ich, wenn ich den Halt verlor, mindestens zehn Meter stürzen, das Nachgeben des Seils nicht eingerechnet. Falls die Sicherung nicht halten sollte, würde ich wahrscheinlich dreiundzwanzig Meter tief stürzen. Diese trostlose Aussicht erschien mir immer wahrscheinlicher, doch dann hörte ich von weit unten die völlig unaufgeregte Stimme von Hans: »Seht ihr den verbissenen Ausdruck in seinem Gesicht? Ich liebe das. Ihn an den äußersten Rand seiner Möglichkeiten zwingen fordert ihm das Letzte ab.« Ich erkannte an seiner Stimme, daß er grinste. »Ein Hammer. Schaut ihn euch an. Hat sogar den Beckenschwung von Elvis heraus.« Der spielerische Ton in seiner Stimme und die schlichte Tatsache, daß er in einem solchen Moment witzelte, ließen mich den Ernst meines Dilemmas überdenken. Ich versuchte, mich mit doppelter Kraft an der Sicherung festzuhalten. Die 300 Meter Luft unter mir schienen mit einem Mal keine so große Sache zu sein. Es schien mir, als ob Hans mir sagen wollte: »Kein Problem. Wir waren alle schon mal in so einer Situation. Du bist o.k. Alles ist o.k. Entspann dich einfach und finde diese verdammte Leiter.« Ein Windstoß gegen die Wand hob mich eine Sekunde an, und das brachte mich auf eine Idee. Ich griff vor mich, und da war sie. Der Wind hatte sie zur Seite geweht und vorne um meinen Körper gewickelt. Ich klinkte sie vorsichtig aus meinem Klettergurt aus und zwang mich, langsam vorzugehen und nicht in Panik zu geraten. Jetzt bloß keine Fehler. Ich durfte mir keinen Fehler leisten. Während aus der Hand, an der ich mich festklammerte, die letzten Kraftreserven schwanden, klinkte ich die Leiter mit der anderen in die Sicherung ein und konnte mich endlich aufrichten. Ich holte tief Atem.

An diesem Abend machten wir auf den El Cap Towers Rast, einem Band mit der komfortablen Breite von 1 Meter 20 in 450 Meter Höhe. Wir saßen mit über den Rand baumelnden Beinen und aßen Früchtecocktail, Chili, Reiseintopf und Mais, alles aus Büchsen, die wir herumgehen ließen. Nach zehn Stunden Klettern machten wir uns um Hygiene keine Gedanken. Sam machte mich lediglich darauf aufmerksam, wie dreckig meine Hände waren. Wir spielten mit den Dosen Reise nach Jerusalem: Jeder aß aus der Büchse vor sich, bis Hans »Time!« rief, was bedeutete, daß wir die Büchse weitergeben mußten. Wenn mir etwas schmeckte, versuchte ich, noch einen Löffel mehr zu ergattern, bevor Sam sie mir wegriß. Von irgendwo wurde mir eine Büchse gereicht, ich tauchte meinen Löffel hinein und stieß gegen den Boden. Auch als ich die Büchse umgekehrt über meinen Mund hielt und mit der Hand auf den Boden schlug, kollerten nur ein paar vergessene Maiskörner heraus. »Die ist leer«, beschwerte ich mich. »Gib mir meine zurück.« Ich streckte meinen Arm zu Jeff aus, und meine Finger berührten eine Büchse, doch er lehnte sich zurück und hielt sie aus meiner Reichweite. Ich machte einen Ausfall in Richtung Büchse, packte Jeffs Arm und zog ihn zu mir. Jeff lachte. »O.k., o.k., keine Keilerei. Auf diese Art verletzen sich hier oben die Leute.«

»Du bist der einzige, der sich dabei verletzen wird«, antwortete ich. Worauf er mir die Büchse reichte und ich schon frohlockte, daß ich mich durchgesetzt hatte, bis mein Löffel wieder auf den Boden stieß. »Siehst du,

Freundchen, wie gewonnen, so zerronnen«, sagte er und stieß einen langen Rülpser aus.

Etwa 450 Meter unter uns konnten wir den Verkehr und die entfernte Stimme eines Touristen hören. Irgendwie störten diese Geräusche unseren heiligen Frieden. Wir waren weit über dem Getümmel, und ich wollte, daß es so blieb. Horizontal waren 450 Meter nur ein kurzer Spaziergang, doch vertikal hatten sie uns in eine andere Welt gebracht.

Später am Abend fuhren Ellen und mein Vater, die eine Woche zuvor ins Yosemite Valley gekommen waren, aus ihrer Hütte zu den El Cap Meadows und veranstalteten mit chemischen Glühstäben eine Lasershow für uns. Sam beschrieb die Lichter, die in weiten geschwungenen Bögen über die spektakulären Felswände des Valley tanzten. Als Applaus knipsten wir unsere Stirnlampen rasch hintereinander ein und aus und schrien, so laut wir konnten. Ellen sagte uns später, als sie hochschaute, habe sie den unglaublichen Eindruck gehabt, daß da Menschen im Himmel saßen, weil sich das Licht unserer Stirnlampen mit einer Million funkelnder Sterne vermischte.

Nach der Show, als Hans und Jeff bereits schliefen, lag ich in meinem Biwaksack wach und hörte Sam zu. Seine Stimme klang unruhig und ein wenig traurig. »Es ist echt cool, wie dein Vater immer für dich da ist. Ich wette, daß er noch immer dort unten im Dunkel sitzt und heraufschaut. Big Daddy ist der Inbegriff von väterlichem Stolz.« Mein Vater hatte sich den Spitznamen Big Daddy erworben, weil er unermüdlich hinter den Kulissen arbeitete, Sponsoren anschrieb, Geld auftrieb, bei der Logistik und während des Abenteuers half und immer und überall eine Möglichkeit fand, uns vom Spielfeldrand zuzujubeln. Und auf dem Berg war ein Spielfeldrand nicht einfach zu finden. »Unsere Besteigungen sind eine großartige Sache. Ungefähr so wie damals, als George Washington den Potomac überschritt. Wir schreiben Geschichte.« Sams

Stimme wurde lebhafter und eine Oktave höher. »Und weißt du was? Ich gehöre dazu, richtig dazu, und trage zum Gelingen bei« – es schien, als ob Sam die Bedeutung seiner Worte erst zum Bewußtsein kam, während er sie aussprach. »Wenn ich sehe, wie dein Vater über den Gipfel fliegt oder uns vom Basislager aus zujubelt, während wir den Heartbreak Hill hinaufkrabbeln, oder uns eine Show auf den Meadows bietet – versteh mich nicht falsch, ich bin nicht eifersüchtig, aber manchmal würde ich mir wünschen, daß mein eigener Vater hier wäre, daß er vielleicht darüber Bescheid wüßte, was ich tue.«

»Vielleicht verfolgt er unsere Besteigungen vor dem Fernseher«, sagte ich.

»Kann ich mir nicht vorstellen. Mein Vater und ich haben seit fast zehn Jahren nicht mehr miteinander gesprochen«, erwiderte Sam leise. »Als ich elf war, gab mir mein Vater ein Gewehr. Auf eine kleine quadratische Zielscheibe zu schießen war so ziemlich das langweiligste, was ich mir vorstellen konnte, doch trotzdem ging ich jeden Tag zum Schießstand. Ich übte so lange, bis ich einem Moskito aus hundert Meter Entfernung die Eier wegschießen konnte. Ich wurde sogar Regionalmeister, doch es kam fast nie vor, daß mein Vater ›gut gemacht‹ oder ›ich bin stolz auf dich‹ sagte. Für meinen Vater blieb ich immer der Junge, der sich in der Klasse nicht konzentrieren, der Junge, der rechts und links nicht unterscheiden konnte und immerfort Mist baute. Und für ihn werde ich immer ein Versager bleiben. In der Highschool wurde ich bei den Neuengland-Meisterschaften Zweiter, und weißt du, was er sagte? ›Du warst nicht konzentriert. Du hättest Erster werden müssen.‹ Damals erkannte ich, daß ich niemals glücklich werden würde, wenn ich eine Sache nicht um ihrer selbst willen machte. Das war die Zeit, in der ich mit dem Klettern begann.«

Sams Alltag war ohne Zweifel etwas unorganisiert. Er hinkte oft mit den Terminen nach und jonglierte mit einem Dutzend unerledigter Aufgaben in seinem Gehirn, doch in den Bergen war er der bei weitem konzentrierteste Mensch, dem ich jemals begegnet war. (Sams Gehirn ließ sich mit einem dahinrasenden Wagen vergleichen, der von vierzig Pferden gezogen wurde, die einander anstießen und alles daransetzten, sich an die Spitze zu setzen. Kein Wunder, daß er im täglichen Leben manchmal für eine Karambolage sorgte, wenn er um eine Ecke bog. Doch in den Bergen, wo die Folgen wirklich verheerend gewesen wären, hatte er einen Weg gefunden, daß sich die Pferde synchron bewegten. Seit unseren ersten Trainingstagen hatte Sam nie mehr rechts und links verwechselt, wenn er mich führte, und war gewöhnlich der Partner, auf den ich mich verließ, wenn es galt, über einen verzwickten Abschnitt zu gelangen.)

Auch wenn es nicht notwendig und die Situation auch nicht gefährlich war, bestand Sam darauf, in der Mitte eines langen Aufstiegstags eine Rast einzulegen und mir die Umgebung zu beschreiben, als ob sein Ich von der Schönheit, die er vor Augen hatte, überquelle und sich in Worte ergieße. Es machte mir Mühe, die Majestät der Berge außer durch unmittelbare Berührung zu begreifen, doch durch Sams Augen kam ich dem visuellen Erfassen sehr nahe: wie eine klaffende Gletscherspalte von Himmelblau in Tiefblau und schließlich in Schwarz überging, wie die massiven gerillten Eissäulen in der Nähe des Basislagers auf dem Denali den Himmel wie gezackte Messerklingen teilten, wie die Sonne über dem Gipfel des Mount Rainier aufging und sich herrlich orange und golden und schließlich feuerrot färbte. Sams Worte waren in meiner Vorstellung wie Pinselstriche, manche Beschreibungen fein und detailliert, andere großzügig und farbenfroh. Wenn er mit seiner Beschreibung fertig war, hatte ich überraschenderweise nie das Gefühl, daß mir etwas von der Aussicht entging, sondern daß ich im Gegenteil einen Extrabonus bekam, ein Bild der Welt, ausgeschmückt mit Sams Staunen, seiner Ehrfurcht, seiner Hoffnung, mir mit Freundschaft und Zuneigung geschenkt. Ich wußte nicht, wie ich meine Gefühle ausdrücken sollte, also sagte ich schließlich: »Sam, du bist kein Versager. Keiner, der auf dem Gipfel des Mount McKinley oder auf dem El Capitan steht, ist ein Versager. Die meisten Menschen träumen nur, wenn sie schlafen, aber du hast das Geschenk, auch im Wachen zu träumen. Alles, all die großen Dinge, die wir unternehmen, haben damit begonnen, daß du davon geträumt hast.«

Als wir beide allmählich wegdämmerten, sagte Sam schläfrig: »Erik, da es nicht möglich ist, daß mein Vater über die Gipfel fliegt, ist es fast ebenso gut, deinen Vater hier zu haben.«

Am Morgen sagte Hans, daß wir hinter dem Zeitplan lagen. »Bis gestern abend hätten wir noch vier Seillängen bis zum Dolt Ledge schaffen müssen.« Also entschied er, selbst als Seilerster zu gehen. Es war erstaunlich, wie schnell wir vorwärtskamen, nachdem Hans das Ruder übernommen hatte. Er flog eine Seillänge von 45 Metern, für die wir anderen zwei Stunden gebraucht hätten, in fünfzehn Minuten hinauf.

Das Aufregendste des Tages war mein »Ausputzen« der Sicherungen unter dem Great Roof. Die Seillänge des Great Roof bestand aus einer langen Traverse im Schatten eines riesigen, zehn Meter überhängenden Granitblocks. Die Klemmgeräte, die Hans gelegt hatte, ragten aus einem winzigen Riß, der quer über den Plafond des Dachs verlief. Mein Bewegungsablauf erinnerte mich an die Turnübungen an einer Sprossenwand, an der man sich entlanghangeln und versuchen mußte, nicht den Boden zu berühren. Als ich zu jeder Sicherung robbte, fand ich es immer wieder fast unmöglich, sie aus dem Riß herauszuziehen, während ich mit meinem vollen Gewicht am Seil hing. Ich mußte eine Steigklemme ausklinken, was eine furchtbare psychische Belastung war, und sie über dem Stück wieder einklinken, das ich zu entfernen versuchte. Dann stieg ich in die Leiter, die nun über dem Klemmkeil am Seil hing, und griff zurück, um die Sicherung zu entfernen. Sobald sie sich löste, schwang ich mich unter die nächste, robbte hinauf und wiederholte die ganze Prozedur. Manchmal mußte ich auf der Leiter federn, das Seil eine Sekunde lang entlasten und gleichzeitig an der Sicherung drehen. Es war ein ziemlicher Balanceakt.

Mein Vater hatte die letzten drei Tage von den El Cap Meadows aus unser Vorwärtskommen verfolgt. Während des ganzen ersten Tages saß er im Gras, hielt sein kleines Fernglas und verrenkte sich den Hals, doch als wir höher und höher kamen und sein Nacken immer steifer wurde, wechselte er die Position und lag nun den ganzen Tag flach auf dem Rücken mit dem Fernglas auf der Nase. Als ihm auffiel, daß ich unter dem Great Roof nicht weiterkam, schnappte er sich Hans' Freund Shipoopi, der sich in der Nähe herumtrieb, und bat ihn um einen Kommentar. Shipoopi nahm das Fernglas meines Vaters und spähte hinauf. Inzwischen hatten sich auch Ellen und eine Gruppe Touristen um die beiden versammelt. »Für den Seilzweiten ist das Great Roof wesentlich heikler als für den Seilersten. Ich kann mich erinnern, daß zwei Kletterer an der Stelle, an der er gerade ist, ganz schön in der Tinte saßen. Deine Ausrüstung verheddert sich, du kannst dich nicht mehr konzentrieren, und als nächstes stellst du fest, daß du mit einem gewaltigen Schrei aus 600 Meter Höhe in Richtung Talsohle hinunterrauschst.« Shipoopi blickte fachmännisch in die Runde und schaute in das besorgte Gesicht meines Vaters und das indignierte Gesicht von Ellen. »Oh, keine Sorge, Kleines«, sagte er. »Ihm wird das nicht passieren. Er hat den Mumm.« Doch Ellen hatte sich bereits fortgeschlichen und abseits ins Gras gesetzt und weigerte sich für den Rest des Tages, nach oben zu schauen oder jemandem zuzuhören. Mein Vater dagegen wandte sich zur Menge. »Der dort oben ist mein Sohn«, sagte er, während Stolz und Besorgnis in seinem Gesicht wetterleuchteten.

»Haben Sie denn keine Angst?« fragte eine vierschrötige Frau in einem Sommerfähnchen mit einem großen Schlapphut.

»Natürlich«, erwiderte er. »Vor allem, weil er blind ist.«

»Blind?« wiederholte sie, und ihre Stimme überschlug sich vor Entrüstung und Unglauben. »Und Sie lassen das zu, obwohl Sie sein Vater sind?« Sie starrte auf die winzigen Punkte, die unter dem Dach hingen, und ihr ganzer Körper wurde von einem Schaudern erschüttert. »Wir gehen, Schatz«, sagte sie und packte ihren Mann am Arm. »Ich denke doch, daß wir genug gesehen haben.« Während sie ihren Mann, der noch immer auf die Wand hinaufschielte, zum Parkplatz schleifte, murmelte mein Vater: »Und Skydiver ist er auch noch.«

Unter dem Great Roof arbeitete ich fünfzehn Minuten an einem Klemmgerät, versuchte alles nur Denkbare und wurde nach jeder vergeblichen Bemühung frustrierter. Nackte Panik erfaßte mich, und ich begann zu vergessen, wie meine ganze Ausrüstung funktionierte. Ich konnte mich nicht mehr erinnern, welche Leiter an welcher Steigklemme befestigt werden mußte. Ich konnte mich nicht mehr erinnern, welchen Fuß ich belasten und welchen ich entlasten mußte. Es schien, als ob ich das Spiel verlieren würde. Hans hangelte sich eiligst herunter und befand sich ungefähr vier Meter neben mir. »Dreh die Steigklemmen um«, sagte er. »Die untere Seite sollte oben sein.« Obwohl er recht hatte und obwohl sein Rat hilfreich war, wollte ich in diesem Moment keine Hilfe. Ich wollte das Problem selbst bewältigen. Allerdings konnte ich darauf rechnen, daß Hans sorgfältig darauf achtete, nicht zuviel zu helfen, denn er wußte schließlich, daß das Ausputzen der Sicherungsgeräte auf der ganzen Seillänge meine Verantwortung und mein Problem war und daß ich es letztlich nur selbst lösen konnte. Und schließlich schaffte ich es doch, ungeschickt, unsachgemäß, aber wenigstens mit Hilfe meiner Hartnäckigkeit.

Als wir ein Band erreichten, das breit genug war, um darauf zu schlafen, war das Team bereits einige Stunden mit Stirnlampen geklettert. Selbst unser unerschrockener Führer Hans schien erschöpft. Als ich nach zehn Uhr abends auf dem Band saß, hörte ich zu, wie Hans und Jeff zwei weitere Seillängen fixierten, damit wir am Morgen Zeit sparen konnten. Jeff war beim Knobeln, wer Hans beim Legen der Seillängen begleiten müsse, der unglückliche Verlierer gewesen, doch weil die beiden zusätzliche Arbeit geleistet hatten, bekamen sie auch die besten Stellen zum Schlafen. Sam und ich zogen uns auf einen weit weniger einladenden Vorsprung weiter oben zurück, der nur 60 Zentimeter breit war und am Rand abfiel. Der Platz von Hans und Jeff war etwas angenehmer, immerhin 75 Zentimeter zwischen Wand und Abgrund. Ich versuchte zu schlafen, indem ich mich auf die Seite drehte und meinen Körper gegen den Fels preßte, doch ich rutschte immer wieder ab. Ich wachte auf und stellte fest, daß der Gurt, der mich mit der Wand verband, straff gespannt war, und der rechte Arm und das rechte Bein über die Kante baumelten. Also gab ich es auf, Schlaf zu finden, und unterhielt mich mit einem Tic-Tac-Döschen, das ich mitgenommen hatte. Hans und Jeff schliefen sechs Meter unter uns, und Jeff hatte den Riesenfehler begangen, mit offenem Mund einzuschlafen. Sam gab mir immer wieder die Richtung für meine Würfe an, als ich versuchte, ein Tic-Tac in Jeffs einladenden Rachen zu werfen. Sam peilte die genaue Position an, indem er kurz die Stirnlampe anknipste.

»He, was soll das«, murmelte Jeff.

»Ach, ich suche bloß meinen Labello.«

»Hier ist er jedenfalls nicht.« Sobald es wieder still war, begann ich von neuem mit meinen Versuchen. »Nein, der war zu weit«, flüsterte Sam. »Fast geschafft, beinahe seinen Arm gestreift.« Aber ich denke doch, daß ich ab und zu einen Treffer landete, denn ein paarmal in dieser Nacht wachte Jeff auf, würgte und rang nach Luft, als ihm offenbar ein kleines Dragee mit frischem Minzgeschmack in der Kehle steckengeblieben war.

Irgendwann in der Nacht trank ich meinen letzten Schluck Wasser. Hans hatte erwartet, eine Gallone Wasser vorzufinden, die er bei einer früheren Besteigung hier deponiert hatte. Doch die Flasche war nirgends zu entdecken. »Wir haben einen ziemlich trockenen letzten Tag vor uns«, hatte Hans wütend gesagt. Ich dachte an die Hitze, die der glühendheiße Granit abstrahlte, und an die fast 40 Grad in der Sonne. Hans hatte eine alte verbeulte Flasche gefunden, die tief in einem Riß steckte, doch als er sie ausbuddelte und herumreichte und wir alle daran rochen, beschlossen wir, daß es weit besser sei, Durst zu leiden. »Kletterer sind eine brutale Bande«, sagte uns Hans. »Sie wissen, daß dir auf dieser Etappe das Wasser ausgeht, also lassen sie auf den Bändern volle Flaschen zurück. Das Problem ist, daß sie nicht mit Wasser gefüllt sind. Die Flüssigkeit hat einen etwas gelblicheren Farbton.«

Am Morgen wartete ich ungeduldig auf meiner Hühnerleiter. Wir hatten nur noch fünf Seillängen vor uns. Als wir zu klettern begannen, war es bereits heiß, und ich mußte immer wieder mit viel Mühe schlucken, um meine Kehle und meinen Mund zu befeuchten. Daß mein Körper immer mehr ausdörrte, wurde jedoch von dem Wissen aufgewogen, daß um Mittag herum mein Vater, Ellen und der Rest der Gruppe nach einer Bergwanderung von vierzehneinhalb Kilometern oben auf der Rückseite des Capitan ankommen würden.

Während unserer Kletterpartie hatte ich Hans in einer ganzen Anzahl heikler Momente erlebt, doch egal, wie verzweifelt die Situation sich auch darstellte, die Stimme von Hans wurde immer liebenswürdiger. Über der Boot Flake sagte ich ihm, daß ich noch nie erlebt habe, daß er jemanden anschrie, auch wenn der Betreffende es verdiente. »Ich lasse nur nette Menschen in mein Leben«, erwiderte er. »Also gibt es nie einen Grund, jemanden anzuschreien.« Irgendwie fühlte ich mich geehrt, daß er uns seine Zeit und sich selbst so vertrauensvoll zur Verfügung gestellt hatte. Er hatte uns so ohne Vorbehalt in sein Leben aufgenommen, daß ich seinem Vertrauen in uns gerecht werden wollte. Den Rest der Strecke versuchte ich, mich mehr anzustrengen, schneller vorwärts zu kommen und mein Quengeln auf ein Minimum zu reduzieren.

Auf der drittletzten Seillänge zog ich mich an einem schmalen Vorsprung hoch, und Hans warnte: »Paß auf, wohin du greifst.« Als ich mich aufrichtete, legte Hans meine Hände auf einen riesigen Felsbrocken, der von der Wand völlig losgelöst schien. Er war ebenso hoch wie ich und zwanzigmal so schwer und balancierte an der Kippe. Wenn ihn nicht ein Dutzend Gurte festgehalten hätten, wäre er schon längst nach unten gestürzt. »Es ist nur eine Frage der Zeit«, sagte Hans. »Hoffen wir, daß es noch nicht soweit ist.«

Als ich als Seilerster über das Harding Roof führte, einen Überhang von 45 Grad und die letzte schwierige Seillänge, spürte ich in den Händen und im Nacken ein Kribbeln, als ich an die 1000 Meter Luft unter mir dachte. Als ich das Ende der Seillänge erreicht hatte, fixierte ich das Seil, so daß Sam ausputzen konnte. Nachdem er bei mir angekommen war, ging er die letzte Seillänge, Nummer 27, als Seilerster, eine gemäßigt wellige Platte bis zur Spitze. Während ich wartete, daß Sam oben ankam, hing ich an der Verankerung, und meine Füße baumelten unter dem Dach schlaff ins Nichts. Ich konnte spüren, wie mein Gewicht auf den Klettergurt drückte und das Blut aus den Beinen wich und sich in den Füßen staute. Die Talsohle war so weit von mir entfernt, daß die Entfernung beinahe unermeßlich schien. Ich war so hoch oben, daß ich nicht einmal mehr die Geräusche des Lebens hören konnte, die aus dem Valley heraufwehten. Falls meine Sicherungen reißen sollten, überlegte ich trübselig, würde ich volle dreißig Sekunden lang stürzen, bevor ich auf dem Boden aufschlug. Es schien mir vorteilhafter, von der Tragfläche eines Flugzeugs zu hängen als von der Kante einer Felswand. Während der letzten vier Tage hatten wir die Wand von El Cap so allmählich erklommen, daß ich genug Zeit hatte, mich an jeden neuen Meter Höhe zu gewöhnen; ich hatte in dieser Umgebung gegessen, geschlafen und gearbeitet, bis sie meine Welt geworden war. Plötzlich jedoch bröckelte diese Tünche von Behagen ab, und ich wurde jäh von der Erkenntnis getroffen, wo ich mich befand. Das Herz rutschte mir in die Hose, und mein ganzer Körper kribbelte und schien sich zu verflüssigen, als ob alle Knochen und Muskeln auf mysteriöse Weise entfernt worden wären. Der Gurt, der mich mit dem Fels verband, schien mir so zerbrechlich wie ein trockener Grashalm und die Bohrhaken so weich und verformbar wie Kaugummi. »Sie können nicht brechen«, sagte ich mir beharrlich. »Ich bin doppelt und dreifach gesichert: zwei Schlaufen, die an zwei Stellen meines Klettergurts und an zwei Bohrhaken befestigt sind« – doch obwohl der rationale Teil meines Gehirns die Richtigkeit dieses Gedankengangs akzeptierte, schrien einhundert Milliarden zuckender Chromosomen aufsässig auf. Schließlich konnte ich ihrem Impuls nicht mehr widerstehen und schrie laut: »O bitte, lieber Gott, laß diese Bohrhaken nur noch ein paar Minuten halten.« Ich mußte immer wieder an einen alten John-Wayne-Film denken, den ich einmal gesehen hatte. Wayne und ein jüngerer Soldat hatten einen Hügel erstürmt und ihn von den Japanern erobert. Sie standen oben und hißten stolz die amerikanische Flagge. »Siehst du!« sagte Wayne zu seinem jungen Freund, »deine Angst hättest du dir schenken können.« Worauf die letzte Kugel aus dem Maschinengewehr eines Heckenschützen durch die Luft pfiff.

Als ich spürte, wie sich das Seil straffte, und Sam rufen hörte: »Seil gesichert!«, war es wie ein Geschenk des Himmels, ich robbte, so schnell ich nur konnte, das Ende der Seillänge hinauf und hörte die Beifallsrufe. Ich konnte die Stimme meines Vaters hören, die immer die lauteste war, unsere Freunde von der AFB, die Kamerateams und Reporter von regionalen Fernsehstationen und sogar die Seilschaft, die vor uns geklettert war und hier gewartet hatte, um den blinden Burschen zu Gesicht zu bekommen. Doch den einen Menschen, nach dessen Stimme mich am meisten verlangte, konnte ich nicht hören. Ich wußte, daß ich sehr sorgfältig lauschen mußte. Dann hörte ich endlich Ellens leise Schritte. »He, Erik, unglaubliche Leistung. Du schaust durstig aus. Wie wär's mit einem Yoo-Hoo?« Meine Sehnsucht nach ihr war so groß, daß ich sie stürmisch umarmte, und beide störte uns nicht der Schweiß und Dreck, die ganzen Schichten, die sich während der letzten fünf Tage auf meinem Körper abgelagert hatten.

Als wir den sanften, vierzehneinhalb Kilometer langen Abstieg auf der Rückseite des Capitan hinuntergingen, fühlte ich mich lebendiger als je zuvor. Selbst der schwere, mit Sicherungsgeräten und Seilen vollgestopfte Rucksack war mir nicht lästig. Ich hatte wieder Boden unter meinen Füßen. Ich ertappte mich dabei, wie ich den felsigen Pfad hinuntersprang und -hüpfte und sogar lachte, wenn meine Füße unter mir wegrutschten und ich mit dem Hintern auf einem Haufen Steine landete. Und als ich später eine alte, inzwischen aufgelassene Forststraße hinuntersauste, spürte ich es kaum, daß ich mit meinen Schienbeinen gegen einen umgestürzten Baum knallte. Während mir das Blut in großen Tropfen in die Socken sickerte, sprang ich auf den Stamm, balancierte wild schwankend von einem Bein auf das andere und fuchtelte begeistert mit den Armen.

Mein ohnehin schon spindeldürres Gestell hatte weitere dreieinhalb Kilo verloren, und der Gedanke an eine üppige, fetthaltige Mahlzeit trieb mich vorwärts. Der Iwanni Grill, das einzige wirkliche Restaurant im Valley, war für kletternde Gammler viel zu teuer, doch heute abend mußte gefeiert werden. Das Problem war, daß er um zehn Uhr abends schloß und wir noch maximal dreieinviertel Stunden Zeit hatten, um rechtzeitig anzukommen. Mit Müh und Not schafften wir es, schossen fünfzehn Minuten vor der Sperrstunde durch die große Eichentür des Grills, und zu meiner Überraschung hörte ich eine vertraute ausgelassene Stimme, die durch das Restaurant dröhnte. Warren Harding saß allein an einem Tisch, unterhielt sich quer durch den Raum mit vorbeikommenden Serviererinnen und Köchen, die regelmäßig ihre Köpfe durch die Durchreiche steckten. Der Oberkellner kam immer wieder an seinen Tisch und fragte ehrfürchtig: »Noch irgendeinen Wunsch, Mr. Harding?« Schwarzweißfotos von Warrens Erstbesteigungen, die man bis dahin für unmöglich gehalten hatte, bedeckten die Wände. Warren war der Held der im Valley ansässigen Bevölkerung. Wir baten ihn, sich zu uns zu setzen, und erfuhren, daß er von seinem Haus drei Stunden hierher gefahren war – in der vagen Hoffnung, uns hier zu treffen. »Wie konnten Sie das wissen?« fragte ich.

»Es ist das erste Restaurant, wenn man vom Capitan kommt. Ich hatte das so im Gefühl.«

Ich konnte mir keinen besseren Abschluß vorstellen, als ein Bier mit dem Menschen zu trinken, der die Erstbesteigung von The Nose vor über dreißig Jahren geschafft hatte. Während ich über einer kolossalen Mahlzeit aus Hochrippe, Baked Potato mit einem Riesenklacks saurer Sahne und Butter, Salat, Käsetorte und fünf Rootbeers saß, wandte ich mich zu Warren und sagte: »Danke, daß Sie gekommen sind. Das ist eine große Ehre für mich.« Ich konnte seinen intensiven Blick spüren und wartete unbehaglich auf seine Antwort. Dann stieß er völlig unerwartet heraus: »Du Scheißkerl«, und ein Schreck jagte mir durch die Wirbelsäule. O nein, dachte ich, er ist wütend auf mich. Vielleicht war er sauer, daß eine Route, für die er ein Jahr seines Lebens und all seine Leidenschaft und Seelenkraft gebraucht hatte, um sie schließlich ganz zu bewältigen, nun von einem Blinden geschafft wurde. Vielleicht hatte er das Gefühl, daß seine ganze gewaltige Pionierarbeit auf ein lächerliches Ausmaß geschrumpft sei. »Du Scheißkerl«, wiederholte er, und diesmal streckte er die Arme aus, packte mich an den Schultern und schüttelte mich grob. Ich hatte keine Ahnung, wie ich reagieren sollte, also tat ich gar nichts, saß einfach belämmert da, während mein Kopf hin und her wackelte. »Du Scheißkerl!« sagte er zum dritten Mal. »Du hast es geschafft!« Zu meiner unendlichen Erleichterung verstand ich es endlich. Er war nicht wütend; er war stolz, und ich bedauerte, daß ich seinen grauhaarigen Kopf nicht sehen konnte. Doch ich konnte seine heisere Stimme hören, die nun fast ein Flüstern war: »Du Scheißkerl. Du hast es geschafft.«

KAPITEL SIEBZEHN

Die Schlackenhalde

IN DER HERBERGE BEI PENITENTES IN DER NÄHE DES AUFstiegs zum Aconcagua wandte sich Chris über Nescafé und steinharten Brotscheiben an das Team. »Schlechte Nachrichten, Jungs. Die Gauchos haben einen Maultiertreiber durch das Vacas-Tal geschickt, um nachzuschauen, ob der Fluß passierbar ist, aber er kam erst gar nicht so weit. Eine Riesenlawine hat das ganze Tal abgeriegelt. Eine dreißig Meter hohe Schneemauer blockiert den Weg. Da ist nicht durchzukommen, außer ihr habt eure Kettensägen mitgebracht.«

Es war unser Plan gewesen, den Polish Glacier des Aconcagua zu besteigen, eine Eiswand an der Nordostseite des Berges. »Das wäre ziemlich cool, euch den Polish hinaufzubringen«, hatte Chris Morris gesagt, als ich ihm die Idee am Ende unserer Besteigung des Denali unterbreitet hatte. In der Zwischenzeit waren Ellen und ich nach Denver, Colorado, übergesiedelt, wo sie Sechstkläßler unterrichtete, während mein Arbeitsplatz die großartigen Rocky Mountains waren, der ideale Ort zum Trainieren. Sam war nach San Francisco gezogen, wo er eine neue Stelle als Lehrer gefunden hatte und damit weit ab vom Schuß war, zumindest vorläufig. Jeff jedoch führte nach wie vor sein sorgloses Vagabundenleben ohne festen Beruf, der ihn irgendwo festhielt, und lechzte nach einem weiteren Abenteuer. Ich hatte sogar Hans, den schnellsten Kletterer der Welt, überreden können, sich uns anzuschließen.

Durch die Nachricht der Gauchos jedoch war ein Jahr strategischer Planung, Organisation und Training unter Tausenden Tonnen Geröll und Schnee begraben worden. Ich versuchte, die Enttäuschung nicht persönlich zu nehmen, als ob mir der Berg etwas angetan hätte. Tatsächlich gefällt mir an den Bergen, daß sie vom Ehrgeiz der Menschen keine Notiz nehmen, doch noch nie waren mir die Naturgewalten derart in die Quere gekommen.

»Ich schätze, daß es dann die Route Normal wird«, sagte Jeff, schob seinen Stuhl zurück und lachte sarkastisch.

»Aber die Route Normal ist eine Schlackenhalde«, maulte ich. »Im Führer steht, daß sie der größte Steinhaufen der Welt ist.«

»Yes Sir! Ist sie«, erklärte Chris nachdrücklich. Wir schwiegen alle eine Minute und versuchten uns die über 4000 Meter Dreck, Felsbrocken und Geröll vorzustellen.

»Macht euch zum Schlackenklettern fertig«, nahm uns Chris die Entscheidung ab.

»Dann laßt uns das verdammte Ding besteigen und die Schlackenhalde hinter uns bringen«, dachte ich verbittert, doch bereits im selben Moment, in dem der Gedanke mir kam, wußte ich, daß es ein Fehler war, den Berg zu unterschätzen, und noch schlimmer, keinen Respekt vor ihm zu haben.

Ein Jeep transportierte uns über eine holprige unbefestigte Straße zum Einstieg. Die Sonnenstrahlung wurde durch eine steife Brise gemildert. Wir gingen über einen schmalen Pfad auf halber Höhe eines steilen Geröllhangs, der zu unserer Rechten 100 Meter aufragte und zu unserer Linken gefährlich zu einem tosenden Fluß abfiel. Noch 100 Meter über ihm konnte ich den Sprühnebel spüren. Ich bewegte mich vorwärts, indem ich einen Fuß direkt vor den anderen setzte, mich schwer auf die Teleskopstöcke stützte und mit dem einen den Pfad vor mir nach Felsbrocken oder einem plötzlichen Abfall absuchte.

»Halt dich rechts«, sagte Jeff. »Todeskandidaten bitte links einordnen.« In seiner Stimme schwang eine Spur Humor mit, aber wir wußten beide, daß er es sehr ernst meinte.

»Würde ich direkt in den Fluß stürzen?« fragte ich nervös.

»O nein«, erwiderte er, wie um mich zu beruhigen. »Du würdest ein paarmal aufprallen, bevor du ins Wasser fällst.«

»Großartig.«

»O ja!« fuhr er munter fort. »Du würdest ungefähr alle dreißig Meter auf einen Vorsprung knallen. Du würdest dir jede Menge Knochen brechen, bevor du von tausend Gallonen Schaum verschluckt wirst.« Als nächstes überquerten wir im Schneckentempo eine verfallene Brücke, die nur noch aus ein paar Planken bestand, und folgten einem Pfad auf der anderen Seite des Flusses. »Jetzt mußt du dich links halten«, sagte er. »Absturz rechts. Würde dich nicht umbringen, aber du wärst garantiert stocksauer.« Von da an wurden alle Abstürze in drei Kategorien eingeteilt: »Todesfall«, »stocksauer« und »leicht verärgert«.

Den nächsten Tag arbeiteten wir uns ein langes, ebenes Tal hinauf und mußten unsere Körper ständig gegen den tosenden Wind stemmen. Jeff beschrieb mir die schneebedeckten Gipfel, die zu beiden Seiten aufragten. Am Nachmittag wurde der Pfad steiler und kulminierte in einer Art Achterbahn. Als wir oben angekommen waren, schnappte Jeff fassungslos nach Luft. »Zwei Dinge weiß ich ganz sicher. Das ist nicht das Basislager, und was da vor uns aufgestapelt ist, sind unsere Seesäcke.« Wir waren immer noch 150 Meter unter dem Basislager; der Pfad nach oben führte durch ein Durcheinander von *penitentes* – Eisspitzen von fünfzehn Zentimeter bis zwei Meter Höhe, die aus dem Schnee ragten. Am Aconcagua gehört es zum normalen Service, daß einem die Maultiere die Ausrüstung bis zum Basislager tragen, doch offenbar waren den Maultiertreibern die *penitentes* zu gefährlich erschienen, und sie hatten die Ladung einfach hier liegen lassen.

Es gab keine ebenen Stellen, um die Zelte aufzubauen, also errichteten wir im kalten, böigen Wind unser Lager am Abhang. Aus früheren Besteigungen hatte ich gelernt, daß dies eine sehr gefährliche Tageszeit ist. Nach den Anstrengungen eines langen Tages waren unsere Körper erschöpft, dehydriert und verschwitzt. Als nun die Temperatur abrupt fiel und ich nicht mehr in ständiger Bewegung war, begann ich zu frösteln. Ich wußte, daß ich auf den Beinen bleiben, Lasten schleppen, Felsbrocken als Windmauern stapeln und die Säcke mit Nahrungsmitteln sortieren mußte, um mein Blut in Zirkulation zu halten, bis ich in den warmen Kokon meines Zelts kriechen konnte.

Am nächsten Tag pendelten wir mit den Ladungen durch die *penitente*-Felder zum Basislager. Für jeden Hin- und Rückmarsch brauchten wir nur eine Stunde, doch *penitentes* lassen einen Blinden all seine Sünden büßen. Wenn ich einen anderen Blinden von ganzer Seele hassen würde, würde ich ihn aus einem Hubschrauber mitten in ein *penitente*-Feld stoßen und, während wir zur nächsten Milchbar abdrehten, um Bananensplits zu löffeln, aus der offenen Tür hinunterbrüllen: »Viel Spaß. Fahr zur Hölle!« Obwohl die Temperatur in dieser Höhe bereits kalt war, reichte die intensive Sonnenstrahlung doch aus, um in die Schneefelder ein chaotisches Muster gezackter Formen, tiefer Rillen und gefährlicher Kanten zu brennen. Sich als Blinder mit einem 25 Kilo schweren Rucksack durch und über die *penitentes* zu manövrieren ist tükkisch und zeitraubend. Während ich von einer scharfen, schmalen Eisspitze auf die nächste trat, glitten meine Füße aus, und mein Oberkörper schwankte bedenklich. Ein Fall bedeutete einen langen Rutsch in eine tiefe, unregelmäßige Eisspalte. Ich hatte Angst, mir einen Knöchel zu brechen oder ein Knie an den steinharten Spitzen aufzuschlagen. Chris ging vor mir und wählte den am wenigsten grauenvollen Weg. »Bleib in dieser schmalen Rille. Setz die Füße fest hinein. Jetzt ein großer Schritt auf einen *penitente*.« Mein Fuß schwebte über einem tiefen Schlitz. »Nein! Links ...« Mein Fuß sondierte die Spitze der Eisnadel. »Noch weiter links ...« Mein Fuß trat auf und grub sich ein. »Perfekt. Nur noch viereinhalb Meter bis zum Geröll.«

Als ich im Yosemite Valley nach einem Klettertag über endlose Geröllfelder abstieg, konnte ich mir, während ich über lockere Steine rutschte und glitt, mir die Knie anschlug und meine Fußgelenke sich in grotesken Winkeln verdrehten, nichts Schlimmeres vorstellen. Doch als ich nun viereinhalb Meter von dem Geröll entfernt war, betete ich darum. Ich tapste so langsam durch die *penitentes*, daß es mir nicht so schien, als ob ich einen echten Beitrag zum Vorwärtskommen des Teams lieferte. Jeder meiner Mannschaftskameraden hätte die Strecke wahrscheinlich doppelt so schnell wie ich geschafft. Als wir im Basislager ankamen, ließ ich meine Bürde fallen, setzte mich auf den Rucksack und wartete auf Chris' Kommentar. Ich erwartete, von ihm zu hören: »Erik, du bleibst hier. Wir erledigen den Rest.« Statt dessen sagte er: »Warum zum Teufel hockst du hier herum? Glaubst wohl, daß du auf Urlaub an der Côte d'Azur bist? Wir müssen noch 'ne Ladung hochschleppen.«

Als wir schließlich alles im Basislager hatten, sah sich Chris nach einem Lagerplatz um.

»Wie sieht es hier aus?« fragte ich.

»Oh, grandios«, erwiderte Chris und drückte mir ein rostiges Stück Maschendraht in die Hand.

»Was ist das?« fragte ich.

»Das macht mich echt rasend. Diese Scheiße liegt hier überall.« Zersplitterte Holzbalken, rostiges Blech und Sackleinwand waren über das ganze Lager verstreut.

Das Umweltbewußtsein der Südamerikaner kann nicht ganz mit dem auf dem Denali oder dem Rainier mithalten. In zwei Wochen würde sich dieser Schrottplatz in eine Zeltstadt verwandeln, in der alles von Inka-Cola und Bier bis zu kompletten Teams von Führern, Köchen und Trägern für den oberen Teil des Berges angeboten wurde. Ich war froh, daß wir in der Vorsaison gekommen waren.

Das Schlimmste am Bergsteigen ist für mich jedesmal die Befriedigung des menschlichen Bedürfnisses. Während ich in der Nacht in meinen warmen Schlafsack eingehüllt war, den Drang spürte und wußte, daß ich, um mich zu erleichtern, meinen Zeltgefährten wecken und wir beide uns mit vielen Verrenkungen in ein Dutzend Kleidungsstücke zwängen mußten, lag ich schlaflos da und wartete mit Bangen auf diesen Moment. Am Aconcagua mußte ich jedoch nicht zum Scheißen geführt werden, was die unerfreuliche Seite für jeden darstellte, der mit mir das Zeit teilte, denn Jeff hatte ein System entwikkelt. Er spähte aus dem Zelt und rief mir die Richtung zu. Etwa fünfzig Meter von unseren Zelten entfernt befand sich ein schmaler Abgrund, den Chris Bauchgrimmgrotte getauft hatte, denn aus den Hunderten gefrorener Haufen Scheiße, die da unten lagen, hatte er geschlossen, daß es sich um die Latrine des Lagers handelte. »Geradeaus, jetzt links, noch mehr links, stop, dreh dich um ... Und Feuer!« Ich dieser Nacht fühlte ich mich verwegen und beschloß, die Bauchgrimmgrotte auf eigene Faust zu finden, doch ich verlor zwischen den Felsbrocken ein wenig die Orientierung. Ich kletterte über einen kleinen Rücken, spürte an der anderen Seite die Felswand und beschloß, daß diese Stelle genausogut geeignet sei. Sie schien mir vom Lager aus auch nicht einsehbar. Als ich soeben zugange war, wurde meine Privatsphäre von schrillen Stimmen gestört, die unterhalb des Rückens zu mir heraufwehten. »Mein Gott, wie kann er nur?« rief die weibliche Stimme mit schwerem englischen Akzent. Einen flüchtigen Moment lang betete ich, daß sie einen anderen meinte, vielleicht sogar einen anderen Blinden, der sich auf der anderen Seite des Rückens erleichterte.

»Shocking«, gellte eine männliche Stimme.

Weibliche Stimme: »Was für eine Dreistigkeit, direkt vor aller Augen.«

Männliche Stimme: »Dieser Bursche hat keinen Respekt!« Ich stellte mir vor, daß die britischen Jungvermählten die Flitterwochen ihres Lebens genossen, während sie ihren tiefgefrorenen Hackfleischauflauf mit Kartoffelpüree unter dem vollen Mond aufwärmten. »Darling«, hatte sie wohl begonnen, »ist es nicht romantisch? Findest du nicht auch, daß der Mond heute nacht so ungewöhnlich blaß ist?« Händchen haltend starren sie nach oben, ihr verliebter Ausdruck wechselt blitzartig in Abscheu, als sie bemerken, daß sich der »Mond« ein wenig zu rasch bewegt. Ich wünschte mir verzweifelt, mich davonschleichen zu können, doch der Punkt, ab dem es kein Zurück mehr gibt, war bereits überschritten. Inzwischen war es nur allzu klar, wer der Bursche ohne Respekt war, doch wie ich da ein Stück unter dem Rücken hockte, klammerte ich mich an meine Philosophie, die sich in der Vergangenheit so vorzüglich bewährt hatte. »Was ich nicht seh, tut ihnen nicht weh.«

Über dem Basislager ging alles wieder seinen vertrauten Gang. Jeder wußte, was er zu tun hatte. Wir pendelten mit unseren Ladungen zu unseren zwei höher gelegenen Lagern und machten dann einen Einzeltransport zum Lager in 5900 Meter Höhe unter dem Gipfel. Dort würden wir einen klaren windstillen Tag abwarten, um den Gipfel anzugehen. Am ersten Pendeltag holten wir eine gute Zeit heraus und schufteten uns ohne Unterbrechung die Geröll- und Schneezonen hoch. Wir konnten es alle kaum erwarten, die Spuren menschlicher Verwüstung hinter uns zu lassen und in ein geheiligteres Reich zu gelangen. Es war erregend, endlich die dünne frische Luft auf meinem Körper und in meinen Lungen zu spüren. Auf dem Rückweg zum Basislager versuchten Jeff und Hans auf den Händen hinunterzurutschen, während Chris und ich den konventionelleren Pfad wählten. Auf einem Berg ist der Abstieg für mich vermutlich der schwierigste Teil, und ich bewege mich langsamer als ein Sehender. Ich ziehe meine Teleskopstäbe zu voller Länge auf, so daß ich das Terrain unter mir abtasten kann. Ich muß einen bizarren Anblick bieten, watschelnd wie eine riesige Ente, auf meinen Stöcken vorgebeugt, den Hintern herausgestreckt, während meine Füße auf der Suche nach ebenen Stellen herumtappen. Auf dem Weg ins Basislager kamen uns zwei Argentinier aufgeregt entgegen.

»Heißer Tee«, sagte einer und drückte mir eine Thermosflasche in die Hand. Ich nahm einen Schluck und reichte sie an Chris weiter. Als Chris sie zurückgab, sagte der andere Argentinier dringlich: »Und jetzt wir holen Arzt.« Ich war verwirrt. »Arzt?« wiederholte Chris. »Arzt für deine Amigo«, beharrte er. Später erzählte mir Chris, daß der Mann auf mich gezeigt habe, wie ein Irrer vor und zurück geschwankt sei und seine Augen weit aufgerissen habe. Worauf Chris einen Laut zwischen Grunzen und Lachen von sich gab. »Nein! Nein! Nicht krank, blind.« Chris fuchtelte mit der Hand vor seinem Gesicht. »Blind!« Der Argentinier fuchtelte ebenfalls mit der Hand vor den Augen. »Blind?« wiederholte er und wandte sich an seinen Freund. »Blind?« sagte der andere. Sie diskutierten murmelnd auf spanisch und fuchtelten immer wieder mit den Händen vor ihrem Gesicht. Chris unterbrach sie: »Er ist nicht krank. Er sieht immer so aus.« Er schlug mir auf die Schulter, und diesmal klang der Laut, den er ausstieß, mehr nach Lachen. Trotz meiner Erschöpfung lachte ich ebenfalls. Wir setzten unseren Weg zum Lager fort, die Argentinier blieben uns auf den Fersen und beobachteten uns genau, weil sie die absurde Geschichte noch immer nicht glauben konnten. Ich zwang mich, ein wenig aufrechter zu gehen und meine Schritte selbstbewußter zu setzen.

Nachdem wir Camp Canada in 5000 Meter Höhe erreicht hatten, lag ich in meinem Zelt und griff nach einer meiner Wasserflaschen, die in der Ecke standen. Regelmäßige Flüssigkeitszufuhr war nun einmal lebenswichtig. Ich schüttete Brausepulver in die Flasche und schüttelte sie. Dann hob ich sie an die Lippen und nahm einen tüchtigen Schluck. Plötzlich durchlief ein Schauer meinen Körper. Das Getränk war alles andere als erfrischend – warm, salzig und schmeckte nach Ammoniak. Wenn ich es nicht besser gewußt hätte, hätte ich schwören mögen, daß ich soeben einen Mundvoll Pisse mit Fruchtgeschmack getrunken hatte. Wie konnte eine Flasche Wasser mit Brausepulver überhaupt nach Pisse schmecken? Ich fragte mich, ob es sich vielleicht um eine Dysfunktion meiner Geschmackspapillen handelte, und wollte meine Theorie gerade mit einem weiteren Schluck testen, als Chris hektisch auf mich zukam. »He, Kumpel! Erzähl mir bloß nicht, daß du aus meiner Pinkelflasche getrunken hast.« Jeder von uns hatte Urinflaschen, damit wir uns in der Nacht nicht anziehen und nach draußen gehen mußten, doch ich hatte dafür gesorgt, daß sie eine andere Größe als unsere Wasserflaschen hatten. Offensichtlich war Chris seine Urinflasche im Basislager abhanden gekommen, also hatte er sein Geschäft in eine seiner Wasserflaschen erledigt. »Tut mir echt leid, Sportsfreund. Ich habe mit großen schwarzen Buchstaben ›Pisse‹ draufgeschrieben. Zum Teufel, bist du blind, oder was ist los?« sagte Chris, während ich ein paar Schritte machte und mich zwang, alles auf den Boden zu kotzen.

Bei der Ankunft im Camp Canada waren wir schon eine Woche auf dem Berg und hatten uns bereits einmal durch die reiche Auswahl unserer Tiefkühlkost gegessen.

»Was gibt's zum Essen?« fragte ich Chris.

»Tja«, sagte er, »um dich dafür zu entschädigen, daß du meine Pisse getrunken hast, werde ich was Besonderes hinzaubern: Filet Mignon mit Sauce Béarnaise an Spargelspitzen, leicht in Knoblauch geschmort. Und zum Dessert eine Käsetorte à la New York.«

»Und vergiß bloß nicht die Liköre als Digestifs«, fügte Jeff hinzu.

»Ach komm«, sagte ich, und der Mund wurde mir wäßrig, obwohl ich immer noch nicht den Geschmack von Pisse los war.

»Was wird's schon geben«, trumpfte Chris auf, »den gleichen klumpigen, scheußlichen Haferschleim, den wir die ganze letzte Woche gegessen haben.«

Als ich mir einen gehäuften Löffel von roten Bohnen mit Reis nach New-Orleans-Art in den Mund schob, jagten Schockwellen durch meine Zähne. »Was ist das?« fragte ich erschrocken und hielt etwas von der Größe einer Murmel in der Hand.

»Dürfte wohl 'n Stein sein«, erwiderte Chris gelassen, als ob er die Sportergebnisse ablese. »Was soll schon sein? Der Schnee hier droben ist schon ein bißchen alt. Mit jeder Menge Steine und Kiesel durchwachsen, also kaut vorsichtig, Jungs.« Er kicherte in sich hinein.

An diesem Abend saßen wir auf unseren Rucksäcken, während die Sonne unterging und die Temperatur sank, und versuchten, den Moment hinauszuzögern, in dem wir uns in eine zwölfstündige nächtliche Gefangenschaft in unseren Zelten begeben mußten. Der Wind begann zu wehen, erst war er nur ein Flüstern, doch bald kauerte ich mich unter seinen wütenden Stößen zusammen und preßte die Arme um den Körper. Über solche Situationen half uns Chris mit einer fabelhaften Einstellung, die er »positiven Pessimismus« nannte. »Es ist zwar kalt«, bemerkte er, »aber wenigstens ist es stürmisch.«

Ich kapierte sofort die Regeln des Spiels und fiel ein: »Es

ist zwar staubig, aber wenigstens haben wir Steine in unserem Essen.«

Jeder gab seinen Senf dazu: »Dieser Brei schmeckt zwar grauenhaft, aber wenigstens ist es Tiefkühlkost.«

Jeff zog sich als erster in die Wärme unseres Zelts zurück, doch nach ein paar Minuten rief er: »Der Boden ist zwar hart, aber wenigstens habe ich ein Loch in meinem Kopfkissen.«

Diese Nacht lag ich wach neben Jeff, lauschte den unregelmäßigen Salven des Sturms, die an den Zeltwänden zerrten und die Reißverschlüsse rasseln ließen, und hoffte, daß uns das Glück nicht im Stich ließe und das Wetter sich besserte. Ich griff unter die Deckeltasche meines Rucksacks und holte eine silberne Anstecknadel mit einem Engel heraus, die ich so im Stoff befestigt hatte, daß keiner sie sehen konnte. Meine Großmutter hatte sie mir bei meinem letzten Besuch geschenkt. Meine Großeltern hatten, was ihre Bedenken gegen meine Bergeskapaden betraf, aus ihrem Herzen nie eine Mördergrube gemacht. Bei jenem Besuch hatte ich mit meinem Großvater vor dem Fernseher gesessen, als ein Ausschnitt über meine Besteigung des McKinley gesendet wurde. Während die Bilder meiner letzten Schritte auf den Gipfel liefen, der auf allen Seiten von Tausenden Metern Luft umgeben war, stemmte sich mein Großvater aus seinem großen gepolsterten Lehnstuhl hoch und sauste zum Bildschirm, schneller, als er sich seit Jahren bewegt hatte. Er fuchtelte mit dem Arm vor dem Bild herum, vergaß völlig meine Anwesenheit und schrie: »Weißt du denn nicht, daß du blind bist, Junge? Schau bloß, daß du von dem gottverdammten Berg runterkommst, bevor du dich umbringst.« Als später meine Großmutter meinen Teller vor mich auf den Küchentisch gestellt hatte und ich darin herumstocherte, schienen die Portionen Roastbeef gar kein Ende zu nehmen. Bald wurde mir klar, daß mein Großvater jedesmal, wenn ich die Gabel an den Mund führte, heimlich ein weiteres Stück auf meinen Teller schob. Ich denke, er hatte vor, mich zu einem solchen Fettsack zu mästen, daß ich nur mit Mühe vom Stuhl, geschweige denn einen Berg hochkommen konnte. Nach dem Essen sagte meine Großmutter: »Es ist an der Zeit, daß du aufhörst, auf diesen Bergen herumzusteigen. Warum wirst du nicht häuslich, wie es sich für einen Mann deines Alters gehört, und sorgst für Nachwuchs?« Da sie wußte, daß ich mich nicht beeinflussen ließ, hatte sie in ihrer Schmuckschatulle gewühlt und gab mir die Anstecknadel mit dem Engel. Sie hatte sie nach dem Begräbnis meiner Mutter von einer Freundin bekommen. »Wenn ich dir nicht Vernunft beibringen kann«, sagte sie, »dann schafft es vielleicht deine Mutter, und wenn es ihr nicht gelingt, dann wird sie dich wenigstens beschützen.«

In meinen schweren Daunenschlafsack gekuschelt, berührte ich die Anstecknadel, spürte die Flügel, zart wie die eines Schmetterlings, und den verschlungenen Kranz über dem Kopf. Es schien mir ziemlich abwegig, den Geist meiner Mutter zu beschwören, um die Wetterverhältnisse am Aconcagua zu ändern, damit wir den Gipfel besteigen konnten, doch ich hoffte, daß er mir die Kraft geben würde, vernünftige Entscheidungen zu treffen, mich mit einem starken Team zu umgeben und nicht den Versuch zu unternehmen, aus falschem Ehrgeiz der vernichtenden Macht dieses Berges trotzen zu wollen.

Am nächsten Morgen erwachten wir unter dreißig Zentimetern Neuschnee, der unser Zelt bedeckte, also blieben wir gemütlich drinnen und gingen davon aus, daß wir einen weiteren Schlechtwettertag abwarten müßten. Um ein Uhr mittags lockte uns ein merkwürdiger Sonnenschlitz in den Wolken aus unseren Zelten. Chris marschierte bereits unternehmungslustig herum, sagte: »Wißt ihr was, Jungs?« und fuhr, ohne auf unsere Reaktion zu warten, fort: »Yes Sir, wir setzen uns in Marsch. Vielleicht schaffen wir es sogar noch bis zum nächsten Lager, bevor der Mist wieder anfängt.«

Während ich im Zelt meine Sachen zusammenpackte, fiel mir auf, daß Jeff sich ungewohnt langsam bewegte. Sein Oberkörper schwankte halb bewußtlos hin und her, während er einpackte, seine schwerfälligen Hände stopften die Ausrüstung planlos in den Rucksack und trafen manchmal nicht einmal die Öffnung. Als ich ihn fragte, ob er o.k. sei, murmelte er: »Mach dir keine Gedanken. Alles in Ordnung.« Doch auf halber Höhe des Geröllfelds über dem Lager zeigte sich deutlich, daß er ganz und gar nicht in Ordnung war. Während wir nebeneinander aufstiegen, war er alle fünf Minuten stehengeblieben. »Wirklich alles o.k., Kumpel?« sagte ich und faßte ihn am Arm. Jeff lehnte sich schwer auf seinen Eispickel und ließ den Kopf hängen. »Mir ist total schwindlig«, nuschelte er. »Ich glaube, ich werde gleich ohnmächtig.«

»Sag endlich, was los ist«, sagte ich leicht erschrocken.

»Ich habe Antihistamin genommen«, flüsterte er, »vier Stück.« Wir alle litten durch den vielen Staub, den wir einatmen mußten, unter trockenem Höhenhusten und einer verstopften Nase. Während der Nacht hörte ich immer wieder, daß einer in einem anderen Zelt einen Anfall von Reizhusten bekam. »Ich könnte noch verstehen, daß du *ein* Antihistamin nimmst«, sagte ich zu Jeff. »Aber gleich vier?«

»Ich dachte, daß es ein Ruhetag ist«, brummte er, »und dann geht das Freundchen her und muß alles umschmeißen.«

Als die Wolken sich zusammenzogen und der Wind wieder zunahm, waren wir noch weit vom Lager entfernt und eindeutig in Schwierigkeiten. Chris baute sich vor Jeff auf und schrie ihn an: »Los, Jeff, reiß dich zusammen. Ein Unwetter kommt auf, und das ist nicht der Ort, um die Sau rauszulassen.« Alle nahmen wir einen Teil der Ausrüstung aus Jeffs Rucksack. Als ich eine riesige

Ladung in meinen ohnehin schon zu voll gepackten Rucksack gequetscht hatte und den Hang rutschend hinaufschwankte, bedauerte ich diesen Beschluß zutiefst, doch es war mir klar, daß uns nichts anderes übrigblieb. Während der nächsten drei Stunden, in denen der wütende Sturm auf uns einpeitschte, hielten wir uns dicht bei Jeff, dem es ohne das schwere Gepäck etwas besser zu gehen schien. Chris stieg direkt hinter ihm auf, schlug seine Skistöcke zusammen und schrie: »Los, los, Fischkopf. Bewegung! Wenn du wieder normal bist, dann habe ich mit dir ein Hühnchen zu rupfen.«

Als wir in das Lager The Nest of the Condors in 5300 Meter Höhe kamen, wurden wir von Hagelkörnern bombardiert. Jeff plumpste schlaff auf seinen Rucksack und vergrub den Kopf zwischen den Knien, während wir anderen Felsbrocken für eine Windschutzmauer sammelten. Ich hielt mich auf Trab, bewegte mich in geraden Linien vom Lagerplatz weg und schwang meine Füße und Teleskopstöcke, bis ich mit meinen harten Plastikstiefeln gegen einen Brocken stieß. Dann schleppte ich den Stein zurück und setzte ihn auf die Mauer. Die Temperatur sank rapide, und ohne das Schleppen der schweren Felsbrocken wäre mir verdammt kalt geworden. Dazwischen kümmerte ich mich immer wieder um Jeff, holte meine Daunenjacke aus dem Rucksack, legte sie ihm um und bemühte mich schließlich, so schnell wie möglich unser Zelt aufzustellen. Als es stand, packte ich sein Kopfkissen, seinen Schlafsack und das andere Zeug, das die anderen vor dem Zelteingang deponiert hatten, und breitete alles aus. Dann half ich Jeff ins Zelt, und er ließ sich einfach aufs Gesicht fallen. Ich rollte ihn zur Seite, zog ihm die Stiefel aus, half ihm in den Schlafsack und kontrollierte alle paar Minuten seinen Atem, indem ich mein Ohr an seinen Mund legte. Sein Atem war so schwach, daß ich ihn durch das Rütteln des Winds kaum hören konnte. Also legte ich meine Hand auf seine Lippen und spürte ein wenig warme Feuchtigkeit. Ich wußte, wie gefährlich es war, wenn er in diesem Zustand und in dieser Höhe in Schlaf fiel. Es war leicht möglich, daß er zu atmen aufhörte, also schrie ich ihm jedesmal, wenn er wegdämmerte, ins Gesicht: »He, Jeff, wie geht's? Wie stehen die Aktien? An was denkst du? Erzähl mir über die argentinischen Bräute, die du anbaggern wirst, wenn wir wieder unten sind.« Wenn das keine Wirkung hatte, brüllte ich: »He, Jeff, denk mal nach, das ist das zweite Mal, daß ich dir das Leben rette«, und Jeff murmelte: »Blinder Superman.«

Um Mitternacht schien sich Jeffs Atmung wieder zu stabilisieren, seine Atemzüge wurden deutlicher, und ich konnte feststellen, daß die Wirkung des Antihistamins nachließ. Am Morgen, als Jeff immer noch ein wenig benommen, aber im Grunde wieder normal war, kam Chris auf seine Drohung zurück und las ihm die Leviten wie ein Vater, der von seinem mißratenen Sohn enttäuscht ist. »Du bescheuertes Arschloch, du ***. Wenn du so was noch mal abziehst, dann werde ich dir ***.«

Der Wind heulte den ganzen Tag über. Vom Nest of the Condors konnte das Team endlich den Gipfel sehen. Jeff schaute hinauf und beschrieb die hohen Zirruswolken, die wie mit Pinselstrichen große Streifen über den Himmel zogen. »Sie heißen Stutenschwänze«, fügte Chris hinzu. »Wenn du sie siehst, bedeutet das hohe Windstärke auf dem Gipfel.« Wie zur Bestätigung seiner Erklärung schossen hohe Schneefontänen Hunderte Meter senkrecht in die Luft und verhüllten eine volle Minute lang den Gipfel. »Um das zu bewirken«, sagte er, »muß die Windgeschwindigkeit 100 Meilen pro Stunde betragen. Das ist kein Wandertag, Jungs.«

»Bist du dir diesmal wirklich absolut sicher?« fragte Jeff spitz. »Oder kommst du plötzlich auf die wilde Idee, den Gipfel doch anzugehen?«

An Schlechtwettertagen kroch die Zeit dahin und explodierte dann in wilden Ausbrüchen von Erregung. Unsere Zelte standen nur einen Meter auseinander, also konnten wir Bücher, Essen, Walkmen etc. austauschen. Als ich hörte, daß der Reißverschluß eines Zelts geöffnet wurde, rollte ich mich leise zur Seite und griff zu dem Arsenal von Schneebällen, die im Vorzelt gestapelt waren.

»Du wirfst sie immer zu früh«, flüsterte Jeff. »Hab Geduld, bis der Eingang ganz geöffnet ist.« Ich verhielt mich ruhig, während Chris vor sich hin pfiff und mit seinem Kocher klapperte.

»Jetzt«, brüllte Jeff und riß unseren Reißverschluß auf. Chris war auf die Attacke vorbereitet. Ich hörte auf der Zeltwand über mir dumpf einen Schneeball aufschlagen. Eisbrocken fielen mir auf die Schulter. Dann schleuderte ich meinen in die Richtung, aus der seiner herübergezischt war. Er schoß durch das offene Vorzelt und explodierte direkt auf seinem Schlafsack. Wenn man gerade einen kleinen Sieg errungen hat, fand ich, ist es am besten aufzuhören. Ich zog unseren Reißverschluß zu und setzte mir wieder den Walkman auf.

Der Wind hatte die ganze letzte Woche nicht aufgehört. Er hatte nur so getan, als ob er sich legen würde, und, während wir in unseren Zelten gefangen lagen, seinen Spaß mit uns getrieben. Der Berg wurde plötzlich still und friedvoll wie in einem Vakuum und schickte dann einen abrupten Windstoß, der an den dünnen Zeltstangen rüttelte, das Zelt hob und es wieder auf den Boden knallte. Die Spannleinen strafften sich und wurden schlaff wie vibrierende Gummibänder. Auf dem McKinley hatte ich eine Menge Wind abgekriegt, aber nichts Derartiges. Dort stürmte es ein, zwei Tage, und dann legte der Wind sich wieder. Dieser Wind erschien mir ganz anders. Er begann mit einem Flüstern, das sich zu wildem Brüllen auswuchs und uns in seiner Lautstärke isolierte, so daß ich schreien mußte, um mich mit meinem Zeltgefährten zu verständigen. Er blies aus verschiedenen Richtungen auf das Zelt, mal von der einen Seite, dann von der anderen und dann direkt von oben. Später schien es, als ob er um das Zelt wirbelte und gleichzeitig von überall kam. Ja, dieser Wind war anders als der auf dem Denali. Er hatte Persönlichkeit. Er war lebendig.

Als wir zu unserem Lager unter dem Gipfel stapften, die Rucksäcke vollgestopft mit Ausrüstung, fragte Chris: »Sag mal, Big E, wie lange willst du solche Unternehmungen eigentlich machen?«

»Bis vierzig oder so. Danach, denke ich, werde ich dieses Bedürfnis irgendwie ausschwitzen.«

»Ich bestimmt nicht«, erwiderte er rasch. »Ich möchte das immer und ewig tun.« Dann hielt er inne, als ob er zuviel von sich preisgegeben habe. »Aber ich bin eben bloß ein alter Bergvagabund«, lachte er. »Strammer Rücken, schwacher IQ.«

»Du bist vielleicht etwas schwerfällig im Denken«, fügte ich hinzu, »aber dumm bist du ganz gewiß nicht.«

Bis jetzt war unsere freie Zeit mit Chris' Witzen über die Misere des Bergsteigens ausgefüllt gewesen, doch nun erkannte ich, daß seine Späße keine Klagen waren. Ich denke, es kommt manchmal vor, daß du etwas wirklich liebst, aber daß dir das Eingeständnis peinlich ist, weil du weißt, daß das Objekt deiner Begierde lediglich eine Schlackenhalde ist. Du machst dich über den Berg lustig und darüber, daß du unbedingt hierher mußtest, doch unter der Oberfläche sind die Witze in Wirklichkeit Lobgesänge. Insgeheim hatte ich diesen Berg ebenfalls lieben gelernt, jeden Augenblick seiner Besteigung – wie sich die Felsbrocken und das Geröll unter meinem Stiefel anfühlten, während ich vorsichtig den nächsten sicheren Tritt ertastete und die Stelle endlich fand, die meinen Körper wieder um eine Fußlänge höher brachte; wie der Wind mir ins Gesicht und um die Ohren blies und mich von der Welt abschnitt, so daß es nur noch mich und die schwindelerregende Gewalt des Berges gab.

Auf den Piedras Blancas in 5950 Meter Höhe versuchten wir alle, so früh wie möglich einzuschlafen, doch aus irgendeinem rätselhaften Grund pulsierte mein rechtes Auge wie ein aktiver Vulkan, der jederzeit aus meinem Kopf ausbrechen konnte. Auf dem Denali hatte ich dieses Gefühl auch in großer Höhe nie gehabt. Ich fragte mich, ob es sich um ein vorübergehendes Pech handle, doch der zynische Teil meines Ich befürchtete, daß sich mein verbliebenes Auge vielleicht veränderte und Druck aufzubauen begann, wie mein linkes Auge damals auf dem College. Nun fühlte sich mein Augapfel an, als ob Finger von innen nach außen stießen und versuchten, Löcher in seine Oberfläche zu bohren. Während der ganzen langen Nacht drückte ich das Auge fest zu und preßte meine Hand dagegen, um gegen die grausamen kleinen Finger anzukämpfen. Am nächsten Morgen war ich völlig erschöpft, und es fiel mir schwer, an etwas anderes als die Schmerzen zu denken. Ich wußte, daß ich mich konzentrieren mußte, denn als Team standen wir vor noch größeren Problemen. Trotz unserer Gebete zu den Berggöttern und unserer Bitte um Vergebung, daß wir diesen wilden Berg anfänglich als Schlackenhalde abgetan hatten, wachte ich irgendwann um Mitternacht auf und mußte feststellen, daß der Wind wieder anschwoll. Allmählich begriff ich, daß man davon verrückt werden konnte. Jeff nannte es »die argentinische Windfolter«. Ich hatte damit angefangen, dem Wind in jedem folgenden Lager verschiedene Namen zu geben, und stellte mir vor, daß sie alle einer Großfamilie angehörten. Als ich in einem Delirium der Müdigkeit dalag, begrüßte ich den Wind: »Hallo Onkel. Ich habe deinen Neffen auf 4800 Metern getroffen. Er war sehr stürmisch, aber nicht annähernd so kalt wie du. Ich habe deine Frau auf 5200 Metern getroffen. Sie tobte nicht schlecht. Sie brüllte mir ins Gesicht und färbte meine Nase weiß. Irgendwann dieser Tage werde ich die Ehre haben, das Oberhaupt der Familie zu treffen.

Er soll eine knallharte alte Drecksau sein.« Der Wind antwortete mit gewaltigen Stößen, die einige Minuten anhielten, und mein müdes Gehirn war sich nicht sicher, ob er mir seine volle Kraft präsentierte oder nur einen kleinen Vorgeschmack seines Wütens lieferte.

Am vierten Tag auf den Piedras Blancas hatte der Wind immer noch nicht abgenommen. Wir hatten kaum noch Nahrungsmittel und Spiritus. »Am Mittag haben wir die letzte Möglichkeit, zum Gipfel aufzubrechen. So lange warten wir noch.«

Doch als sich das Wetter noch immer nicht geändert hatte und Chris beschloß, es trotzdem zu wagen, wußten wir alle, daß dieser Versuch lediglich dazu diente, unser Bedürfnis zu befriedigen, die schrankenlose Macht des Berges aus eigener Erfahrung kennenzulernen. Drei Stunden später stolperten wir in 6400 Meter Höhe in die Independencia, die angeblich das höchstgelegene Bauwerk von Menschenhand ist. In Wirklichkeit handelte es sich um die Überreste einer Felswand, die aus einem hohen Schneehaufen ragten. Wir hockten uns dahinter hin. 300 Meter über mir klang es wie tausend fahrende Güterwagen oder als ob gerade ein Flugzeuggeschwader abhebe. Obwohl ich durch viele Wollschichten und den Gore-Tex-Panzer geschützt war, fror ich. Trotz der Handschuhe verlor ich das Gefühl in den Fingern. »Ende der Vorstellung«, schrie Chris. Er war nur knapp einen Meter von mir entfernt, aber ich konnte ihn kaum hören. Der Wind schien seine Worte fortzureißen, sobald sie ihm über die Lippen kamen. »Über uns ist ein ausgesetzter Grat. Das ist der stürmischste Teil des Berges. Wir haben keine Chance. Es wäre Selbstmord.« Widerstrebend mußten wir ihm recht geben. Ich respektierte Chris' Fähigkeit, zu erkennen, wann wir uns geschlagen geben mußten. Ich war von abgrundtiefer Trauer erfüllt, doch gleichzeitig erleichtert, daß ich nicht dem Familienoberhaupt der Winde entgegentreten mußte. Ich stellte mich ein letztes

Mal dem ohrenbetäubenden Toben der Elemente und spürte immer noch einen Rest von Verlangen weiterzugehen. Doch als Antwort auf meinen Drang stürmte der Wind so wild auf mich ein, daß ich fast aus den Stiefeln kippte. »Nächstes Jahr«, sagte ich, und mein Herz war schwer und kalt, als ich meinen Körper zwang, den Abstieg zum Lager anzutreten. Später im Zelt überrollte mich die Enttäuschung über die mißglückte Besteigung wie eine Geröllawine. Ich flüchtete nach draußen und gab vor, meinen Rucksack zu ordnen, so daß Jeff und Hans nicht sehen konnten, wie mir beißende Tränen aus den Augen schossen. Jeff folgte mir in den peitschenden Wind. »Wenn du etwas Großes versuchst«, sagte er, »mußt du damit rechnen, daß du ab und zu scheiterst.« Der Gedanke war so schlicht und doch gleichzeitig so tief, und ich wußte, daß er recht hatte. Seine Worte nahmen meiner Traurigkeit die Schärfe und gaben meinem Gehirn etwas, an dem es sich während des ganzen Abstiegs festhalten konnte.

Nachdem wir im Basislager angekommen waren, taten Hans und ich uns für die restlichen 36 Kilometer zusammen. Er ging vor mir, schüttelte ein Döschen Tic-Tacs und verwendete sein eigenes Kauderwelsch, um mich zu führen. »Eisberg« bedeutete einen unverrückbaren Felsbrocken auf dem Pfad, »Knöchelbrenner« eine Reihe von Eisbergen, »Walzer« lockere Steine, die sich unter dem Tritt verschieben konnten. Sichtlich gelangweilt schlug Hans ein wenig über die Stränge. »Eisberg rechts zwei Meter in einem Winkel von dreißig Grad vorstehend, links Rand des Pfads. Walzer in Abständen von zweieinhalb Metern verstreut, ziehen sich von links nach rechts, Breite zwischen neunzig Zentimetern und 2 Meter 10. Kombination von Knöchelbrennern und Walzern, im Schnitt zwei bis drei Knöchelbrenner auf jeden Walzer, münden in einem großen Eisberg, flache Kuppe, in einem Winkel von zwanzig Grad ansteigend.« Die Information war ausführlicher, als ich zum Funktionieren brauchte, doch ich denke, daß Hans versuchte, mir eine Kostprobe seines Sehens zu geben. Drei Stunden lang hatte Hans unverdrossen seine Informationen heruntergerasselt. Ich fragte mich, wann er überhaupt Zeit fand, Luft zu holen. Als wir uns dem Einstieg näherten, wurde Hans das Spiel langweilig. »Laß uns tauschen«, sagte er. »Ich nehme die Teleskopstöcke und du die Tic-Tacs.« Am Einstieg waren die Aufseher in einem großen Zelt versammelt. Sie hatten von dem blinden Bergsteiger gehört, der jeden Moment auftauchen mußte. Als wir ankamen, ging ich vor Hans und streckte meine Füße aus, um auf jede zufällige Änderung des Terrains vorbereitet zu sein. Ich schüttelte die Tic-Tacs in weiten, schwingenden Bewegungen, hielt immer wieder an und schrie dramatisch: »Hierher, diese Richtung. Großer Schritt über kleine Rinne.« Über die Rinne wußte ich nur deshalb Bescheid, weil ich ein paar Augenblicke früher selbst hineingetreten war. Ich konnte nur hoffen, daß es die Aufseher nicht bemerkt hatten. Hans stolperte hinter mir her, den Hintern herausgestreckt, mit vorwärts wippendem Kopf, und schwang die Teleskopstöcke wild vor sich. Manchmal blieb er stehen, als ob er mich nicht mehr hören könne, begann seinen Kopf in alle Richtungen zu drehen und sondierte mit einem Stock zaghaft den Boden vor sich. »Hierher, komm schon, du schaffst es. Nur noch ein paar Meter.« Ich schüttelte die Tic-Tacs so kräftig, wie ich konnte. Als wir uns dem Zelt der Aufseher näherten, flüsterte Hans: »Ein schwieriges Manöver zwischen zwei Jeeps durch. Schau bloß, daß du nichts vermasselst.« Ich hielt die Tic-Tacs hoch über dem Kopf und schüttelte sie im Salsarhythmus, als plötzlich mein Knie gegen eine offene Jeeptür knallte. »Etwas links«, bellte Hans und versuchte, dabei seine Lippen nicht zu bewegen. Wir mußten beide lachen, als wir uns die Aufseher vorstellten, die ihrerseits in unbehaglichem Schweigen die beiden Gringos beobachteten – der Führer fast so tollpatschig wie der Blinde, den er angeblich führte.

Als wir an den Aufsehern vorbeikamen, hob ich einen Stein vom Pfad auf und umklammerte ihn fest mit der Hand. »Vielleicht werde ich das in Zukunft immer so machen.«

KAPITEL ACHTZEHN

Ich bin nicht tot

NACH MEINER RÜCKKEHR VOM ACONCAGUA FLOG ICH ZU meiner Großmutter nach Florida. Eines der traurigen Rituale, die ich dort immer vollzog, war der Besuch der Grabstätte meiner Mutter. Damals in der Highschool hatte mir der Pfarrer gesagt, daß ich in Zeiten des Kampfes die Liebe und Kraft meiner Mutter noch mehr brauchen würde als in glücklichen Zeiten, und er hatte recht gehabt. Nach unserem niederschmetternden Scheitern auf dem Aconcagua hatte ich das heftige Verlangen, in ihrer Nähe zu sein. Also wollte ich aus dem Besuch an ihrem Grab etwas Besonderes machen, doch es war eher ein Zwang, denn wenn ich davor stand, wußte ich eigentlich nicht, was ich tun sollte. Ich dachte, ihr Grab sei der Ort, um mit ihr Zwiesprache zu halten, ein irdischer Weg zum Himmel, aber wenn ich zu ihr sprach, war ich nie sicher, ob wirklich jemand zuhörte. Natürlich gefiel es mir dort sehr, die heiße schweflige Luft von Florida, die den ganzen Körper wärmte – so wie sie es gern gehabt hatte – und der friedliche ländliche Friedhof, der etwas abseits der Straße lag und fast einsam wirkte. Wenn ich am Grab stand, dachte ich über ihren Tod nach, an die letzten Augenblicke ihres Lebens, in denen sie allein in der Notaufnahme lag, durch eine zerfetzte Arterie langsam verblutete und auf Hilfe wartete, die nicht rechtzeitig kam.

Ich dachte an ihren offenen Sarg, der ihr zu Lebzeiten die Schamröte in die Wangen getrieben hätte. Es schien, als ob sie in dem Bestattungsunternehmen zum letzten Mal ihre Meinung kundtun wollte, denn obwohl der Leichenbestatter sich die größte Mühe gegeben hatte, ihrem Gesicht einen friedlichen Ausdruck zu verleihen, sah sie, wie mein Großvater sagte, so aus, als ob sie »gleich weinen wolle«. Am meisten beschäftigte mich, was sie mir auf dem Tiefpunkt ihrer Depression gesagt hatte. »Wenn ich sterbe, möchte ich eingeäschert werden, und meine Asche soll über dem Südchinesischen Meer verstreut werden.«

Es war mir immer unbehaglich zumute gewesen, wenn sie über ihren Tod sprach. Mein starrsinniges Gehirn, das meine Erblindung erst akzeptiert hatte, als ich über einen Anlegesteg fiel und mir dabei beinahe den Hals brach, weigerte sich, sie ernst zu nehmen. Mein älterer Bruder Mark widerlegte sie mit seinen üblichen neunmalklugen Antworten: »Hör bloß auf, immerfort Aufmerksamkeit zu heischen. Du wirst uns alle überleben, in einem Schaukelstuhl sitzen, mosern und das übliche Theater machen.«

Doch sie hatte all unsere Voraussagen widerlegt und war noch im selben Jahr gestorben. Aber keiner in der Familie außer mir hatte ihren Wunsch ernst genommen. »Wenn sie eingeäschert wird, dann bleibt nichts übrig«, hatte meine Großmutter erklärt. »Ich möchte nicht makaber erscheinen, doch bei einer Erdbestattung weiß ich, daß sie immer noch hier ist, mit ihrem wundervollen blonden Haar und ihrem schönen Gesicht. Wenn nichts übrigbliebe, könnte ich es nicht ertragen.« Also beschloß mein Vater, sie nicht einäschern zu lassen, sondern sie auf dem Mount Carmel Cemetery neben dem Grab ihrer Großmutter und ihres Großvaters zur letzten Ruhe zu betten, ganz in der Nähe des Hauses ihrer Mutter und neben einer kleinen ländlichen Kirche.

Meine Mutter hatte die Welt bereist. Sie hatte vor dem Tadsch Mahal gestanden, sie war über die Chinesische

Mauer gelaufen und in Ägypten auf Kamelen geritten. Das Ende ihres Lebens brachte sie zu ihren Anfängen zurück – einem ländlichen Städtchen, wo im Winter Erdnüsse und im Sommer Baumwolle angepflanzt wurden. Als sie sie in die Erde senkten, dachte ich daran, wie weit Jay, Florida, vom Südchinesischen Meer entfernt war.

Im Vergleich mit der heißen, feuchten Luft von Florida war es im kleinen weißen Toyota meiner Großmutter kühl und trocken. Als sie auf den unbefestigten Streifen vor dem Friedhof fuhr und ich die Tür öffnete, sagte sie: »Ich kann sie immer besuchen. Geh du nur allein und bleib eine Weile dort, und ich warte inzwischen und lasse die Klimaanlage laufen.« Seigo und ich gingen über das Gras, bis mein Fuß die Ziegeleinfassung berührte, die uns zu meiner Mutter führte. Ich glitt mit dem rechten Fuß die Ziegel bis zum Ende entlang, setzte mich auf den heißen Boden und legte meine Hand auf das Bett von behauenen kleinen Steinplatten.

Die Luft summte von Leben; Vögel zwitscherten, Moskitos und Stechmücken umschwärmten mein Gesicht und schwirrten mir um die Ohren. Ich versuchte, sie nicht zu beachten, und streckte meine Hand nach den Blumentöpfen aus, die meine Großmutter liebevoll auf den Platten arrangiert hatte. Sie sorgte immer für neue Pflanzen – Lilien, Azaleen und Papageiblumen, die Lieblingsblumen meiner Mutter –, die sie in selbstgebrannten Töpfen mitbrachte. Als ich Seigos Leine losließ, begann er sofort in den Blumentöpfen zu scharren. Ich zog ihn zurück. Es erschien mir als Sakrileg, daß Seigo fröhlich und planlos zwischen den sorgfältig arrangierten Blumen über meiner Mutter herumtrampelte. Seigo ließ sich hinplumpsen, legte seinen Kopf trübsinnig auf das Gras und hechelte schwer in der drückenden Hitze.

Immer wenn ich an diesen Ort kam, erwartete ich, daß sich etwas ereignete. Ich weiß, es klingt albern, aber ich wünschte mir, daß er wie mein Herzschlag pulsiere, als ob er von der Seele meiner Mutter erfüllt sei – ein Gefühl, das manche beim Betreten eines gotischen Doms empfinden, ein Gefühl, das ich auf den Bergen hatte –, eine unendliche Weite, unberührt vom Vergehen der Zeit, eine unendliche Kraft, die mein Herz der Gegenwart Gottes öffnete. Doch hier verhielt sich Gott seltsam stumm.

Diesmal wollte ich unbedingt ein Zeichen empfangen, ein ganz kleines Zeichen, eines, das ich sinnlich wahrnehmen konnte. Ich wollte spüren, daß sie mir ganz nahe war. Dies sollte unser gemeinsamer Platz auf der Welt sein, unsere Kathedrale, unser Berggipfel. Statt dessen ging ich immer mit einem Gefühl der Einsamkeit, der Leere weg und mit unbeantworteten Fragen. Mein Bruder trug Kiesel von ihrem Grab in seiner Jackentasche. Einmal hatte er sie mir in die Hand gelegt. Ich hatte sie gedrückt, bis sie in meine Handfläche schnitten, doch ich hatte nur die Wärme meiner eigenen Hand gespürt. Ich drehte mich blitzschnell um und fuhr mit meinem Finger die Gravur ihres Grabsteins nach: ELLEN BAKER WEIHENMAYER, 1939–1985. GOOD MEMORIES ARE EVERLASTING.

Doch kein Zeichen manifestierte sich von unten. Der Stein blieb stumm. Ich versuchte, ihr Bild in mir heraufzubeschwören, doch ich sah nur vage Konturen vor mir. Ihr Gesicht hätte das von irgend jemand anderem sein können, und ihre Stimme war eine Mischung aus anderen Stimmen, die ich vor kurzem gehört hatte. Trotz meiner Anstrengung, all meine Gedanken und meine Energie auf sie zu konzentrieren, spürte ich nur, wie sich die erstikkende Mittagssonne wie eine Decke auf mich legte, die ärgerlichen Stechmücken mir um Gesicht und Ohren schwirrten und mein verschwitztes T-Shirt immer mehr an meinem Körper klebte.

Ich verdoppelte meine Anstrengung, doch mein widerspenstiges Gehirn verweigerte jegliche Konzentration.

Alles lenkte mich ab. Seigo hechelte in schnellen Stößen. Der kleine Toyota lief im Leerlauf zu laut. Ein leichter Wind blies mir ins Gesicht, wie auf dem Aconcagua, nur sanfter. Der Gedanke, daß meine Mutter, eine lachende, lebendige, manchmal zornige Kraft, leblos da unten lag, war für mich immer noch ein heftiger Schmerz – und zu allem Überfluß schien meine Erinnerung an sie ebenfalls zu schwinden.

Seigo hatte inzwischen genug von den erbarmungslosen Stechmücken. Er sprang abrupt auf und stieß sanft seine Schnauze gegen mein Ohr mit der inständigen Aufforderung, diesen Ort sofort zu verlassen. Ich lachte erschrocken auf, als ich seine kalte, feuchte Nase auf meiner Haut spürte. Dann rollte er sich auf den Rücken, streckte alle vier Pfoten in die Luft, und ich mußte trotz des Ernstes der Stätte kichern. Gib's auf, dachte ich. Das Leben um mich herum hatte sich gegen mich verschworen: Seigo, die leichten Windböen, der tuckernde Motor draußen im Auto. Und plötzlich war ich mir all dessen bewußt. Ich hörte nur noch die Explosion von Vogelgezwitscher, einen Traktor, der in der Ferne dröhnend dahinrumpelte, das leise Pfeifen des Grases unter und die Resonanz des Himmels über mir. All diese Klänge und Geräusche drangen mit einer Intensität wie nie zuvor in mein Ohr. Und schließlich fragte ich mich, ob diese vermeintlichen Ablenkungen vielleicht der eigentliche Zauber waren, nach dem ich gesucht hatte.

Später saßen meine Großmutter und ich in ihrer behaglichen Küche, und ich hatte den delikaten Geruch von Schmorbraten mit brauner Soße, Mixed Pickles und eingemachten Feigen in der Nase. Dies war der Ort, der sich seit dem Tod meiner Mutter nicht verändert hatte und in dem alle Erinnerungen wachgerufen wurden. Besonders genoß ich die Geschichten meiner Großeltern über meine Mutter, als sie noch ein kleines Mädchen war, lebendig, seltsam und zauberhaft. Über eine Geschichte, die ich seit meinen eigenen Kindertagen wieder und wieder gehört hatte, freute ich mich immer wieder: Meine Mutter war wie ein Ferkel unter dem Küchentisch herumgekrochen und hatte versucht, ihrem dreijährigen Bruder seine kostbaren Bonbons abzuluchsen. »Oink, oink!« grunzte sie. »Füttere das Schweinchen.« Und in der Tat steckte er ihr ein weiteres Stück in den Rüssel.

Meine Lieblingsgeschichte hatte sich jedoch zu der Zeit abgespielt, als sie noch ein ganz kleines Mädchen war. Die Familie war ins Jay Diner gegangen, das Restaurant, das die erste Jukebox im Städtchen hatte. Als Country Music gespielt wurde, konnte meine Mutter in ihrer Nische nicht mehr stillsitzen. Sie ließ sich von der Bank heruntergleiten, klammerte sich unruhig an den Rand der Nische, begann sich hin und her zu wiegen und mit ihren kleinen Füßen den Takt zu schlagen und tanzte schließlich zur Country Music. Mit geschlossenen Augen lachte sie, summte vor sich hin und machte ihre kleinen Schrittchen. Die meisten Gäste schauten ihr zu, wie sie sich so völlig unbeschwert und selbstvergessen bewegte. Als sie die Augen öffnete, sah sie all die Blicke. Als ob sie aus einem Traum erwacht sei, schaute sie auf ihre Füße, dann hinauf zu den lächelnden Menschen und verkroch sich verzweifelt hinter meiner Großmutter. Für den Rest der Mahlzeit versteckte sie sich hinter ihr.

Dieses Bild meiner Mutter als kleines Mädchen voller Unschuld und ganz am Anfang hatte sich in mir so festgesetzt, daß es mir immerfort ins Bewußtsein drang. Dieses lachende, tanzende kleine Mädchen paßte nicht auf den Friedhof. Es schien mir ebenso unmöglich wie das Einfügen eines Puzzlestücks an einer falschen Stelle. Ich konnte diese beiden Bilder nicht miteinander in Einklang bringen, das kleine Mädchen und einen leblosen Leichnam, einen Sarg und einen schweren Grabstein. Wie konnte das ein und derselbe Mensch sein?

Schließlich brachte ich in der Küche meiner Großmutter den Mut auf, über meine Frustrationen auf dem Friedhof zu sprechen und darüber, daß ich die Anwesenheit meiner Mutter durch all die Ablenkungen nicht spüren könne. Als ich ihr mein Herz ausschüttete, kam ich mir noch törichter vor. Doch statt zu lachen, ging meine Großmutter zum Küchenschrank und zog einen alten Zeitungsausschnitt heraus, als ob sie darauf gewartet hätte, ihn jemandem zeigen zu können. »Ich habe ihn aufgehoben«, sagte sie leise. »Ich habe ihn kurz nach Ellens Tod ausgeschnitten.« Dann begann sie zu lesen.

Was weinst du hier am Grab so bitterlich?
Ich bin nicht hier.
Ich schlafe nicht.
Hast du im Windhauch meine Stimme nicht erkannt,
im Schnee, der funkelt wie ein Diamant?
Ich bin die Sonne auf dem reifen Korn.
Wenn dich ein Trank erfrischt, bin ich der Born.
Und wenn du aufwachst jeden neuen Tag,
bin ich der rasche Flügelschlag
von Vögeln, die hoch oben ihre Kreise zieh'n.
Ich bin der helle Stern am Himmelsbaldachin.
Steh nicht an meinem Grab und wein in deiner Not.
Ich bin nicht hier.
Ich bin nicht tot.

Und plötzlich wußte ich, daß es mein Fehler gewesen war, nur an einem einzigen Ort nach ihr Ausschau zu halten, als ob ihr ganzes Wesen in eine Anstecknadel mit einem Engel gezwängt worden wäre oder in einen Sarg unter der Erde, wo doch etwas so Kleines sie gar nicht fassen konnte. Plötzlich wurde mir das in der Küche meiner Großmutter so deutlich, daß ich laut auflachte. Die Zeichen, die ich gesucht hatte, waren die falschen gewesen. Ich hatte mich ihrem Grab nicht besonders verbunden gefühlt, weil sie dort nicht gegenwärtiger war als irgendwo anders. Sie war in all diesen herrlichen Ablenkungen um mich herum. Sie war der böige Wind und die Explosion des Vogelgezwitschers. Sie war der lebendige Atem in Seigo, seine Unschuld und Verspieltheit. Sie war der Motor, der im Leerlauf tuckerte, und der kleine Toyota und alles, was darin war. Sie war meine Großmutter und die Liebe zwischen uns, die fast zu greifen war. Sie lebte in mir und in allen Fasern jedes kleinen tanzenden Mädchens; und sie war noch so vieles andere, die Sonnenwärme auf dem Granit, das spröde Knirschen des Schnees unter meinen Füßen. Sie war das gewaltige Echo des Berges über mir und der feste Boden unter mir und alles, was dazwischen lag. Sie war die große Kraft der Welt und alles, was sie umfaßte. Sie war überall und alles, und ich erkannte in diesem Augenblick, daß ich nie mehr allein sein würde, daß ich selbst in einer kalten Nacht in meinem Zelt hoch oben auf einem Berg nur die Hand ausstrecken und die kalte, ruhige Luft berühren mußte, um sie zu finden.

KAPITEL NEUNZEHN

Der Gesang der Sirenen

ENDE DEZEMBER 1998 WAR ICH ZUM ZWEITENMAL AUF der Schlackenhalde. Ich kann nicht behaupten, daß ich begeistert zurückkehrte, doch die letzten zwölf Monate seit unserem Scheitern im vergangenen Jahr hatten so an mir genagt, daß die Geschichte dringend zu Ende gebracht werden mußte. Der Aconcagua ist ein rauhes Gebiet. Manche Kritiker bezeichneten ihn als »den größten Schutthaufen der Welt« und die weniger schöpferischen schlicht als »einen häßlichen braunen Haufen Felsen«. Das Wasser, das unter dem Basislager aus den Bächen geschöpft wird, ist von braunem Sediment gefärbt und schmeckt leicht nach Maultiermist, und weiter oben ist das alte Eis von Steinen und Dreckklumpen durchsetzt. Doch dessen ungeachtet war es wieder soweit, und ich ging mit meinem Kletterpartner Chris Morris an Bord eines Jets der Aero Argentina Richtung Mendoza.

Als ich beschloß, auf den Aconcagua zurückzukehren, zermarterte ich mir mein Gehirn nach einem Sponsor, und ironischerweise waren es gerade die heftigen Schmerzen, die der grüne Star verursachte, die mich auf die Idee brachten, an wen ich mich wenden könnte. Bei unserer Aconcagua-Expedition im letzten Jahr hatte sich mein rechtes Auge angefühlt, als ob es platzen wollte, und nun machte es mir immer häufiger in immer geringerer Höhe zu schaffen. Vor kurzem hatte ich mich beim Campen in 2500 Meter Höhe die ganze Nacht über in Qualen gewunden und fast eine ganze Flasche Advil verbraucht, und nun wachte ich in Denver in lediglich 1500 Meter Höhe in der Nacht mit einem dumpf pochenden Schmerz in meinem Augapfel auf, der auf den ganzen Kopf ausstrahlte. Ellie hatte einen grauen Fleck in meiner Pupille entdeckt, der rasch größer wurde und sich bald über die ganze Pupille ausbreitete und sie trübte. Schließlich war keine Trennung mehr zwischen dem Weiß des Auges und der früher schwarzen Pupille erkennbar. Als ich schließlich zum Arzt ging, testete er meinen Augendruck, und wie bei meinem linken Auge, das fast zehn Jahre früher getestet worden war, ließ sich der Druck nicht mehr erfassen.

Dieser neue Arzt schlug verschiedene Behandlungsmethoden vor: erstens eine milde mit verschiedenen Augentropfen und zweitens ein radikales Laserverfahren, das Zyklophotokoagulation genannt wird. Der Arzt erklärte mir die gnadenlose Prozedur. Er werde mit einem sechzigmal stärkeren Laser, als sie normalerweise in einer Arztpraxis eingesetzt werden, eine Schicht der vorderen Membran meines Augapfels abtragen und die Membran damit hoffentlich so weit beschädigen, daß die Flüssigkeit, die zur Zeit in meinem Augapfel eingeschlossen war, wieder durchdringen könne. Er hatte einen Radiergummi in meine Hand gelegt. »Wenn ich den Laser auf diesen Radiergummi richte, dann schrumpft er zu einem verkohlten Klümpchen zusammen. Offen gesagt weiß ich nicht, ob es funktioniert, aber falls es gelingt, ist es auf jeden Fall die bessere Alternative.« Ich hatte Respekt vor seiner Offenheit und Bereitwilligkeit, die Initiative zu ergreifen, während andere Spezialisten den Verlust meines Auges allzu rasch für unabwendbar hielten. Die Prozedur begann alles andere als angenehm. Ich lag auf dem Rücken auf einem Metalltisch, der Arzt stand über mir und drückte eine stumpfe Nadel durch mein unteres Lid. Er horchte auf die drei deutlichen Laute, als die Nadel durch drei Knorpelschichten stieß. »Versuchen Sie, das Auge offenzuhalten«, warnte er. Das einzige Anzeichen, daß die Nadel nicht zu weit eingedrungen war oder meinen Augapfel aufgerissen hatte, waren die drei knallenden Geräusche und die Tatsache, daß meine Augenhöhle sich nicht mit Blut gefüllt hatte.

»Ein Chirurg stieß einmal die Nadel zu weit hinein und lähmte den Hirnstamm des Patienten«, bemerkte mein Arzt über mir.

»Und was ist mit ihm passiert?« fragte ich, während ich mich zwang, das Auge offenzuhalten und das unkontrollierte Zucken in meinen Beinen abzustellen.

»Nun, er starb an einem Anfall von Schüttelkrämpfen.« Und dies war erst die örtliche Betäubung.

Nach der dritten Zyklophotokoagulation war meine Augenmembran zu dünn für eine weitere Behandlung, doch der Augendruck war nur auf fünfzig heruntergegangen, was zwar eine deutliche Verbesserung war, doch nicht genug, um die Schmerzen völlig zu beseitigen. Als mein Arzt feststellte, daß das Verfahren nicht so funktioniert hatte, wie wir es erhofft hatten, gab er sich alle Mühe, mich zu trösten, und legte mir die Hand auf die Schulter. »Nun, immerhin habe ich nicht Ihren Hirnstamm gelähmt.«

Nach sechzehn Jahren als Blinder hatte ich gelernt, daß das Leben niemals einfach ist; aufregend, vielleicht eine Herausforderung, von Zeit zu Zeit lohnend, doch nie einfach. Merkwürdigerweise wurde mein Leben einfacher, als ich diese Realität schließlich akzeptierte. Als ich mich mit meinem grünen Star abgefunden hatte, beschloß ich, zu den Experten zu gehen. Ich wandte mich an die Glaucoma Research Foundation, eine Organisation, die sich sowohl mit der Erforschung der Ursachen des grünen Stars wie mit der Vorbeugung beschäftigt. Fast augenblicklich erklärten sie sich bereit, meine Besteigung zu finanzieren. Trotz eindrucksvoller Fortschritte der medizinischen

Technik blieb den Ärzten im Fall eines akuten grünen Stars wie bei mir noch immer nichts anderes übrig, als Schichten des Auges abzutragen oder es zu entfernen. Der grüne Star hatte meine Augen zerstört, doch vielleicht konnte ich ein wenig dabei helfen zu verhindern, daß anderen dieses Schicksal widerfuhr. Bei unserer Aconcagua-Expedition im letzten Jahr waren die Schmerzen lähmend gewesen, doch diesmal war ich mit einem Arsenal von Medikamenten ausgerüstet, die den Augendruck hoffentlich in Grenzen halten würden. Die Besteigung würde Patienten, die unter dem grünen Star litten, zeigen, daß sie ein gesundes, aktives Leben führen konnten, und andere Menschen dazu motivieren, sich regelmäßigen Augenuntersuchungen zu unterziehen. Am wichtigsten war, daß das Interesse der Medien vielleicht dazu beitragen konnte, daß rascher bessere Behandlungsmethoden entwickelt wurden.

Als wir im vergangenen Jahr gescheitert waren, hatte uns der Berg zermürbt, eingeschüchtert und uns seinen Willen aufgezwungen – und sich damit unseren widerwilligen Respekt verdient. Der Wind war das Schlimmste: Er scheuerte gegen den trockenen, felsigen Boden und verwandelte ihn in eine einzige Staubwolke, die das Gesicht verkrustete und in die Lungen drang. Es war ein unerbittlicher Wind, blasend, peitschend, wirbelnd und heulend, ein Wind, der zu meiner persönlichen Nemesis geworden war und lebendige Formen angenommen hatte. Über die Phrase »den Berg erobern«, die in Büchern über das Bergsteigen so oft vorkommt, kann ich nur lachen. In einem Kampf Mann gegen Mann ist der Berg auch den stärksten Bergsteigern bei weitem überlegen. Chris Morris hatte gesagt: »Das Beste, was du dir erhoffen kannst, ist, daß du dich auf den Gipfel schleichst, während der Berg gerade zwinkert.«

Das gefällt mir so an den Bergen. Es ist ein Reich, in dem Menschen keinen göttlichen Status erreicht haben, ein Reich, das Demut fordert. Die menschliche Schwäche wird unendlich vergrößert, der menschliche Ehrgeiz zunichte gemacht. Chris hielt nicht viel von Ehrgeiz. Die Berge hatten ihn gelehrt, die Welt so zu akzeptieren, wie sie ist. Wenn ich sagte: »Dieses Wetter ist vielleicht eine Scheiße«, zuckte er die Achseln, erwiderte mit einem leichten Grinsen in der Stimme: »Yes Sir! So ist es« und wandte sich sofort wieder dem zu, was er gerade machte. Manchmal beging ich den Fehler zu sagen: »Wenn es bloß nicht so stark schneien würde« oder: »Wenn bloß der Wind eine Zeitlang aufhören würde.«

»Weißt du, was ich vom Wünschen halte?« fuhr er mir über den Mund. »Du kannst in eine Hand wünschen und in die andere scheißen und schauen, welche sich als erste füllt.« Oder wenn er in poetischerer Stimmung war: »Wenn all die *Wenns*, *Unds* und *Abers* Bonbons und Nüsse wären, hätten wir alle fröhliche besch... Weihnachten.«

»Wenn du dich jemals entschließen solltest, mit dem Bergsteigen aufzuhören«, sagte ich, »solltest du Philosoph werden ... für schlichte Gemüter natürlich. Stell dir vor, wie du da über deinen Lakaien stehst – hauptsächlich alte quengelige Bergsteigerpenner, totale Freaks und Drecksäcke – und wichtige Offenbarungen verkündest, daß man sich nicht selber in die Hand scheißen sollte.«

Auf unserer letzten Aconcagua-Expedition waren wir achtzehn Tage am Berg gewesen, im oberen Teil eine Woche. Jeden Tag stiegen Schneefontänen Hunderte Meter senkrecht vom Gipfel auf, während der Wind unsere Gesichter mit seinen Fäusten bearbeitete. Lange Wolkenstreifen, Stutenschwänze genannt, rasten über den Himmel, ein beunruhigendes Zeichen dafür, daß ein Unwetter im Anzug war, und jeden Tag um die Mittagszeit hatten sich die Stutenschwänze zu dunklen Altokumuluswolken ausgedehnt, die schweren Schnee auf uns kippten und die Temperatur um fast dreißig Grad fallen ließen.

Wie üblich hatten wir auch unser Höhenlager in tosendem Wind und Schnee erreicht. Wir lagen fröstelnd in unseren Zelten und lauschten dem irrwitzigen Flattern der Zeltwände, bis Jeff an seinem Walkman spielte und rief: »He, ich kriege einen Sender rein.« Es war eine leise, unscharfe Diskostation, die sich Hunderte Kilometer entfernt in Mendoza befand und drittklassige Kamellen aus den siebziger Jahren spielte. Der erste Song paßte besser zu unserer Situation, als wir uns eingestehen wollten. Er hieß: »She's a Bad Mama-Jama«, und der Song stimmte: Sie war ungefähr die schlimmste Mama-Jama, mit der irgendeiner von uns jemals konfrontiert gewesen war. Ich fühlte mich durch das Lied verarscht und hatte den Verdacht, daß sich die Berggötter damit über uns lustig machen wollten. Wir hatten alle unsere Walkmen auf den Sender eingestellt und sangen in allen drei Zelten trotzig mit, während unsere angestrengten Stimmen vom brüllenden Wind praktisch niedergeschrien wurden. »She's a bad mama-jama. Just as fine as she can be! Her body measurements are perfect in every dimension. She's got a figure that sure enough gets attention. She's poetry in motion. A beautiful sight to see. I get so excited viewing her anatomy.«

In diesem Jahr brachen Chris und ich später in der Saison zum Aconcagua auf, einen Tag nach Weihnachten. Das Scheitern im vergangenen Jahr hatte mich kecker gemacht. Ich hatte vor, angriffslustig zu sein, jeden Tag den Berg ein Stück weiter hinaufzukommen, auch wenn das Wetter ungünstig war. In einem Jahr war es leicht, das schlechte Wetter, das uns zurückgetrieben hatte, und die dünne Luft, die an unseren Kräften gezehrt hatte, zu vergessen. Ich begann sogar zu bezweifeln, daß wir aggressiv genug gewesen waren. Vielleicht hatten wir uns unsere Chancen entgehen lassen. Diesmal, beschloß ich, würden wir die Route aggressiv bis zum Höhenlager angehen und dann auf einen perfekten Gipfeltag warten. So leidenschaftlich gern ich auch auf Berge stieg, an diesen Ort wollte ich kein drittes Mal zurückkehren.

Ich hatte die ganze Besteigung genau geplant. Nach der Besteigung des Gipfels würde ich im Basislager über Funktelefon ein Blumengeschäft in Denver anrufen und Blumen für Ellie bestellen. Ich hatte sogar den Begleittext formuliert. Er lautete: »Du fehlst mir. Gipfel geschafft. Ich liebe dich.« Und es würde alles in ihr Klassenzimmer vor den Augen ihrer Sechstkläßler geliefert werden, ein großer Strauß roter Rosen. »Was haben wir denn da Schönes?« würde sie belustigt fragen, und wenn sie in diesem Tonfall sprach, konnte ich mir tatsächlich vorstellen, wie ihre blauen Augen funkelten. Alle ihre Schüler würden sich um sie drängen und ihre Hälse verrenken, um den Text des Kärtchens lesen zu können.

Von unserem letzten Team, Chris, Hans und Jeff, war Chris der einzige Sadist, den ich dazu hatte überreden können, mich bei einem zweiten Versuch zu begleiten. Ein neuer Teamgefährte, Mark Howe, hatte sich uns angeschlossen. Mark war ein erstaunlicher Sportler. Am Tag unserer ersten Begegnung war er gerade von einer Radtour zurückgekommen. Er erzählte, daß er 100 Kilometer von Boulder bis zum Einstieg des Long's Peak geradelt, darauf bis zur Spitze des Long's Peak gelaufen war – 4346 Höhenmeter – und nach dem Abstieg wieder die ganze Strecke nach Hause geradelt war.

Marks und meine Bergsteigererfahrungen hätten »Die Schildkröte und der Hase« betitelt werden können. Auf unserer 65 Kilometer langen Wanderung zum Basislager überquerten wir unfruchtbares Gebiet mit vereinzelten dürren Sträuchern und Bächen, die wir durchwaten mußten. Während ich dahintrottete und einen Fuß vorsichtig vor den anderen setzte, lief Mark voraus und hatte gewöhnlich bereits die Zelte aufgebaut und Wasser gekocht, wenn ich endlich auch ankam. Doch Berge sind ein paradoxer Prüfstein, denn Sportlichkeit ist keine Gewähr für das Gelingen. Im Basislager wachte Mark mit einem deutlichen Gluckern in seinen Lungen auf, dem sicheren Zeichen eines Lungenödems in großer Höhe. Wenn Mark nicht sofort wieder abstieg, würde er in seinen Lungen ertrinken. Und so mußten wir nach nur drei Tagen, als sich unser kleines Team gerade zusammenzufügen begann, mit Bedauern Abschied von ihm nehmen. Ohne ihn waren Chris und ich so gut wie aufgeschmissen. Ich hatte diesen zweiten Versuch bis ins kleinste Detail geplant, und genau wie im vergangenen Jahr, als sich eine Lawine in das Vacas-Tal ergossen und uns die Route abgeschnitten hatte, war nun alles anders. Während wir den ganzen Vormittag unsere Ausrüstung reduzierten, war Chris schweigsam. Keiner von uns wollte der Tatsache ins Auge sehen, daß unsere Möglichkeiten bedrohlich geschrumpft waren. Falls Chris oder ich uns verletzen oder krank werden sollten, hatten wir absolut kein Sicherheitsnetz. Am Nachmittag sagte Chris abrupt: »Von jetzt an muß alles perfekt funktionieren, oder wir müssen wieder hinunter.«

Den nächsten Tag und die ganze folgende Woche bewegten wir uns Zoll für Zoll den Berg hinauf. Jeden Nachmittag zogen sich die Wolken zusammen, und der Wind nahm zu, doch die Morgen waren im allgemeinen klar und ließen uns genug Zeit, das nächsthöhere Lager zu erreichen, das Zelt aufzustellen und uns darin zu verkriechen, bevor das Wetter unfreundlich wurde. Da wir fünfzehn lange Stunden im Zelt die Zeit totschlagen mußten, wäre es dem Bergkameraden gegenüber unfair gewesen, sich als Schlafmütze zu erweisen. Man war geradezu verpflichtet, Konversation zu betreiben. Als Zeltgenosse war ich jedoch etwas in mich gekehrt, und Chris schien sich stillschweigend mit den langen Intervallen der Untätigkeit abzufinden, so daß sich eine Unterhaltung nicht immer so ohne weiteres ergab. Im Lager I auf 4900 Meter Höhe hörte ich mir gerade vom Tonband ein Hörbuch an, als Chris' Stimme sich dazwischendrängte und meine Einsamkeit mit einer Frage unterbrach, als ob er über dieses Thema schon lange nachgedacht habe. »Du hast eine ganz schön patente Frau, findest du nicht?«

»Ich bin auch ganz schön glücklich«, erwiderte ich.

»Sie muß verdammt was Besonderes sein, um es mit so einem Mistkerl wie dir auszuhalten. Wie findet Ellie es überhaupt, daß du so lange weg bist?«

»Du und ich haben ein Ziel, auf das wir uns konzentrieren können, doch für die, die wir zurücklassen, ist es viel schwieriger, weil sie nur auf die Nachricht warten können, daß wir den Gipfel erreicht haben. Es ist schwer für Ellie, aber sie hat mir einmal gesagt, daß sie nicht möchte, daß unser gemeinsames Leben durchschnittlich ist.«

»Dann hat sie gekriegt, was sie verdient«, lachte Chris sarkastisch.

»Meine Bergkameraden kennen mich als blinden Superman, aber Ellie hat meine verwundbaren Stellen gesehen.«

»Gott schütze sie«, warf Chris ein.

»Ellen flog über den Gipfel des McKinley und verfolgte meine letzten Schritte. Sie traf mich oben auf El Cap, aber sie hat auch einige Male erlebt, wie ich gescheitert bin. Am Anfang unserer Ehe versuchte ich, sie damit zu beeindrucken, daß ich das Frühstücksgeschirr aufräumte. Ich war in Gedanken versunken, als Ellen in die Küche kam und zu lachen begann. Sie fragte mich, ob ich das Geschirr immer auf diese Weise spüle, als ob sie eine bessere Methode habe, die sie mir nicht auf die Nase binden wollte. Natürlich ärgerte ich mich und fragte sie, was denn ihr Geheimnis sei. Darauf brachte sie mich wirklich aus der Fassung, als sie erwiderte, ihr Geheimnis sei es, ein Spülmittel zu benutzen. Nun war ich wirklich geladen und fragte sie, was zum Teufel *ich* wohl benutzte. Sie sagte: ›Warum kostest du nicht und findest es selbst heraus?‹ Das tat ich, und Ellie konnte sich nicht mehr halten. Sie wälzte sich praktisch auf dem Boden. Ich glaube noch immer nicht, daß es mein Fehler war. Warum fühlt sich eine Flasche Ahornsirup genauso an wie ein Geschirrspülmittel?«

»Ich denke, es ist eine Verschwörung, Big E«, kicherte Chris. »Überall versuchen die Hersteller von Ahornsirup, die Blinden an der Nase herumzuführen.« Wie immer, wenn Chris von seinem eigenen Witz überwältigt, gleichzeitig aber auch ein wenig besorgt war, daß er mit seinem Scherz zu weit gegangen war, gab er mir einen festen Klaps gegen mein Bein.

»Blindsein hat auch seine Vorteile«, betonte ich. »Als Ellie und ich eine Weile miteinander gegangen waren, wurde ich neugierig, wieviel sie wog. Ich wollte sie nicht direkt fragen; ich wollte nicht, daß sie mich für ein Schwein hielt. Im Grunde war es mir gar nicht so wichtig, Ellens Gewicht zu kennen. Ich dachte einfach, daß es das Vorrecht des festen Freundes sei, darüber Bescheid zu wissen. Als sie nach dem Fitneßtraining in meinem Apartment vorbeischaute, fragte ich sie, ob sie sich vielleicht auf meiner Waage im Badezimmer wiegen wolle. Ellen wurde still, und ich konnte spüren, daß sie mich mißtrauisch beäugte, aber ich glaube, sie rechnete sich aus, daß sie damit eigentlich nichts riskiere; ich konnte ihr ja nicht über die Schulter schauen. Doch als sie auf die Waage stieg, erlebte sie eine kleine Überraschung. Sie hatte nicht mit meiner sprechenden Waage gerechnet, die mit ihrer Computerstimme herausplatzte: ›Sieben … und … fünfzig … komma … sechs … Kilo.‹ Worauf Ellie aus dem Badezimmer sauste und sah, wie ich um die Ecke grinste. Sie nannte mich einen miesen kleinen Intriganten.«

»Sie hätte dir ein paar verpassen sollen«, bemerkte Chris. »Das hätte ich an ihrer Stelle getan.«

Während Chris und ich schliefen, kondensierte die Feuchtigkeit unseres Atems unter der Zeltdecke und gefror, und als am nächsten Morgen die Sonnenwärme das

Zelt erreichte, wurden wir von großen, kalten Wassertropfen geweckt, die auf unsere Gesichter klatschten. Diese Aconcagua-Version der chinesischen Wasserfolter gab uns den entsprechenden Antrieb, um zu packen und den Berg weiter hinaufzusteigen. In diesem Jahr hatten Chris und ich daran gearbeitet, unser Fortbewegungssystem zu perfektionieren. Da wir am Aconcagua nicht wie am McKinley angeseilt waren, war es eine zusätzliche Herausforderung, eine Methode zu finden, mit der ich Chris folgen konnte. Chris konnte sich einen ziemlichen Zahn erlauben und seine Stimme schonen, indem er mit der Spitze seines Teleskopstocks auf Felsbrocken schlug, denen ich ausweichen mußte; doch die größte Errungenschaft waren große Bärenglocken, die ich in Alaska bestellt hatte und mit denen sonst Wanderer in Naturschutzgebieten Bären auf Abstand halten. Als wir im vergangenen Jahr am Fuß des ausgesetzten Grats in 6400 Meter Höhe umgekehrt waren, hatten wir alle den entsetzlichen Wind zu spüren gekriegt, der vom Gipfel herunterdonnerte, und es war mir klar, daß es beim Weitergehen unmöglich gewesen wäre, meine Partner vor mir zu hören. Also befestigte ich dieses Jahr die Bärenglocken an Chris' Rucksack und der Handschlaufe seines Stocks, so daß ich seinen Bewegungen leichter folgen konnte, hoffentlich auch bei hoher Windstärke. Wenn Chris wollte, daß ich mich nach links oder rechts bewegte, streckte er einfach den Stock in diese Richtung aus und schepperte mit der Glocke.

Oft verlangsamte Chris seine Schritte, um sich umzusehen, und ich stieß gedankenverloren gegen ihn und stach ihn mit der scharfen Spitze eines Stocks in die Wade. »Ohhh! Der saß aber«, rief Chris mit gespieltem Enthusiasmus. »Wenn ich mich nicht irre, hast du mir ein bißchen Blut abgezapft.« Gelegentlich schaffte ich es sogar, einen Stock hinten in seinen Stiefel so weit hineinzutreiben, daß ich mich anstrengen mußte, ihn wieder herauszuziehen, während ich auf Chris' Klugscheißer-Kommentar wartete. Sein Schweigen war fast noch schlimmer, als ich am Stock zerrte und drehte, weil der Teller hartnäckig in seinen Socken und seinem Fleisch festsaß. Wenn er hörte, daß ich auf ihn zusteuerte, wurde er begreiflicherweise etwas nervös. »Leg 'nen kleineren Gang ein, Sportskanone«, pflegte er zu sagen. »Ich möchte noch ein bißchen Haut übrigbehalten.«

Chris revanchierte sich immer auf seine Art. Unter dem Lager II bemerkte er: »Dieser Pfad ist ziemlich eben.«

»Spiel bloß nicht mit dem Feuer«, warnte ich. »Das macht die Berggötter zornig.« Und ich hatte recht, oder zumindest dachte ich das. Im nächsten Augenblick wurde der Pfad ziemlich unangenehm. Chris führte mich im Zickzack durch ein Gewirr von Steinhaufen und tiefe, unebene Rillen und schepperte die ganze Zeit energisch mit den Bärenglocken. »Siehst du!« sagte ich verärgert. »Du faselst davon, wie großartig alles ist, und schon haben wir die Bescherung.« Worauf Chris zu kichern begann und ich plötzlich sein Spiel kapierte. Er hatte den Pfad verlassen und führte mich über das schlimmste Terrain, das er finden konnte. Einen Augenblick später schoß mein Stock vor und schlug hart in Richtung der Glocken, doch Chris sprang bereits über die Felsbrocken und hielt sich außerhalb meiner Reichweite.

Ein paar Stunden über dem Lager I traversierten wir über einen steilen Hang mit lockerem Geröll. Bei jedem Schritt lösten sich Steine der unterschiedlichsten Größen, hüpften den Hang hinunter und fielen in einen tosenden, vom Gletscher gespeisten Bach. Bei jedem Schritt malte ich mir trübselig aus, daß mein eigener Körper wie diese lockeren Felsbrocken die Böschung hinunterstürzte. Schließlich arbeiteten wir uns zum Bach hinunter, den wir überqueren mußten. Er war nur viereinhalb Meter breit, hatte sich jedoch eine tiefe Schlucht gegraben. Chris trat auf einen glitschigen Felsbrocken und schrie: »O.k.!

Steig zu mir herüber. Aber was du auch anstellst, rutsch bloß nicht aus.« Wir kletterten auf einer Reihe Felsbrocken über den Bach, die immer kleiner wurden, und standen schließlich am Rand eines überhängenden Eishöckers. Der Bach strömte drei Meter unter mir, und kalter, stechender Sprühnebel spritzte mir ins Gesicht. Chris hielt am Rand und dachte darüber nach, wie wir am besten auf die andere Seite gelangen konnten. »Wir müssen hinunterspringen, Big E«, überschrie er das Tosen. »Es gibt keine andere Möglichkeit. Und jetzt hör mir genau zu. Das ist kein Ort, um die Sau rauszulassen.« Und nun war ich nervös; denn für Chris war dieses Juwel einer Phrase wie ein schweres Geschütz, das er nur einsetzte, wenn es wirklich ernst wurde. »Du mußt dich an die Kante des Eishöckers stellen. Such einen sicheren Halt und rutsch nicht ab.« Um dem Gesagten Nachdruck zu verleihen, nahm er einen Stein auf und sagte: »Hörst du das?« Er warf ihn in den schäumenden Sturzbach, und ich glaubte ein vages schleifendes Geräusch unter dem Tosen zu hören. »Wenn du nicht sofort ertrinkst, wird dich der Bach nach etwa dreißig Metern unter den Gletscher saugen ... Das wirst du bestimmt nicht überleben.« Ich stand am Rand und überlegte mir den Sprung. »Es sind ungefähr zweieinhalb Meter auf die andere Seite, und die Stelle, auf der du aufkommst, ist nicht gerade ideal, nur ein sechzig Grad ansteigender Abhang aus Schnee und Geröll. Du mußt dich einfach trauen. Wenn du aufkommst, werden die Frontalzacken haften und du fällst nach vorne auf deine Handflächen.« Dann sprang Chris mit affenartiger Behendigkeit hinüber. Auf der anderen Seite schrie er: »So, und jetzt bist du dran, Big E«, doch es kam mir so vor, als ob meine Beine auf dem Eis festgefroren waren. Ich beugte mich vor und streckte einen Stock so weit vor, wie ich konnte. »Du kannst nicht bis zur anderen Seite reichen. Du mußt dich einfach trauen. Du mußt springen.« Ich war noch immer wie gelähmt. »Denk nicht weiter nach«, schrie er. »Sonst drehst du bloß durch. Aber streng dich an, denn wenn du fällst, ist es definitiv aus mit dir.« Warum zum Teufel mußte er das wiederholen? Ich stellte ihn mir vor, wie er nervös den Bach hinunterstarrte, wo das Wasser unter dem Gletscher in der Finsternis verschwand. »Ich versuche mich zu konzentrieren«, schrie ich zurück, und dreißig Sekunden später: »Ich glaube nicht, daß ich das schaffe.«

»Es ist der einzige Weg auf die andere Seite«, brüllte er mit schneidender Stimme zurück.

Es gibt Augenblicke im Leben, in denen wir uns in kleinen Etappen vorwärtsbewegen und die Herausforderung Stück für Stück steigern können, doch es gibt andere Momente, in denen Sicherheit nur eine Illusion ist, in denen wir all unseren Mut zusammennehmen und uns auf unser bisher erworbenes Können und die Kraft puren Vertrauens verlassen müssen. Ich kann bis heute nicht erklären, wie ich alle Kräfte mobilisierte, die meine Beine dazu brachten, in die Hocke zu gehen, meinen Körper, sich weit über den Abgrund vorzubeugen und mich schließlich über den tosenden Bach und den Sprühnebel, der wie eisiger Frost aufstieg, hinüberzukatapultieren. Auf der anderen Seite bissen sich die Frontalzacken meiner Steigeisen in das Eis, und der Schwung drückte meine Handflächen flach gegen den Abhang. Als ich wußte, daß ich in Sicherheit war, blieb ich ausgestreckt liegen, meine Wange gegen das Eis gepreßt, und keuchte. Mein Körper fühlte sich an, als würde er mit dem gefrorenen Boden verschmelzen. »Tadellos«, sagte Chris. »Du hast es überlebt.«

Um unseren aggressiven Zeitplan einzuhalten, umgingen Chris und ich das Lager II, das auf einem ausgesetzten Sattel in 5200 Meter Höhe lag, und schleppten unsere schwere Ausrüstung einen endlosen Hang aus Schnee und Geröll zum Lager III in 5800 Meter Höhe hinauf. »Was schätzt du, wie weit es noch bis zum Lager ist?«

fragte ich Chris, als wir auf dem Hang Rast machten und ich mich mit hängendem Kopf schwer auf einen Teleskopstock stützte.

»Nun ja…«, erwiderte Chris. »Schwer zu sagen, wenn man's nicht weiß.«

Weiter oben auf dem Hang ging Chris hoch über mir, um die Route zu erkunden, und ich mußte mir allein meinen Weg durch die Eisbrocken und den Schnee suchen. Ich konzentrierte mich und fand heraus, daß ich auf dem Weg bleiben konnte, indem ich in die gefrorenen Stiefelspuren früherer Bergsteiger trat, ein aufregendes Spiel, eine besondere Art, den freien Raum zu schließen. Als ich Chris einholte, stieß ich keuchend hervor: »Morris, du kommst besser nicht auf den Gedanken, mich hier auf diesem gottverlassenen Berg zurückzulassen.«

»Und was könntest du dagegen unternehmen?«

»Ellen hat einmal versucht, mich stehenzulassen. Weißt du, was ich ihr sagte? Wir gingen durch ein abgelegenes Dorf in Afrika, und aus irgendeinem Grund ärgerte sie sich über mich. Sie begann ziemlich schnell zu gehen und sagte mir, daß ich schauen könnte, wo ich bliebe. Ich klapperte mit meinem Stock hinter ihr her und schrie: ›Du kannst mich hier zurücklassen, aber schließlich werde ich dich doch aufspüren. Du wirst glücklich wiederverheiratet sein und mich vielleicht völlig vergessen haben, doch ich werde dich finden. Ich werde über den Ozean durch einen Schwarm Haie schwimmen, tausend Meilen auf meinen Knien kriechen und meinen blutigen Kadaver über deinen manikürten Rasen und in dein Haus schleppen. Und wenn du soeben in einen angenehmen Nachtschlaf versunken bist, da spürst du plötzlich, wie sich eine knotige blutige Hand um deine Kehle legt.‹ Wenn du mich hier zurückläßt, Morris, wirst du vielleicht ungestraft davonkommen, doch eines Tages, wenn du es am wenigsten erwartest, wirst du ein leises Klopfen an deiner Tür hören.«

»Da haben wir ja endlich die Bestätigung«, sagte Chris lachend. »Jetzt ist es amtlich, daß du ein Arschloch bist.«

Als wir im Lager III ankamen, tat uns beiden alles weh. »Wie geht's dir?« fragte Chris, als wir das Zelt aufbauten.

Mein Kopf pochte. Ich hatte ein flaues Gefühl im Magen. Wenn ich zu tief einatmete, verschlimmerte sich mein Husten. »Wenn ich auf Meereshöhe in einem solchen Zustand wäre«, sagte ich, »würde ich den Notarzt rufen.«

Am nächsten Tag traversierten wir *penitente*-Felder auf dem Marsch zu den Piedras Blancas, unserem Höhenlager auf 5950 Metern. Als der Schneehang steiler wurde, hielten wir im Wind, um die Steigeisen anzuschnallen. Wir hatten nur noch ein paar Stunden vor uns, also ließ ich mir Zeit. Chris jedoch, der immer auf Touren war, wurde ungeduldig. Ich saß da und hatte gerade ein Steigeisen halb auf dem Stiefel befestigt, als Chris sich vor mir aufbaute und plötzlich mit düsterer Stimme sagte: »Wenn du am Gipfeltag so langsam bist, haben wir keine Chance.« Ich beeilte mich, fertig zu werden, aber die Standpauke hatte mich nervös gemacht, und ich blieb mit der Spitze meines Zeigefingers am Bügel des Steigeisens hängen und riß mir die Kuppe auf. Als das Blut über meine Hand rann, schob ich sie zornig in den Handschuh und hoffte, daß er die Blutung stillen würde.

Im Lager schäumte ich vor Wut. Ich hatte den Aconcagua satt, den peinigenden Wind und das schier undurchdringliche Labyrinth aus Felsbrocken, das mir niemals eine Pause gönnte. Ich hatte auch Chris satt, den säuerlichen Geruch seiner Füße, wenn er die Socken auszog, seine ungeduldigen, barschen Standpauken und seine unverblümten Witzeleien, wie sie in Alaska üblich waren. Während wir in unserem engen Zelt saßen und auf das Abflauen des Windes warteten, verschwamm ein Tag in den anderen. Mein Walkman war kaputt, so daß ich mich nicht einmal in mein Hörbuch flüchten konnte. Wenigstens funktionierte noch das Radio, also blieb mir nichts anderes übrig, als mir die endlose Diskomusik der einen Radiostation in Mendoza anzuhören. Ich hatte keine Abwechslung, um mein Gehirn zu beschäftigen. Ich konnte nicht aus dem Zelt auf die schnell dahinziehenden Wolken starren; ich konnte nicht einmal auf die Zeltwände starren. Ich war auf meine eigenen Gedanken reduziert. Ich konnte mich ein paar Stunden mit Gedanken an mein Leben zu Hause beschäftigen, was ich essen würde und was meine zukünftigen Pläne waren, doch allmählich wurden diese Gedanken von immer stärkeren Zweifeln abgelöst. Ich dachte an Ellie und wie unfair es von mir war, sie so lange allein zu lassen und mich einem so selbstsüchtigen, gefährlichen Ziel zu widmen. Ich dachte über diesen lebendigen Wind nach und kam zu dem Schluß, daß er niemals aufgeben würde. Ich dachte über Chris' schroffe Worte nach: »Wenn du so langsam bist, dann haben wir keine Chance«, und fürchtete, daß er recht hatte. Und zu allem Überfluß waren die Medikamente, die den Schmerz in meinem Auge unter Kontrolle gehalten hatten, in dieser extremen Höhe wirkungslos geworden. Die Schmerzen brachen mit wildem Wüten aus, und mein Augapfel schien jeden Augenblick zu platzen. Am schlimmsten war es, wenn ich nachts wach lag und mich in Qualen wand, während eine Gabel in meinen Augapfel stach. Schmerzen, Angst und Panik schienen sich gegen mich verschworen zu haben, gruben sich so tief in meinen Bauch und füllten ihn so völlig aus, daß ich zu ersticken glaubte. Um dagegen anzukämpfen, zwang ich mich, beruhigende Mantras zu wiederholen und tief und rhythmisch zu atmen. »Atmen ... entspannen ... atmen ... entspannen ... beruhige ... dich ... du bist ... o.k.«

Als ich in unserer dritten Nacht spürte, wie Panik in mir aufstieg, weckte ich Chris. »Laß uns ein Spiel spielen«, schlug ich vor. »Vielleicht Berufe- oder Gegenständeraten.«

»Ich spiele keine Spiele, und insbesondere denke ich nicht im Traum daran, ausgerechnet mit einem Blinden Gegenständeraten zu spielen«, brummte Chris benommen, drehte sich auf die andere Seite und schlief wieder ein.

In der Highschool hatte ich die *Odyssee* gelesen. Auf der langen Irrfahrt nach Hause kommen Odysseus und seine Gefährten an der Insel der Sirenen vorbei, von der aus wunderschöne Mädchen vorbeifahrende Seeleute mit ihrem zauberhaften Gesang betören, so daß sie sich magisch hingezogen fühlen und ihr Ziel vergessen. Es erweist sich jedoch, daß die Mädchen in Wahrheit Ungeheuer sind, die Seeleute werden verschlungen, und nie mehr ward etwas von ihnen gehört. Um ihrem Locken zu trotzen, läßt sich Odysseus von seinen Gefährten, die sich die Ohren mit Wachs verstopft haben, an den Mast binden, und der Gesang treibt ihn beinahe in den Wahnsinn. Auf einem Berg in fast 6000 Meter Höhe festzusitzen war nicht anders. Die Sirenen riefen nach mir, die Musik übte eine solche Gewalt aus, daß ich das Zelt aufreißen, blindlings in die eisig kalte Nacht rennen und über die Felsen stolpern und rutschen wollte, bis ich die Labsal der Welt, meine Frau, meine Freunde, meine Familie erreichte. »Komm herunter! Komm herunter! Komm herunter!« sangen sie. »Hamburger und Pommes frites und Milchshakes warten auf dich.« Die Sirenen nahmen sogar die Stimme von Ellen an. »Komm herunter«, drängte sie sanft. »Auch wenn du scheiterst, werde ich dich weiterhin lieben.«

Schließlich konnte ich es nicht mehr aushalten. Außer Chris hatte ich niemand, bei dem ich Hilfe suchen konnte, also weckte ich ihn abermals auf.

»Ich weiß nicht, was mit mir passiert. Ich glaube, daß ich langsam verrückt werde.«

»Sprich dich aus, Big E. Erzähl mir, was du empfindest«, sagte er aufmerksam.

»Ich habe das Gefühl, daß ich nicht mehr warten kann.

Ich glaube, daß wir absteigen müssen, wenn wir nicht bald den Gipfel erreichen.«

»Das kommt vom wenigen Sauerstoff«, warnte er. »Du wirst unten ankommen und von dir enttäuscht sein, weil du weißt, daß du dich nicht voll reingehängt hast.«

»Vielleicht will ich das gar nicht«, sagte ich, und die Tränen rannen mir über die Wangen. »Vielleicht war alles, von dem ich dachte, daß ich es unbedingt... Vielleicht habe ich mich einfach geirrt.«

»Halt die Ohren steif, Big E. Du mußt dich einfach daran erinnern, warum wir hier sind. Wir werden schnell genug wieder unten sein, und dann wird dir dein alter Kumpel mit seinem scharfen Witz fehlen.«

»Wenn ich bloß schon zu Hause wäre«, sagte ich. »Dann werde ich vielleicht etwas ganz anderes tun. Etwas Einfaches, nur mit meiner Hände Arbeit, vielleicht als Tischler oder noch besser als Küchenchef. Wie herrlich muß es sein, jeden Tag Obstkuchen zu backen: mit Heidelbeeren, Äpfeln, Kirschen und Schokoladencreme. Und jeden Abend, wenn Ellie von ihrer Arbeit nach Hause kommt, werde ich sie an der Tür mit einer neuen Sorte Obstkuchen begrüßen, der noch von der Ofenhitze dampft. Ich werde von früh bis abends Obstkuchen backen und glücklich sein und niemals mehr von den Bergen träumen.«

Chris mußte ein Lachen unterdrücken: »Sagte ich doch. Es ist die Höhe. Ich wette mit dir um eine Million Dollar, daß du, wenn du wieder unten bist, keinen einzigen Obstkuchen backen wirst.«

Auch wenn er sich irrte, konnte ich mir doch ausmalen, wie ich vor diesem Berg in die Wärme und Behaglichkeit meiner Küche flüchtete und wie mich inmitten dieser Berge üppiger frisch gebackener Obstkuchen eine vage Sehnsucht überkam und ich mich wieder nach einem Gipfel sehnte, mit einem unstillbaren Hunger, der nicht einfach mit einem Obstkuchen befriedigt werden konnte.

Ich würde den Teig kneten und Früchte drauflegen und dabei Pläne schmieden, auf welche Weise ich wieder zu der Schlackenhalde und all ihrer Strenge und Schönheit zurückkehren könnte. Ich würde immer und immer wieder darum beten, zurückkommen zu dürfen, trotz der Steine in meinem Essen, der *penitente*-Felder, des Winds – oder gerade um all dieser Dinge willen. Als ich neben Chris im Zelt lag, verstand ich die grausame Ironie der Sirenen. Der machtvolle hypnotische Sog ihres Gesangs war nur die eine Seite der Medaille.

Um zwei Uhr morgens am nächsten Tag schaute Chris nach draußen. »Es sieht klar aus«, sagte er. Wir kochten Wasser für den Haferbrei und um Trinkwasser zu bekommen und begannen die lange Prozedur des Ankleidens auf einem Raum, der nur wenig größer als ein Kofferraum war. Knie, Ellbogen und Schultern stießen aneinander, und mein Körper spannte und wand sich, während ich lange Unterwäsche, viele Schichten Wolle und schließlich den Gore-Tex-Panzer anzog. Als nächstes kamen zwei Paar Socken übereinander, ein Paar Socken, die die Feuchtigkeit abhielten, Innenstiefel und dann die steifgefrorenen Plastikstiefel; schließlich drei paar Handschuhe, Mütze, Balaklava (ein Kopfschutz aus Wolle) und Schutzbrille. Wir überprüften unsere Gipfelrucksäcke auf Snacks, Wasser, Schaufel, Kocher, Spiritusflasche, Anzünder, Schlafsack, Daunenjacken, zusätzliche Handschuhe und ein Erste-Hilfe-Set. Darauf zwängte ich mich durch den Zelteingang, zog den Reißverschluß zu und fühlte mich in der dünnen Luft schwindlig. Mit unserem frühen Aufbruch hofften wir den gewaltigen Wind zu überlisten, der um die Mittagszeit um den Gipfel zu heulen begann. Bis auf 6700 Meter Höhe kamen wir gut vorwärts. Doch als wir uns dem Grat zum Gipfel näherten, hörten wir ohrenbetäubenden Lärm, als ob Düsenflugzeuge über uns starteten. Der Wind hatte sein Schema verändert. Während der letzten Tage hatten wir von unten festgestellt, daß der stärkste Wind am Nachmittag aufkam. Doch nun hatte er in einer grausamen Demonstration seiner Übermacht beschlossen, mit seinem Tosen früher zu beginnen. Auf dem Grat heulte er mit voller Sturmstärke vom Gipfel herunter und hämmerte mit sechzig Meilen pro Stunde auf unsere Gesichter ein. Wir suchten hinter einem Haufen Felsbrocken Schutz und zogen die Daunenjacken an. Wir begannen beide zu frösteln, und unsere Finger und Zehen wurden taub. »Das ist genau die Stelle, an der wir letztes Jahr umkehren mußten«, sagte ich und lachte böse vor mich hin; diesmal, dachte ich, war der Wind noch schlimmer, viel schlimmer.

»Yes Sir, da kannst du sicher sein.« Selbst in Chris' normalerweise gottergebenen Stimme schwang eine Spur bitterer Enttäuschung mit.

Als wir uns gegen den Wind vorwärtsschoben und ich den Kragen meiner Daunenjacke um mein Gesicht zog, erkannte ich rasch, daß ich ein noch größeres Problem als die Kälte hatte; ich konnte die Bärenglocken nicht mehr hören. Vielleicht waren sie eingefroren, oder vielleicht wurden sie vom Wind übertönt. Das System, das ich für so genial gehalten hatte, erwies sich jetzt als nutzlos. Chris blieb immer wieder vor mir stehen und versuchte, mit den Glocken zu scheppern, und schlug, als das nicht gelang, seine Stöcke gegeneinander, aber ich konnte ihn immer noch nicht hören.

»Orientiere dich an meinen Stiefelspuren«, schrie Chris. »Versuch, genau hineinzusteigen.« Doch es gab lange Abschnitte, auf denen der Wind den Hang glattgefegt hatte und ich den freien Raum nicht verbinden konnte. Chris sah offenbar, daß ich von der Spur abkam, und reagierte instinktiv und blitzschnell. Er steckte seine violett gefrorenen Finger in den Mund und pfiff mit der ganzen Kraft seiner Lungen. Mein Kopf schoß hoch, als der durchdringende Ton durch den Wind schnitt. Ich bewegte mich darauf zu. Während der nächsten drei Stunden blieb Chris alle paar Minuten stehen und pfiff. Es war eine bizarre Bergvariante von Blinde-Kuh-Spielen. Chris beobachtete mit Entsetzen, wie ich mich auf einen Absturz zu bewegte, pfiff mit dem allerletzten Rest seines Atems, und ich folgte ihm wieder.

Es war derart kalt, daß ich unter normalen Umständen aufgegeben hätte. Immer wieder mußten wir stehenbleiben, mit den Armen kreisen und gleichzeitig unsere Beine wie eine Tanzgruppe hochwerfen, damit unsere Extremitäten nicht taub wurden. »Gottverdammt!« schrie Chris bei einer unserer Tanzdarbietungen. »Ich glaube, meinen linken Zeh hat der Frost gezwickt. Wir müssen auf Trab bleiben.«

Falls wir es bis zum Canelleto schaffen sollten, so viel wußten wir, würde uns die Schneerinne, die zum Gipfel führte, Schutz vor dem Wind bieten. Immer wieder glaubte ich, daß wir zurückgehen müßten, immer wieder, daß wir keinerlei Chance hatten, es zu schaffen. Ich wartete darauf, daß Chris das entscheidende Wort für die Umkehr aussprechen würde: »Ich glaube, weiter sollten wir es nicht riskieren« oder »Big E, es ist einfach nicht unser Tag.« Ein Teil von mir hoffte in der Tat, daß er es sagen würde. Doch er ging weiter und pfiff, und ich folgte ihm. Um acht Uhr morgens bogen wir um eine Ecke, und der Wind hörte einfach auf. Chris schüttelte einen Teleskopstock, und die Bärenglocke, die von der Handschlinge baumelte, schepperte; wir lachten beide. Wir waren im Canelleto und hatten nur noch 600 Meter vor uns.

Obwohl der Wind glücklicherweise verstummt war, war der Canelleto ein gespenstischer Ort. Einige, die versucht hatten, den Gipfel des Aconcagua zu erreichen, hatten im Canelleto ihren letzten Atemzug getan. Erst gestern hatten wir von einem Bergsteiger gehört, der nicht zurückgekommen war und kurz vor dem oberen Ende des Canelleto entdeckt worden war, wo er zu Eis gefroren an einem Felsen lehnte. Die Rinne, lang und steil und windgeschützt, schien ein idealer Ort zu sein, um haltzumachen und sich auszuruhen. Bergsteiger setzen sich für eine kurze Rast zwischen die Felsbrocken und erfrieren prompt.

An Unterkühlung zu sterben ist angeblich ein sehr friedvoller Tod. Bevor sie sterben, überfällt die Bergsteiger ein merkwürdiges Gefühl intensiver Wärme, so daß sie oft im Schnee sitzend mit dem größten Teil der Kleidung neben sich gefunden werden. Ich wußte, daß wir irgendwo auf der Strecke an dem vermißten Bergsteiger vorbeikommen würden. Ich war froh, daß ich seinen halbnackten Körper nicht sehen konnte, aus dem die ungeschützte Lebenswärme so rasch entwichen war, und der nun wie einer der vielen über den Berg verstreuten Felsbrocken herumlag. Ich schauderte und zwang mein Gehirn, sich von dem Nebel der Gleichgültigkeit zu befreien, der sich durch den Mangel an Sauerstoff über mich legte. Die steilen Wände der Rinne erzeugten einen geschlossenen Klang, wie das Echo, das durch ein Mausoleum hallt.

Als sich das Terrain von Schnee in ein Gemisch aus Felsbrocken veränderte, gelang es mir nicht mehr, rhythmisch zu atmen. »Du wirst allmählich verdammt langsam«, sagte Chris.

Ich hob meinen müden Kopf. »Ich rate dir, mich nicht hier zurückzulassen, Morris.«

»Ja, ja, ich weiß. Du würdest mich zur Strecke bringen und kaltmachen«, grunzte er in bester Dirty-Harry-Manier. »Wir haben es nicht mehr weit. Ich könnte einen Stein hinaufwerfen.«

Als wir uns nach vierzig Minuten noch immer nach oben rackerten, erlaubte ich mir die Bemerkung: »Entweder bist du ein Riesenarschloch oder ein dreckiger Lügner.«

»Ich schwöre dir, daß es von unten viel näher aussah.«

Nach weiteren fünfzehn Minuten sagte Chris um 10 Uhr 35 schwer atmend: »Big E, rat mal. Wahrscheinlich wirst du es mir nicht glauben.«

»Was?« erwiderte ich, von der Höhenluft völlig benommen.

»Wir sind oben.«

Bei diesen Worten sank ich erschöpft in mich zusammen, und meine Hände berührten kalte, rauhe Felsbrokken. Sie unterschieden sich in keiner Weise von denen, die ich weiter unten berührt hatte. Doch bei meiner Untersuchung stellte ich fest, daß einige zu einem Haufen aufgestapelt waren. Und daraus erhob sich eine glatte Metallkonstruktion, die die Form von etwas Vertrautem hatte. Es war ein Kreuz. Ich hatte von diesem kleinen Metallkreuz gehört, das genau an der Stelle aufgerichtet war, an der es nach der Aussage von Bergsteigern absolut nicht mehr weitergeht. Ich berührte es lange Zeit, vielleicht zu lange, doch das kalte Metall unter meinen Fingern war die einzige Wahrnehmung, die mir bewies, daß wir wirklich angekommen waren – nach endlosen zwei Jahren, in denen wir darum gekämpft hatten. Chris umarmte mich und sagte: »Gut gemacht, Big E, doch in der letzten Stunde bist du langsamer als meine alte tote Großmutter gekrochen.« Ich schenkte Chris ein müdes Lächeln, denn ich hatte schon lange gelernt, daß unter Bergsteigern Beleidigungen der höchste Ausdruck von Lob und Zuneigung sind.

»Du bist eine ungeduldige alte Sau«, sagte ich. »Kann ein Mensch nicht einfach entspannen und die Gegend genießen?«

»Und ich nehme an, daß du nicht einmal müde bist«, sagte Chris sarkastisch.

»Überhaupt nicht«, log ich und zwang mich zu einem fröhlichen Tonfall.

»Ich habe so das Gefühl«, sagte Chris, »daß du, wenn wir von diesem Scheißding herunter sind, die Geschichte neu schreiben wirst.«

»Warum nicht?« erwiderte ich. »Es ist schließlich meine Geschichte.«

Aus meiner Perspektive bot der Aconcagua keine umwerfende Aussicht, kein schwindelerregendes Panorama der Welt, die schroff vor mir abfiel. Für mich war er nun ein chaotischer Haufen Felsbrocken mit einem kalten Metallkreuz, das aus seiner Mitte emporragte. Doch ein Gipfel ist so viel mehr als nur die Aussicht. Vielleicht bin ich voreingenommen, doch wenn Leute sagen, daß sie Berge wegen der Aussicht besteigen, glaube ich ihnen nicht. Ein Gipfel existiert in unserem Herzen und in unserem Gehirn. Er ist ein kleines Bruchstück eines Traums, das Wirklichkeit geworden ist, der unwiderlegbare Beweis, daß unser Leben einen Sinn hat. Ein Gipfel ist ein Symbol, daß wir – mit der Stärke unseres Willens und der Kraft unserer Beine, unseres Rückens und unserer Arme – unser Leben in all das verwandeln können, was wir von ihm verlangen, in all das, was unsere Hände zu leisten imstande sind.

Der Abstieg vom Gipfel war lang und zermürbend. Ich rutschte hinter Chris das vereiste Geröll hinunter, und es fiel mir schwer zu glauben, daß wir erst vor ein paar Stunden dieselben Hänge hinaufgestapft waren. Als wir schließlich bei unserem Zelt ankamen, war die Sonne gerade durchgebrochen, ich lag auf den warmen Felsen, und tiefe Erschöpfung durchdrang jeden einzelnen Muskel. »Ein bißchen Dörrfleisch?« fragte Chris und drückte mir einen Beutel mit fettem getrockneten Fleisch in die Hand. Ich setzte mich mit einem Ruck auf, als mir bewußt wurde, daß ich halb verhungert war, und schlang hastig ein halbes Dutzend Streifen in mich hinein. »Uuuh«, sagte ich, als ich spürte, wie sich das Dörrfleisch in meinem Magen zu einem festen Klumpen formte und unbedingt wieder heraus wollte. Ich stützte mich auf die Hände und übergab mich zwischen den Felsen.

»Bestens!« jubelte Chris. »Steht's jetzt nicht drei zu drei?«

Er hatte recht, dachte ich. Ich hatte auf den Gipfeln

dreier Erdteile gekübelt: auf dem McKinley im Iglo nach dem Gipfel; auf der Caldera auf dem Kilimandscharo vor der Gipfelbesteigung; und nun auf dem Aconcagua hatte ich gerade meinen persönlichen Rekord aufgestellt. Das brachte mich auf eine Idee. »Schön«, sagte ich, »wenn ich nicht der erste Blinde sein kann, der alle sieben Gipfel besteigt, werde ich zumindest der erste Blinde sein, der unterhalb des Gipfels von allen sieben kotzt. In gewisser Hinsicht ist das eine Leistung, die schwieriger zu überbieten sein dürfte.«

Am nächsten Morgen wachte Chris in unserem Zelt früh mit einem Hustenanfall auf. »Big E? Bist du wach?« Seine tiefe, heisere Stimme war nur ein Flüstern. »Hast du noch Wasser?« Ich gab ihm meinen letzten halben Liter, und er kippte ihn in einem Zug hinunter. »So trinkt man Wasser, Sportsfreund!« Er schmatzte mit seinen trockenen Lippen und wurde wacher.

»Tut mir leid wegen deiner Stimme«, sagte ich. »Es war ein langer Tag.«

»Ach, laß, ist schon gut«, schnarrte er.

»Hattest du Angst dort oben? Ich meine, weil wir nur zu zweit waren?«

Er kicherte und sagte: »Kommt nicht alle Tage vor, daß man einen Siebentausender mit einem Blinden besteigt. Man könnte sagen, daß ich ein bißchen gestreßt war.«

»Sag ehrlich, wirst du mit mir wieder auf einen Berg steigen?« fragte ich.

Chris schwieg lange, so lange, daß ich dachte, er sei wieder eingeschlafen. Dann sagte er: »Wenn du glaubst, daß es mir keinen Spaß macht, dich dort hinaufzubringen und Teil dieser ganzen Geschichte zu sein, also dann... dann finde ich, du hast einen Vogel.«

Es lag etwas in seinen Worten, die er im typischen ruppigen Tonfall Alaskas brummte, und in seiner rauhen, brüchigen Stimme, die durch das ständige Pfeifen im Wind schwer in Mitleidenschaft gezogen worden war, das mein Herz vor Stolz über unsere Leistung schwellen ließ und darüber, daß wir zusammen hier auf diesem Berg waren.

An diesem Tag packten wir zusammen und hetzten die Geröllhänge zum Basislager hinunter. Ich konnte spüren, wie Energie und Vitalität in meinen nach Sauerstoff ausgehungerten Körper zurückkehrten. Sobald wir angekommen waren, bestellte ich über Funk Blumen für Ellie. Auf dem steinigen Pfad unter dem Basislager fühlte ich mich leichtfüßig, obwohl ich unzählige Male danebentrat, rutschte und stolperte. Der Berg konnte mich nun meinetwegen so fertigmachen, wie er nur wollte. Ich hätte tausend Meilen weitergehen können. Ich konnte nur noch an die Blumen denken. Sie mußten nun jeden Moment geliefert werden, mitten in die Stunde hineinplatzen, und ich stellte mir Ellies vor Überraschung funkelnde blaue Augen vor und ihre Erleichterung, wenn sie das Kärtchen las: »Du fehlst mir. Gipfel geschafft. Ich liebe dich.«

EPILOG

IM JANUAR 2000 VERLOR ICH DURCH DEN GRÜNEN STAR auch mein rechtes Auge. Seit dem Aconcagua war das Auge immer unansehnlicher geworden, hatte zu schrumpfen begonnen und eine graue Farbe angenommen. Die extreme Höhe des Aconcagua hatte den Prozeß sicher noch beschleunigt. Als ich nach der Operation im Aufwachraum lag, fragte ich Ellie benommen: »Stößt es dich nicht ab, daß dein Mann keine Augen mehr hat?«

Sie legte ihren Kopf auf meine Brust. »Ich werde dich immer lieben«, sagte sie mit fester Stimme. »Jede Nacht, bevor wir zu Bett gehen, kannst du deine Kunstaugen herausnehmen, und ich werde ihnen einen Gutenachtkuß geben.«

»Wenn du das tust«, lachte ich schläfrig, »wirst du immer mein Glasaugapfel sein.« Auf der Stelle mußte ich mein Lachen büßen, als sengender Schmerz meine bandagierte Augenhöhle durchzuckte.

Ein paar Wochen lang lähmte mich die Depression wegen des Verlustes, doch da es so viel zu unternehmen und so viele Möglichkeiten gab, war eigentlich kein Raum für Traurigkeit, und bereits nach zwei Monaten, als die Augenhöhle kaum verheilt war, erkletterte ich die 900 Meter hohe Eiswand des Polar Circus, das Kronjuwel der kanadischen Rockies. Ich hatte in Ouray, Colorado, gelernt, gefrorene Wasserfälle zu erklimmen, obwohl einige Experten die Idee für idiotisch hielten. »Du hast lange, scharfe, metallische Eisgeräte in den Händen, und du kannst damit nicht wahllos auf die Wand einhacken«, erklärte ein Kletterer. »Wenn du das tust, wirst du riesige Eisbrocken von der Größe eines Kühlschranks losschlagen, die herunterstürzen und dich zermalmen.« Eiskletterer wissen, wo sie hinschwingen müssen; sie suchen die Wand nach tiefblauem kompaktem Eis ab und hüten sich vor verharschtem weißem Eis. Sie halten Ausschau nach Stücken, die von früheren Kletterern ausgehackt wurden, nach Mulden, nach dem Neigungswinkel eines Vorsprungs, doch ich hatte gelernt, meine Eisgeräte als Verlängerung meiner Hände zu benutzen und die Wand mit ihnen abzusuchen. Wenn ich eine Stelle fand, die ich für geeignet hielt, schlug ich mit der Spitze leicht gegen die Wand und horchte auf den richtigen Ton. Ein flacher, blecherner Klang wie der Schlag einer Gabel gegen einen Teller bedeutete absplitterndes Eis; ein hohler Widerhall wie das Dong einer schweren Glocke hieß, daß große Brocken aus dem Eis herausbrechen konnten, doch ein tiefes, sattes Schlagecho, als würde man alte ranzige Erdnußbutter aufstreichen, bedeutete ein gutes Stück. Es gab genug Stimmen, die behaupteten, daß man sehen müsse, um eine Eiswand zu erklettern, doch ich hatte im Lauf der Jahre immer wieder die eine Erfahrung gemacht: Sobald ich mich bemühte, mich von den herkömmlichen Vorstellungen zu lösen, stellte ich fest, daß es unendlich viele Möglichkeiten gab, einen Berg zu besteigen oder eine Wand zu erklettern, und nicht bloß eine.

Ich hing auf dem Polar Circus an meinem Gurt an zwei Eisschrauben und wartete darauf, daß Mike O'Donnell, unser Kletterführer, die nächste Seillänge abschloß. Vor meiner Erblindung hatte ich das Foto eines Kletterers gesehen, der hoch oben in einer Eiswand über Chamonix hing. Er war ein Farbtupfer auf einem endlosen Eisfluß, der sich wogend unter ihm in die Tiefe ergoß. Während ich oben hing, zog ich meinen Handschuh aus und fuhr mit der bloßen Hand über die Eisoberfläche. Sie war so kalt und glatt wie das Glas meines Schlafzimmerfensters an einem Wintertag, und ich holte tief Atem, überwältigt von der puren Schönheit, die ich mit meinen Fingerspitzen fühlte, und von der Tatsache, daß ich nun der Farbtupfer auf dem Foto war, dieses Nichts inmitten gerundeter Eissäulen, die außerhalb meiner Reichweite wie eine unendliche Tempelfront in die Tiefe abfielen.

Als ich im Frühjahr nach Hause kam, zogen Ellie und ich in ein neues Haus in Golden, das in den Ausläufern der Rocky Mountains liegt. Wir legten beim Auspacken der Kartons eine Pause ein, um über mögliche Titel für dieses Buch nachzudenken. »Warum nennst du es nicht: *Als Blinder klettern – Sind wir endlich da?*« schlug Ellie vor. Nun sprudelten nur so die Ideen für Titel, die leider alle für den Buchumschlag nicht in Frage kamen. »Wie wär's damit?« regte ich an: *»Troll dich von diesem Berg, blinder Bubi!«* Ellies nächste Anregung war noch zugkräftiger: *»Strampelnd und brüllend auf den Gipfel geschleppt: Bergerlebnisse eines Blinden.«*

Wir hielten uns die Bäuche vor Lachen, doch plötzlich wurde Ellie still, und ich konnte spüren, daß sie lächelte. »Ich weiß, womit du das Buch abschließen kannst«, sagte sie sanft.

»Womit denn?« fragte ich äußerst interessiert.

»Mit einem ganz besonderen Ereignis«, sagte sie.

»Was meinst du damit?« fragte ich.

Ellie schmiegte sich an mich und flüsterte: »Wir bekommen ein Baby.«

Emma Louise Weihenmayer wurde am 21. Juni 2000 um 3 Uhr 57 morgens geboren. Elternschaft wird einem nicht in den Schoß gelegt. Manchmal ist meine Rolle als Vater ebenso stressig wie die Besteigung des Denali, Kilimandscharo und Aconcagua, und zwar alle an einem einzigen Tag. Ich versuchte, Ellie davon zu überzeugen, daß ich wegen meiner Blindheit keine Windeln wechseln könne, doch irgendwie kaufte sie es mir nicht ab. Ellen und ich merkten auch, daß ich für das Ankleiden von Emma ein System würde entwickeln müssen. Offenbar passen rosa Söckchen nicht zu ihrem orangekarierten Kleidchen. Der Lohn indes ist größer als jede Gipfelbesteigung – zu spüren, wie sie ihre winzigen Finger um meinen Zeigefinger klammert, wie sie glücklich lallt, wenn ich ihr etwas vorsinge, und ihre Pausbacken zu streicheln, die so oft Lachgrübchen haben.

Es war ein herrlicher Colorado-Morgen, als ich mir das Gestell umschnallte, in dem ich Emma auf meiner Brust tragen konnte. Ich nestelte an all den verwirrenden Riemen, hakte einen Schulterriemen in den Hüftklipp und danach den Hüftriemen in einen Schulterklipp ein, erkannte meinen Irrtum und arrangierte alles von neuem. Ich hob Emma in das Gestell und führte ihre strampelnden Beinchen durch die Öffnungen. Als Emma auf meiner Brust hing, war es eine besondere Aufgabe, Seigo sein Geschirr anzulegen. Ich hockte mich hin, streckte meine Arme aus und kämpfte mit den Schnallen und Ösen, während Seigo sich fast seinen Hals verrenkte, um Emma einen Kuß zu geben. Schließlich suchte ich nach ihrem Mützchen, kroch auf dem Teppich unter den Tisch, wo es meiner Meinung nach liegen mußte, stützte mit einer Hand Emmas Kopf und tastete mit der anderen nach der kleinen Mütze. Schließlich hatte alles seine Ordnung, und ich konnte endlich die Straße hinunter zum Café spazieren, um für Ellie Bananenbrot zu kaufen. Während Seigo, Emma und ich uns den schmalen Gehsteig entlangmanövrierten, spürte ich die Wärme der Sonne in der sanften frischen Luft. Ein Zweig, der meinen Kopf streifte, war für mich das Zeichen, daß ich mich nach rechts wenden mußte, ein steiles Stück und eine Biegung nach rechts kündigten an, daß wir uns der Kreuzung näherten. Das Ende einer Kiesstrecke und das Sprühen einer Sprinkleranlage gaben mir die Stelle an, an der ich auf den Parkplatz einbiegen mußte. Auf dem Rückweg lenkte ich Seigo mit meiner linken Hand, hielt Emmas Kopf mit der rechten und hatte zwei Scheiben Bananenbrot in die Armbeuge geklemmt. Wir kamen an der Grundschule vorbei, und ich konnte die hohen, lachenden Rufe der spielenden Kinder hören. Ein kleiner Junge rief seinem Freund zu: »He, schau mal da.« Ich erwartete, daß er den Satz mit den Worten beenden würde: »Dort, der Blinde mit seinem Hund.« Doch statt dessen rief er: »Schau, das winzige Baby.«

»Seigo«, sagte ich, »jetzt spielen wir die zweite Geige«, und mein Lachen kam aus vollem Herzen.

Während ich den scharfen Wüstengeruch von wildem Gras und Salbei einatmete und Emmas Wärme auf mir spürte, konnte ich mir nichts Schöneres vorstellen. Manche Menschen haben gesagt: »Wenn Sie sehen könnten, wäre Ihr Leben um so vieles einfacher.« Einfacher ganz gewiß, doch ich bezweifle, daß es auch spannender und befriedigender sein würde.

»Wir haben mehr als genug«, sagte ich zu Emma und fuhr mit meinem Finger sanft über ihre Wange. Dann blieb ich auf dem Gehsteig stehen und hob sie gen Westen hoch, in Richtung der Rocky Mountains. Emmas pummelige Ärmchen ruderten und schlugen in die Luft. »Irgendwo auf deinem Weg wirst du vielleicht etwas verlieren, von dem du dachtest, daß es wichtig ist«, sagte ich, »doch alles, was du zu deinem Glück brauchst, ist in dir oder direkt vor deinen Augen. Du mußt nur danach greifen. Oft wird es nicht leicht sein, mein kleiner Engel, aber es wird immer ein großes Abenteuer sein.«

DANKSAGUNG

EIN MENSCHENLEBEN IST WIE EINE BERGBESTEIGUNG. Obwohl es der Bergsteiger ist, der schließlich das Privileg hat, auf dem Gipfel zu stehen, braucht er doch ein Team, um so weit zu kommen. Ich danke meinen Freunden und meiner Familie, die meine Bodentruppe waren, dafür, daß sie mir den Weg ebneten und mich auf eine feste Grundlage von Hoffnung und Selbstvertrauen stellten, die es mir ermöglichte, meinen eigenen Gipfel zu erreichen.

Ich danke meiner Mutter, die mich innig liebte und für meine Zukunft wie eine Löwin kämpfte, und meinem Vater, der mich die Macht des Handelns lehrte und mir den Mut einflößte, trotz immenser Schwierigkeiten voranzukommen.

Ich danke meinen Großeltern Martin und Talatha Baker. So viel von dem, was ich bin, habt ihr mir vermittelt.

Ich danke meinen Brüdern Mark und Eddi und meiner Schwester Suzanne, die mich immer wie einen normalen kleinen Bruder behandelten und meine größten Fans sind.

Ich danke meinen Lehrern und Studienberatern wie Mrs. Reddy und Mr. Westervelt, die bereits an mich glaubten, als ich noch nicht dazu bereit war.

Ich danke meinem Bergsteigerteam: Chris Morris, daß er nicht davor zurückschreckte, »einen kleinen Thunfisch« hinter sich her zu schleppen; Mike O'Donnell, der mich das Eisklettern lehrte; Hans Florine, Jeff Evans und Sam Bridgham, die keine Sekunde zögerten, ihr Leben buchstäblich mit meinem zu verknüpfen; und Pasquale Scaturro für seine entscheidende Rolle bei der Organisation meiner bevorstehenden Expeditionen auf die Carstenz Pyramid und den Mount Everest.

Schließlich danke ich meiner Frau Ellie, deren Energie und Engagement mir die Gewißheit gaben, daß es das höchste Ziel ist, aus vollem Herzen zu lieben.

Folgenden Organisationen bin ich zu Dank verpflichtet:

Dem Carroll Center for the Blind für den Weitblick, blinde junge Menschen in die Wunder der Bergwelt einzuführen.

Der Fidelco Guide Dog Foundation, die mein Leben durch zwei erstaunliche Gefährten bereicherte: Wizard und Seigo.

Den World T.E.A.M. (The Exceptional Athlete Matters) Sports, die es mir ermöglichten, mich an Maßstäbe setzenden Sportereignissen um die ganze Welt zu beteiligen.

Der American Foundation for the Blind, die meine Besteigungen des McKinley und des El Capitan sponserte.

Der National Braille Press, Recordings for the Blind and Dyslexic und Talking Books, die meine Erziehung erleichterten und mir die Freuden der Literatur zugänglich machten.

Der Glaucoma Research Foundation für das Sponsoring meiner Besteigung des Aconcagua.

Und mein besonderer Dank geht an Dr. Marc Maurer und die National Federation of the Blind für das Sponsoring meiner jüngsten Besteigung des Ama Dablam und meiner Expeditionen auf die Carstenz Pyramid und den Mount Everest.

MALIK

Bruno Baumann

Karawane ohne Wiederkehr

Das Drama in der Wüste Takla Makan.
Mit 135 Farbfotos. 318 Seiten. Geb.

Die Takla Makan in China ist mit 338.000 km^2 Ausdehnung die größte zusammenhängende Sandwüste der Welt. Extreme Temperaturschwankungen von mehr als 60^0 und verheerende Sandstürme machen dieses »Meer aus Sand« zu einem der feindseligsten und zugleich faszinierendsten Orte. Der erste, der das Unmögliche versuchte und sich an eine Durchquerung der Takla Makan wagte, war vor über 100 Jahren der schwedische Entdecker Sven Hedin. Obwohl er seine Karawane ins Verderben führte, wurde er zum Mythos, sein Buch »Durch Asiens Wüsten« zum Welterfolg und Klassiker, trotz aller Widersprüchlichkeiten und Rätsel.
Bruno Baumann, der jetzt das lebensgefährliche Unternehmen wiederholt hat, dokumentiert seine eigene Expedition – und legt auf erschütternde Weise offen, wie das Wüstendrama damals wirklich verlaufen sein muß. Baumanns umfangreiche Recherchen fördern nicht nur neue Zeugnisse Hedins zutage, sondern auch überraschende Aussagen von Nachfahren der einheimischen Expeditionsteilnehmer von 1895.